세상의 속도를
따라잡고 싶다면

Do it!

파이썬 웹 개발부터 배포까지!

점프 투 장고

파이썬 입문자도 2주 만에 만들어 운영할 수 있는 게시판 서비스!
글쓰기, 댓글, 검색, 회원가입 등 완벽한 게시판 만들기로 웹 개발 전 과정 완벽 입문!

위키독스 운영자
박응용 지음

이지스퍼블리싱

세상의 속도를 따라잡고 싶다면 **Do it!**
변화의 속도를 즐기게 됩니다.

Do it!

파이썬 웹 개발부터 배포까지!

점프 투 장고

초판 발행 • 2021년 1월 6일
초판 5쇄 • 2025년 2월 10일

지은이 • 박응용

펴낸이 • 이지연
펴낸곳 • 이지스퍼블리싱(주)
출판사 등록번호 • 제313-2010-123호
주소 • 서울특별시 마포구 잔다리로 109 이지스빌딩 3층(우편번호 04003)
대표전화 • 02-325-1722 | **팩스** • 02-326-1723
홈페이지 • www.easyspub.co.kr | **인스타그램** • instagram.com/easyspub_it
Doit! **스터디룸 카페** • cafe.naver.com/doitstudyroom | **페이스북** • www.facebook.com/easyspub

총괄 • 최윤미 | **기획 및 책임편집** • 박현규 | **기획편집 2팀** • 신지윤, 이소연, 박재연 | **베타테스트** • 이요셉, 손계원
교정교열 • 박명희, 김창수 | **표지 및 본문 디자인** • 트인글터 | **인쇄** • 보광문화사
마케팅 • 권정하 | **독자지원** • 박애림, 김수경 | **영업 및 교재 문의** • 이주동, 김요한(support@easyspub.co.kr)

ISBN 979-11-6303-210-6 13000
가격 19,800원

낯선 발자국을 따라 걷다 보면
당신이 알지 못했던 것들을 배우게 될 거예요.

**If you walk the footsteps of a stranger,
you'll learn things you never knew.**

영화 **포카혼타스**(Pocahontas) 중에서

파이썬으로 질문·답변 게시판을 만들어 배포해 보고 넓은 시야를 가진 웹 개발자가 되자!

《Do it! 점프 투 파이썬》으로 파이썬 기초를 공부한 많은 사람들이 "이제 무엇을 공부해야 할까요?", "파이썬으로 무엇을 해볼 수 있나요?"와 같은 질문을 많이 한다. 그래서《Do it! 점프 투 장고》를 준비했다.

프로그래머로서 파이썬을 더 능숙하게 다루고 싶다면 이 책을!

파이썬을 공부하는 방법은 무척 다양하지만 필자는 웹 프로그래밍을 추천한다. 보통 '웹 프로그래밍'이라 하면 사이트나 게시판 만들기를 생각하기 쉽다. 웹 프로그래밍은 웹 사이트 개발 외에도 게임이나 인공지능 분야에도 적용할 수 있으므로 한번 공부해 두면 여러분의 미래에 큰 도움이 될 것이다. 물론 웹 프로그래밍은 웹 개념, 데이터베이스, 모델링, 네트워크, 서버 등 관련 지식을 많이 배워야 하고, 또 이런 지식이 어떻게 조합되어 동작하는지도 알아야 하므로 짧은 시간에 습득하기란 쉽지 않다. 그렇지만 웹 프로그래밍을 공부한다면 분명 많은 프로그래밍 지식을 얻을 수 있을 것이다.

'코끼리 다리' 만 만지지 말고 코끼리를 보자

개발 과정
전체를 보라!

'장님과 코끼리 이야기'를 들어 본 적이 있는가? 코끼리의 상아를 만져 본 장님은 코끼리를 '무'와 같다고 하고, 머리는 '돌', 다리는 '널빤지', 꼬리는 '새끼줄'과 같다고 했다는 이야기이다. 필자가 개발자로 사회에 첫발을 내딛었을 때의 상황이 바로 이 '코끼리를 만지는 장님'과 같았다. 전체가 아닌 부분만 보며 일했던 것이다. 그때 필자는 업무에서 사용하는 프로그램과 서비스의 연관성을 전혀 이해하지 못했다. 물론 현장에서 좌충우돌하며 오랜 기간 동안 얻은 경험으로 마침내 코끼리를 제대로 볼 수 있게 되었지만 이미 너무나 많은 세월이 지나 버렸다. 그런 의미에서 파이썬 기초 공부를 마치고《Do it! 점프 투 장고》를 집어 든 여러분은 행운아이다.

《Do it! 점프 투 장고》는 코끼리의 다리가 아닌 코끼리를 볼 수 있게 도와주는 책이다. 어쩌면 코끼리 다리에서 무릎이나 발가락 등 세세한 부분은 지나칠 수도 있다. 하지만 개발자에게 중요한 것은 코끼리이다. 코끼리를 안 다음 다리를 관찰하는 것과 코끼리를 모르고 다리를 관찰하는 것에는 큰 차이가 있기 때문이다.

《Do it! 점프 투 장고》가 나올 수 있도록 도와주신 많은 분께 감사의 말씀을 전한다. 또한 이 책이 출간되더라도 위키독스에 그대로 공개될 수 있도록 해주신 이지스퍼블리싱의 이지연 대표님께 위키독스 독자를 대신해서 감사의 마음을 전한다. 이 책의 내용을 초보자도 이해하기 쉽게 만들어 준 박현규 편집자님과 이인호 팀장님께 마음 깊이 고마움을 표한다. 마지막으로 오랜 시간 동안 이 책을 검토하고 읽어 주신《Do it! 점프 투 장고》독자 여러분 모두에게 무한한 감사와 행운이 있기를 응원한다!

박응용 드림

파이썬 웹 개발 전체 과정을 빠르게 경험하고 싶다면?

이 책은《Do it! 점프 투 파이썬》으로 파이썬에 갓 입문한 여러분을 위해 만들어졌습니다. 파이썬을 배운 다음 무엇을, 어떤 책으로 공부해야 할지 고민중이라면《Do it! 점프 투 장고》또는《Do it! 점프 투 플라스크》로 파이썬 실력과 웹 프로그래밍 실력을 한꺼번에 키워보면 어떨까요?

이 책을 통해 만들 수 있는 게시판 사이트 pybo.kr에 방문해 보세요.

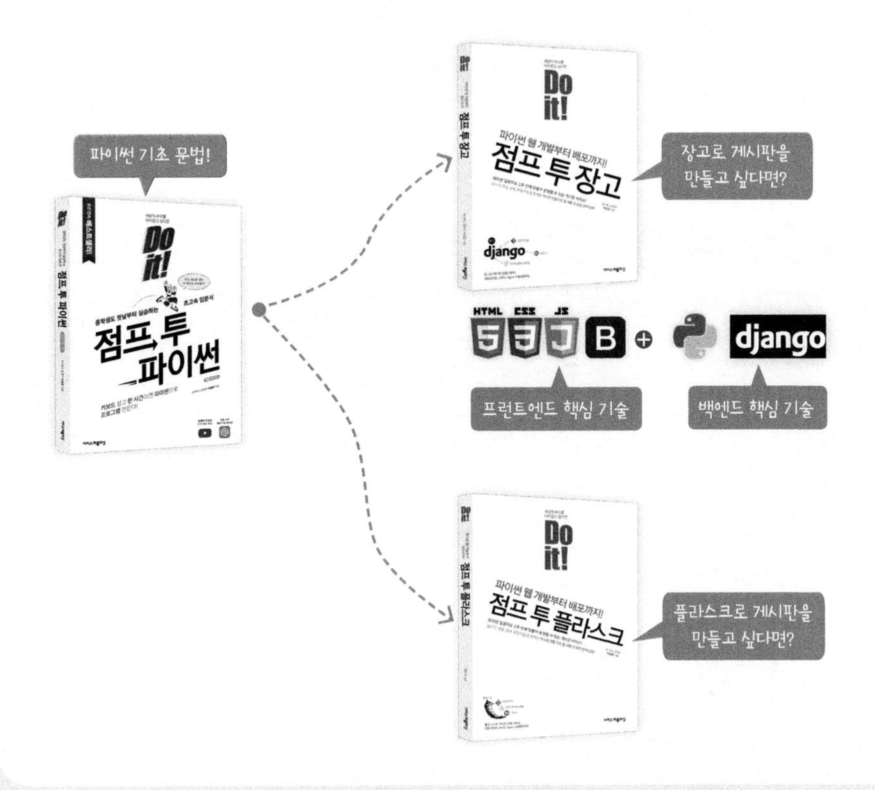

한 블록씩 만들다 보니
어느새 질문 · 답변 게시판 서비스가 완성되었어요!

베타 테스터가 입을 모아 칭찬한 이 책만의 장점은 '하루에 한 블록씩 완성해 이어 붙이니 어느새 질문·답변 게시판 서비스가 완성되었다'는 것인데요. 게시판 개발은 물론이고 복잡하고 까다로운 AWS 배포까지 부드럽게 할 수 있었다고 하네요. 정말 그랬는지 베타 테스터의 생생한 소감을 들어 볼까요?

웹 개발이 처음인 사람의 손에 쥐여 주고 싶은 책! – 이요셉 님

시작부터 환경설정 과정이 꼼꼼해서 좋았습니다. 파이썬 설치 후 venv로 가상 환경을 세팅한 다음 파이참을 설치하며 차분하게 공부를 시작하더군요. 가장 놀랐던 점은 MVT 패턴이나 MVC 패턴과 같은 어려운 용어가 등장하지 않는다는 것이었습니다. 웹 프로그래밍이 정말 처음인 사람을 배려한 구성이라 생각합니다.
이 책은 장고로 웹 개발을 어떻게 하는지 하나하나 쉽게 풀어 설명합니다. 헷갈리기 쉬운 지점에는 어김없이 말풍선이 등장해 설명을 보충하고, 과정이 복잡한 부분은 일부러 오류를 발생시켜 왜 이런 문제가 발생했는지 설명해 제대로 이해하게 해 줍니다. 책 내용이 실제 강의에서 쓰였거나, 집필하기 전에 '여러 사람이 미리 읽어 보완한 건가?'라는 생각이 들 정도였습니다. 웹 프로그래밍 책을 정말 많이 읽었지만, 이만큼 초보자가 읽기 쉽게 쓰인 책은 처음입니다. 주변에 파이썬으로 홈페이지를 만들어 보려는 사람이 있다면 이 책을 조용히 손에 쥐여 주고 싶습니다.

파이썬 입문자가 웹 개발 전체를 볼 수 있도록 만들어 주는 책! – 시한 님

웹 개발은 많은 개발자가 공부하는 기술입니다. 웹 개발만큼 쉽고 편하게 프로젝트 결과물을 보여 줄 수 있는 수단이 없기 때문이죠. 하지만 웹 개발은 상당히 많은 내용을 공부해야 합니다. 단순히 웹 페이지를 구성하는 방법만 공부하면 끝이 아니죠. 데이터베이스 구성, 서버 구성, 배포까지 모두 알아야 합니다.
이 모든 과정을 빠르게 알려 주는 책이 바로 《Do it! 점프 투 장고》라 생각합니다. 본문을 차분히 따라 가다 보면 어느 새 직접 만든 게시판 사이트가 완성됩니다. 또 게시판 사이트 완성으로 학습이 끝나지 않고, 다른 사용자가 내가 만든 사이트에 접속할 수 있도록 서버 준비부터 배포까지 완벽하게 공부합니다. 단순히 게시판 사이트를 만드는 경험만 주는 것이 아니라, 웹 개발 과정에 필요한 아키텍쳐가 무엇인지 전체를 경험하게 해 줍니다. 처음 공부할 때 전체를 제대로 공부해야 무너지지 않고 앞으로 나아갈 수 있습니다. 이 책으로 여러분만의 독특한 게시판 사이트를 만들어 보기 바랍니다.

나는 웹 프로그래밍 기초 지식을 얼마나 갖추었을까?

분야	항목	체크
파이썬 필수 지식	숫자형 자료형	☑
	문자열 자료형	☐
	리스트 자료형	☐
	if 문	☐
	for 문	☐
	함수	☐
	클래스	☐
	모듈	☐
	패키지	☐
	라이브러리	☐
	간단한 파이썬 프로그래밍	☐
웹 필수 지식	HTML 작성 방법	☐
	HTML 엘리먼트	☐
	HTML 속성	☐
	HTML 표	☐
	HTML 클래스, 아이디	☐
	HTML 자바스크립트 연결	☐
	HTML 폼	☐
	CSS 작성 방법	☐
	CSS 선택자	☐
	CSS 박스 모델	☐

파이썬 참고 도서
Do it!
초고속 입문서
중학생도 첫날부터 실습하는
점프 투 파이썬
키보드 잡고 한 시간이면 파이썬으로 프로그램 만든다!
이지스퍼블리싱
Do it!
11가지 프로젝트로 시작하는
파이썬 생활 프로그래밍
이지스퍼블리싱
웹 참고 도서
Do it!
한 권으로 끝내는 웹 기본 교과서
HTML+CSS+자바스크립트 웹 표준의 정석
코딩 왕초보도 OK! 기초부터 활용까지 완·전·정·복
이지스퍼블리싱
Do it!
한 권으로 끝내는 웹 개발 교과서
모던 자바스크립트 프로그래밍의 정석
최신 문법부터 네이버·카카오 API를 활용한 실무까지!
저자 직강 동영상 제공!
JS ECMAScript 최신 버전 반영!
이지스퍼블리싱

나는 몇 점?

________ / 21개

진단 결과!

- 0~5개: 참고 도서와 함께 공부해 보세요.
- 6~10개: 인터넷 검색으로 보충하며 공부해 보세요.
- 11개 이상: 이 책으로 바로 공부해도 좋아요.

읽으며 이해하고, 만들어 실행해 보면서 확인하고!

단계별 소스 100% 제공!

《Do it! 점프 투 장고》는 파이보라는 질문·답변 게시판 서비스를 그대로 따라 만드는 방식으로 설명합니다. 그래서 이 책은 읽고, 이해하고, 만들고, 확인하는 방식으로 공부해야 효과적입니다. 혹시 단계마다 완성해야 할 소스가 궁금하다면 wikidocs.net/79091에 접속하여 소스 확인 방법을 읽어 보세요.

1단계
책을 읽으며 실습 진행 과정을 확인하고,
왜 실습해야 하는지 생각해 본다!
2단계
코드 박스의 내용을 확인하며
그대로 입력한다!
3단계
완성된 결과물을 실행해 보고
코드를 조금씩 바꿔 보면서 완벽하게 이해한다!
easy
4단계
내가 완성한 소스와 정답 소스를 비교하며
제대로 입력했는지 확인한다!
body
"DOM"
div
div
h1
img
img
img
!

독학, 단기 수업에 활용해 보세요!

웹 개발 30일 코스!

1일차 | 월 일	2일차 | 월 일	3일차 | 월 일	4일차 | 월 일	5일차 | 월 일
01장 장고 개발 준비	02-1~02-3 장고 기초 알아보기	02-4~02-6 장고로 기초 게시판 기능 만들기	02-7 화면 꾸미기 기초 알아보기	02-8 부트스트랩 사용하기
6일차 | 월 일	**7일차 | 월 일**	**8일차 | 월 일**	**9일차 | 월 일**	**10일차 | 월 일**
02-9 템플릿 상속 사용하기	02-10 폼 사용하기	03-1 내비게이션 만들기	03-2 페이징 만들기	03-3 템플릿 필터 사용하기
11일차 | 월 일	**12일차 | 월 일**	**13일차 | 월 일**	**14일차 | 월 일**	**15일차 | 월 일**
03-4 답변 개수 표시하기	03-5 로그인·로그아웃 만들기	03-6 회원 가입 만들기	03-7 모델 변경해 보기	03-8 글쓴이 표시하기
16일차 | 월 일	**17일차 | 월 일**	**18일차 | 월 일**	**19일차 | 월 일**	**20일차 | 월 일**
03-9 게시물 수정 & 삭제 기능 추가하기	03-10 댓글 기능 만들기	03-11 views.py 파일 분리하기	03-12 추천 기능 만들기	03-13 앵커 기능 추가하기
21일차 | 월 일	**22일차 | 월 일**	**23일차 | 월 일**	**24일차 | 월 일**	**25일차 | 월 일**
03-14 마크다운 기능 추가하기	03-15 검색·정렬 기능 추가하기	03-16 도전! 7가지 기능 스스로 만들기 소스 없음, 건너뛰어도 좋음	04-1~04-3 깃·깃허브 도입하고 서버 이해하기	04-4~04-5 AWS 도입하고 파이보 세상에 공개하기
26일차 | 월 일	**27일차 | 월 일**	**28일차 | 월 일**	**29일차 | 월 일**	**30일차 | 월 일**
04-6~04-7 설정 파일 분리하고 MobaXterm 도구 도입하기	04-8~04-11 WSGI 이해하고 Gunicorn·NginX 도입하기	04-12 오류 페이지 꾸미기	04-13~04-14 로깅 도입하고 도메인 적용하기	04-15 PostgreSQL 데이터베이스 도입하기

저자가 파이썬으로 만든 지식 공유 웹 서비스, 위키독스

위키독스는 온라인에서 책을 만들고 공유할 수 있는 서비스입니다. 여기에서 《Do it! 점프 투 파이썬》이 시작되었고, 이어서 《Do it! 점프 투 장고》, 《Do it! 점프 투 플라스크》도 출간되었습니다. 이곳은 여러분도 참여할 수 있는 공간입니다. Do it! 애독자 여러분도 열심히 공부해서 자신이 터득한 내용을 다른 사람과 공유해 보는 기쁨을 누려 보세요.

위키독스 자세히 알아보기: wikidocs.net/book/20

저자가 파이썬으로 만든 질문·답변 웹 서비스, 파이보

궁금한 내용이 있으면 저자가 파이썬으로 만든 질문·답변 웹 서비스인 파이보에 질문해 보세요.

파이보에서 자유롭게 질문하기: pybo.kr

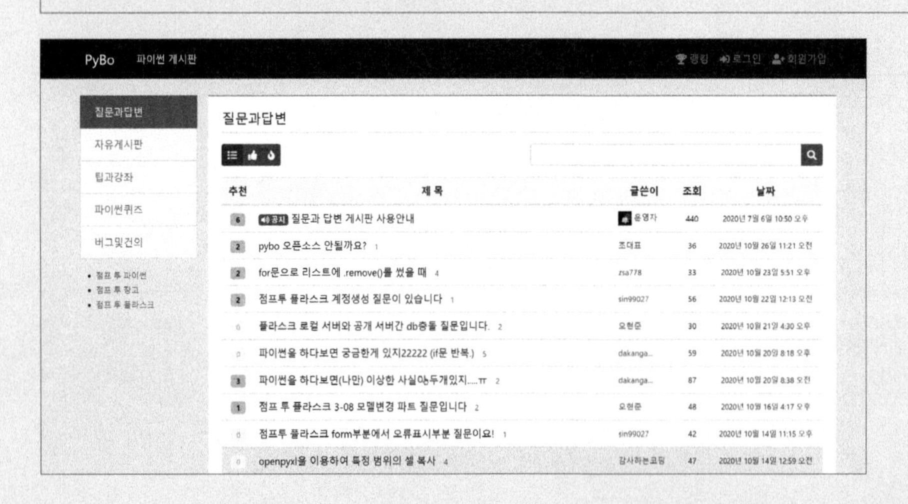

학습에 필요한 실습 파일을 내려받으세요

이 책을 공부할 때 필요한 실습 파일을 먼저 내려받으세요. 이지스퍼블리싱 홈페이지 자료실 또는 저자 깃허브에서 실습 파일을 제공합니다.

이지스퍼블리싱 홈페이지: www.easyspub.co.kr → 자료실 검색
저자 깃허브: github.com/pahkey/djangobook

이지스 소식지 — 매달 전자책을 한 권씩 볼 수 있어요!

이지스퍼블리싱 홈페이지에서 회원가입을 하여 매달 정기 소식지를 받아 보세요. 신간과 책 관련 이벤트 소식을 누구보다 빠르게 확인할 수 있습니다. 매달 전자책 한 권을 공개하는 이벤트도 진행 중이랍니다.

두잇 스터디룸에서 친구와 함께 공부하고 책 선물도 받아 가세요!

이지스퍼블리싱에서 운영하는 네이버 카페 '두잇 스터디룸'에서 같은 고민을 하는 친구들과 함께 공부해 보세요. 내가 잘 이해한 내용은 남을 도와주고 내가 잘 이해하지 못한 내용은 도움을 받으면서 공부하면 복습 효과도 누릴 수 있습니다. 서로서로 코드와 개념 리뷰를 하며 훌륭한 개발자로 성장해 보세요 (회원 가입과 등업 필수).

두잇 스터디룸: cafe.naver.com/doitstudyroom

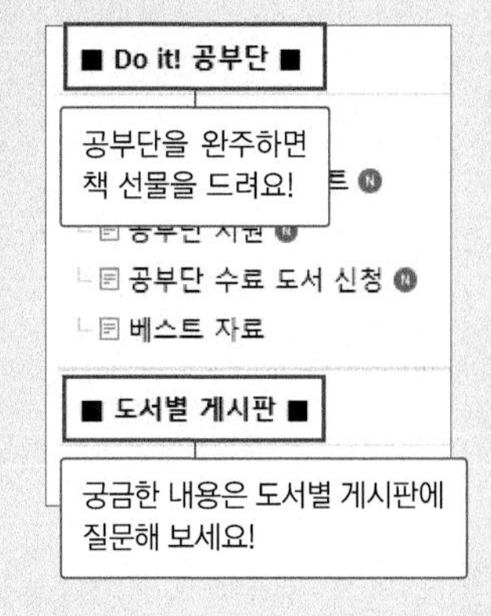

차례

세상에 선보이는 파이보 서비스!

장고 개발 준비!

'시작이 반이다.' 여러분은 이미 장고를 향해 첫걸음을 내디뎠으니 성공을 절반 이룬 셈이다. 축하한다. 이 책은 처음부터 끝까지 모든 내용이 이어진다. 따라서 이 책은 흐름이 중요하며 그중에서도 시작이 가장 중요하다. 이 장에서는 장고를 본격적으로 개발하기 전에 준비해야 할 것을 알아보자. 장고 개발을 시작하기 전에는 무엇을 설치해야 할까? 여기서는 파이썬과 장고, 파이참 에디터를 설치한다. 파이참 에디터는 장고 개발을 한결 편리하게 만들어 주는 도구이다. 모든 준비를 마치면 새로운 장고 프로젝트도 생성해 보자. 참고로 실습 코드가 너무 길어지면 절약과 가독성을 위해 코드 전체를 표시하지 않고 실습에 필요한 부분만 표시했다. 더불어 전체 코드를 참고하며 공부할 독자를 위해 각 장 도입부에 소스 보기 링크를 안내했다.

이 장의 목표

- 파이썬과 장고를 설치하고 개발 환경을 준비한다.
- 장고 프로젝트를 만들어 첫 번째 프로그램을 만든다.
- 장고 서버를 실행하고 실행 결과를 확인한다.

01-1 필자가 생각하는 장고란?

장고 홈페이지에 가 보면 가장 먼저 다음과 같은 문구를 볼 수 있다.

장고 공식 홈페이지 주소: www.djangoproject.com

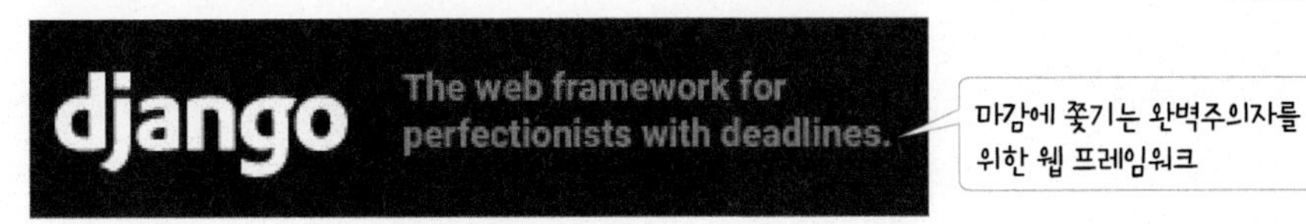

장고 홈페이지에서 볼 수 있는 공식 로고와 문구

필자는 이 문구가 **장고를 정말 잘 표현하는 슬로건**이라 생각한다. 이 말은 '장고를 사용하면 웹 프로그램을 마감에 쫓기지 않을 정도로 빠르게 만들 수 있으면서도 완성도가 완벽에 가깝다' 정도로 해석할 수 있을 것 같다. 장고를 사용해 본 적이 없거나 웹 프로그래밍이 처음인 사람에게는 거대한 말처럼 들릴 수도 있을 것이다. 하지만 이 말만큼은 10년 이상 장고를 사용한 필자의 말을 믿어 주면 좋겠다. 그러면 장고의 특징과 장점은 무엇일까?

장고는 웹 프로그램을 쉽고 빠르게 만들어 주는 웹 프레임워크다

장고는 웹 프로그램을 쉽고 빠르게 만들 수 있도록 도와주는 웹 프레임워크이다. 웹 프레임워크라는 표현을 처음 듣는 사람을 위해 잠시 웹 프레임워크를 설명해 보겠다.

웹 프레임워크란?

웹 프로그램을 만들어 본 경험이 있는가? 만약 그런 경험이 있다면 웹 프로그램을 위해 얼마나 많은 기능을 만들어야 하는지 잘 알고 있을 것이다.

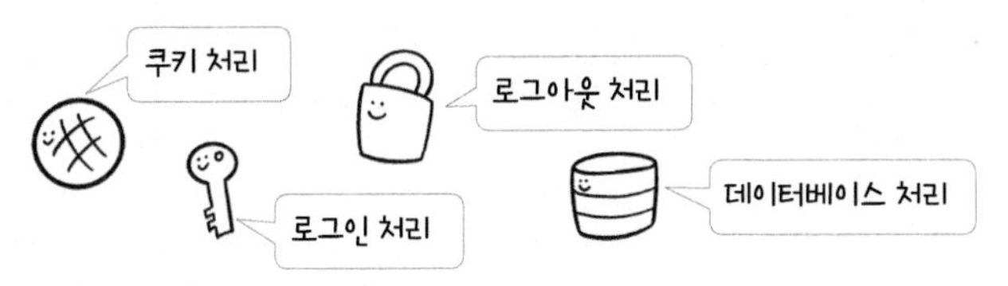

웹 프로그래밍을 위한 많은 기능이 이미 준비된 장고

예를 들어 쿠키나 세션 처리, 로그인/로그아웃 처리, 권한 처리, 데이터베이스 처리 등 웹 프로그램을 위해 만들어야 할 기능이 정말 산더미처럼 많다. 하지만 웹 프레임워크를 사용하면 이런 기능들을 여러분이 일일이 만들 필요가 없다. 왜냐하면 웹 프레임워크에는 그런 기능들이 이미 만들어져 있기 때문이다. 그저 웹 프레임워크에 있는 기능을 익혀서 사용하기만 하면 된다. **쉽게 말해 웹 프레임워크는 웹 프로그램을 만들기 위한 스타터 키트라고 생각하면 된다.** 그리고 파이썬으로 만들어진 웹 프레임워크 중 하나가 바로 장고이다.

얼마나 빨리 만들 수 있나?

장고의 몇 가지 규칙만 익히면 누구나 빠르게 웹 프로그램을 만들 수 있다. 웹 브라우저에 'Hello World'를 출력하려면 장고가 요구하는 간단한 url 규칙을 정의하고 다음과 같은 함수 하나만 작성하면 된다.

장고의 빠른 개발 속도를 보여 주는 예

```
def index(request):
    return HttpResponse("Hello World")
```

장고는 튼튼한 웹 프레임워크이다

개발자가 웹 프로그램을 만들 때 가장 어렵게 느끼는 기능 중 하나는 바로 보안 기능이다. 이 세상에는 기상천외한 방법으로 웹 사이트를 괴롭히는 사람들이 있다. 이런 공격에 개발자 홀로 신속하게 대응하기는 무척 어려운 일이다. 하지만 걱정하지 마라. 장고는 이런 보안 공격을 기본으로 아주 잘 막아 준다. 그만큼 장고는 튼튼한 웹 프레임워크다. 예를 들어 SQL 인젝션, XSS[cross-site scripting], CSRF[cross-site request forgery], 클릭재킹[clickjacking]과 같은 보안 공격을 기본으로 막아 준다. 즉, 장고를 사용하면 이런 보안 공격에 대한 코드를 여러분이 짤 필요가 없다.

SQL 인젝션은 간단히 말하면 악의적인 SQL을 주입하여 공격하는 방법으로, SQL 인젝션이 궁금하다면 'ko.wikipedia.org/wiki/SQL_삽입'에 방문해 보자.

XXS는 간단히 말하면 자바스크립트를 삽입해 공격하는 방법으로, XXS가 궁금하다면 'ko.wikipedia.org/wiki/사이트_간_스크립팅'에 방문해 보자.

CSRF는 간단히 말하면 위조된 요청을 보내는 공격 방법으로, CSRF가 궁금하다면 'ko.wikipedia.org/wiki/사이트_간_요청_위조'에 방문해 보자.

클릭재킹은 간단히 말하면 사용자의 의도하지 않은 클릭을 유도하는 공격 방법으로, 클릭재킹이 궁금하다면 'ko.wikipedia.org/wiki/클릭재킹'에 방문해 보자.

장고에는 여러 기능이 준비되어 있다

장고는 2005년에 등장하여 10년 이상의 세월을 감내한 베테랑 웹 프레임워크이다. 그동안 정말 무수히 많은 기능이 추가되고 또 다듬어졌다. 혹시 로그인 기능을 원하는가? 관리자 기능을 원하는가? 이미 장고에 있다. 이미 있을 뿐 아니라 너무나도 잘 만들어져 있다. **한마디로 장고에는 여러분이 필요로 하는 웹 프로그램 개발을 위한 도구와 기능이 대부분 준비되어 있다.** 필자는 장고를 공부할 여러분에게 '이미 만들어져 있는 기능을 새로 만드느라 애써 고생하지 말라'는 이야기를 꼭 해 주고 싶다.

바퀴를 다시 발명하지 마라(Don't reinvent the wheel)

이미 잘 만들어진 바퀴를 다시 만들 필요가 있을까?

장고는 재미있다

장고로 웹 프로그램을 만드는 것이 게임을 하는 것보다 재밌다고 하면 믿겠는가? 약간 과장이긴 하지만 무언가에 홀린 듯이 코딩을 하고 있는 필자 자신을 발견할 때가 있었는데, 그때가 바로 장고로 웹 프로그램을 만들고 있을 때였다. 정말이니 의심하지 말고 지금 당장 장고로 웹 프로그래밍을 시작해 보자.

01-2 파이썬 설치하기

앞에서 언급했듯 장고는 파이썬으로 만들어진 웹 프레임워크이다. 그래서 장고를 실행하기 위해서는 파이썬 설치가 필수이다. 파이썬은 파이썬 공식 홈페이지에서 설치 프로그램을 내려받아 설치하면 된다.

윈도우에서 파이썬 설치하기

01단계 최신 파이썬 설치 파일 내려받기

파이썬 공식 홈페이지에서 [Downloads] 메뉴를 누르고 윈도우용 파이썬 설치 파일을 내려받자. 다음 화면에서 〈Python 3.8.x〉을 누르면 된다. 참고로 이 책을 집필하는 시점의 파이썬 최신 버전은 3.8.5이다.

파이썬 공식 홈페이지 주소: www.python.org

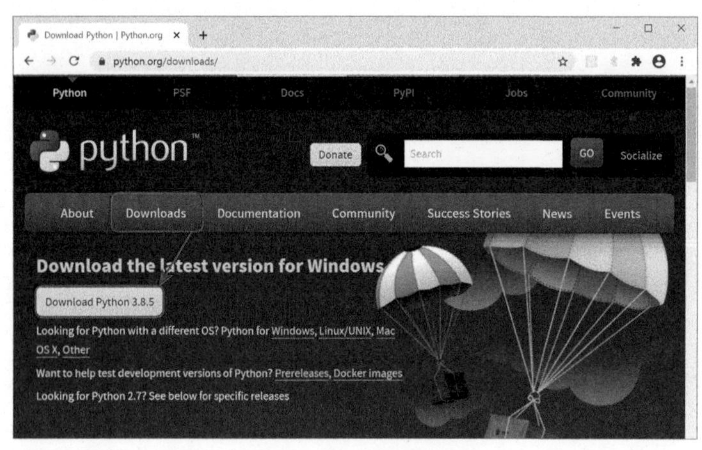

파이썬 설치 파일 내려받기(www.python.org/downloads)

02단계 주의! 파이썬 설치 시 파이썬 경로 추가하기

방금 내려받은 설치 파일을 실행한다. 파이썬 설치 화면이 열리면 본격적으로 설치 작업을 하기 전에 반드시 아래쪽에 있는 〈Add Python 3.8 to PATH〉 옵션을 선택하자. 그다음 〈Install Now〉를 선택하면 바로 설치가 진행된다. 설치를 완료하면 〈close〉를 눌러 설치 프로그램을 종료한다.

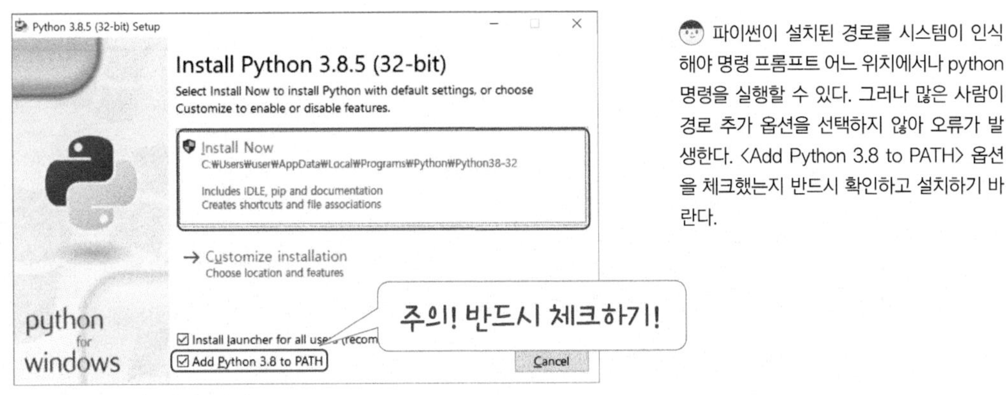

경로 추가 옵션 체크 후 설치하기

파이썬이 설치된 경로를 시스템이 인식해야 명령 프롬프트 어느 위치에서나 python 명령을 실행할 수 있다. 그러나 많은 사람이 경로 추가 옵션을 선택하지 않아 오류가 발생한다. <Add Python 3.8 to PATH> 옵션을 체크했는지 반드시 확인하고 설치하기 바란다.

03단계 파이썬 설치 확인하기

파이썬이 제대로 설치됐는지 확인하기 위해 명령 프롬프트를 열자. 윈도우 작업 표시줄에 있는 검색란에 cmd를 입력 후 Enter를 누르자. 명령 프롬프트가 열리면 다음 명령을 입력해 자신의 컴퓨터에 설치된 파이썬 버전을 확인한다. 오류 없이 파이썬 버전이 제대로 출력되면 설치에 성공한 것이다.

만약 명령어를 제대로 입력했는데도 파이썬 버전이 나타나지 않고 '찾을 수 없는 명령'이라는 오류 메시지가 출력된다면 앞의 설치 과정에서 경로 설정에 문제가 있을 가능성이 크다. 이때는 1단계에서 내려받은 설치 파일을 다시 실행해 〈Uninstall〉을 눌러 삭제한 후 2단계부터 다시 설치하자.

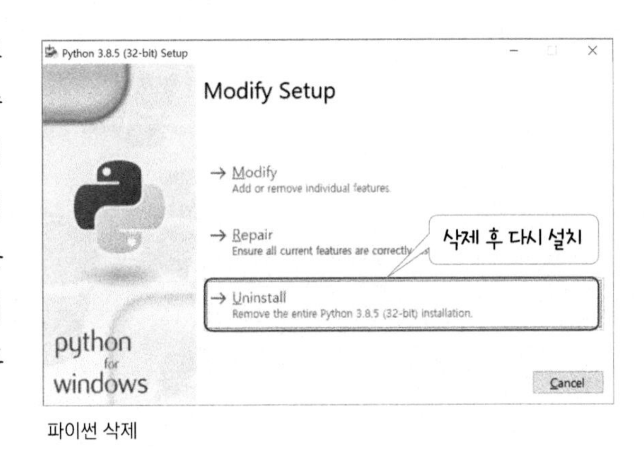

파이썬 삭제

01-3 장고 개발 환경 준비하기

이제 본격적으로 장고 개발 환경을 준비해 보자. 그전에 여러분이 알아야 할 중요한 개념이 하나 있다. 바로 파이썬 가상 환경이다. 우리는 장고를 파이썬 가상 환경에 설치할 것이다.

파이썬 가상 환경 알아보기

파이썬 가상 환경은 파이썬 프로젝트를 진행할 때 독립된 환경을 만들어 주는 고마운 도구다. 예를 들어 파이썬 개발자 A가 2개의 파이썬 프로젝트를 개발하고 관리한다고 가정하자. 파이썬 프로젝트를 각각 P-1, P-2라고 부르겠다. 이때 P-1, P-2에 필요한 파이썬 또는 파이썬 라이브러리의 버전이 다를 수 있다. 이를테면 P-1에는 파이썬 2.7 버전이, P-2에는 파이썬 3.8 버전이 필요할 수 있다. 이때 하나의 데스크톱에 서로 다른 버전의 파이썬을 설치해야 하는 문제가 생긴다.

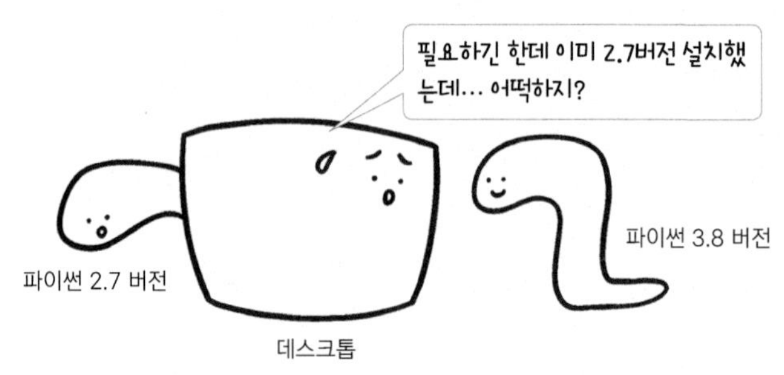

하나의 데스크톱에 여러 버전의 파이썬을 설치하는 예

이러한 개발 환경은 구축하기도 어렵고 사용하기도 힘들다. 가상 환경이 없던 예전에는 그런 고생을 감수할 수밖에 없었다. 하지만 파이썬 가상 환경을 이용하면 하나의 데스크톱 안에 독립된 가상 환경을 여러 개 만들 수 있다. 즉, 프로젝트 P-1을 위해 가상 환경 V-1을 만들어 파이썬 2.7 버전을 설치하고, 프로젝트 P-2를 위해 가상 환경 V-2를 만들어 파이썬 3.8 버전을 설치해서 사용할 수 있다.

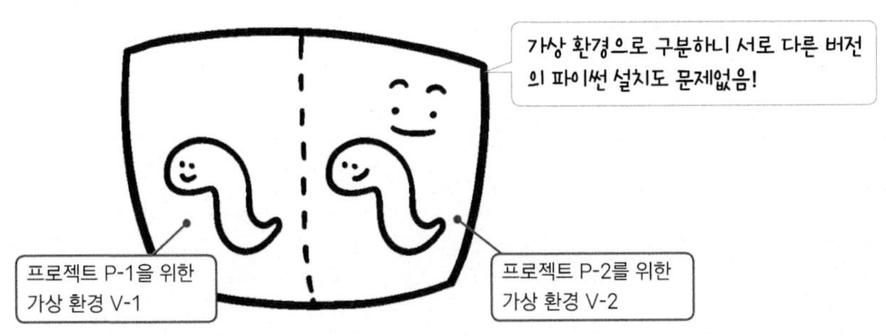

가상 환경으로 하나의 데스크톱에 두 버전의 파이썬을 설치한 예

이처럼 가상 환경을 이용하면 하나의 데스크톱에 서로 다른 버전의 파이썬과 라이브러리를 쉽게 설치해 사용할 수 있다. 물론 이 책에서는 '파이보'라는 하나의 프로젝트만 진행할 것이므로 가상 환경이 필수는 아니다. 하지만 앞으로 웹 프로그래밍을 계속하고 싶다면 가상 환경의 개념을 익히고 실제로 사용해 보는 것이 좋다.

파이썬 가상 환경 사용해 보기

01단계 가상 환경 디렉터리 생성하기

윈도우에서 명령 프롬프트를 실행하고 다음 명령어를 입력해 C:/venvs라는 디렉터리를 만들자.

루트 디렉터리를 반드시 C:/venvs로 해야 하는 것은 아니지만 실습 편의를 위해 이대로 지정하자.

C:_ 명령 프롬프트

```
C:\Users\pahkey> cd \
C:\> mkdir venvs
C:\> cd venvs
```

02단계 가상 환경 만들기

파이썬 가상 환경을 만드는 다음 명령어를 입력해 실행하자.

C:_ 명령 프롬프트

```
C:\venvs> python -m venv mysite
```

명령에서 `python -m venv`는 파이썬 모듈 중 venv라는 모듈을 사용한다는 의미다. 그 뒤의 `mysite`는 여러분이 생성할 가상 환경의 이름이다. 가상 환경의 이름을 반드시 mysite로 지을 필요는 없다. 만약 가상 환경의 이름을 awesomesite와 같이 지정했다면 책에 등장하는

mysite라는 가상 환경 이름을 awesomesite로 대체하여 읽으면 된다. 명령을 잘 수행했다면 C:/venvs 디렉터리 아래에 mysite라는 디렉터리가 생성되었을 것이다. 이 디렉터리를 가상 환경이라 생각하면 된다. 그런데 가상 환경을 만들었다 해서 바로 가상 환경을 사용할 수는 없다. 가상 환경을 사용하려면 가상 환경에 진입해야 한다.

하지만 실습 진행의 편의를 위해 가상 환경 이름을 동일하게 하기를 권장한다.

03단계 가상 환경에 진입하기

가상 환경에 진입하려면 우리가 생성한 mysite 가상 환경에 있는 Scripts 디렉터리의 activate 명령을 수행해야 한다. 다음 명령을 입력하여 mysite 가상 환경에 진입해 보자.

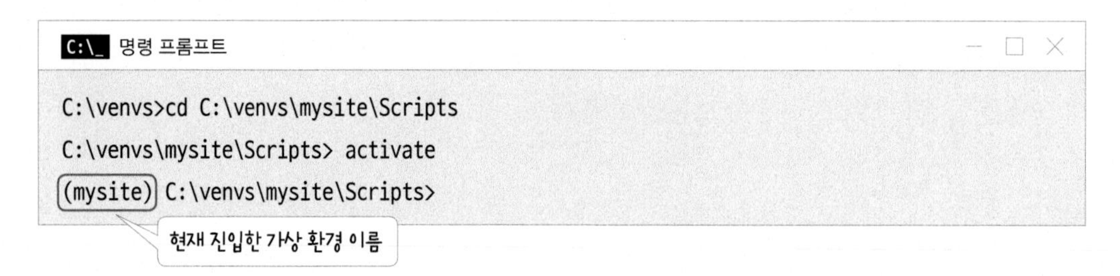
C:_ 명령 프롬프트
C:\venvs>cd C:\venvs\mysite\Scripts
C:\venvs\mysite\Scripts> activate
(mysite) C:\venvs\mysite\Scripts>
현재 진입한 가상 환경 이름

그러면 C:/ 왼쪽에 (mysite)라는 프롬프트를 확인할 수 있다. 이름에서 볼 수 있듯 현재 여러분이 진입한 가상 환경을 의미한다.

04단계 가상 환경에서 벗어나기

현재 진입한 가상 환경에서 벗어나려면 deactivate라는 명령을 실행하면 된다. 이 명령은 어느 위치에서 실행해도 상관없다.

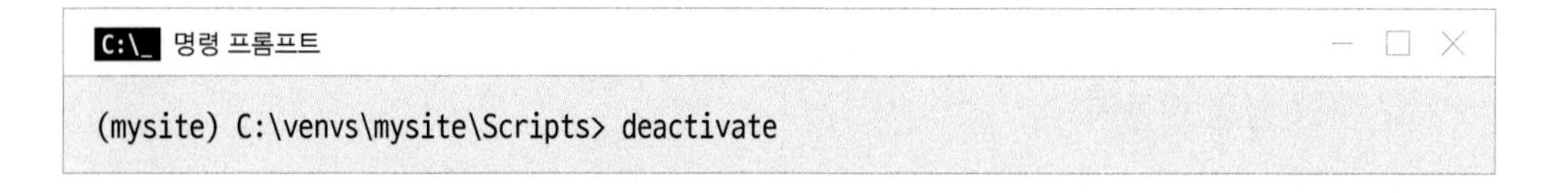
C:_ 명령 프롬프트
(mysite) C:\venvs\mysite\Scripts> deactivate

가상 환경에서 벗어났다면 C:/ 왼쪽에 있던 (mysite)라는 프롬프트가 사라졌을 것이다. 지금까지 가상 환경의 개념과 실습을 진행해 보았다. 가상 환경이라는 개념이 조금은 생소하겠지만 익혀 두면 여러분의 웹 프로그래밍 경험에 도움이 될 것이다.

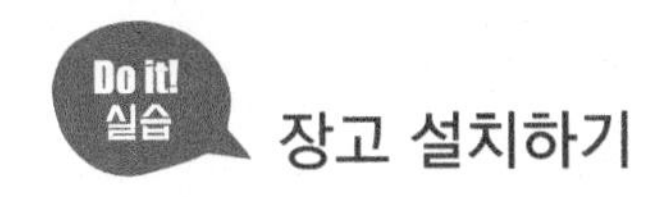
Do it!
실습

장고 설치하기

드디어 장고를 설치할 차례가 왔다. 앞에서 만든 mysite 가상 환경에 장고를 설치해 보자.

01단계 가상 환경인지 확인하기

명령 프롬프트 왼쪽에 `(mysite)` 프롬프트가 보이는지 확인하자. 만약 명령 프롬프트 왼쪽에 `(mysite)` 프롬프트가 보이지 않는다면 바로 이전의 실습을 참고하여 가상 환경에 진입한 상태에서 장고 설치를 진행하자.

C:_ 명령 프롬프트
C:\venvs\mysite\Scripts> activate
(mysite) C:\venvs\mysite\Scripts>

02단계 가상 환경에서 장고 설치하기

mysite 가상 환경에 진입한 상태에서 `pip install django==3.1.3` 명령을 입력하자. pip은 파이썬 라이브러리를 설치하고 관리해 주는 파이썬 도구이다. `pip install django==3.1.3`는 pip으로 장고 3.1.3 버전을 설치하는 명령이라고 생각하면 된다. 다음 화면이 나오면 장고 설치가 잘 된 것이다. 그런데 마지막에 다음과 같은 경고 문구가 보인다. pip이 최신 버전이 아니라는 내용이다.

가상 환경 진입은 바로 이전 실습에서 공부했다.

pip은 '핍'이라 읽는다.

C:_ 명령 프롬프트

```
(mysite) C:\venvs\mysite\Scripts> pip install django==3.1.3
Collecting django==3.1.3
      Using cached https://files.pythonhosted.org/packages/01/a5/fb3dad18422fcd-
4241d18460a1fe17542bfdeadcf74e3861d1a2dfc9e459/Django-3.1.3-py3-none-any.whl
Collecting pytz (from django==3.1.3)
   Downloading https://files.pythonhosted.org/packages/12/f8/ff09af6ff61a3efaad5f61ba-
5facdf17e7722c4393f7d8a66674d2dbd29f/pytz-2020.4-py2.py3-none-any.whl (509kB)
    |████████████████████████████████| 512kB 1.7MB/s
Collecting asgiref~=3.2.10 (from django==3.1.3)
  Using cached https://files.pythonhosted.org/packages/d5/eb/64725b25f991010307fd18a9e0c
1f0e6dff2f03622fc4bcbcdb2244f60d6/asgiref-3.2.10-py3-none-any.whl
```

```
Collecting sqlparse>=0.2.2 (from django==3.1.3)
  Downloading https://files.pythonhosted.org/packages/14/05/6e8eb62ca685b10e34051a80d7ea
94b7137369d8c0be5c3b9d9b6e3f5dae/sqlparse-0.4.1-py3-none-any.whl (42kB)
     |████████████████████████████████| 51kB 3.2MB/s
Installing collected packages: pytz, asgiref, sqlparse, d
Successfully installed asgiref-3.2.10 django-3.1.1 pytz-2
WARNING: You are using pip version 20.1.1, however version 20.2.2 is available.
You should consider upgrading via the 'python -m pip install --upgrade pip' command.
```

현재 pip 20.1.1 버전이 설치되어 있지만, 최신 버전은 20.2.2입니다. 다음 명령으로 pip를 업그레이드하세요.

개발자가 되고 싶다면 이런 경고 문구에 익숙해져야 한다.

03단계 pip 최신 버전으로 설치하기

경고 메시지에 따라 `python -m pip install --upgrade pip` 명령을 입력해 pip을 최신 버전으로 설치하자.

명령 프롬프트

```
(mysite) C:\venvs\mysite\Scripts> python -m pip install --upgrade pip
Collecting pip
     Downloading  https://files.pythonhosted.org/packages/54/0c/d01aa759fdc501a58f431e-
b594a17495f15b88da142ce14b5845662c13f3/pip-20.0.2-py2.py3-none-any.whl (1.4MB)
     |████████████████████████████████| 1.4MB 226kB/s
Installing collected packages: pip
  Found existing installation: pip 19.2.3
    Uninstalling pip-19.2.3:
      Successfully uninstalled pip-19.2.3
Successfully installed pip-20.0.2
```

01-4 장고 프로젝트 생성하기

장고에는 프로젝트라는 개념이 있는데, 장고의 프로젝트는 하나의 웹 사이트라고 생각하면 된다. 즉, 장고 프로젝트를 생성하면 한 개의 웹 사이트를 생성하는 것과 같다. 프로젝트 안에는 여러 개의 앱이 존재한다. 이 앱들이 모여 웹 사이트를 구성한다. 여기서 앱이란 관리자 앱, 인증 앱 등과 같이 장고가 기본으로 제공하는 앱과 개발자가 직접 만든 앱을 칭한다.

장고에서 말하는 앱은 일반적으로 여러분이 알고 있는 안드로이드 앱, iOS 앱과는 성격이 다르다. 안드로이드 앱이 하나의 프로그램이라면, 장고의 앱은 프로젝트를 구성하는 작은 단위의 기능이다.

프로젝트 디렉터리 생성하기

01단계 프로젝트 루트 디렉터리 생성하기

장고 프로젝트는 여러 개가 될 수 있으므로 프로젝트를 모아 둘 프로젝트 루트 디렉터리 생성은 필수다. 여기서는 프로젝트 루트 디렉터리 이름을 projects로 지었다.

여기서는 C 드라이브에 프로젝트를 담을 루트 디렉터리를 생성했다.

C:_ 명령 프롬프트

```
C:\Users\pahke>cd \
C:\>mkdir projects
C:\>cd projects
C:\projects>
```

02단계 프로젝트 루트 디렉터리 안에서 가상 환경에 진입하기

프로젝트 루트 디렉터리 안에서 다음 명령어를 입력해 앞에서 만든 mysite 가상 환경에 진입한다. 이때 반드시 프로젝트 루트 디렉터리에서 명령어를 입력해야 한다. 가상 환경 진입 명령어가 길어서 좀 불편하겠지만, 지금은 이 방법으로 가상 환경에 진입하겠다.

가상 환경 진입 명령어를 간단하게 만드는 팁은 이 절의 마지막에서 설명한다.

C:_ 명령 프롬프트

```
C:\projects>C:\venvs\mysite\Scripts\activate
(mysite) C:\projects>
```

길어도 꾹 참고 입력

03단계 장고 프로젝트를 담을 디렉터리 생성하고 이동하기

장고 프로젝트를 담을 mysite 디렉터리를 생성하고 이동하자.

04단계 장고 프로젝트 생성하기

장고 프로젝트 디렉터리에서 `django-admin`이라는 도구로 장고 프로젝트를 생성하자. 이때 `config` 다음에 점 기호(.)가 있음에 주의하자. 점 기호는 '현재 디렉터리를 프로젝트 디렉터리로 만들라'는 의미이다.

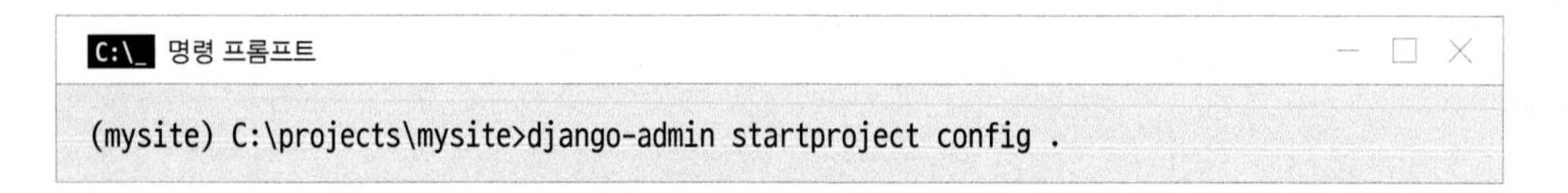

C:_ 명령 프롬프트
(mysite) C:\projects\mysite>django-admin startproject config .

05단계 장고 프로젝트 내용물 확인하기

4단계가 완료되면 다음과 같은 구조로 디렉터리가 구성되어 있는지, 파일이 잘 생성되어 있는지 확인해 보자.

개발 서버 구동하고 웹 사이트에 접속해 보기

이제 웹 사이트를 생성한 것과 다름없다. 개발 서버를 구동하고 웹 사이트에 접속해 보자.

01단계 개발 서버 구동하기

`python manage.py runserver` 명령을 실행하면 개발 서버가 구동된다. 맨 아랫줄에는 'Quit the server with CTRL-BREAK'이라는 개발 서버 종료 방법도 안내되어 있다. 개발 서버를 종료하려면 Ctrl + C를 누르란 뜻이다. 개발 서버가 구동된 상태를 유지하고 웹 브라우저를 이용하여 127.0.0.1:8000에 접속해 보자. 그러면 장고가 기본으로 만든 웹 사이트 화면을 볼 수 있다.

개발 서버는 127.0.0.0, 즉 로컬호스트[localhost]로 실행되므로 로컬 서버라 부르기도 한다. 필자는 개발을 위해 실행된 개발 서버를 '개발 서버'라 부르겠다.

127.0.0.1:8000 대신 localhost:8000이라고 입력해도 같은 화면을 볼 수 있다. 127.0.0.1과 localhost는 현재 컴퓨터를 가리키는 아이피 주소다.

명령 프롬프트

```
(mysite) C:\projects\mysite>python manage.py runserver
Watching for file changes with StatReloader
Performing system checks...

System check identified no issues (0 silenced).

You have 17 unapplied migration(s). Your project may not work properly until you apply
the migrations for app(s): admin, auth, contenttypes, sessions.
Run 'python manage.py migrate' to apply them.
April 21, 2020 - 21:51:03
Django version 3.0.4, using settings 'config.settings'
Starting development server at http://127.0.0.1:8000/
Quit the server with CTRL-BREAK.
```

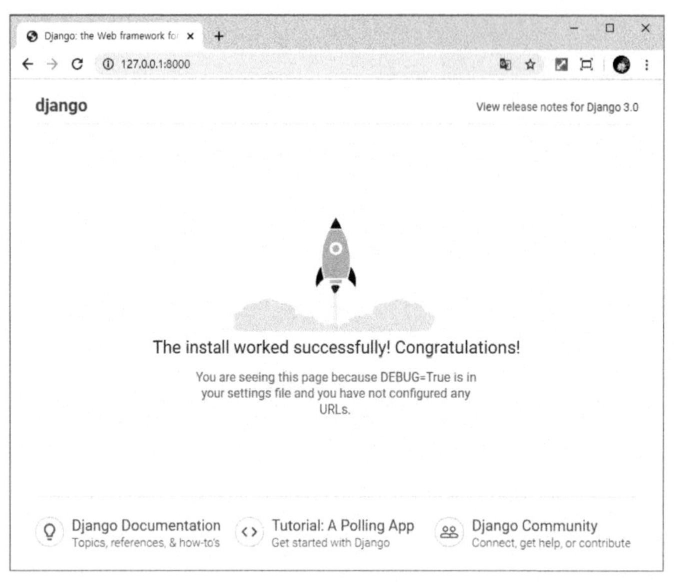

장고 화면

아쉽게도 아직은 개발 서버 환경에서 사이트가 실행되고 있으므로 개발 서버 환경을 실행한 컴퓨터(여러분의 컴퓨터)에서만 사이트에 접속할 수 있다. 즉, 아직은 다른 사람이 접속할 수 있는 상태가 아니다. 다른 사람이 접속할 수 있는 기능은 파이보를 멋지게 만든 후에 추가할 것이다.

02단계 개발 서버 종료하기

Ctrl + C 를 눌러 개발 서버를 종료해 보자. 개발 서버가 종료되면 127.0.0.1:8000으로 mysite에 접속할 수 없다. 웹 브라우저에서 새로고침을 눌러 정말 그런지 확인해 보자.

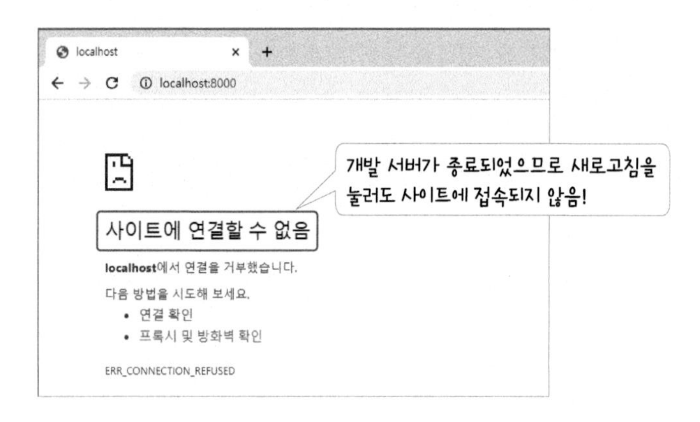

로컬 아이피 주소로 다른 사람이 접속할 수 없는 이유

앞에서 '아직은 여러분이 만든 사이트에 다른 사람이 접속할 수 없다'고 이야기했다. 왜 그럴까? 다른 사람이 여러분이 만든 사이트에 접속하려면 localhost나 127.0.0.1이라는 로컬 아이피 주소가 아닌 15.165.210.240과 같은 인터넷 세상 속의 아이피 주소 또는 pybo.kr과 같은 도메인이 필요하기 때문이다. 로컬 아이피 주소의 '로컬'은 지역이라는 뜻이며, 이는 곧 '내 PC'를 의미한다. 내 PC의 아이피 주소이므로 친구가 접속할 수 없다. 4장에서 인터넷 세상 속의 아이피 주소로 여러분이 만든 사이트에 접속하는 방법을 소개하므로 우선은 파이보 기능을 완성하는 데 집중하자.

mysite 가상 환경에 간단히 진입하기

mysite 가상 환경에 진입하려면 매번 명령 프롬프트를 실행하고 `C:/venvs/mysite/Scripts` 디렉터리로 이동하여 `activate` 명령을 수행해야 한다. 이런 일련의 과정을 한 번에 수행할 수 있는 배치 프로그램을 만들어 귀찮음을 덜어 보자.

01단계 mysite.cmd 배치 파일 생성하기

mysite.cmd 파일을 venvs 디렉터리에 만들고 다음과 같이 작성하여 저장하자. 확장자 .cmd가 붙은 파일은 배치[batch] 파일이라 부르며, 명령어 입력과 실행을 한 번에 해주는 파일이라 생각하면 된다.

파일 이름 C:/venvs/mysite.cmd

```
@echo off
cd c:/projects/mysite
c:/venvs/mysite/scripts/activate
```

배치 파일의 내용은 `C:/projects/mysite` 디렉터리로 이동한 다음, `C:/venvs/mysite/scripts/activate` 명령을 수행하라는 뜻이다.

02단계 배치 파일 위치를 PATH 환경 변수에 추가하기

이 배치 파일이 명령 프롬프트 어느 곳에서나 수행될 수 있도록 C:/venvs 디렉터리를 시스템의 환경 변수 PATH에 추가해야 한다. 먼저 ⊞ + R 키를 입력하여 다음처럼 `sysdm.cpl` 명령을 입력한 다음 〈확인〉을 누르자.

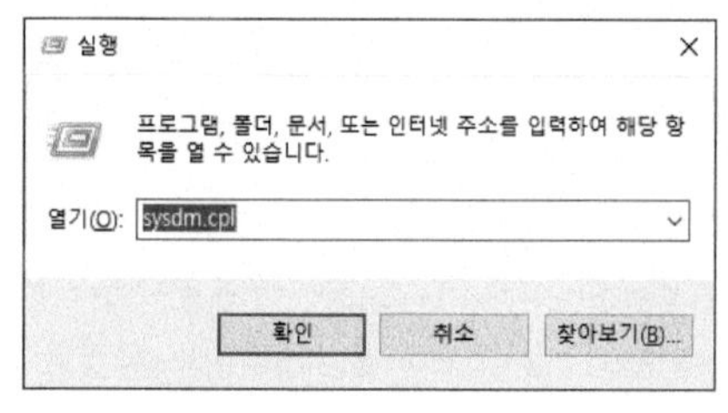

sysdm.cpl 입력

그러면 다음과 같은 '시스템 속성' 창이 나타난다. 여기서 〈고급〉 탭을 선택하고 〈환경 변수〉 버튼을 누르자.

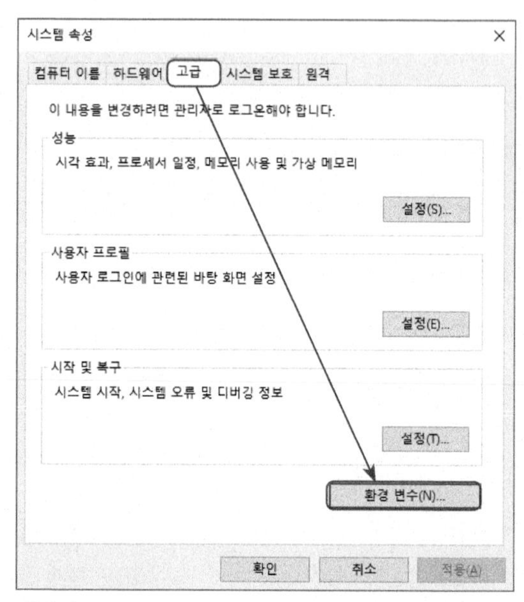

〈환경 변수〉 누르기

그러면 다음과 같은 '환경 변수' 창이 나타난다. 여기서 사용자 변수 중 〈Path〉를 선택하고 〈편집〉 버튼을 누르자.

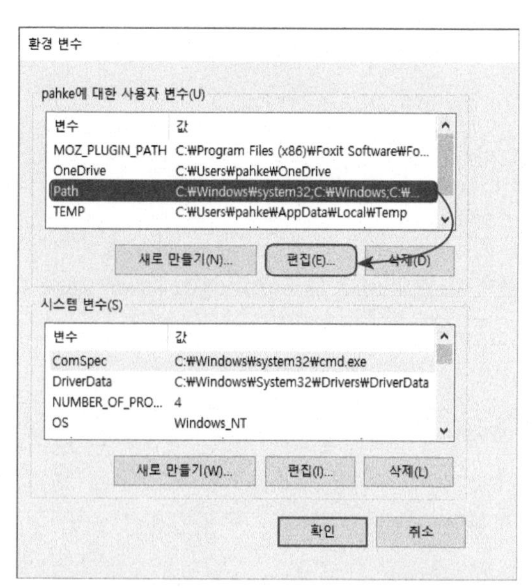

Path 〈편집〉 누르기

그러면 다음과 같은 '환경 변수 편집' 창이 나타난다. 여기서 〈새로 만들기〉 버튼을 누르자.

Path 새로 만들기

그리고 오른쪽 그림처럼 C:/venvs라는 디렉터리를 추가하고 〈확인〉 버튼을 누르자.

환경 변수에 디렉터리 추가

마지막으로 다음 '환경 변수' 창에서 〈확인〉 버튼을 누르자.

03단계 PATH 환경 변수 확인하기

이렇게 하면 환경 변수 PATH에 C:/venvs 디렉터리가 추가되어 `mysite.cmd` 명령을 어디서든 실행할 수 있다. 명령 프롬프트를 다시 시작하자(그래야 변경된 환경 변수 PATH가 제대로 반영된다). 그리고 `set path` 명령을 실행하여 변경된 환경 변수 PATH의 내용을 확인해 보자. C:/

venvs라는 디렉터리가 환경 변수 PATH에 포함되어 있으면 된다.

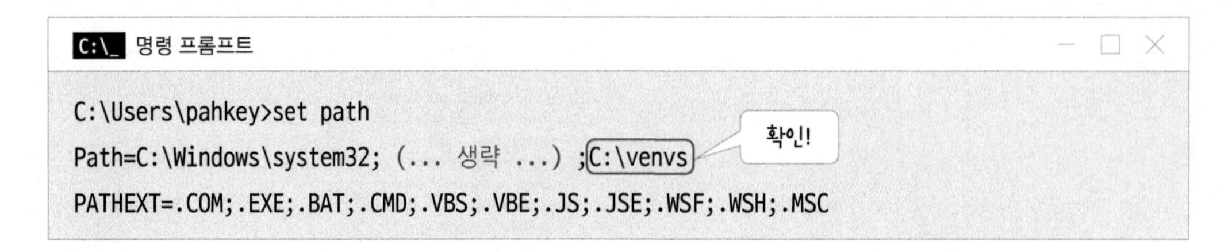

04단계 배치 파일 실행하여 가상 환경에 진입하기

이제 지금까지 만든 mysite 명령(배치 파일 이름)을 실행하여 가상 환경에 잘 진입하는지 확인해 보자. 참고로 윈도우에서 확장자가 .cmd인 파일은 확장자까지 입력하지 않아도 된다.

01-5 파이참 설치하고 장고 개발 서버 실행하기

• 완성 소스 github.com/pahkey/djangobook/tree/1-05

보통 파이썬과 장고 개발에 많이 사용되는 에디터는 비주얼 스튜디오 코드와 파이참이다. 이 책에서는 파이참으로 장고 개발을 진행한다.

비주얼 스튜디오 코드와 파이참

파이참 설치하기

01단계 파이참 설치 파일 내려받기

파이참은 오른쪽 팁에 있는 주소에 접속하면 내려받을 수 있다. 〈Professional〉과 〈Community〉 중 무료 버전인 〈Community〉를 선택하자. 파이참 설치 파일을 내려받은 후 설치를 진행하자. 설치할 때 특별히 주의할 점은 없으므로 끝까지 〈Next〉를 선택하여 설치하면 된다.

윈도우용 파이참 설치 파일 주소: www.jetbrains.com/ko-kr/pycharm/download/#section=windows

파이참 설치 시작 화면

02단계 파이참 실행하기

을 누르고 프로그램 목록에서 [JetBrains → PyCharm Community Edition]을 선택하면 파이참이 실행된다. 파이참을 처음 실행하는 독자라면 다음과 같은 설정 창이 나타날 것이다. 테마, 플러그인 등의 옵션은 기본값으로 선택하고 넘어가자. 필자는 책에 담을 화면을 갈무리하고자 다음과 같이 바탕이 흰색인 Light 테마를 설정했다.

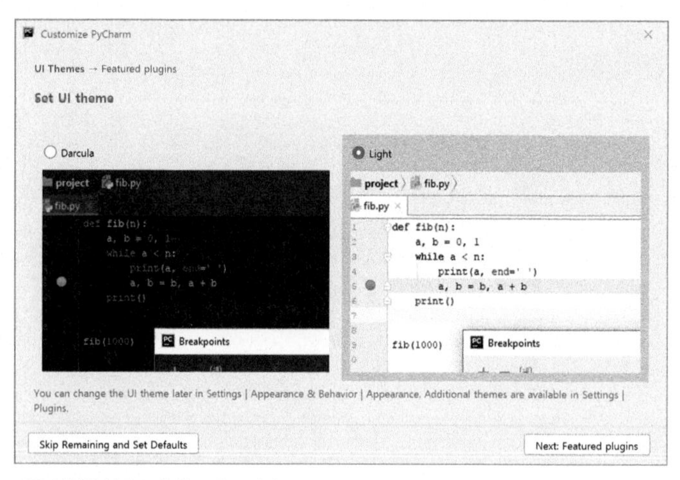

기존 설정을 불러오지 않고 새로 시작

이어서 다음과 같은 창이 나오면 두 번째 메뉴인 〈Open〉을 선택하여 앞에서 우리가 생성한 장고 프로젝트인 C:/projects/mysite를 선택하자.

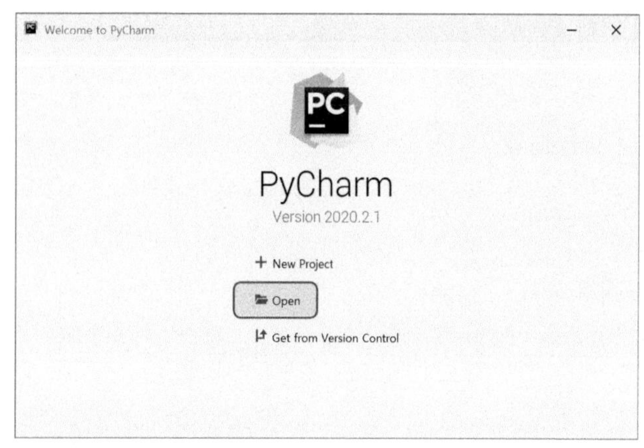

파이참 시작 화면에서 프로젝트 열기

여기까지 문제없이 진행했다면 다음과 같이 파이참이 정상으로 실행된다.

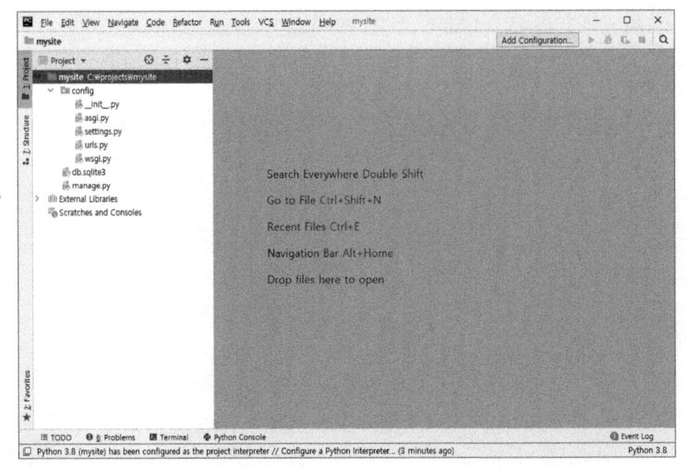

파이참에서 프로젝트를 열면 나타나는 첫 화면

처음 프로젝트를 만들면 mysite 디렉터리 안에 main.py 파일이 자동으로 생성될 수 있다. 파일이 있다면 삭제 후 실습을 진행하자.

파이참 인터프리터 설정하고 개발 서버 한글로 실행하기

파이참으로 장고 프로젝트를 불러온 후 가장 먼저 해야 할 일은 장고 프로젝트가 바라봐야 할 파이썬 인터프리터 위치를 설정하는 것이다.

01단계 현재 파이썬 인터프리터 위치 확인하기

파이참 메뉴에서 [File → Settings]를 눌러 설정 창을 열고 [Project: mysite → Project Interpreter]를 순서대로 눌러 파이썬 인터프리터 위치를 설정할 수 있는 창을 열자. 그런 다음 오른쪽 위에 보이는 Python Interpreter를 보자. 아마도 파이썬을 설치한 디렉터리로 설정되어 있을 것이다.

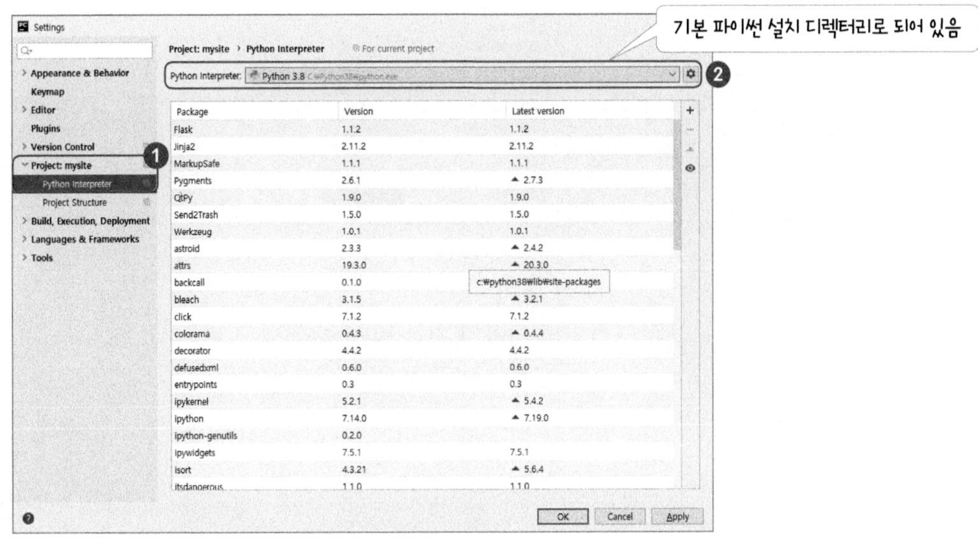

파이썬 인터프리터 위치 확인

02단계 파이썬 인터프리터 위치를 가상 환경 위치로 수정하기

하지만 지금은 가상 환경을 사용하므로 파이썬 인터프리터 위치를 가상 환경 위치로 수정해야 한다. 다음처럼 Python Interpreter 오른쪽에 보이는 톱니바퀴 모양 아이콘을 누른 다음 〈Add〉를 누르자.

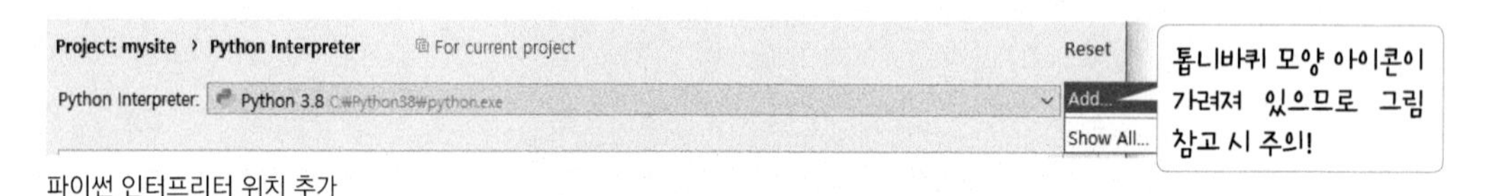

파이썬 인터프리터 위치 추가

다음처럼 파이썬 인터프리터 위치를 설정할 수 있는 'Add Python Interpreter' 창이 나타난다. 여기서 〈Existing environment〉를 누른 다음 Interpreter 오른쪽에 보이는 〈...〉을 누르고 C:/venvs/mysite/Scripts/python.exe를 선택한 후 〈OK〉를 누른다.

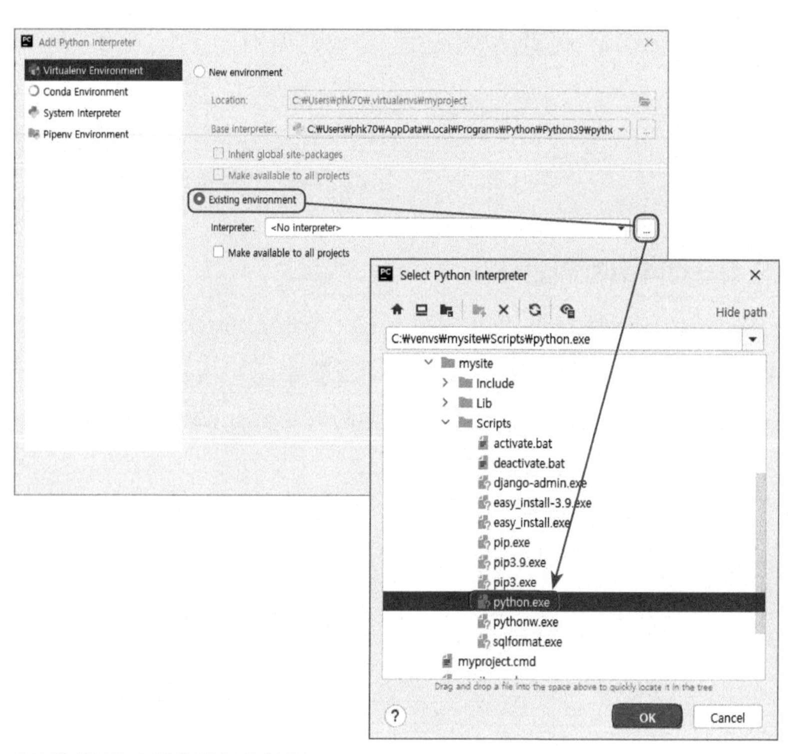

가상 환경에 있는 파이썬 인터프리터 연결

나머지 창도 〈OK〉를 눌러 설정을 마치면 파이참이 mysite 가상 환경에 있는 파이썬 인터프리터를 인식하기 시작한다.

03단계 파이참에서 settings.py 파일 수정하기

이제 파이참으로 장고를 개발할 준비가 완료되었다. 장고 개발을 맛보는 차원에서 장고의 설정값이 들어 있는 settings.py 파일을 수정해 보자. 파이참에서 settings.py 파일을 열어 `LANGUAGE_CODE`와 `TIME_ZONE` 설정값을 수정하자. `LANGUAGE_CODE`를 en-us에서 ko-kr로 수정하고 `TIME_ZONE`을 `UTC`에서 `Asia/Seoul`로 수정했다. 언어와 시간을 한국 값으로 바꾼 것이다.

파일 이름 C:/projects/mysite/config/settings.py

```
(... 생략 ...)
LANGUAGE_CODE = 'ko-kr'

TIME_ZONE = 'Asia/Seoul'
(... 생략 ...)
```

03단계 개발 서버 다시 구동하기

앞의 실습을 잘 진행했다면 개발 서버가 종료된 상태이다. 개발 서버를 다시 구동하자. localhost:8000으로 접속하면 초기 화면이 영어에서 한글로 바뀌어 있다.

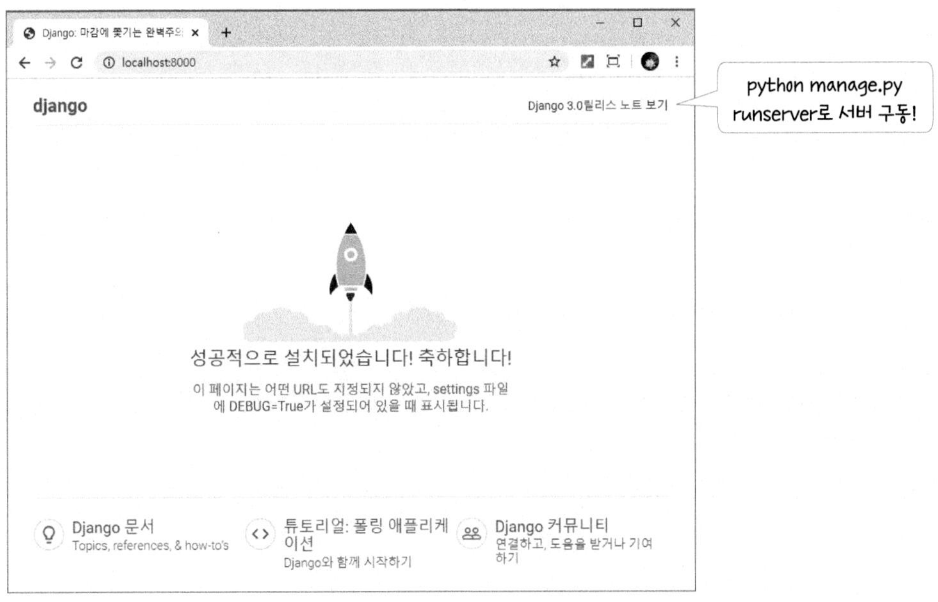

한글로 바뀐 화면

장고의 기본 요소 익히기!

이 장에서는 장고 개발을 하는 데 필요한 기본 내용을 모두 다룰 것이다. 여러분이 앞으로 만들 '파이보'가 완성된 빌딩이라면 이 장은 기초 공사에 해당한다. 기초 공사를 탄탄히 하여 안전한 빌딩의 토대를 마련해 보자.

- urls.py 파일을 이용해 URL과 매핑되는 뷰 함수를 관리한다.
- 장고 ORM을 이용해 데이터베이스를 제어한다.
- 파이보 게시판에 질문 목록과 질문 상세 기능을 만든다.

02-1 주소와 화면을 연결하는 URL과 뷰

• 완성 소스 github.com/pahkey/djangobook/tree/2-01

이제부터 파이보를 만들면서 장고의 기능을 살펴볼 것이다. 가장 먼저 요청 URL을 어떻게 처리하고 또 어떻게 파이썬 프로그램을 호출하는지 알아보자.

앱 생성하고 확인하기

1장에서 mysite 프로젝트를 생성했다. 프로젝트에는 장고가 제공하는 기본 앱과 개발자(여러분)가 직접 만든 앱이 포함될 수 있으며, 장고에서 말하는 '앱'은 안드로이드 앱과 성격이 다르다고 언급했다. 그러면 장고의 앱이란 정말로 무엇일까? 우리의 파이보 서비스에 필요한 pybo 앱을 만들어 보며 알아보자.

01단계 pybo 앱 생성하기

명령 프롬프트에서 django-admin의 startapp 명령을 이용하여 pybo 앱을 생성하자.

C:_ 명령 프롬프트

```
(mysite) C:\projects\mysite>django-admin startapp pybo
(mysite) C:\projects\mysite>
```

02단계 생성된 앱 확인하기

1단계를 진행하면 아무런 메시지가 나타나지 않을 것이다. 하지만 파이참에서 왼쪽의 프로젝트 디렉터리 목록을 살펴보면 pybo라는 이름의 디렉터리가 생성되었음을 확인할 수 있다.

> 모양으로 되어 있는 디렉터리는 디렉터리가 접혀 있는 상태를 의미하며, 디렉터리 이름을 더블클릭하면 디렉터리가 펼쳐진다.

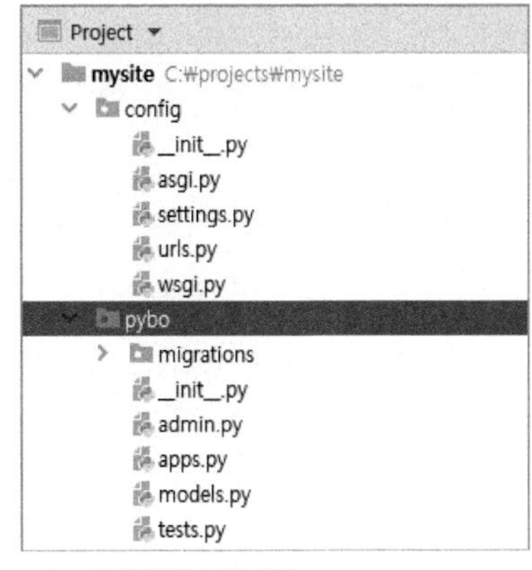

pybo 디렉터리를 펼친 모습

__init__.py, admin.py, apps.py 같은 파일이 바로 pybo 앱을 위한 것이다. 이 파일들은 실습을 진행하며 작성 또는 수정할 것이다.

안녕하세요 파이보?

지금부터 실습을 시작해 보자. 실습을 진행하면 파이보 서비스가 조금씩 완성될 것이다. 여기서 필자가 여러분에게 한 가지 부탁하고 싶은 것이 있다. **결과를 보기 위해 실습을 무작정 따라 하지 않길 바란다. 결과를 보고 싶은 조급한 마음은 이해하지만, 결과가 나온 이유를 명확하게 이해하면서 따라 해야 좋은 개발자가 될 수 있다.**

01단계 개발 서버 구동하기

개발 서버를 구동하자.

```
C:\_ 명령 프롬프트
(mysite) C:\projects\mysite> python manage.py runserver
```

02단계 localhost:8000/pybo에 접속하기

우리는 아직 아무런 작업도 하지 않았다. 하지만 그냥 웹 브라우저 주소창에 다음을 입력하여 접속해 보자. 앞으로 이 과정을 '페이지를 요청한다' 또는 localhost:8000을 생략하여 '/pybo/를 요청한다'라고 할 것이다.

```
localhost:8000/pybo
```

03단계 오류 메시지 확인하기

그러면 'Page not found (404)' 오류 페이지가 보인다. 명령 프롬프트에도 같은 오류가 보인다. 404는 HTTP 오류 코드 중 하나로, 사용자가 요청한 페이지를 찾을 수 없는 경우 발생하는 오류이다. 장고는 오류 발생 시 오류 원인을 웹 브라우저 또는 명령 프롬프트에 자세히 보여 준다.

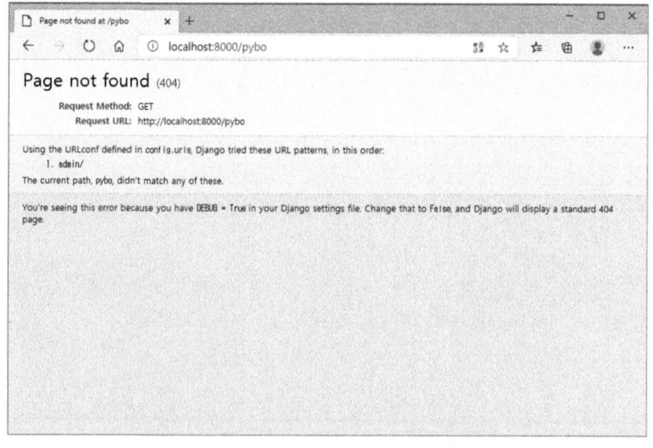

웹 브라우저에서 볼 수 있는 Page not found (404) 화면

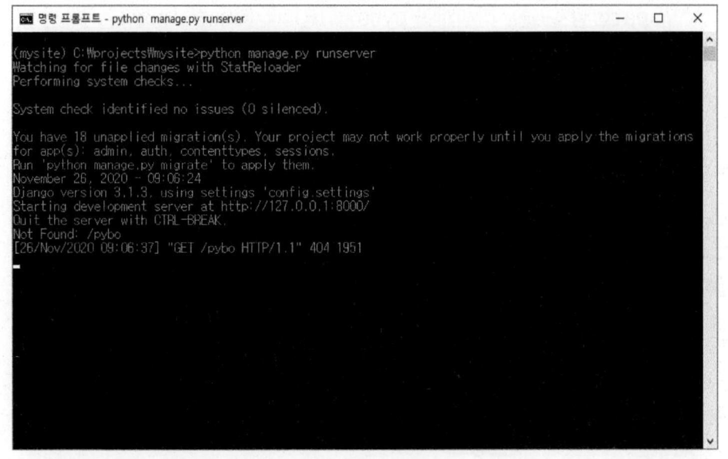

명령 프롬프트에서 볼 수 있는 Page not found (404) 화면

이 오류는 왜 발생했을까? 장고는 사용자가 웹 브라우저에서 /pybo/라는 페이지를 요청하면 해당 페이지를 가져오는 URL 매핑이 있는지 config/urls.py 파일을 뒤져 찾아본다. 그런데 아직 /pybo/ 페이지에 해당하는 URL 매핑을 장고에 등록하지 않았다. 그래서 장고는 /pybo/ 페이지를 찾을 수 없다고 메시지를 보낸 것이다.

04단계 config/urls.py 수정하기

그럼 이제 할 일은 정해졌다. 장고가 사용자의 페이지 요청을 이해할 수 있도록 config/urls.py 파일을 수정하자. 앞으로 이를 'URL 매핑을 추가한다'고 말할 것이다. URL 매핑을 추가하기 위해 config/urls.py 파일을 수정하자.

config/urls.py은 페이지 요청 시 가장 먼저 호출되며, 요청 URL과 뷰 함수를 1:1로 연결해 준다.

뷰 함수는 아직 살펴보지 않았다. 뷰 함수는 화면을 보여 주기 위한 함수로, views.py에 있는 함수다. 이 함수도 곧 공부할 것이다.

파일 이름 C:/projects/mysite/config/urls.py

```
from django.contrib import admin
from django.urls import path
from pybo import views

urlpatterns = [
    path('admin/', admin.site.urls),
    path('pybo/', views.index),
]
```

코드의 urlpatterns 변수를 보면 path 함수를 사용하여 pybo/ URL과 views.index를 매핑했다. views.index는 views.py 파일의 index 함수를 의미한다. 장고는 이런 식으로 URL과 뷰 함수를 매핑했다.

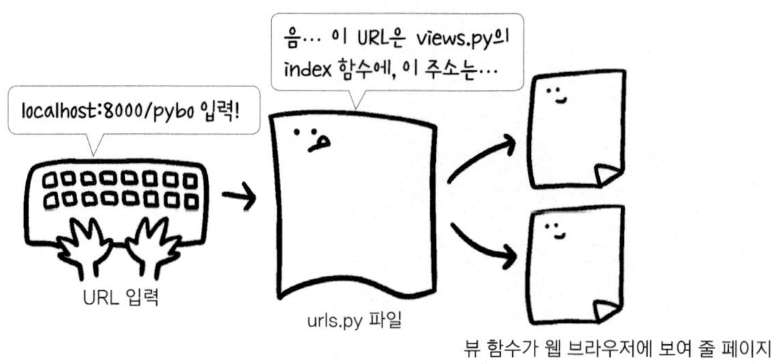

localhost:8000/pybo 입력!
음… 이 URL은 views.py의
index 함수에, 이 주소는…
URL 입력
urls.py 파일
뷰 함수가 웹 브라우저에 보여 줄 페이지

urls.py와 views.py가 매핑되어 연결되는 모습

05단계 config/urls.py 다시 살펴보기

그런데 여러분이 urlpatterns에 입력한 URL은 웹 브라우저에 입력한 localhost:8000/pybo에서 호스트명 localhost와 포트 번호 :8000이 생략된 pybo/이다. 호스트명과 포트는 장고가 실행되는 환경에 따라 변하는 값이며 장고가 이미 알고 있는 값이다. 그러므로 urlpatterns에는 호스트명과 포트를 입력하지 않는다.

Urls.py 파일의 urlpatterns

```
urlpatterns = [
    path('admin/', admin.site.urls),
    path('pybo/', views.index),
]
```

그리고 pybo에 슬래시 /를 붙여 입력한 점에도 주목하자! 슬래시를 붙이면 사용자가 슬래시 없이 주소를 입력해도 장고가 자동으로 슬래시를 붙여 준다. 이는 URL을 정규화하는 장고의 기능 덕분이다. 아무튼! 특별한 경우가 아니라면 URL 매핑에는 호스트명과 포트를 생략하고 끝에는 슬래시를 붙이자.

웹 브라우저 주소창에 localhost:8000/pybo라고 입력하면 장고가 자동으로 localhost:8000/pybo/와 같이 슬래시를 붙여 준다.

프로젝트 디렉터리는 BASE_DIR 변수에 저장되어 있다

여러분의 파이보 프로젝트 디렉터리는 C:/projects/mysite일 것이다. 장고는 이 경로를 settings.py 파일의 BASE_DIR 변수에 저장한다. 이 책에서는 파일 경로를 언급할 때 BASE_DIR을 생략한다. 예를 들어 config/urls.py라 언급하면 BASE_DIR의 값인 C:/projects/mysite가 생략된 것이므로 실제 언급하는 파일 위치는 C:/projects/mysite/config/urls.py이다.

06단계 오류 메시지 확인하기

다시 /pybo/에 접속해 보자. 그러면 웹 브라우저에 '사이트에 연결할 수 없음' 오류가 표시되고, 개발 서버에는 다음과 같은 오류가 표시된다.

```
C:\_ 명령 프롬프트
(... 생략 ...)
  File "C:\projects\mysite\config\urls.py", line 23, in <module>
    path('pybo/', views.index),
AttributeError: module 'pybo.views' has no attribute 'index'
```

config/urls.py 파일을 수정했음에도 이런 오류가 발생한 이유는 URL 매핑에 추가한 뷰 함수 `views.index`가 없기 때문이다.

07단계 pybo/views.py 작성하기

pybo/views.py 파일에 `index` 함수를 추가하자.

```
파일 이름 C:/projects/mysite/pybo/views.py
from django.http import HttpResponse


def index(request):
    return HttpResponse("안녕하세요 pybo에 오신것을 환영합니다.")
```

`return` 문에 사용된 `HttpResponse`는 페이지 요청에 대한 응답을 할 때 사용하는 장고 클래스이다. 여기서는 `HttpResponse`

index 함수의 매개변수 request는 장고에 의해 자동으로 전달되는 HTTP 요청 객체이다.

에 "안녕하세요 pybo에 오신것을 환영합니다."라는 문자열을 전달하여 이 문자열이 웹 브라우저에 그대로 출력되도록 만들었다.

request는 사용자가 전달한 데이터를 확인할 때 사용된다.

08단계 첫 번째 장고 프로그램 완성!

이제 /pybo/에 접속하면 웹 브라우저에 "안녕하세요 pybo에 오신것을 환영합니다."라는 문자열이 출력된다. 축하한다. 여러분의 첫 번째 장고 프로그램이 완성되었다!

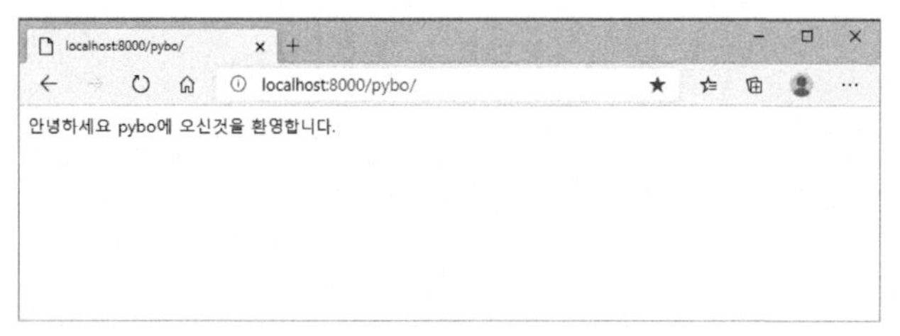

/pybo/에서 볼 수 있는 첫 번째 화면

장고 개발 흐름 정리하기

지금까지 여러분이 경험한 개발 과정은 모든 실습 과정에서 여러 번 반복될 것이다. 그만큼 이 과정은 중요하다! 다음 그림으로 개발 과정을 정리해 보자.

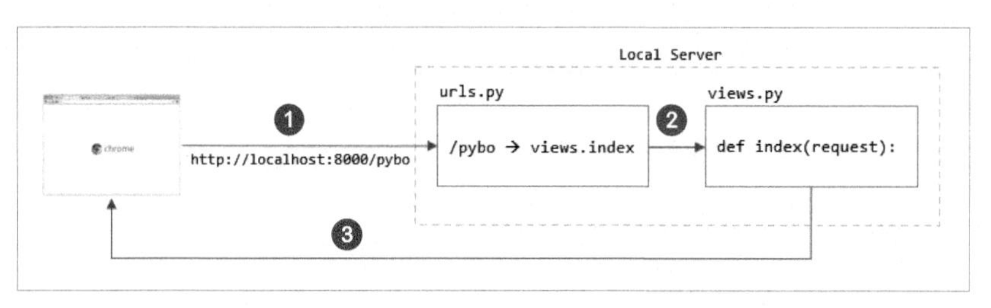

장고 개발 흐름 요약

❶ 웹 브라우저 주소창에 localhost:8000/pybo 입력(장고 개발 서버에 /pybo/ 페이지 요청).
❷ config/urls.py 파일에서 URL을 해석해 pybo/views.py 파일의 **index** 함수 호출.
❸ pybo/views.py 파일의 **index** 함수를 실행해 함수 실행 결과를 웹 브라우저에 전달.

사용자가 /pybo/ 페이지를 요청하면 장고 개발 서버가 URL을 분석해, URL에 매핑된 함수를 호출하고, 함수 실행 결과를 웹 브라우저 화면에 전달한다. 이 과정을 기억하며 실습을 진행하자.

URL 분리하기

01단계 config/urls.py 다시 살펴보기

config/urls.py 파일을 다시 한번 살펴보자. 아까 얘기했듯이 pybo 앱 관련 파일은 대부분 pybo 디렉터리에 있다. 하지만 config/urls.py 파일은 pybo 디렉터리에 없다. 그러므로 pybo 앱에 URL 매핑을 추가하려면 pybo 디렉터리가 아닌 config 디렉터리에 있는 urls.py 파일을 수정해야 한다.

파일 이름 C:/projects/mysite/config/urls.py

```
from django.contrib import admin
from django.urls import path
from pybo import views

urlpatterns = [
    path('admin/', admin.site.urls),
    path('pybo/', views.index),
]
```

이 방식은 프로젝트의 짜임새를 전혀 고려하지 않은 것이다. pybo 앱 관련 urls.py 파일을 따로 구성할 방법은 없을까? 물론 있다.

02단계 config/urls.py 수정하기

`include` 함수를 임포트해 pybo/의 URL 매핑을 `path('pybo/', views.index)`에서 `path('pybo/', include('pybo.urls'))`로 수정하자.

파일 이름 C:/projects/mysite/config/urls.py

config 디렉터리의 urls.py 파일명

```
from django.contrib import admin
from django.urls import path, include
from pybo import views

urlpatterns = [
    path('admin/', admin.site.urls),
    path('pybo/', include('pybo.urls')),
]
```

`path('pybo/', include('pybo.urls'))`는 pybo/로 시작되는 페이지 요청은 모두 pybo/urls.py 파일에 있는 URL 매핑을 참고하여 처리하라는 의미이다. 다시 말해 pybo 앱과 관련된 URL 요청은 앞으로 pybo/urls.py 파일에서 관리하라는 뜻이다. 다음 예와 같이 pybo/로 시작하는 요청은 config/urls.py 파일이 아닌 pybo/urls.py 파일을 통해 처리하게 된다.

URL 요청	요청 처리 파일
pybo/question/create/	pybo/urls.py
pybo/answer/create/	pybo/urls.py
그외	config/urls.py

03단계 pybo/urls.py 생성하기

pybo 앱 디렉터리에 urls.py 파일을 생성하자. [pybo → 마우스 오른쪽 클릭 → New → File]을 한 다음 파일명으로 urls.py를 입력하자. 이때 파일명에는 반드시 확장자 .py가 포함되어야 한다.

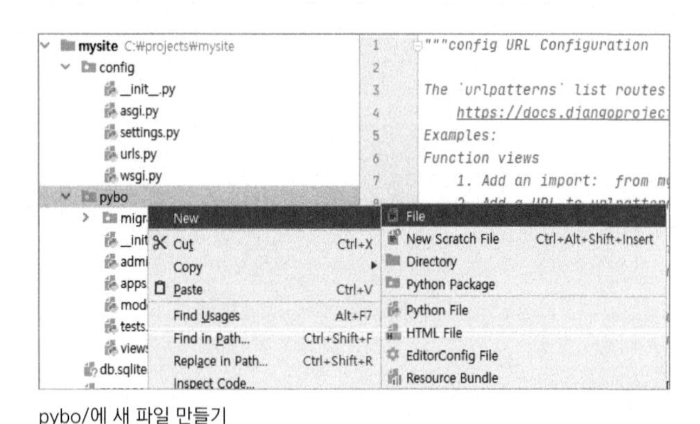

pybo/에 새 파일 만들기

반드시 확장자명 포함하여 새 파일 만들기

04단계 pybo/urls.py 수정하기

pybo/urls.py 파일을 다음과 같이 수정하자. 코드 내용은 기존 config/urls.py 파일과 다르지 않다. 다만 `path('', views.index)` 입력 부분만 다르다. config/urls.py 파일에서 pybo/에 대한 처리를 한 상태에서 pybo/urls.py 파일이 실행되므로 첫 번째 매개변수에 pybo/가 아닌 빈 문자열('')을 인자로 넘겨준 것이다.

파일 이름 C:/projects/mysite/pybo/urls.py

```
from django.urls import path

from . import views

urlpatterns = [
    path('', views.index),
]
```

다시 /pybo/에 접속해 보자. 다음 화면이 나오면 잘 접속된 것이다.

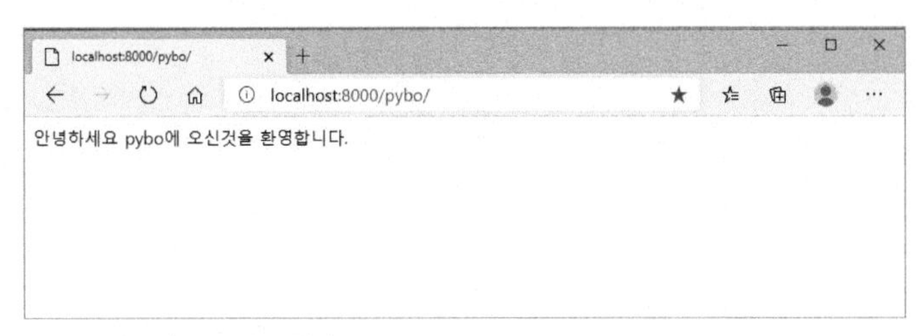

/pybo/ 접속 시 볼 수 있는 화면

다음 그림은 장고가 config/urls.py, pybo/urls.py 파일 순서로 살펴보며 URL 매핑을 찾는 과정을 보여준다.

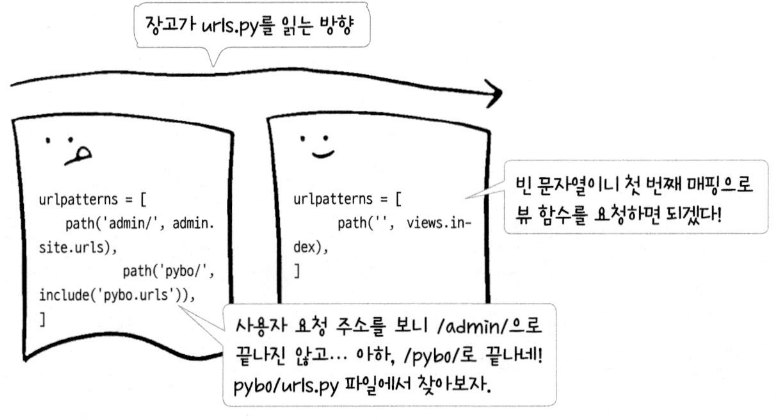

URL 매핑을 확인하는 과정

이 과정을 이해하는 것은 무척 중요하므로 다른 예로도 설명해 보겠다. pybo/urls.py 파일에 `path('question/create/', ...)`가 추가되면 config/urls.py 파일과 pybo/urls.py 파일에 의해 최종 매핑되는 URL은 pybo/question/create/가 된다.

02-2 데이터를 관리하는 모델

• 완성 소스 github.com/pahkey/djangobook/tree/2-02

장고는 모델로 데이터를 관리한다. 모델로 데이터를 관리한다는 것은 무엇이며 어떤 이점이 있을까? 보통 웹 개발에서는 데이터의 저장·조회를 위해 SQL 쿼리문을 이용한다. 이 말은 데이터 저장·조회를 위해서는 별도의 SQL 쿼리문을 배워야 한다는 말과 같다. 학습 장벽이 하나 더 생기는 셈이다. 하지만 놀랍게도 모델을 사용하면 SQL 쿼리문을 몰라도 데이터를 저장·조회할 수 있다. 모델이 무엇이길래 이렇게 파격적으로 이야기하는지 실습을 통해 알아보자.

migrate와 테이블 알아보기

01단계 장고 개발 서버 구동 시 나오는 경고 메시지 살펴보기

모델을 알아보기 위해 python manage.py runserver 명령 실행 시 나오는 경고 메시지를 조금 더 자세히 살펴보자. 중간쯤에 있는 경고 메시지를 보면 '아직 적용되지 않은 18개의 migration이 있다'고 한다.

C:_ 명령 프롬프트

```
(mysite) C:\projects\mysite>python manage.py runserver
Watching for file changes with StatReloader
Performing system checks...

System check identified no issues (0 silenced).

You have 18 unapplied migration(s). Your project may not work properly until you apply
the migrations for app(s): admin, auth, contenttypes, sessions.
Run 'python manage.py migrate' to apply them.
May 06, 2020 - 09:49:37
Django version 3.1.3, using settings 'config.settings'
Starting development server at http://127.0.0.1:8000/
Quit the server with CTRL-BREAK.
```

아직 적용되지 않은 18개의 migration이 있음!

migration이 무엇인지 아직은 잘 모를 것이다. 하지만 적어도 이 경고 메시지가 admin, auth, contenttypes, sessions 앱과 관련된 내용이며, 이 오류를 해결하려면 `python manage.py migrate`를 실행해야 한다는 안내는 확인할 수 있다.

admin, auth, content types, sessions 앱은 장고 프로젝트를 만들 때 기본으로 생성되어 설치된다.

02단계 config/settings.py 열어 기본으로 설치된 앱 확인하기

그러면 경고 메시지에 표시된 앱은 어디서 확인할 수 있고, 왜 경고 메시지에 언급되었을까? 그 이유는 config/settings.py 파일을 열어 보면 어느 정도 짐작할 수 있다. 파일을 열어 `INSTALLED_APPS` 항목을 찾아보자.

파일 이름 C:/projects/mysite/config/settings.py

```
(... 생략 ...)
INSTALLED_APPS = [
    'django.contrib.admin',
    'django.contrib.auth',
    'django.contrib.contenttypes',
    'django.contrib.sessions',
    'django.contrib.messages',
    'django.contrib.staticfiles',
]
(... 생략 ...)
```

`INSTALLED_APPS`는 현재 장고 프로젝트에 설치된 앱이다. 경고 메시지에 언급되지 않은 `messages`, `staticfiles` 앱도 보일 것이다. 이 앱들은 데이터베이스와 상관 없으므로 경고 메시지에 언급되지 않은 것이다.

03단계 config/settings.py에서 데이터베이스 정보 살펴보기

살펴보는 김에 config/settings.py 파일을 조금 더 살펴보자. config/settings.py 파일에는 설치된 앱뿐만 아니라 사용하는 데이터베이스에 대한 정보도 정의되어 있다. `DATABASES` 설정 중 `default`의 `'ENGINE'` 항목을 보면 데이터베이스 엔진이 `django.db.backends.sqlite3`로 정의되어 있음을 알 수 있다. 그리고 `'NAME'` 항목을 보면 데이터베이스는 `BASE_DIR`에 있는 db.sqlite3이라는 파일에 저장되는 것도 알 수 있다.

BASE_DIR은 프로젝트 디렉터리를 의미하며, 현재 우리의 BASE_DIR은 C:/projects/mysite이다.

데이터베이스를 여러 개 사용할 때 default에 지정한 데이터베이스 외에 추가로 등록해 사용할 수 있다.

파일 이름 C:/projects/mysite/config/settings.py

```
(... 생략 ...)
DATABASES = {
    'default': {
        'ENGINE': 'django.db.backends.sqlite3',
        'NAME': BASE_DIR / 'db.sqlite3',
    }
}
(... 생략 ...)
```

SQLite는 파일 기반의 아주 작은 데이터베이스이다

SQLite는 주로 소규모 프로젝트에서 사용되는 파일 기반의 가벼운 데이터베이스이다. 보통 초기 개발 단계에서 SQLite를 사용하여 빠르게 개발하고, 서비스로 제공할 때 운영 환경에 어울리는 데이터베이스로 바꾼다.

04단계 migrate 명령으로 앱이 필요로 하는 테이블 생성하기

migrate 명령을 실행하여 경고 메시지에 있던 앱들이 필요로 하는 테이블들을 생성하자. 명령 프롬프트에서 python manage.py migrate를 입력하면 다음과 같은 메시지가 출력된다.

테이블은 데이터베이스에서 데이터를 저장하기 위한 데이터 집합의 모음이라고 생각하면 된다.

C:_ 명령 프롬프트

```
(mysite) C:\projects\mysite>python manage.py migrate

Operations to perform:
  Apply all migrations: admin, auth, contenttypes, sessions
Running migrations:
  Applying contenttypes.0001_initial... OK
  Applying auth.0001_initial... OK
  Applying admin.0001_initial... OK
  Applying admin.0002_logentry_remove_auto_add... OK
  Applying admin.0003_logentry_add_action_flag_choices... OK
  Applying contenttypes.0002_remove_content_type_name... OK
  Applying auth.0002_alter_permission_name_max_length... OK
```

```
  Applying auth.0003_alter_user_email_max_length... OK
  Applying auth.0004_alter_user_username_opts... OK
  Applying auth.0005_alter_user_last_login_null... OK
  Applying auth.0006_require_contenttypes_0002... OK
  Applying auth.0007_alter_validators_add_error_messages... OK
  Applying auth.0008_alter_user_username_max_length... OK
  Applying auth.0009_alter_user_last_name_max_length... OK
  Applying auth.0010_alter_group_name_max_length... OK
  Applying auth.0011_update_proxy_permissions... OK
  Applying sessions.0001_initial... OK
```

메시지에 대해 간단히 설명하자면 `migrate`를 통해 admin, auth, contenttypes, sessions 앱이 사용하는 테이블이 생성된다. 아직 여러분은 어떤 테이블이 생성되었는지 깊게 알 필요 없다. 왜냐하면 이 앱들을 사용하더라도 직접 테이블을 건드릴 일은 거의 없기 때문이다.

05단계 DB Browser for SQLite로 테이블 살펴보기

테이블의 정체가 궁금하다면 `migrate` 명령을 통해 어떤 테이블이 만들어졌는지 잠깐 확인해 보자. SQLite의 GUI 도구(그래픽 도구)인 'DB Browser for SQLite'를 설치하면 데이터베이스의 테이블을 확인할 수 있다. sqlitebrowser.org/dl에 접속하여 'DB Broswer for SQLite'를 내려받자.

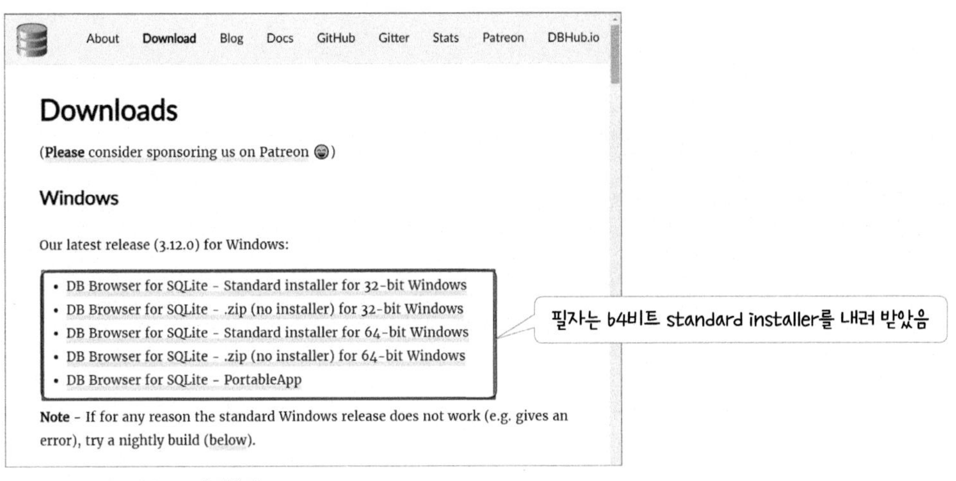

DB Broswer for SQLite 내려받기

여러분의 PC 환경에 맞는 설치 파일을 선택하여 내려받아 설치하자.

6단계 DB Browser for SQLite 살펴보기

설치 후 실행하면 다음과 같은 창이 나타난다. [데이터베이스 열기 → C:/projects/mysite/db.sqlite3 파일 선택]을 수행하면 앞에서 만든 테이블을 눈으로 확인할 수 있다.

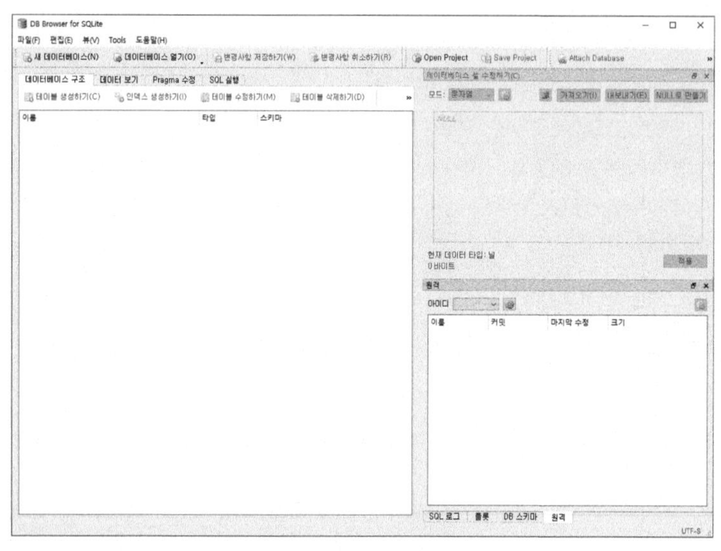

DB Broswer for SQLite 화면

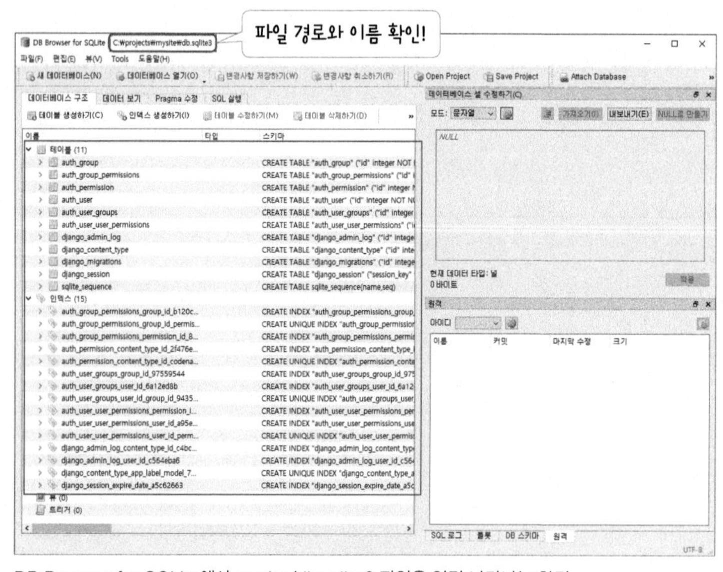

DB Broswer for SQLite에서 mysite/db.sqlite3 파일을 열면 나타나는 화면

화면에 뭔가 많이 나타나서 겁먹었을 수도 있겠지만, 여러분은 테이블의 내용을 자세히 볼 필요가 없다. 왜냐하면 장고는 테이블 작업을 위한 쿼리문을 알아서 수행하기 때문이다.

장고의 ORM은 쿼리문을 몰라도 데이터 작업을 할 수 있다

쿼리문이란 데이터베이스의 테이블을 생성, 수정, 삭제 또는 테이블 데이터의 내용을 생성, 수정, 삭제 시 사용하는 데이터베이스 질의(문법)이다. 쉽게 말해 데이터 작업을 위한 문법이다. 데이터를 다루고 싶다면 데이터베이스 종류에 맞는 쿼리문을 공부해야 한다. 하지만 다행스럽게도 여러분은 쿼리문을 전혀 몰라도 된다. 왜냐하면 장고에는 ORM^object relational mapping^이라는 기능이 있기 때문이다. ORM은 파이썬으로 데이터 작업을 할 수 있게 해주는 기능이라고 생각하면 된다. 즉, 장고에서는 쿼리문을 몰라도 파이썬을 안다면 데이터를 다룰 수 있다.

ORM은 데이터베이스 사용 방식의 단점 3가지를 제거한다

전통적으로 데이터베이스를 사용하는 프로그램들은 데이터베이스의 데이터를 조회하거나 저장하기 위해 쿼리문을 사용해야 했다. 이 방식은 여전히 많이 사용되고 있는 방식이다. 하지만 이 전통적인 방식에는 몇 가지 단점이 있다. 첫 번째, 쿼리문은 같은 목적으로 작성해도 개발자마다 다양한 쿼리문이 만들어지므로 통일성이 깨진다. 두 번째, 개발자가 쿼리문을 잘못 작성하게 되면 시스템의 성능이 저하될 수도 있다. 세 번째, 데이터베이스를 변경하면(MySQL → 오라클) 특정 데이터베이스에 의존하는 쿼리문을 모두 수정해야 하므로 유지 보수의 어려움이 생긴다.

하지만 장고의 ORM은 데이터베이스의 테이블을 모델화하여 사용하기 때문에 위에서 열거한 단점이 모두 사라진다. ORM이 쿼리문을 자동으로 생성하므로 통일성이 보장된다. 그리고 쿼리문 자체를 잘못 작성할 가능성도 사라진다. 또한 데이터베이스에 맞게 자동으로 쿼리문을 생성해 주므로 쿼리문 수정 작업이 사라진다. 바로 이것이 ORM을 사용하는 이유이다.

모델 만들기

이제 파이보에서 사용할 모델을 만들어 보자. 파이보는 질문 답변 게시판이므로 질문과 답변에 해당하는 모델이 있어야 한다.

01단계 모델 속성 구상하기

질문과 답변 모델에는 어떤 속성이 있어야 할까? 질문 모델에는 다음 속성이 필요하다.

속성명	설명
subject	질문의 제목
content	질문의 내용
create_date	질문을 작성한 일시

답변 모델은 다음과 같은 속성이 필요하다.

속성명	설명
question	질문(어떤 질문의 답변인지 알아야 하므로 질문 속성이 필요함)
content	답변의 내용
create_date	답변을 작성한 일시

이와 같이 설계한 모델을 구현해 보자.

02단계 pybo/models.py에 질문 모델 작성하기

질문 모델을 pybo/models.py에 작성해 보자. 질문 모델은 Question 클래스로 만든다. 앞으로 대부분의 모델은 클래스로 만들 것이며, 이후 책에서는 클래스명으로 모델을 언급하겠다. 이를테면 질문 모델은 Question 모델이라 하겠다.

파일 이름 C:/projects/mysite/pybo/models.py

```
from django.db import models


class Question(models.Model):
    subject = models.CharField(max_length=200)
    content = models.TextField()
    create_date = models.DateTimeField()
```

Question 모델에는 제목(subject), 내용(content), 작성일시(create_date)를 속성으로 추가했다. subject는 최대 200자까지 입력할 수 있도록 max_length=200을 매개변수로 전달하여 설정했다. 이처럼 글자 수를 제한하고 싶은 데이터는 CharField를 사용해야 한다. content는 글자 수 제한이 없는 데이터이다. 글자 수 제한이 없는 데이터는 TextField를 사용한다. create_date 같은 날짜·시간 관련 속성은 DateTimeField를 사용한다.

03단계 pybo/models.py에 답변 모델 작성하기

이어서 같은 파일에 Answer 모델도 작성하자.

파일 이름 C:/projects/mysite/pybo/models.py

```
from django.db import models


class Question(models.Model):
    subject = models.CharField(max_length=200)
    content = models.TextField()
    create_date = models.DateTimeField()


class Answer(models.Model):
    question = models.ForeignKey(Question, on_delete=models.CASCADE)
    content = models.TextField()
    create_date = models.DateTimeField()
```

Answer 모델은 어떤 질문에 대한 답변이므로 Question 모델을 속성으로 가져야 한다. 이처럼 어떤 모델이 다른 모델을 속성으로 가지면 ForeignKey를 이용한다. ForeignKey는 쉽게 말해 다른 모델과의 연결을 의미하며, on_delete=models.CASCADE는 답변에 연결된 질문이 삭제되면 답변도 함께 삭제하라는 의미이다.

장고에서 사용할 수 있는 속성은 아주 많다. 속성이 궁금하다면 장고 공식 문서에 접속하여 어떤 속성이 있는지 읽어 보자.

장고 속성 공식 문서 주소: docs.djangoproject.com/en/3.0/ref/models/fields/#field-types

04단계 config/settings.py를 열어 pybo 앱 등록하기

1~3단계에서 만든 모델을 이용하여 테이블을 생성하자. 테이블 생성을 하려면 config/settings.py 파일에서 INSTALLED_APPS 항목에 pybo 앱을 추가해야 한다.

파일 이름 C:/projects/mysite/config/settings.py

```
(... 생략 ...)
INSTALLED_APPS = [
    'pybo.apps.PyboConfig',
    'django.contrib.admin',
    'django.contrib.auth',
    (... 생략 ...)
]
(... 생략 ...)
```

INSTALLED_APPS에 추가한 pybo.apps.PyboConfig 클래스는 pybo/apps.py 파일에 있는 클래스이다. 잠깐 해당 파일을 열어 확인하고 넘어가자.

05단계 pybo/apps.py 열어 살펴보기

pybo/apps.py 파일을 열어 보자. 이 파일은 pybo 앱을 만들 때 자동으로 생성된 것이다. 따로 생성할 필요 없다. 그저 눈으로 확인하고 넘어가자.

파일 이름 C:/projects/mysite/pybo/apps.py

```
from django.apps import AppConfig


class PyboConfig(AppConfig):
    name = 'pybo'
```

여기서 꼭 이해하고 넘어가야 할 점은 이 파일에 정의된 PyboConfig 클래스가 config/settings.py 파일의 INSTALLED_APPS 항목에 추가되지 않으면 장고는 pybo 앱을 인식하지 못하고 데이터베이스 관련 작업도 할 수 없다는 사실이다. 좀 더 자세히 설명하자면 장고는 모델을 이용하여 데이터베이스의 실체가 될 테이블을 만드는데, 모델은 앱에 종속되어 있으므로 반드시 장고에 앱을 등록해야 테이블 작업을 진행할 수 있다. pybo 앱 등록이 어떤 의미인지 알았으니 이제 모델로 실제 테이블을 만들어 보자.

06단계 migrate로 테이블 생성하기

테이블을 생성을 위해 migrate 명령을 실행하자.

C:_ 명령 프롬프트

```
(mysite) C:\projects\mysite>python manage.py migrate
Operations to perform:
  Apply all migrations: admin, auth, contenttypes, sessions
Running migrations:
  No migrations to apply.
  Your models have changes that are not yet reflected in a migration, and so won't be applied.
  Run 'manage.py makemigrations' to make new migrations, and then re-run 'manage.py migrate' to apply them.
```

manage.py makemigrations 명령을 실행 후 manage.py migrate 명령을 실행하세요

07단계 makemigrations로 테이블 작업 파일 생성하기

그런데 migrate 명령이 제대로 수행되지 않는다! 왜냐하면 모델이 생성되거나 변경된 경우 migrate 명령을 실행하려면 테이블 작업 파일이 필요하고, 테이블 작업 파일을 만들려면 makemigrations 명령을 실행해야 하기 때문이다. makemigrations 명령을 먼저 실행하자.

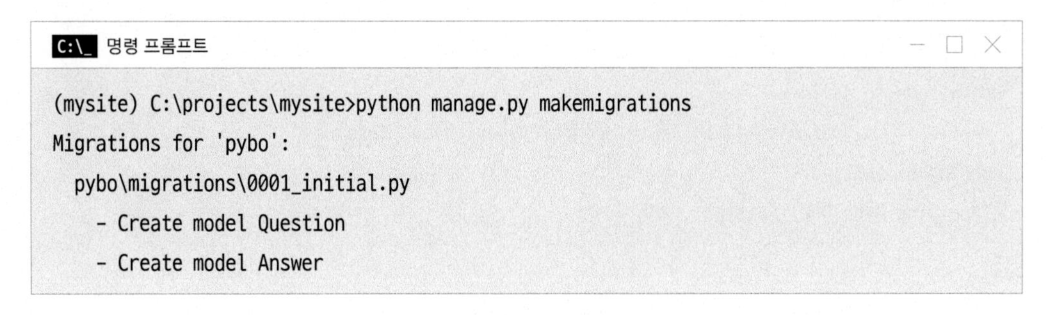

makemigrations 명령은 장고가 테이블 작업을 수행하기 위한 파일들을 생성한다. 많은 장고 학습자가 makemigrations 명령을 실제 테이블 생성 명령으로 오해한다. 하지만 실제 테이블 생성 명령은 migrate이다.

08단계 makemigrations로 생성된 파일 위치 살펴보기

makemigrations 명령을 수행하면 pybo/migrations/0001_initial.py이라는 파일이 자동으로 생성된다. 파일 위치를 확인해 보자.

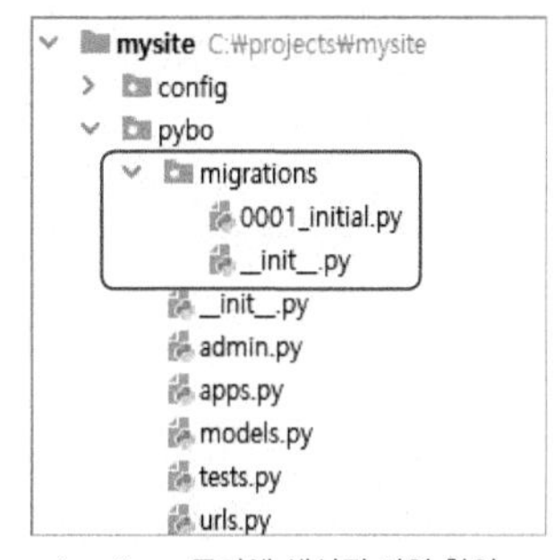

migrations 폴더에 생성된 파일 확인

09단계 makemigrations 한 번 더 실행해 보기

makemigrations 명령을 한 번 더 실행해도 'No changes detected'라는 메시지만 뜬다. 모델의 변경사항이 없다면 '모델 변경 사항 없음'이라고 알려 주는 것이다.

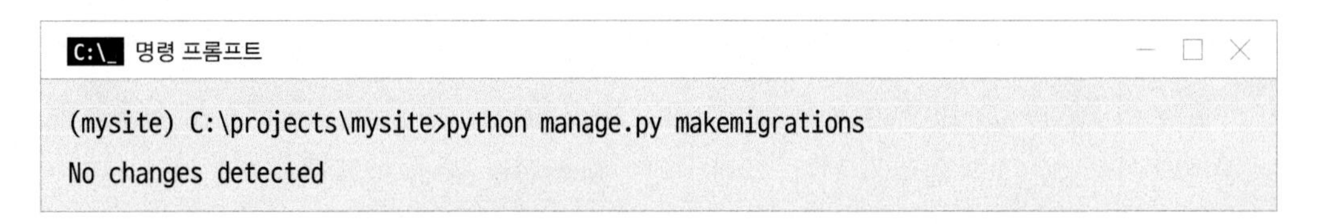

10단계 migrate 실행하기

이제 드디어 `migrate` 명령을 실행할 때가 되었다. 이 명령을 실행하면 장고는 등록된 앱에 있는 모델을 참조하여 실제 테이블을 생성한다.

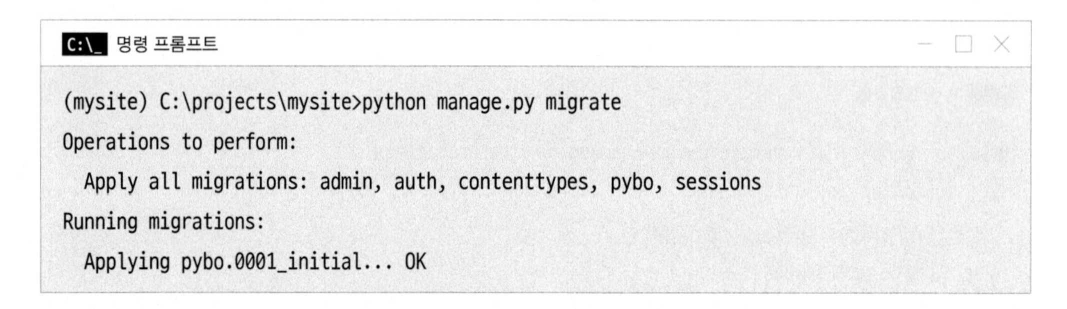
C:_ 명령 프롬프트

```
(mysite) C:\projects\mysite>python manage.py migrate
Operations to perform:
  Apply all migrations: admin, auth, contenttypes, pybo, sessions
Running migrations:
  Applying pybo.0001_initial... OK
```

11단계 DB Browser for SQLite로 생성된 테이블 확인하기

`migrate` 명령은 정말로 실제 테이블을 생성했을까? DB Browser for SQLite를 이용하여 테이블이 잘 생성되었는지 확인해 보자.

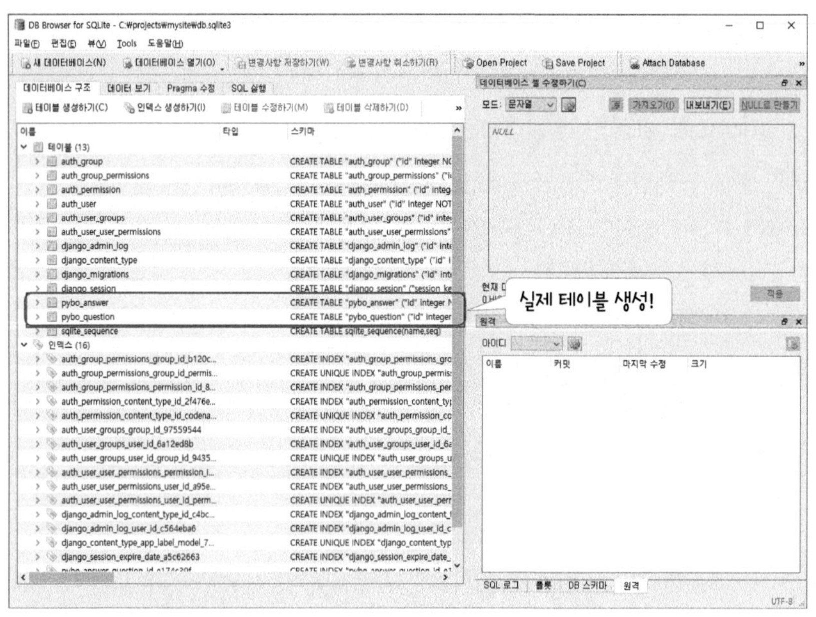

DB Broswer for SQLite에서 확인한 실제 테이블

실제 테이블명을 보면 `Question` 모델은 `pybo_question`으로, `Answer` 모델은 `pybo_answer`로 테이블 이름이 지어졌음을 확인할 수 있다. 혹시 이 실습 과정 때문에 '실제 테이블명을 알아야 개발을 진행할 수 있나?'라고 오해하는 독자가 없길 바란다. 실제로 장고 개발을 진행할 때는 실제 테이블명은 전혀 몰라도 된다. 그저 우리는 `Question`, `Answer` 모델을 사용하면 된다.

sqlmigrate를 실행하면 실제로 어떤 쿼리문이 실행되는지 볼 수 있다

migrate 명령을 실행할 때 실제로 어떤 쿼리문이 실행될까? 혹시 궁금한 독자가 있다면 sqlmigrate 명령을 실행해 보자. 다음은 python manage.py sqlmigrate pybo 0001 명령을 실행한 결과이다.

명령 프롬프트

```
(mysite) C:\projects\mysite>python manage.py sqlmigrate pybo 0001
BEGIN;
--
-- Create model Question
(mysite) C:\projects\mysite>python manage.py sqlmigrate pybo 0001
BEGIN;
--
-- Create model Question
--
CREATE TABLE "pybo_question" ("id" integer NOT NULL PRIMARY KEY AUTOINCREMENT,
"subject" varchar(200) NOT NULL, "content" text NOT NULL, "create_date" datetime
NOT NULL);
--
-- Create model Answer
--
CREATE TABLE "pybo_answer" ("id" integer NOT NULL PRIMARY KEY AUTOINCREMENT, "con-
tent" text NOT NULL, "create_date" datetime NOT NULL, "question_id" integer NOT NULL
REFERENCES "pybo_question" ("id") DEFERRABLE INITIALLY DEFERRED);
CREATE INDEX "pybo_answer_question_id_e174c39f" ON "pybo_answer" ("question_id");
COMMIT;
```

명령어의 의미를 하나씩 설명하자면 'pybo'는 makemigrations 명령을 실행할 때 생성된 pybo/migrations/0001_initial.py의 마이그레이션명 'pybo'를 의미하고, '0001'은 생성된 파일의 일련번호를 의미한다. 실행 결과 메시지에는 SQL 문이 있다. 혹시 SQL 문에 익숙한 독자라면 이 메시지로 데이터베이스에서 어떤 일이 벌어졌는지 유추할 수 있을 것이다.

데이터 만들고 저장하고 조회하기

지금까지 모델을 이용하여 실제 테이블을 만들었다. 그러면 장고에서는 모델을 어떻게 사용할까? 장고 셸을 사용하면 모델 사용법을 쉽게 익힐 수 있다.

01단계 장고 셸 실행하기

다음을 입력하여 장고 셸을 실행하자. 장고 셸을 실행해 보면 '파이썬 셸과 비슷한 것 같은데?'라는 생각이 들 수 있다. 하지만 장고 셸은 장고에 필요한 환경들이 자동으로 설정되어 실행되므로 파이썬 셸과는 약간의 차이가 있다.

C:_ 명령 프롬프트

```
(mysite) C:\projects\mysite>python manage.py shell
Python 3.8.2 (tags/v3.8.2:7b3ab59, Feb 25 2020, 22:45:29) [MSC v.1916 32 bit (Intel)] on win32
Type "help", "copyright", "credits" or "license" for more information.
(InteractiveConsole)
```

02단계 Question, Answer 모델 임포트하기

장고 셸을 실행했으면 다음 명령으로 Question과 Answer 모델을 장고 셸에 임포트하자.

C:_ 명령 프롬프트

```
>>> from pybo.models import Question, Answer
```

03단계 Question 모델로 Question 모델 데이터 만들기

이어서 Question 모델을 이용하여 Question 모델 데이터를 하나만 만들어 보자. Question 모델의 subject 속성에 제목을, content 속성에 문자열로 질문 내용을 입력한다. create_date 속성은 DateTimeField이므로 timezone.now()로 현재 일시를 입력한다.

C:_ 명령 프롬프트

```
>>> from django.utils import timezone
>>> q = Question(subject='pybo가 무엇인가요?', content='pybo에 대해서 알고 싶습니다.',
create_date=timezone.now())
>>> q.save()
```

이 과정을 통해 객체 q가 생성된다. 객체가 생성된 다음 q.save()를 입력하면 Question 모델 데이터 1건이 데이터베이스에 저장된다.

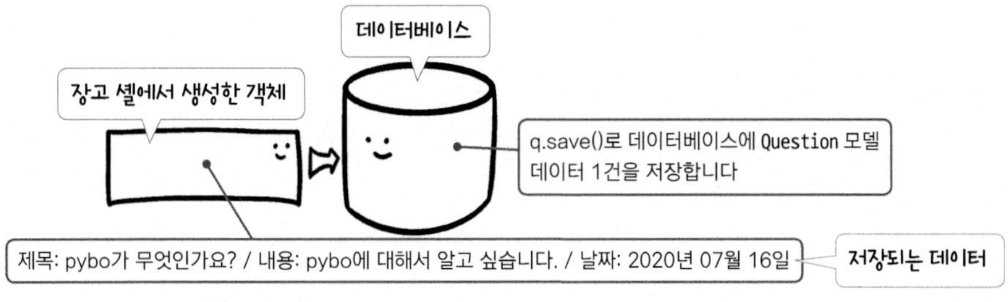

모델 데이터가 데이터베이스에 저장되는 모습

04단계 Question 모델 데이터의 id값 확인하기

Question 모델 데이터가 잘 생성되었는지 확인해 보자. 장고는 데이터 생성 시 데이터에 id값을 자동으로 넣어준다.

```
명령 프롬프트
>>> q.id
1
```

id는 데이터의 유일한 값이며, 프라이머리 키(PK: primary key)라고 부르기도 한다. id값은 여러분이 데이터를 생성할 때마다 1씩 증가한 값으로 자동으로 입력될 것이다.

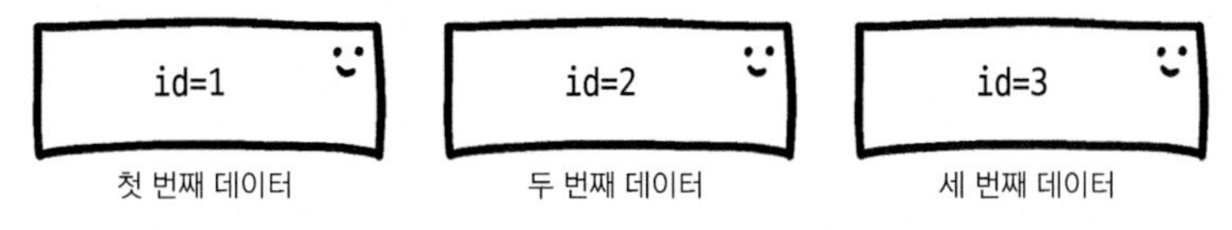

모델 데이터에 자동으로 부여된 id값

05단계 Question 모델로 Question 모델 데이터 1개 더 만들기

이를 확인하기 위해 두 번째 Question 모델 데이터를 만들어 저장해 보자.

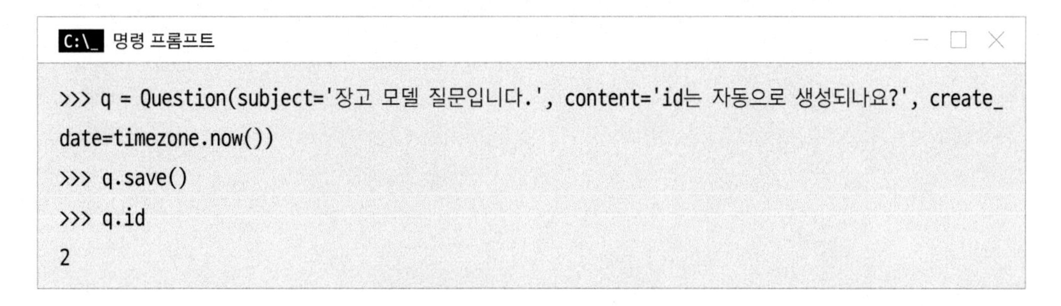

```
명령 프롬프트
>>> q = Question(subject='장고 모델 질문입니다.', content='id는 자동으로 생성되나요?', create_
date=timezone.now())
>>> q.save()
>>> q.id
2
```

결과를 보면 두 번째로 생성한 Question 모델 데이터의 id는 예상대로 2이다.

06단계 Question 모델 데이터 모두 조회하기

지금까지의 실습 과정은 모두 Question 모델 데이터를 저장하기 위한 것이었다. 이번에는 저장된 데이터를 조회해 보자. 여기서는 특별히 모든 Question 모델 데이터를 조회하기 위해 Question.objects.all()을 입력한다.

```
C:\_ 명령 프롬프트

>>> Question.objects.all()
<QuerySet [<Question: Question object (1)>, <Question: Question object (2)>]>
```

장고에서 저장된 모델 데이터는 Question.objects를 사용하여 조회할 수 있다. 그리고 Question.objects.all()은 Question에 저장된 모든 데이터를 조회하는 함수이다. 결과를 보면 QuerySet 객체가 반환됨을 알 수 있다. 그리고 QuerySet에는 2개의 Question 객체가 포함되어 있다. 이때 <Question object (1)>, <Question object (2)>의 1, 2가 바로 장고에서 Question 모델 데이터에 자동으로 입력해 준 id이다.

07단계 Question 모델 데이터 조회 결과에 속성값 보여 주기

그런데 6단계의 결과는 데이터 유형을 출력한 것이므로 사람이 보기 불편하다. 이때 Question 모델에 __str__ 메서드를 추가하면 된다.

```
파일 이름 C:/projects/mysite/pybo/models.py

(... 생략 ...)

class Question(models.Model):
    subject = models.CharField(max_length=200)
    content = models.TextField()
    create_date = models.DateTimeField()

    def __str__(self):
        return self.subject

(... 생략 ...)
```

이렇게 수정하면 데이터 조회 시 **id**가 아닌 제목을 표시해 준다.

08단계 Question 모델 데이터 다시 조회해 보기

모델이 수정되었으므로 장고 셸을 다시 시작하자. 장고 셸에서 **quit()** 명령을 실행해 종료한 후 다시 장고 셸을 시작한다. 그다음, **Question** 모델을 다시 임포트한 후 **Question** 모델 데이터를 조회해 보자.

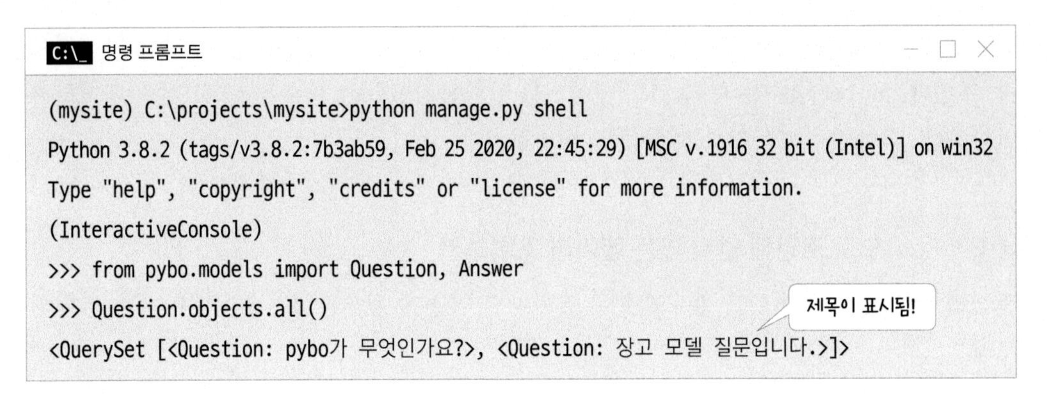

C:_ 명령 프롬프트
(mysite) C:\projects\mysite>python manage.py shell
Python 3.8.2 (tags/v3.8.2:7b3ab59, Feb 25 2020, 22:45:29) [MSC v.1916 32 bit (Intel)] on win32
Type "help", "copyright", "credits" or "license" for more information.
(InteractiveConsole)
>>> from pybo.models import Question, Answer
>>> Question.objects.all()
<QuerySet [<Question: pybo가 무엇인가요?>, <Question: 장고 모델 질문입니다.>]>
제목이 표시됨!

그러면 **Question** 모델 데이터에 **id**가 아니라 제목이 표시된다. 여기서 '모델이 수정되었는데 왜 makemigrations, migrate 명령을 실행하지 않지?'라는 의문을 가진 독자가 있을 수 있다. 좋은 질문이다. **makemigrations, migrate 명령은 모델의 속성이 추가되거나 변경된 경우에 실행해야 하는 명령이다. 지금은 메서드가 추가된 것이므로 이 과정은 하지 않아도 된다.**

09단계 조건으로 Question 모델 데이터 조회하기

7~8단계에서는 **Question** 모델 데이터를 모두 조회했다. 조건을 주어 **Question** 모델 데이터를 조회하고 싶다면 **filter** 함수를 사용하면 된다.

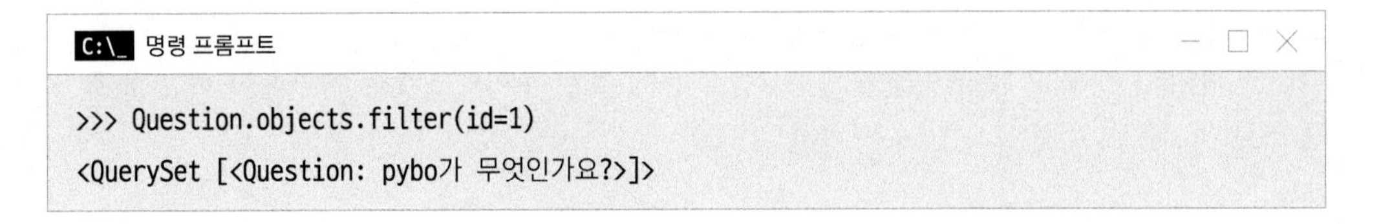

filter 함수는 조건에 해당하는 데이터를 모두 찾아준다. 지금은 유일한 값인 **id**를 조건에 사용했으므로 **Question** 모델 데이터 하나만 나왔다. 하지만 **filter** 함수는 1개 이상의 데이터를 반환한다. 다만 **filter** 함수는 반환값이 리스트 형태인 **QuerySet**이므로 정말로 1개의 데이터만 조회하고 싶다면 **filter** 함수 대신 **get** 함수를 쓰는 것이 좋다.

10단계 Question 모델 데이터 하나만 조회하기

get 함수를 사용하면 리스트가 아닌 데이터 하나만 조회할 수 있다.

```
C:\_ 명령 프롬프트
>>> Question.objects.get(id=1)
<Question: pybo가 무엇인가요?>
```

반환값을 보면 QuerySet이 아니라 Question이다. 여기서 filter 함수와 get 함수의 차이점을 알 수 있다. filter 함수는 여러 건의 데이터를 반환하지만, get 함수는 단 한 건의 데이터를 반환한다. 두 함수의 차이점을 꼭 알아 두기 바란다.

11단계 get으로 조건에 맞지 않는 데이터 조회하기

조건에 맞지 않는 데이터를 get 함수로 조회하면 어떻게 될까? id가 3인 데이터를 조회해 보자.

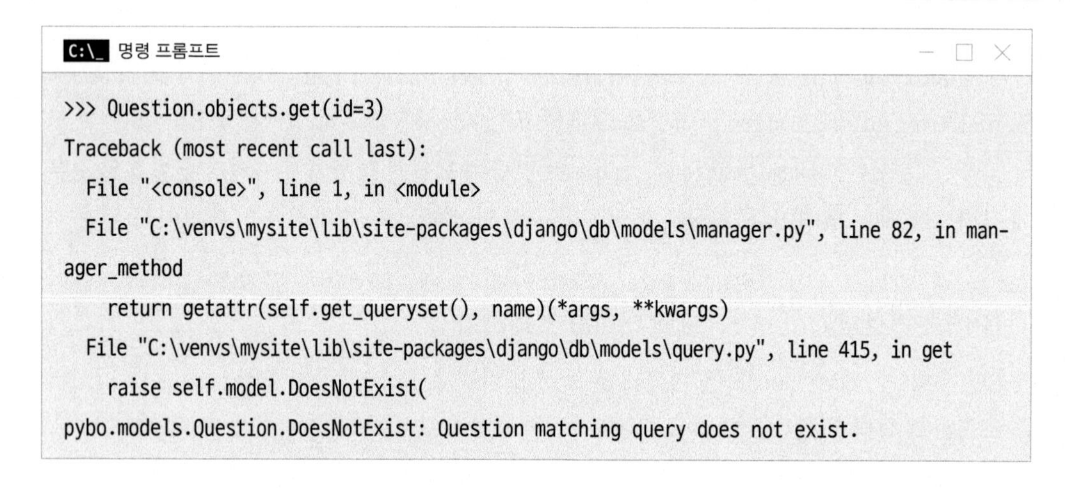

```
C:\_ 명령 프롬프트
>>> Question.objects.get(id=3)
Traceback (most recent call last):
  File "<console>", line 1, in <module>
  File "C:\venvs\mysite\lib\site-packages\django\db\models\manager.py", line 82, in man-
ager_method
    return getattr(self.get_queryset(), name)(*args, **kwargs)
  File "C:\venvs\mysite\lib\site-packages\django\db\models\query.py", line 415, in get
    raise self.model.DoesNotExist(
pybo.models.Question.DoesNotExist: Question matching query does not exist.
```

그러면 이와 같은 오류 메시지를 볼 수 있다. 조건에 맞는 데이터 1개를 반환해야 하는데 조건에 맞는 데이터가 없으니 오류가 발생한 것이다.

12단계 filter로 조건에 맞지 않는 데이터 조회하기

그러면 filter 함수는 어떨까? filter 함수로 조건에 맞지 않는 데이터를 조회해 보자.

```
C:\_ 명령 프롬프트
>>> Question.objects.filter(id=3)
<QuerySet []>
```

filter 함수는 조건에 맞는 데이터가 없으면 그저 빈 QuerySet을 반환한다. get 함수는 반드시 1건의 데이터를 반환해야 한다는 특징이 있으므로 오류가 발생할 것이다. 이번에는 조금 더 유용한 데이터 조회 방법을 알아보자. 만약 제목에 '장고'라는 글자가 포함된 데이터를 조회하려면 어떻게 해야 할까?

13단계 제목의 일부를 이용하여 데이터 조회하기

subject에 "장고"라는 문자열이 포함된 데이터를 조회하려면 조건에 subject__contains를 이용하면 된다. **이때 subject와 contains 사이의 언더스코어는 1개가 아니라 2개이다.** 장고 셸에서 다음 코드를 입력해 보자.

```
C:\_ 명령 프롬프트
>>> Question.objects.filter(subject__contains='장고')
<QuerySet [<Question: 장고 모델 질문입니다.>]>
```

subject__contains='**장고**'의 의미는 'subject 속성에 '장고'라는 문자열이 포함되어 있는가?'이다. 이 밖에도 filter 함수의 사용 방법은 무궁무진하다. 자세한 filter 함수의 사용 방법은 장고 공식 문서를 참조하자.

장고는 외워서 사용할 수 있는 프레임워크가 아니므로 장고 공식 문서를 자주 참고하는 습관을 들이는 것이 좋다.

장고 공식 문서(데이터 조회 관련): docs.djangoproject.com/en/3.0/topics/db/queries

데이터 수정하기

이번에는 지금까지 저장했던 Question 모델 데이터를 수정하자.

01단계 Question 모델 데이터 수정하기

Question 모델 데이터를 수정하려면 우선 수정할 데이터를 조회해야 한다. 다음은 id가 2인 데이터를 조회한 것이다. 이 데이터를 수정할 것이다.

```
C:\_ 명령 프롬프트
>>> q = Question.objects.get(id=2)
>>> q
<Question: 장고 모델 질문입니다.>
```

02단계 subject 속성 수정하기

subject 속성을 수정하자.

```
C:\_ 명령 프롬프트
>>> q.subject = 'Django Model Question'
```

03단계 수정한 Question 모델 데이터 데이터베이스에 저장하기

2단계만으로는 변경된 Question 모델 데이터가 데이터베이스에 적용되지 않는다. **반드시 다음처럼 save 함수를 실행해야 변경된 Question 모델 데이터가 데이터베이스에 반영된다.**

```
C:\_ 명령 프롬프트
>>> q.save()
>>> q
<Question: Django Model Question>
```

데이터 삭제하기

이번에는 Question 모델 데이터를 데이터베이스에서 삭제해 보자.

01단계 Question 모델 데이터 삭제하기

데이터 삭제는 데이터 수정과 비슷한 과정으로 진행된다. 여기서는 id가 1인 Question 모델 데이터를 삭제한다.

```
C:\_ 명령 프롬프트
>>> q = Question.objects.get(id=1)
>>> q.delete()
(1, {'pybo.Question': 1})
```

delete 함수를 수행하면 해당 데이터가 데이터베이스에서 즉시 삭제되며, 삭제된 데이터의 추가 정보가 반환된다. (1, {'pybo.Question': 1})에서 앞의 1은 삭제된 Question 모델 데이터의 id를 의미하고 {'pybo.Question': 1}은 삭제된 모델 데이터의 개수를 의미한다.

Answer 모델을 만들 때 ForeignKey로 Question 모델과 연결한 것이 기억나는가? 만약 삭제한 Question 모델 데이터에 2개의 Answer 모델 데이터가 등록된 상태라면 (1, {'pybo.Answer': 2, 'pybo.Question': 1})와 같이 삭제된 답변 개수도 함께 반환될 것이다.

02단계 삭제 확인하기

Question 모델 데이터가 정말로 삭제되었는지 확인해 보자.

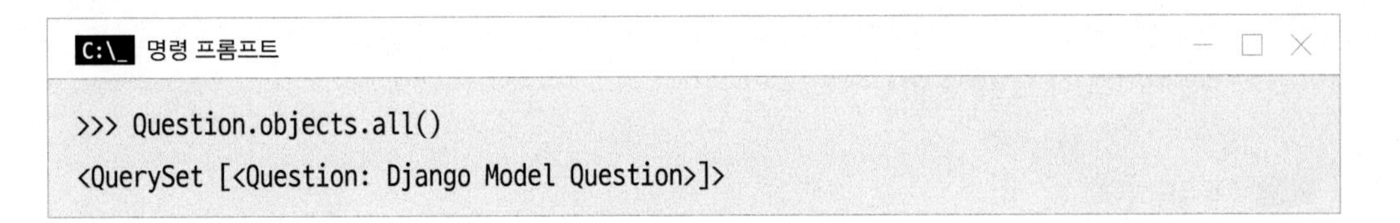

```
>>> Question.objects.all()
<QuerySet [<Question: Django Model Question>]>
```

결과를 보면 첫 번째 질문은 삭제되고, 두 번째 질문만 남아 있다.

연결된 데이터 알아보기

앞에서 Answer 모델을 만들 때 ForeignKey로 Question 모델과 연결한 내용이 기억날 것이다. Answer 모델은 Question 모델과 연결되어 있으므로 데이터를 만들 때 Question 모델 데이터가 필요하다.

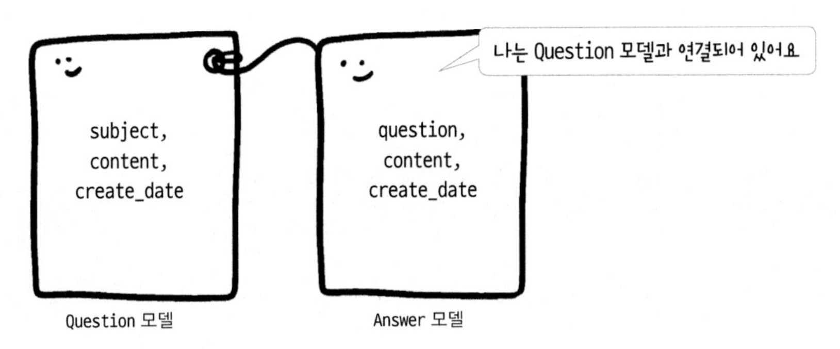

Question 모델에 연결된 Answer 모델 모습

01단계 Answer 모델 데이터 만들기

id가 2인 Question 모델 데이터를 얻은 다음, 이를 이용하여 Answer 모델 데이터를 만들어 보자.

```
C:\_ 명령 프롬프트
>>> q = Question.objects.get(id=2)
>>> q
<Question: Django Model Question>
>>> from django.utils import timezone
>>> a = Answer(question=q, content='네 자동으로 생성됩니다.', create_date=timezone.now())
>>> a.save()
```

02단계 id 확인하기

Answer 모델 데이터에도 id가 있다.

```
C:\_ 명령 프롬프트
>>> a.id
1
```

03단계 Answer 모델 데이터 조회하기

Answer 모델 데이터를 get 함수로 조회해 보자. 조건은 id를 사용한다.

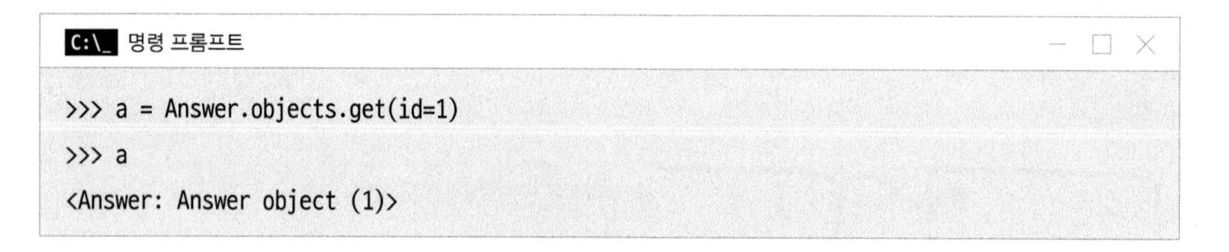

```
C:\_ 명령 프롬프트
>>> a = Answer.objects.get(id=1)
>>> a
<Answer: Answer object (1)>
```

04단계 연결된 데이터로 조회하기: 답변에 있는 질문 조회하기

Answer 모델 데이터에는 Question 모델 데이터가 연결되어 있으므로 Answer 모델 데이터에 연결된 Question 모델 데이터를 조회할 수 있다.

```
C:\_ 명령 프롬프트
>>> a.question
<Question: Django Model Question>
```

Answer 모델 객체인 a에는 question 속성이 있으므로 a를 통해 질문을 찾는 것은 매우 쉽다. 그렇다면 반대로 질문을 통해 답변을 찾을 수 있을까? Question 모델에는 답변 속성이 없어서 불가능할 것 같지만 실제로는 가능하다.

05단계 연결된 데이터로 조회하기: 질문을 통해 답변 찾기

다음처럼 answer_set을 사용하면 된다.

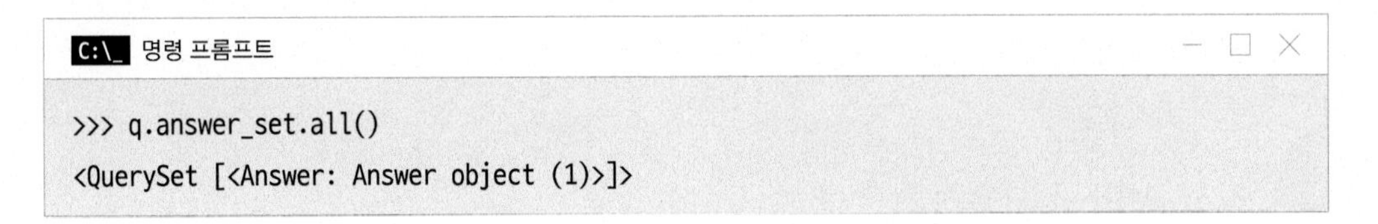

명령 프롬프트

```
>>> q.answer_set.all()
<QuerySet [<Answer: Answer object (1)>]>
```

Question 모델과 Answer 모델처럼 서로 연결되어 있으면 **연결모델명**_set과 같은 방법으로 연결된 데이터를 조회할 수 있다. 그리고 아마 여러분은 **연결모델명**_set을 써야 하는 경우와 그렇지 않은 경우가 헷갈릴 것이다.

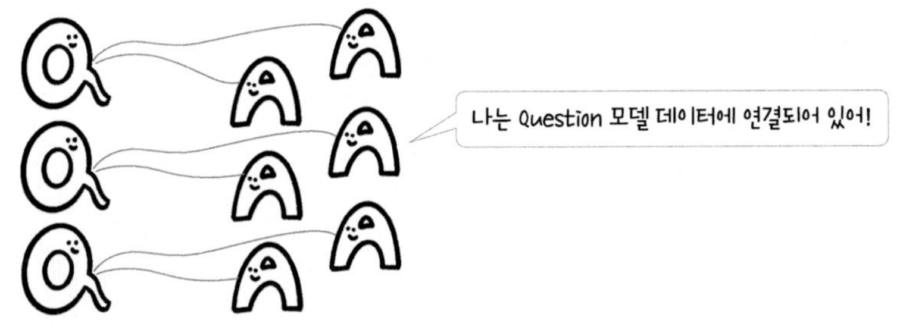
나는 Question 모델 데이터에 연결되어 있어!

Question 모델 데이터에 연결된 Answer 모델 데이터의 모습

이때는 질문과 답변이 달리는 게시판을 상식적으로 생각해 보자. 질문 1개에는 1개 이상의 답변이 달릴 수 있으므로 질문에 달린 답변은 q.answer_set으로 조회해야 한다(답변 세트를 조회). 답변은 질문 1개에 대한 것이므로 애초에 여러 개의 질문을 조회할 수 없다. 다시 말해 답변 1개 입장에서는 질문 1개만 연결되어 있으므로 a.question만 실행할 수 있다. 1개의 답변으로 여러 개의 질문을 a.question_set으로 조회하는 것은 불가능하며, 상식적으로 생각해 보아도 이상하다. **연결모델명**_set은 정말 신통방통한 장고의 기능이 아닐 수 없다. **연결모델명**_set은 자주 사용할 기능이니 꼭 기억하자.

02-3 개발 편의를 제공하는 장고 Admin

• 완성 소스 github.com/pahkey/djangobook/tree/2-03

필자가 장고를 처음 접하고 가장 깜짝 놀란 기능이 바로 장고 Admin이다. 장고 Admin은 한 문장으로 표현하기 어려울 정도로 개발자에게 마법 같은 기능을 제공한다. 여기서는 장고 Admin에 대해 알아보자.

장고 Admin 사용하기

장고 Admin을 사용하려면 슈퍼 유저를 먼저 생성해야 한다. 슈퍼 유저는 쉽게 말해 장고 운영자 계정이라 생각하면 된다.

01단계 슈퍼 유저 생성하기

명령 프롬프트에서 python manage.py createsuperuser 명령을 실행하여 슈퍼 유저를 생성하자. 사용자 이름에는 admin을 입력하고(다른 것을 입력해도 된다), 이메일 주소는 가상의 이메일 주소를 적는다. 비밀번호는 여러분이 기억하기 쉬운 것으로 입력하자. 이때 단순한 구성의 비밀번호를 입력하면 경고 메시지가 나올 텐데, 이를 무시하는 옵션으로 'Bypass password validation and create user anyway?'의 질문에 y를 입력해 답하자.

여기서는 학습을 위해 비밀번호를 단순하게 입력했다. 만약 실제 사이트를 운영할 계획이라면 보안에 취약한 비밀번호는 사용하면 안 되므로 주의하자.

C:_ 명령 프롬프트

```
(mysite) C:\projects\mysite>python manage.py createsuperuser
사용자 이름 (leave blank to use 'pahke'): admin
이메일 주소: admin@mysite.com
Password:
Password (again):
비밀번호가 너무 짧습니다. 최소 8 문자를 포함해야 합니다.
비밀번호가 너무 일상적인 단어입니다.
비밀번호가 전부 숫자로 되어 있습니다.
Bypass password validation and create user anyway? [y/N]: y
Superuser created successfully.
```

여기서는 다음과 같은 정보로 슈퍼 유저를 생성했다.

항목	값
사용자명	admin
이메일 주소	admin@mysite.com
비밀번호	1111

02단계 장고 Admin에 접속해 로그인하기

1단계를 통해 슈퍼 유저가 생성되었으니 장고 개발 서버를 구동한 후 localhost:8000/admin에 접속해 보자. 그리고 앞에서 입력한 사용자명과 비밀번호를 입력해 로그인까지 진행하면 다음과 같은 화면이 나타난다.

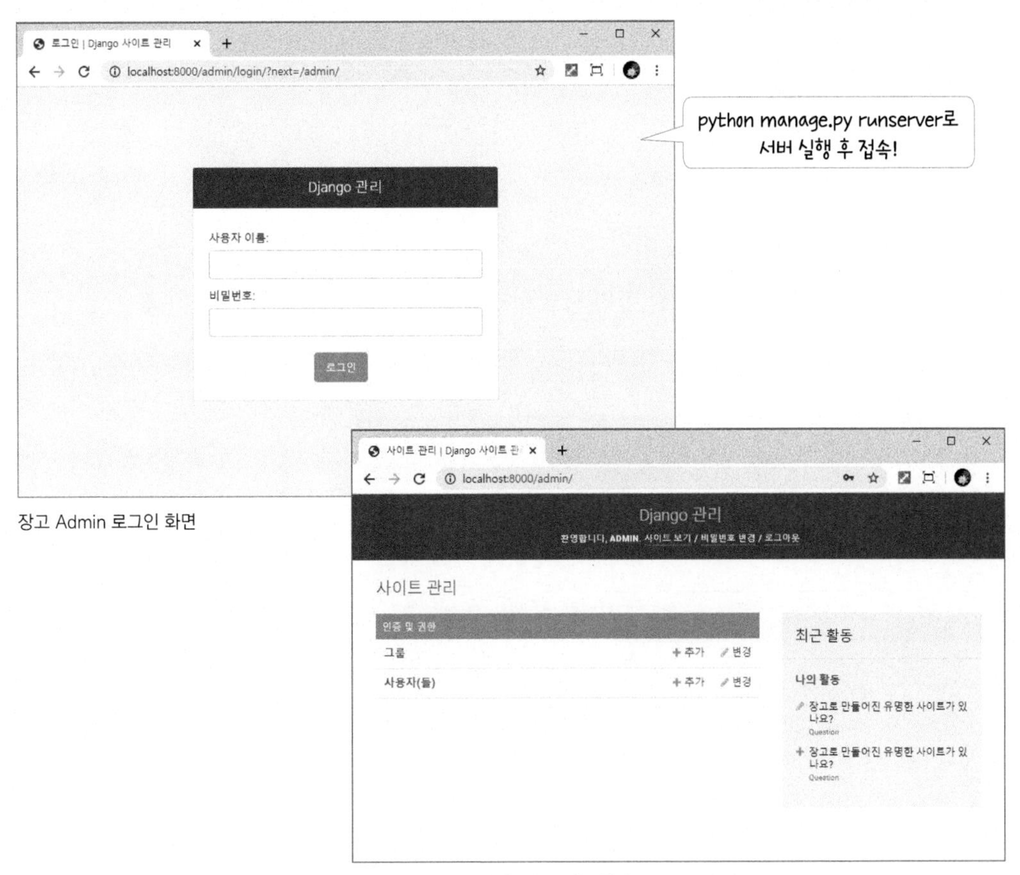

장고 Admin 로그인 화면

장고 Admin 로그인 후 볼 수 있는 화면

장고 Admin에서는 현재 등록된 그룹 및 사용자에 대한 정보 확인과 수정을 할 수 있다. 물론 그룹은 아직 등록하지 않았으므로 클릭해서 조회해 보아도 아무것도 표시되지 않는다. 그러면 본격적으로 장고 Admin의 재미있는 기능을 알아보자.

03단계 장고 Admin에서 모델 관리하기

우리는 `Question`, `Answer` 모델을 만들었다. 이 모델들을 장고 Admin에 등록하면 손쉽게 모델을 관리할 수 있다. 쉽게 말해 장고 셸로 수행했던 데이터 저장, 수정, 삭제 등의 작업을 장고 Admin에서 할 수 있다. 장고 Admin에서 어떤 마법이 벌어지는지 살펴보자. pybo/admin.py 파일을 열고 다음과 같이 코드를 입력하여 `Question` 모델을 장고 Admin에 등록하자.

파일 이름 C:/projects/mysite/pybo/admin.py

```
from django.contrib import admin
from .models import Question

admin.site.register(Question)
```

04단계 장고 Admin 새로고침 하기

장고 Admin으로 돌아가 새로고침 하면 다음처럼 `Question` 모델이 추가되어 있다.

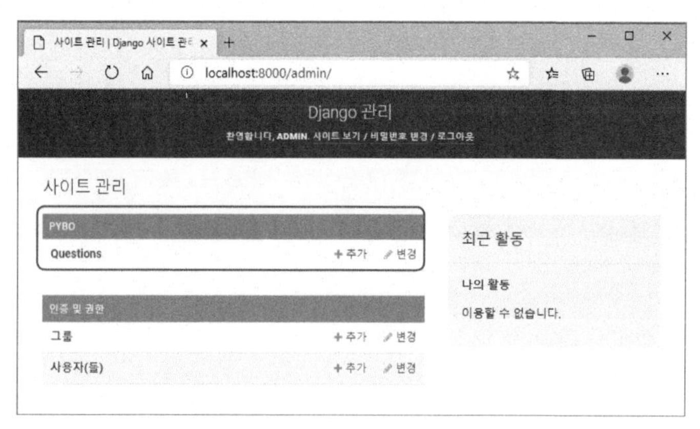

pybo/admin.py에 모델 등록 후 장고 Admin에서 볼 수 있는 모델

장고 Admin에 `Question` 모델을 등록했으니 이제 장고 셸이 아닌 장고 Admin 화면에서 `Question` 모델 데이터를 직관적으로 관리할 수 있다. `Question` 모델 데이터를 추가하고 수정하고 삭제하는 작업을 좀 더 쉽게 할 수 있게 되었다. 정말 그럴까?

05단계 Question 모델 데이터 추가하기

화면에서 Question 모델의 <+ 추가> 버튼을 누르자. 그러면 Question 모델의 데이터 등록 화면이 나타난다. 이어서 Question 모델의 속성에 맞는 값을 입력하고 <저장> 버튼을 누르자. 그러면 Question 모델 데이터가 추가된다.

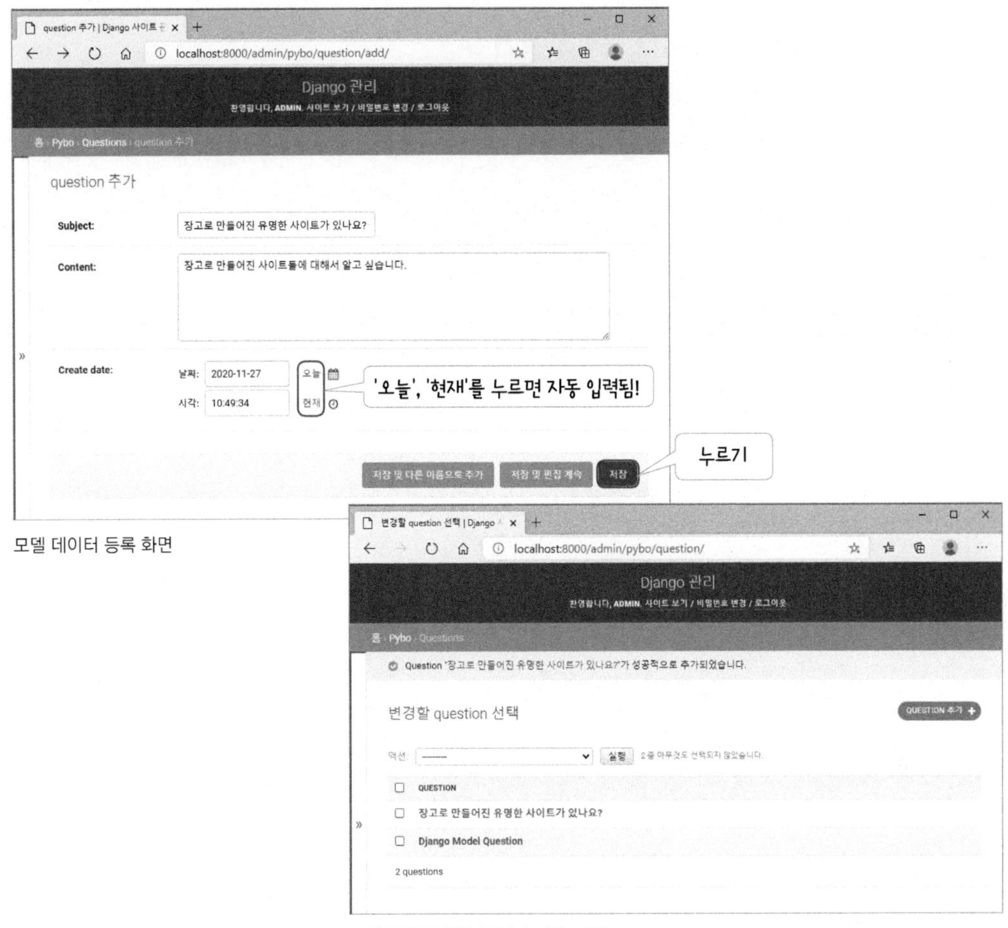

모델 데이터 등록 화면

모델 데이터 등록 후 볼 수 있는 화면

06단계 장고 Admin에 데이터 검색 기능 추가하기

장고 Admin에서 제목으로 질문을 검색할 수 있도록 검색 항목을 추가하자. pybo/admin.py 파일에 QuestionAdmin 클래스를 추가하고 search_fields에 'subject'를 추가하자.

파일 이름 C:/projects/mysite/pybo/admin.py

```
from django.contrib import admin
from .models import Question
```

```
class QuestionAdmin(admin.ModelAdmin):
    search_fields = ['subject']

admin.site.register(Question, QuestionAdmin)
```

07단계 장고 Admin에서 데이터 검색해 보기

장고 Admin으로 돌아가서 새로고침을 하면 검색 기능이 추가되었음을 알 수 있다. 검색어로 '장고'를 입력하고 <검색>을 눌러보자.

장고 Admin의 기능이 궁금하다면 장고 공식 문서를 참고하자. 장고 공식 문서 주소(장고 Admin 기능): docs.djangoproject.com/en/3.0/ref/contrib/admin

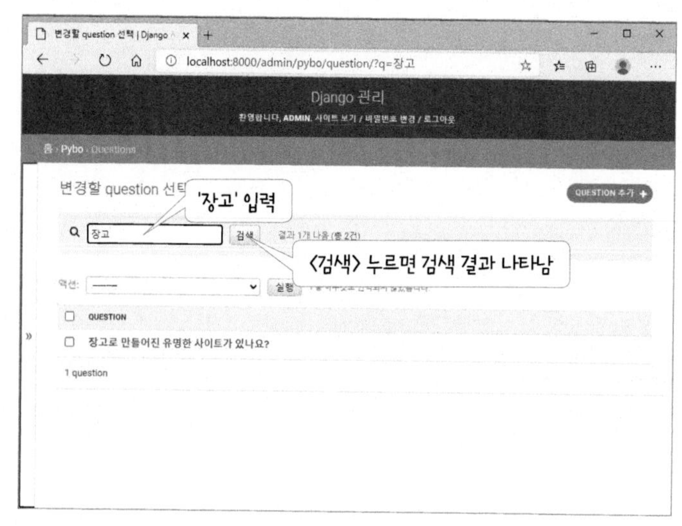

장고 검색 시 볼 수 있는 화면

그러면 제목에 '장고'가 포함된 Question 모델 데이터만 조회된다. 장고 Admin에는 이런 마법 같은 기능이 무궁무진하다.

02-4 질문 목록과 질문 상세 기능 구현하기

• 완성 소스 github.com/pahkey/djangobook/tree/2-04

이제 파이보의 핵심 기능을 구현할 것이다. 바로 질문 목록과 질문 상세 기능이다. 우선은 /pybo/에 접속하면 질문을 모두 조회할 수 있는 기능을 구현해 볼 것이다.

지금은 localhost:8000/pybo에 접속하면 '안녕하세요 pybo에 오신것을 환영합니다.'가 출력되는 상태이다.

질문 목록 조회 구현하기

질문 목록 조회를 위해 pybo/views.py 파일을 열어 코드를 조금씩 수정해 보자.

01단계 Question 모델 데이터 작성일시 역순으로 조회하기

Question 모델을 임포트해 Question 모델 데이터를 작성한 날짜의 역순으로 조회하기 위해 order_by 함수를 사용했다. 조회한 Question 모델 데이터는 context 변수에 저장했다. context 변수는 조금 후에 설명할 render 함수가 템플릿을 HTML로 변환하는 과정에서 사용되는 데이터이다.

파일 이름 C:/projects/mysite/pybo/views.py

```
from django.http import HttpResponse
from .models import Question

def index(request):
    """
    pybo 목록 출력
    """
    question_list = Question.objects.order_by('-create_date')
    context = {'question_list': question_list}
    return HttpResponse("안녕하세요 pybo에 오신것을 환영합니다.")
```

order_by 함수는 조회한 데이터를 특정 속성으로 정렬하며, '-create_date'는 - 기호가 앞에 붙어 있으므로 작성일시의 역순을 의미한다.

02단계 render로 화면 출력하기

이제 조회한 Question 모델 데이터를 템플릿 파일을 사용하여 화면에 출력할 수 있는 render 함수를 사용해 보자.

파일 이름 C:/projects/mysite/pybo/views.py

```
from django.shortcuts import render
from .models import Question

def index(request):
    """
    pybo 목록 출력
    """
    question_list = Question.objects.order_by('-create_date')
    context = {'question_list': question_list}
    return render(request, 'pybo/question_list.html', context)
```

render 함수는 context에 있는 Question 모델 데이터 question_list를 pybo/question_list.html 파일에 적용하여 HTML 코드로 변환한다. 그리고 장고에서는 이런 파일(pybo/question_list.html)을 템플릿이라 부른다. 템플릿은 장고의 태그를 추가로 사용할 수 있는 HTML 파일이라 생각하면 된다. 템플릿에 대해서는 바로 다음 실습 과정을 통해 자연스럽게 알아보겠다.

03단계 템플릿을 모아 저장할 디렉터리 만들기

템플릿을 만들기 전에 템플릿을 저장할 디렉터리를 루트 디렉터리 바로 밑에 만들자.

루트 디렉터리는 장고 프로젝트 디렉터리(C:/projects/mysite)를 의미한다.

명령 프롬프트

```
(mysite) C:\projects\mysite>mkdir templates
```

04단계 템플릿 디렉터리 위치 config/settings.py에 등록하기

3단계에서 만든 템플릿 디렉터리를 장고 config/settings.py 파일에 등록하자. config/settings.py 파일을 열어 TEMPLATES 항목을 다음과 같이 수정하자.

파일 이름 C:/projects/mysite/config/settings.py

```
TEMPLATES = [
    {
        (... 생략 ...)

        'DIRS': [BASE_DIR / 'templates'],

        (... 생략 ...)
    },
]
```

DIRS에는 템플릿 디렉터리를 여러 개 등록할 수 있다. 다만 현재 우리가 개발하는 파이보는 1개의 템플릿 디렉터리를 쓸 것이므로 BASE_DIR / 'templates'와 같이 1개의 디렉터리만 등록하자. 현재 BASE_DIR은 C:/projects/mysite이므로 templates만 더 붙여 C:/projects/mysite/templates를 반환한다.

장고는 앱 하위에 있는 templates 디렉터리를 자동으로 템플릿 디렉터리로 인식한다

장고는 DIRS에 설정한 디렉터리 외에도 특정 앱(예를 들어 pybo 앱) 디렉터리 하위에 있는 templates라는 이름의 디렉터리를 자동으로 템플릿 디렉터리로 인식한다. 예를 들어 다음과 같은 pybo 앱 디렉터리 밑의 templates 디렉터리는 별다른 설정을 하지 않아도 템플릿 디렉터리로 인식된다.

C:_ 명령 프롬프트

```
C:\projects\mysite\pybo\templates
```

하지만 필자는 이 방법을 권장하지 않는다. 왜냐하면 하나의 사이트에서 여러 앱을 사용할 때 여러 앱의 화면을 구성하는 템플릿은 한 디렉터리에 모아 관리하는 편이 여러모로 좋기 때문이다. 예를 들어 여러 앱이 공통으로 사용하는 공통 템플릿을 어디에 저장해야 할지 생각해 보면 왜 이런 방법을 선호하는지 쉽게 이해될 것이다. 그래서 파이보는 템플릿 디렉터리를 mysite/pybo/templates와 같은 방식이 아니라 mysite/templates/pybo 같은 방식으로 관리하며, 공통으로 사용하는 템플릿은 C:/projects/mysite/templates에 저장한다.

공통 템플릿 디렉터리	C:/projects/mysite/templates
pybo 앱 템플릿 디렉터리	C:/projects/mysite/templates/pybo

05단계 템플릿 파일 만들기

3단계에서 만든 템플릿 디렉터리를 참고하여 question_list.html 템플릿 파일을 mysite/templates/pybo/ 디렉터리에 생성하자. pybo 디렉터리를 templates 안에 새로 만들어 파일을 추가해야 한다.

mysite/pybo/ 위치가 아니므로 파일 저장 시 위치 주의!

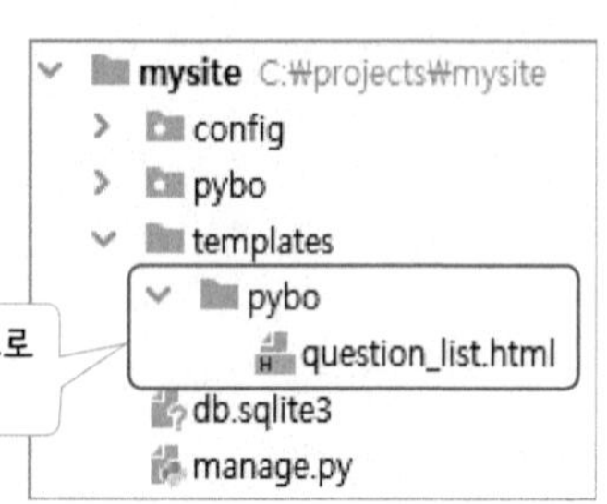

templates/pybo/ 위치에 저장한 question_list.html 파일

그리고 템플릿 파일을 다음과 같이 작성하자.

파일 이름 C:/projects/mysite/templates/pybo/question_list.html

```
{% if question_list %}
    <ul>
    {% for question in question_list %}
        <li><a href="/pybo/{{ question.id }}/">{{ question.subject }}</a></li>
    {% endfor %}
    </ul>
{% else %}
    <p>질문이 없습니다.</p>
{% endif %}
```

`{% if question_list %}`라는 문장이 눈에 띌 것이다. 바로 이것이 템플릿 태그이다. 템플릿 태그는 `{%` 와 `%}`로 둘러싸인 문장을 말한다. 다음 표에 정리한 템플릿 태그의 의미를 살펴보면 파이썬 문법과 크게 다르지 않음을 알 수 있다. 템플릿 태그는 따로 문법을 설명하지 않고 그때그때 필요할 때마다 설명하겠다.

템플릿 태그에서 사용된 question_list가 바로 2단계의 render 함수에서 템플릿으로 전달한 Question 모델 데이터이다.

만약 템플릿 태그의 자세한 내용이 궁금하다면 장고 공식 문서를 참고하자.

템플릿 장고 공식 문서 주소: docs.djangoproject.com/en/3.0/topics/templates

템플릿 태그	의미
{% if question_list %}	question_list가 있다면
{% for question in question_list %}	question_list를 반복하며 순차적으로 question에 대입
{{ question.id }}	for 문에 의해 대입된 question 객체의 id 출력
{{ question.subject }}	for 문에 의해 대입된 question 객체의 subject 출력

템플릿 태그! 3가지 유형만 정리하면 끝!

장고의 템플릿 태그는 분기, 반복, 객체 출력이라는 3가지 유형만 알면 된다. 분기 템플릿 태그는 다음과 같다. 문법을 보면 알겠지만 파이썬의 `if` 문과 다르지 않다. 다만 `if` 문이 끝나는 부분에 `{% endif %}`를 사용하는 점만 다르다.

```
{% if 조건문1 %}
    <p>조건문1에 해당하는 경우</p>
{% elif 조건문2 %}
    <p>조건문2에 해당하는 경우</p>
{% else %}
    <p>조건문1, 2에 모두 해당하지 않는 경우</p>
{% endif %}
```

반복 템플릿 태그는 다음과 같다. 이 역시 파이썬의 `for` 문과 다르지 않으며, 역시 `for` 문의 마지막은 `{% endfor %}`로 닫아야 한다.

```
{% for item in list %}
    <p>순서: {{ forloop.counter }} </p>
    <p>{{ item }}</p>
{% endfor %}
```

또한 반복 템플릿 안에서는 `forloop` 객체를 사용할 수도 있다. `forloop` 객체는 반복 중 유용한 값을 제공한다.

forloop 객체 속성	설명
`forloop.counter`	for 문의 순서로 1부터 표시
`forloop.counter0`	for 문의 순서로 0부터 표시
`forloop.first`	for 문의 첫 번째 순서인 경우 True
`forloop.last`	for 문의 마지막 순서인 경우 True

객체 출력 템플릿 태그는 다음과 같다. 객체에 속성이 있으면 파이썬과 동일한 방법으로 점(.) 연산자를 사용한다.

```
{{ question }}
{{ question.id }}
{{ question.subject }}
```

06단계 질문 목록이 잘 출력되는지 확인해 보기

템플릿 디렉터리를 추가한 상태이므로 장고 개발 서버를 다시 시작해 /pybo/에 접속하자. 장고 개발 서버를 다시 시작하지 않으면 장고가 템플릿 디렉터리를 인식하지 못해 오류가 발생한다.

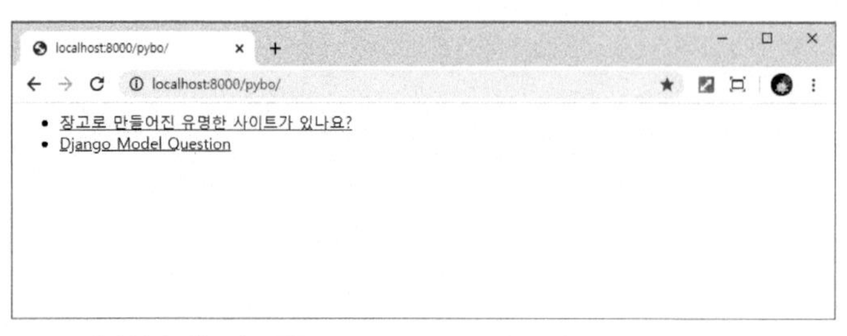

/pybo/에서 볼 수 있는 질문 목록

화면을 보면 이전에 등록한 질문 2건이 보인다. 직접 장고 셸이나 장고 Admin에서 다른 질문도 추가해 보면서 질문 목록이 잘 만들어지는지 테스트해 보기 바란다.

질문 상세 기능 구현하기

01단계 질문 목록에서 아무 질문이나 눌러 보기

질문 목록 화면에서 아무 질문(예를 들면 Django Model Question)이나 눌러 보자. 그러면 다음과 같은 오류 화면이 나타난다.

질문을 눌렀을 때 /pybo/2/와 같은 주소로 이동한 이유는 템플릿에서 href 엘리먼트에 link 속성을 <a href="/pybo/{{ question.id }}/">으로 지정했기 때문이다.

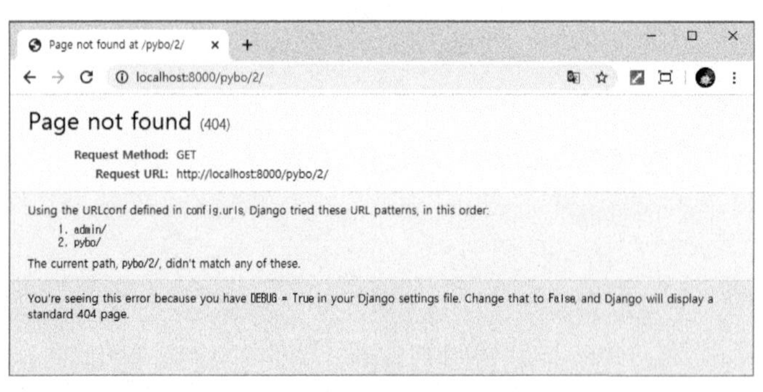

질문 목록에서 질문을 눌러 이동한 화면(오류 화면)

오류 화면이 나타난 이유는 /pybo/2/ 에 대한 URL 매핑을 추가하지 않았기 때문이다.

2단계 pybo/urls.py 열어 URL 매핑 추가하기

/pybo/2/의 숨은 의도는 'Question 모델 데이터 중 id값이 2인 데이터를 조회하라'이다. 이 의도에 맞게 결과 화면을 보여줄 수 있도록 pybo/urls.py 파일에서 path('<int:question_id>/', views.detail) URL 매핑을 추가하자.

장고는 pybo/까지는 config/urls.py의 URL 매핑을, pybo/에 이은 2/는 pybo/urls.py의 URL 매핑을 참고할 것이다.

int:는 question_id에 숫자가 매핑되었음을 의미한다.

파일 이름 C:/projects/mysite/pybo/urls.py

```
from django.urls import path
from . import views

urlpatterns = [
    path('', views.index),
    path('<int:question_id>/', views.detail),
]
```

/pybo/2/가 요청되면 이 매핑 규칙에 의해 /pybo/<int:question_id>/가 적용되어 question_id에 2라는 값이 저장되고 views.detail 함수가 실행된다.

03단계 pybo/views.py 열어 화면 추가하기

pybo/views.py 파일을 열어 detail 함수를 추가하자.

파일 이름 C:/projects/mysite/pybo/views.py

```
(... 생략 ...)

def detail(request, question_id):
    """
    pybo 내용 출력
    """
    question = Question.objects.get(id=question_id)
    context = {'question': question}
    return render(request, 'pybo/question_detail.html', context)
```

추가된 내용은 앞에서 만든 index 함수와 크게 다르지 않다. 다만 detail 함수의 매개변수 question_id가 추가된 점이 다르다. 바로 이것이 URL 매핑에 있던 question_id이다. 즉,

/pybo/2/ 페이지가 호출되면 최종으로 detail 함수의 매개변수 question_id에 2가 전달된다.

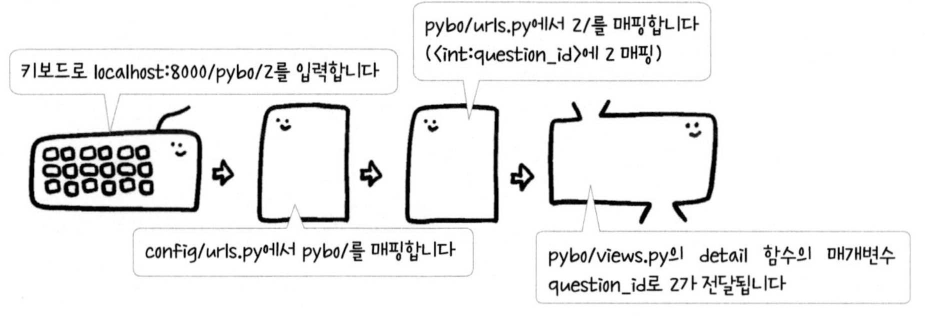

/pybo/2/ 페이지 호출 시 장고에서 벌어지는 일

04단계 pybo/question_detail.html 작성하기

3단계에서 render 함수가 question_detail.html 파일을 사용하고 있으므로 이에 대한 작업도 해야 한다. templates/pybo 디렉터리에 question_detail.html 파일을 만든 후 다음처럼 코드를 작성하자.

파일 이름 C:/projects/mysite/templates/pybo/question_detail.html

```
<h1>{{ question.subject }}</h1>

<div>
    {{ question.content }}
</div>
```

{{ question.subject }}, {{ question.content }}의 question 객체는 detail 함수에서 render 함수에 전달한 context에 저장한 데이터이다.

05단계 질문 상세 페이지에 접속해 보기

/pybo/2/에 접속해 보자. 그러면 질문 상세 화면이 나타난다! 축하한다!

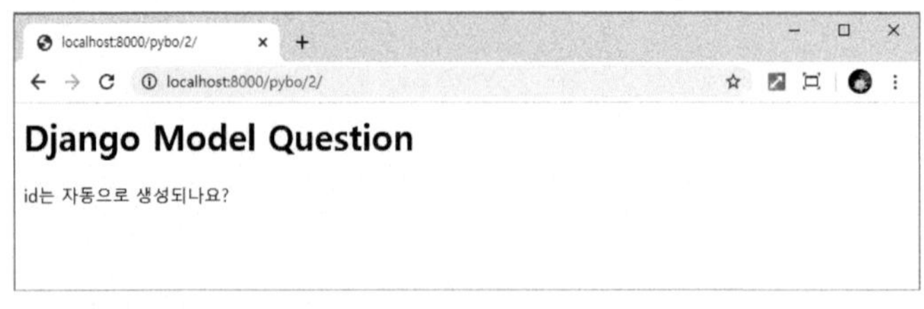

/pybo/2/에 제대로 접속된 화면

오류 화면 구현하기

지금까지 질문 목록, 질문 상세 기능을 구현했다. 그런데 사용자가 잘못된 주소에 접속하면 어떻게 처리해야 할까?

01단계 잘못된 주소에 접속해 보기

/pybo/30/에 접속해 보자. 그러면 다음과 같은 DoesNotExist 오류 화면이 나온다.

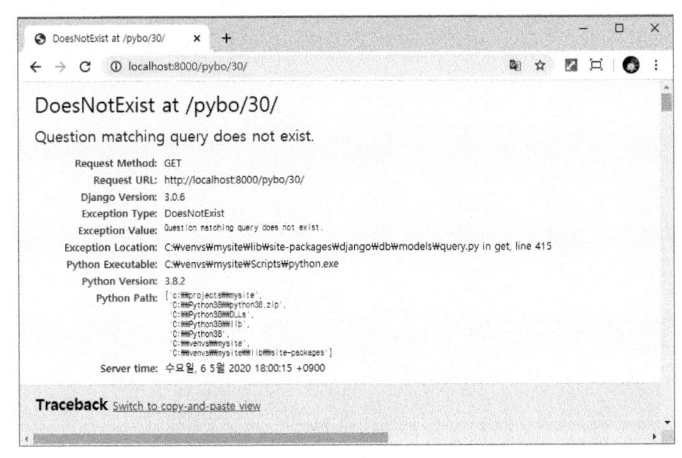

/pybo/30/ 페이지 호출 시 나타나는 오류 화면

당연한 오류이다. `question_id`가 `30`인 데이터를 조회하는 `Question.object.get(id=30)`에서 오류가 발생했기 때문이다.

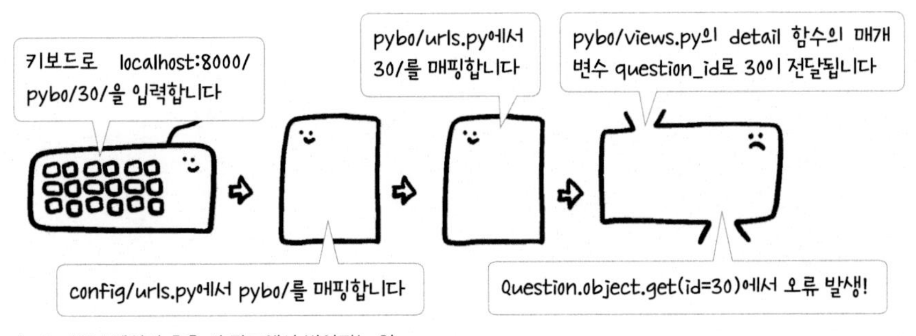

/pybo/30/ 페이지 호출 시 장고에서 벌어지는 일

참고로 현재는 config/settings.py의 DEBUG 항목이 True로 설정되어 있어 개발자에게 여러 정보를 알려 주는 오류 화면이 나타난다. 그런데 실제 서비스 화면에는 그런 중요한 정보가 표현되면 안 된다. 그래서 서비스를 할 때는 DEBUG 항목을 False로 설정한다.

cofing/settings.py의 DEBUG 항목을 False로 설정하는 부분은 4장에서 자세히 다룬다.

02단계 페이지가 존재하지 않음(404 페이지) 출력하기

존재하지 않는 페이지에 접속하면 오류 대신 404 페이지를 출력하도록 detail 함수를 수정하자. Question.objects.get(id=question_id)를 get_object_or_404(Question, pk=question_id)로 수정하면 된다.

파일 이름 C:/projects/mysite/pybo/views.py

```
from django.shortcuts import render, get_object_or_404

(... 생략 ...)

def detail(request, question_id):
    """
    pybo 내용 출력
    """
    question = get_object_or_404(Question, pk=question_id)
    context = {'question': question}
    return render(request, 'pybo/question_detail.html', context)
```

get_object_or_404 함수는 모델의 기본키를 이용하여 모델 객체 한 건을 반환한다. pk에 해당하는 건이 없으면 오류 대신 404 페이지를 반환한다.

03단계 404 페이지 출력 확인하기

/pybo/30/에 접속하면 404 페이지가 출력된다.

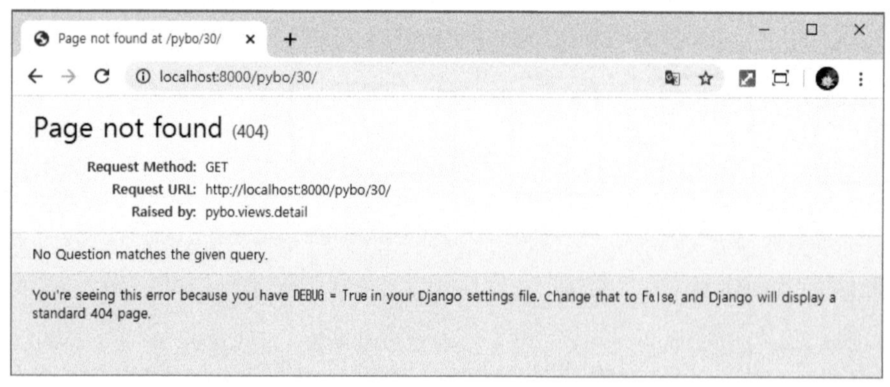

get_object_or_404 함수로 나타나는 404 페이지

404 페이지가 무엇인가요?

웹 브라우저는 HTTP 요청을 하고, 장고는 그 요청에 응답을 한다. 보통의 경우에는 성공을 의미하는 200 응답 코드가 자동으로 반환된다. 하지만 요청하는 페이지가 없거나 서버에서 오류가 발생하면 다음과 같은 응답 코드가 반환된다.

오류 코드	설명
200	성공
500	서버 오류(Internal Server Error)
404	페이지 존재하지 않음(Not Found)

장고 제네릭뷰 간단 소개

제네릭뷰[generic view]는 목록 조회나 상세 조회처럼 특정 패턴이 있는 뷰를 작성할 때 사용하는 매우 편리한 기능이다. 하지만 장고 입문자에게는 제네릭뷰의 실행 방식이 무척 이해하기 어렵다. 여러분에게는 제네릭뷰가 오히려 장고 학습에 혼란을 줄 수 있으므로 코너로 소개한다. 눈으로 코드를 살펴보기만 하자. 만약 우리가 views.py 파일에 작성한 `index` 함수나 `detail` 함수를 제네릭뷰로 변경하면 다음처럼 간략하게 작성할 수 있다.

제네릭뷰 예시: view.py

```
class IndexView(generic.ListView):
    """
    pybo 목록 출력
    """
    def get_queryset(self):
        return Question.objects.order_by('-create_date')


class DetailView(generic.DetailView):
    """
    pybo 내용 출력
    """
    model = Question
```

IndexView 클래스가 index 함수를 대체하고 DetailView 클래스가 detail 함수를 대체했다고 생각하면 된다. IndexView 클래스는 템플릿명이 명시적으로 지정되지 않으면 자동으로 모델명_list.html를 템플릿명으로 사용한다. 정리하자면 Question 모델을 사용하는 IndexView 클래스는 question_list.html, DetailView 클래스는 question_detail.html을 템플릿명으로 사용한다. 이어서 urls.py 파일은 다음과 같이 변경해야 한다.

제네릭뷰 예시: urls.py

```
from django.urls import path

from . import views

urlpatterns = [
    path('', views.IndexView.as_view()),
    path('<int:pk>/', views.DetailView.as_view()),
]
```

이렇듯 단순 모델의 목록 조회나 상세 조회는 제네릭뷰를 사용하면 매우 간편하다. 단 제네릭뷰는 복잡한 문제를 해결할 때 오히려 개발 난이도를 높이는 경우도 있으니 주의해야 한다.

02-5 URL 더 똑똑하게 사용하기

• 완성 소스 github.com/pahkey/djangobook/tree/2-05

이번에는 템플릿에서 사용한 URL 하드 코딩을 없애는 방법에 대해 알아보자. 그나저나 URL 하드 코딩이란 무엇일까? 잠시 question_list.html 템플릿에 사용된 `href`값을 보자.

question_list.html 템플릿의 href값

```
<li><a href="/pybo/{{ question.id }}/">{{ question.subject }}</a></li>
```

`"/pybo/{{ question.id }}"`는 질문 상세를 위한 URL 규칙이다. 하지만 이런 URL 규칙은 프로그램을 수정하면서 '/pybo/question/2/' 또는 '/pybo/2/question/'으로 수정될 가능성도 있다. 이런 식으로 URL 규칙이 자주 변경된다면 템플릿에 사용된 모든 `href`값들을 일일이 찾아 수정해야 한다. URL 하드 코딩의 한계인 셈이다. 이런 문제를 해결하려면 해당 URL에 대한 실제 주소가 아닌 주소가 매핑된 URL 별칭을 사용해야 한다.

URL 별칭으로 URL 하드 코딩 문제 해결하기

그러면 URL 별칭을 파이보에 적용해 보자.

01단계 pybo/urls.py 수정하여 URL 별칭 사용하기

템플릿의 `href`에 실제 주소가 아니라 URL 별칭을 사용하려면 우선 pybo/urls.py 파일을 수정해야 한다. `path` 함수에 있는 URL 매핑에 `name` 속성을 부여하자.

파일 이름 C:/projects/mysite/pybo/urls.py

```
from django.urls import path

from . import views

urlpatterns = [
    path('', views.index, name='index'),
    path('<int:question_id>/', views.detail, name='detail'),
]
```

이렇게 수정하면 실제 주소 /pybo/는 index라는 URL 별칭이, /pybo/2/는 detail이라는 URL 별칭이 생긴다.

02단계 pybo/question_list.html 템플릿에서 URL 별칭 사용하기

1단계에서 만든 별칭을 템플릿에서 사용하기 위해 /pybo/{{ question.id }}를 {% url 'detail' question.id %}로 변경하자.

question.id는 URL 매핑에 정의된 <int: question_id>를 의미한다.

파일 이름 C:/projects/mysite/templates/pybo/question_list.html

```
(... 생략 ...)
    {% for question in question_list %}
        <li><a href="{% url 'detail' question.id %}">{{ question.subject }}</a></li>
    {% endfor %}
(... 생략 ...)
```

URL 네임스페이스 알아보기

여기서 한 가지 더 생각할 문제가 있다. 현재의 프로젝트에서는 pybo 앱 하나만 사용하지만, 이후 pybo 앱 이외의 다른 앱이 프로젝트에 추가될 수도 있다. 이때 서로 다른 앱에서 같은 URL 별칭을 사용하면 중복 문제가 생긴다.

서로 다른 앱에서 같은 URL 별칭을 사용하면 벌어지는 일

이 문제를 해결하려면 pybo/urls.py 파일에 네임스페이스namespace라는 개념을 도입해야 한다. 네임스페이스는 쉽게 말해 각각의 앱이 관리하는 독립된 이름 공간을 말한다.

01단계 pybo/urls.py에 네임스페이스 추가하기

pybo/urls.py 파일에 네임스페이스를 추가하려면 간단히 `app_name` 변수에 네임스페이스 이름을 저장하면 된다.

파일 이름 C:/projects/mysite/pybo/urls.py

```
from django.urls import path
from . import views

app_name = 'pybo'

urlpatterns = [
    path('', views.index, name='index'),
    path('<int:question_id>/', views.detail, name='detail'),
]
```

네임스페이스 이름으로 `'pybo'`를 저장했다.

02단계 네임스페이스 테스트하기 - 오류 발생!

/pybo/에 접속해 보자. 그러면 다음과 같은 오류가 발생한다.

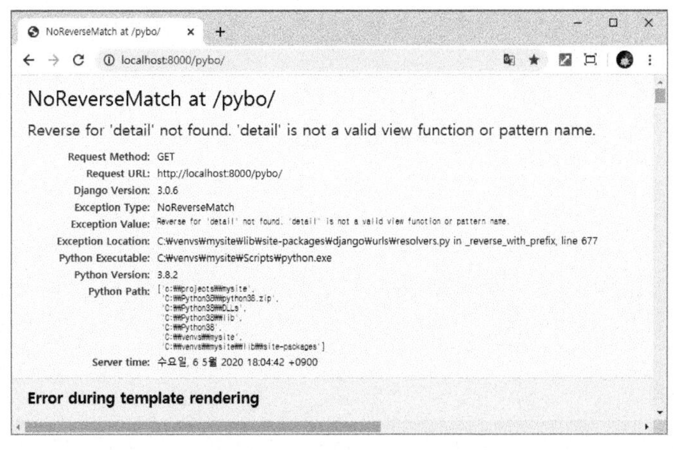

/pybo/ 페이지 요청 시 발생하는 네임스페이스 오류

03단계 pybo/question_list.html 수정하기

오류가 발생한 이유는 템플릿에서 아직 네임스페이스를 사용하고 있지 않기 때문이다. `{% url 'detail' question.id %}`을 `{% url 'pybo:detail' question.id %}`으로 바꾸자.

파일 이름 C:/projects/mysite/templates/pybo/question_list.html

```
(... 생략 ...)
    {% for question in question_list %}
        <li><a href="{% url 'pybo:detail' question.id %}">{{ question.subject }}</a></li>
    {% endfor %}
(... 생략 ...)
```

detail에 pybo라는 네임스페이스를 붙여준 것이다.

URL 별칭은 여러 곳에서 사용된다

URL 별칭은 템플릿 외에도 여러 곳에서 사용된다. 예를 들어 URL 별칭은 redirect 함수에도 사용된다. 다음은 redirect 함수에서 pybo:detail을 사용한 예이다. 지금은 눈으로 살펴보고 넘어가자.

```
redirect('pybo:detail', question_id=question.id)
```

02-6 답변 등록 기능 만들기

• 완성 소스 github.com/pahkey/djangobook/tree/2-06

앞에서 질문 등록, 조회 기능을 만들었다. 이번에는 답변 등록과 답변을 보여주는 기능을 만들어 보자.

답변 저장하고 표시하기

01단계 질문 상세 템플릿에 답변 등록 버튼 만들기

질문 상세 템플릿 pybo/question_detail.html 파일을 수정하자. `form` 엘리먼트 안에 `textarea` 엘리먼트와 `input` 엘리먼트를 포함시켜 답변 내용, 답변 등록 버튼을 추가하자.

장고 개발 시 form 데이터를 전송할 때는 보통 장고의 폼을 이용한다. 장고의 폼을 이용하는 방법은 조금 더 공부한 후 설명하겠다.

파일 이름 C:/projects/mysite/templates/pybo/question_detail.html

```
<h1>{{ question.subject }}</h1>

<div>
    {{ question.content }}
</div>

<form action="{% url 'pybo:answer_create' question.id %}" method="post">
{% csrf_token %}
<textarea name="content" id="content" rows="15"></textarea>
<input type="submit" value="답변 등록">
</form>
```

〈답변 등록〉 버튼을 누를 때 호출되는 URL은 `action` 속성에 있는 `{% url 'pybo:answer_create' question.id %}`이다. 그리고 `form` 엘리먼트 바로 아래에 있는 `{% csrf_token %}`이 눈에 띌 것이다. 이 코드는 보안 관련 항목이니 좀 더 자세히 설명하겠다. `{% csrf_token %}`는 `form` 엘리먼트를 통해 전송된 데이터(답변)가 실제로 웹 브라우저에서 작성된 데이터인지 판단하는 검사기 역할을 한다. 그러므로 `<form ...>` 태그 바로 밑에 `{% csrf_token %}`을 항상 입력해야 한다. 해킹처럼 올바르지 않은 방법으로 데이터가 전송되면 서버에서 발행한 csrf_token값과 해커가 보낸 csrf_token값이 일치하지 않으므로 오류를 발생시켜 보안을 유지할 수 있다.

csrf_token은 장고의 기본 기능이다

csrf_token을 사용하려면 장고에 CsrfViewMiddleware라는 미들웨어를 추가해야 한다. 하지만 이 미들웨어는 장고 프로젝트 생성 시 자동으로 config/settings.py 파일의 MIDDLEWARE라는 항목에 추가되므로 여러분이 직접 입력할 필요는 없다.

파일 이름 C:/projects/mysite/config/settings.py

```
(... 생략 ...)
MIDDLEWARE = [
    (... 생략 ...)
    'django.middleware.csrf.CsrfViewMiddleware',
    (... 생략 ...)
]
(... 생략 ...)
```

혹시라도 csrf_token을 사용하고 싶지 않다면 config/settings.py 파일의 MIDDLEWARE 항목에서 해당 코드를 주석 처리하면 되겠지만, csrf_token 기능을 굳이 제외할 필요는 없다.

02단계 질문 상세 페이지에 접속해 보기

1단계를 마친 다음 pybo/2에 접속해 보자. 그러면 아마도 'answer_create를 찾을 수 없다'는 오류 화면이 나타날 것이다.

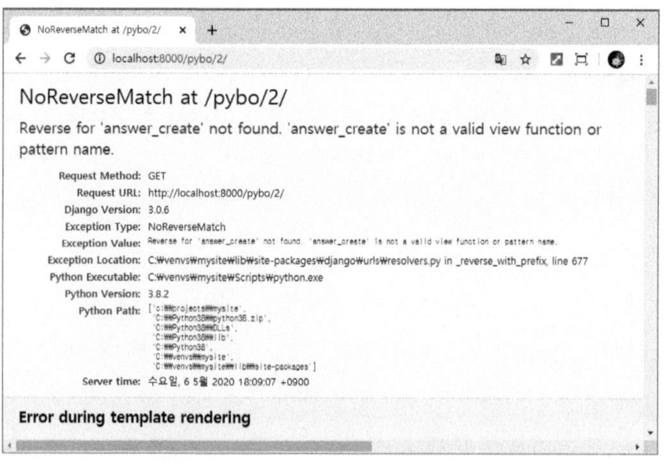

answer_create 함수를 찾지 못해 나타나는 오류 화면

오류 발생 이유는 1단계에서 입력한 form 엘리먼트의 action 속성에 있는 {% url 'pybo:answer_create' question.id %}에 해당하는 URL 매핑이 없기 때문이다.

03단계 답변 등록을 위한 URL 매핑 등록하기

pybo/urls.py 파일에 답변 등록을 위한 URL 매핑을 등록하자.

파일 이름 C:/projects/mysite/pybo/urls.py

```
(... 생략 ...)
urlpatterns = [
    path('', views.index, name='index'),
    path('<int:question_id>/', views.detail, name='detail'),
    path('answer/create/<int:question_id>/', views.answer_create, name='answer_create'),
]
(... 생략 ...)
```

이 코드는 사용자가 상세 화면에서 〈질문답변〉 버튼을 눌렀을 때 작동할 form 엘리먼트의 /pybo/answer/create/2/에 대한 URL 매핑을 추가한 것이다.

04단계 answer_create 함수 추가하기

form 엘리먼트에 입력된 값을 받아 데이터베이스에 저장할 수 있도록 answer_create 함수를 pybo/views.py 파일에 추가하자.

파일 이름 C:/projects/mysite/pybo/views.py

```
from django.shortcuts import render, get_object_or_404, redirect
from .models import Question
from django.utils import timezone

(... 생략 ...)
def answer_create(request, question_id):
    """
    pybo 답변 등록
    """
    question = get_object_or_404(Question, pk=question_id)
    question.answer_set.create(content=request.POST.get('content'),
                               create_date=timezone.now())
```

answer_create 함수의 question_id 매개변수에는 URL 매핑 정보값이 넘어온다. 예를 들어 /pybo/answer/create/2가 요청되면 question_id에는 2가 넘어온다. request 매개변수에는 pybo/question_detail.html에서 textarea에 입력된 데이터가 파이썬 객체에 담겨 넘어온다. 이 값을 추출하기 위한 코드가 바로 request.POST.get('content')이다. 그리고 Question 모델을 통해 Answer 모델 데이터를 생성하기 위해 question.answer_set.create를 사용했다.

request.POST.get('content')는 POST 형식으로 전송된 form 데이터 항목 중 name이 content인 값을 의미한다.

Answer 모델이 Question 모델을 Foreign Key로 참조하고 있으므로 question.answer_set 같은 표현을 사용할 수 있다.

Answer 모델을 통해 데이터를 저장할 수도 있다

본 실습에서는 Answer 모델 데이터 저장을 위해 Question 모델을 사용했다. 하지만 Answer 모델을 직접 사용해도 Answer 모델 데이터를 저장할 수 있다.

Answer 모델로 Answer 모델 데이터 저장하는 예

```
question = get_object_or_404(Question, pk=question_id)
answer = Answer(question=question, content=request.POST.get('content'), create_
date=timezone.now())
answer.save()
```

05단계 답변 등록 후 상세 화면으로 이동하게 만들기

답변을 생성한 후 상세 화면을 호출하려면 redirect 함수를 사용하여 코드를 작성하면 된다. redirect 함수는 함수에 전달된 값을 참고하여 페이지 이동을 수행한다. redirect 함수의 첫 번째 인수에는 이동할 페이지의 별칭을, 두 번째 인수에는 해당 URL에 전달해야 하는 값을 입력한다.

파일 이름 C:/projects/mysite/pybo/views.py

```
from django.shortcuts import render, get_object_or_404, redirect
from .models import Question
from django.utils import timezone

(... 생략 ...)
def answer_create(request, question_id):
```

```
    """
    pybo 답변 등록
    """
    question = get_object_or_404(Question, pk=question_id)
    question.answer_set.create(content=request.POST.get('content'),
                               create_date=timezone.now())
    return redirect('pybo:detail', question_id=question.id)
```

질문 상세 페이지에 다시 접속해 보자. 그러면 다음처럼 답변을 등록할 수 있는 창과 〈답변등록〉 버튼이 보인다.

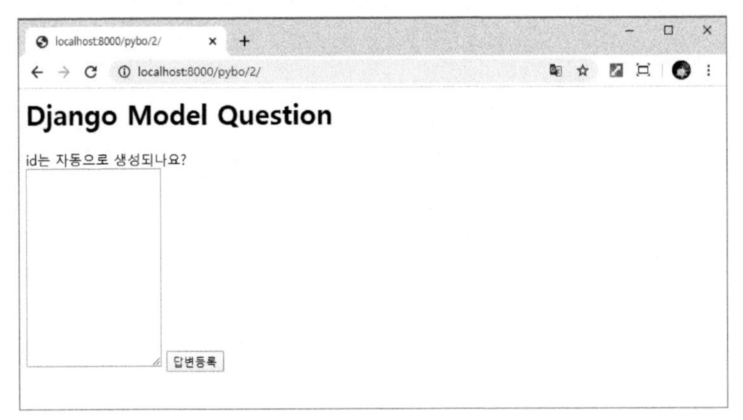

질문 상세 화면에서 볼 수 있는 답변 등록

화면이 조금 엉성하다고 실망할 것 없다. 일단 핵심 기능을 완성한다 생각하고 넘어가자. 화면 다듬기는 기능을 완성한 후 진행할 것이다.

텍스트 창에 아무 값이나 입력하고 〈답변등록〉을 눌러 보자. 아마 아무런 변화가 없을 것이다. 왜냐하면 아직 등록한 답변을 표시하는 기능을 추가하지 않았기 때문이다. 이어서 답변 표시 기능을 만들어 보자.

06단계 등록된 답변 표시하기

질문 상세 화면에 답변을 표시하려면 pybo/question_detail.html 파일을 수정해야 한다.

파일 이름 C:/projects/mysite/templates/pybo/question_detail.html

```
<h1>{{ question.subject }}</h1>

<div>
    {{ question.content }}
```

```
</div>

<h5>{{ question.answer_set.count }}개의 답변이 있습니다.</h5>
<div>
    <ul>
    {% for answer in question.answer_set.all %}
        <li>{{ answer.content }}</li>
    {% endfor %}
    </ul>
</div>

<form action="{% url 'pybo:answer_create' question.id %}" method="post">
{% csrf_token %}
<textarea name="content" id="content" rows="15"></textarea>
<input type="submit" value="답변 등록">
</form>
```

question.answer_set.count는 답변 개수를 의미한다. 질문 내용과 답변 입력 창 사이에 답변 표시 영역을 추가했다. 코드를 위처럼 수정한 후에 질문 상세 페이지에 접속하면 다음과 같은 화면을 볼 수 있다. 축하한다! 파이보의 답변 저장, 답변 조회 기능을 완성했다.

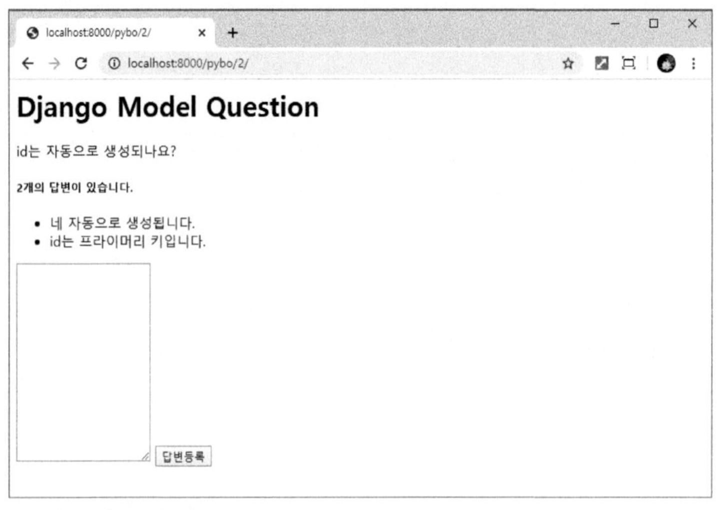

답변 등록 후 볼 수 있는 답변

02-7 화면 예쁘게 꾸미기

• 완성 소스 github.com/pahkey/djangobook/tree/2-07

지금까지 질문과 답변을 등록하고 조회하는 기능을 만들었다. 그런데 그럴싸한 화면이 아니라서 아쉽다. 여기서는 스타일시트를 이용해 웹 페이지에 디자인을 적용하는 방법을 알아본다.

Do it!
실습

웹 페이지에 스타일시트 적용하기

웹 페이지에 디자인을 적용하려면 스타일시트(CSS)를 사용해야 하며, 스타일시트를 파이보에 적용하려면 CSS 파일이 스태틱static 디렉터리에 있어야 한다.

이때 CSS 파일은 장고에서 정적static 파일로 분류한다. 정적 파일은 주로 이미지(.png, .jpg)나 자바스크립트(.js), 스타일시트(.css) 같은 파일을 의미한다.

01단계 설정 파일에 스태틱 디렉터리 위치 추가하기

config/settings.py 파일을 열어 STATICFILES_DIRS에 스태틱 디렉터리 경로를 추가하자. BASE_DIR / 'static'은 C:/projects/mysite/static을 의미한다.

파일 이름 C:/projects/mysite/config/settings.py

```
(... 생략 ...)
STATIC_URL = '/static/'
STATICFILES_DIRS = [
    BASE_DIR / 'static',
]
```

STATIC_URL 항목은 맨 아래에 있음!

02단계 스태틱 디렉터리 만들고 스타일시트 작성하기

프로젝트 루트 디렉터리에 static이라는 이름의 디렉터리를 생성하자. 루트 디렉터리는 C:/projects/mysite를 의미한다.

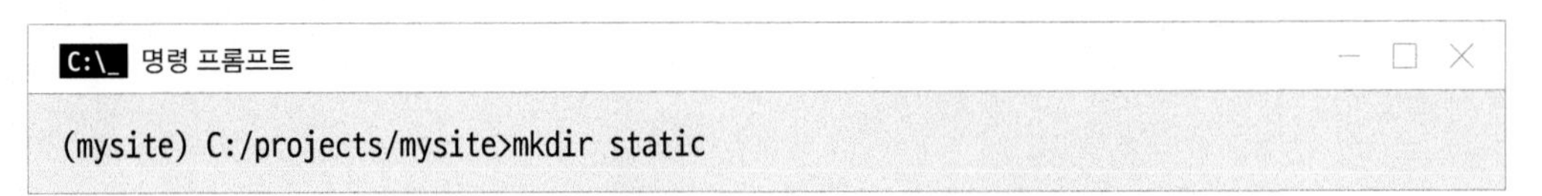

C:_ 명령 프롬프트
(mysite) C:/projects/mysite>mkdir static

스태틱 디렉터리를 관리하는 방법

pybo 앱 디렉터리 바로 아래에 static이라는 디렉터리를 만들어도 장고에서 스태틱 디렉터리로 인식된다. 즉, 다음과 같이 static 디렉터리를 만들어도 된다.

static 디렉터리 구성

```
C:/projects/mysite/pybo/static
```

하지만 이 방법 역시 템플릿 디렉터리를 구성할 때 설명했듯 프로젝트 관리를 불편하게 만든다. 이 책에서는 스태틱 디렉터리도 템플릿 디렉터리처럼 한곳으로 모아서 관리할 것이다.

static 디렉터리를 만들었으면 그곳에 style.css 파일을 만들어 다음 코드를 작성하자. 여기서는 답변을 등록할 때 사용하는 **textarea**를 100%로 넓히고, 〈답변등록〉 버튼 위에 **margin**을 10px 추가했다.

CSS를 활용하면 이보다 더 예쁘게 만들 수 있다. 그것은 필자보다 디자인 감각이 뛰어난 독자 여러분 몫으로 남겨 둔다. 그 대신 다음 절에서 부트스트랩을 이용해 좀 더 예쁘게 만드는 방법을 소개한다.

파일 이름 C:/projects/mysite/static/style.css

```
textarea {
    width:100%;
}

input[type=submit] {
    margin-top:10px;
}
```

03단계 질문 상세 템플릿에 스타일 적용하기

pybo/question_detail.html 파일에 style.css 파일을 적용해 보자. 스태틱 파일을 사용하기 위해 템플릿 파일 맨 위에 `{% load static %}` 태그를 삽입하고, `link` 엘리먼트 `href` 속성에 `{% static 'style.css' %}`를 적자.

파일 이름 C:/projects/mysite/templates/pybo/question_detail.html

```
{% load static %}
<link rel="stylesheet" type="text/css" href="{% static 'style.css' %}">
<h1>{{ question.subject }}</h1>
(... 생략 ...)
```

추가한 코드는 static 디렉터리의 style.css 파일을 연결한다는 의미다. 질문 상세 화면은 다음과 같이 바뀔 것이다. 만약 아무런 변화가 없다면 개발 서버를 종료했다가 다시 실행해 보자.

개발 서버를 종료하려면 Ctrl+C를 누르면 된다.

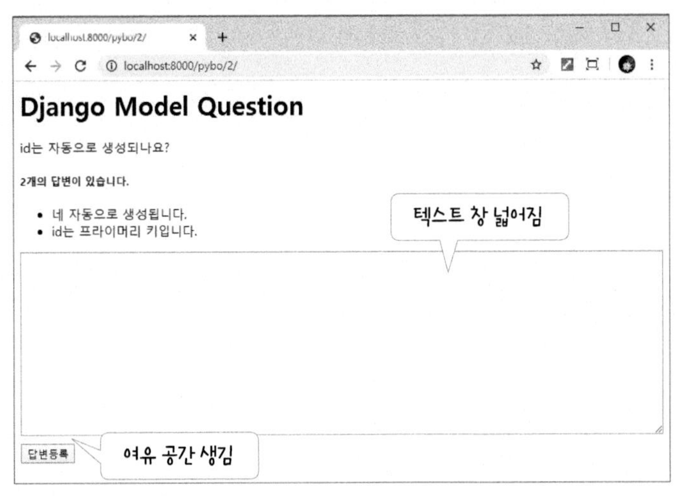

변경된 답변 등록 화면

축하한다. 이제 조금은 그럴싸한 화면을 출력할 수 있게 되었다.

02-8 부트스트랩으로 더 쉽게 화면 꾸미기

• 완성 소스 github.com/pahkey/djangobook/tree/2-08

웹 디자이너 없이 웹 프로그램을 만들다 보면 화면 디자인 작업을 하는 데 얼마나 많은 시간과 고민이 필요한지 알 수 있을 것이다. 이번에 소개하는 부트스트랩Bootstrap은 개발자 혼자서도 화면을 괜찮은 수준으로 만들 수 있게 도와주는 도구다. 부트스트랩은 트위터를 개발하면서 만들어졌고 지속적으로 관리되고 있는 오픈소스 프로젝트이다.

파이보에 부트스트랩 적용하기

파이보에 부트스트랩을 적용해 멋진 모습으로 변신시켜 보자.

01단계 부트스트랩 설치하기

웹 브라우저를 열고 다음 URL에 접속한 다음 〈Download〉를 눌러 부트스트랩 설치 파일을 내려받자.

부트스트랩 4.5.3 버전 다운로드: getbootstrap.com/docs/4.5/getting-started/download

이 책에 실린 코드는 부트스트랩 버전 5에서 정상 동작하지 않는다. 혹시 실습한 내용이 동일하게 보이지 않으면 부트스트랩 버전이 5가 아닌지 확인해 보자. 이 책은 부트스트랩 4.5.3 버전(버전 4의 마지막 버전)을 기준으로 실습을 진행한다.

부트스트랩은 2020년 12월 7일 기준으로 버전 5.0(베타)가 출시되었다.

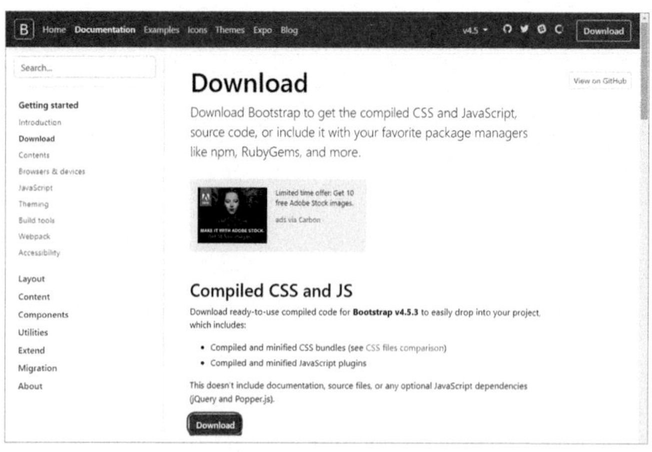

부트스트랩 홈페이지에서 설치 파일 내려받기

그러면 bootstrap-4.5.3-dist.zip 파일이 다운로드된다. 내려받은 파일의 압축을 해제하면 많은 파일이 들어 있다. 이 중에서 bootstrap.min.css 파일만 복사해서 mysite/static 디렉터리에 저장하자.

- 압축 파일에 있는 bootstrap.min.css 경로
  bootstrap-4.5.3-dist.zip/bootstrap-4.5.3-dist/css/bootstrap.min.css
- 복사할 경로
  C:/projects/mysite/static/bootstrap.min.css

02단계 질문 목록 템플릿에 부트스트랩 적용하기

pybo/question_list.html 파일에 부트스트랩을 적용하기 위해 `{% load static %}` 태그와 `link` 엘리먼트를 추가하자.

파일 이름 C:/projects/mysite/templates/pybo/question_list.html

```
{% load static %}
<link rel="stylesheet" type="text/css" href="{% static 'bootstrap.min.css' %}">
{% if question_list %}
(... 생략 ...)
```

이어서 부트스트랩을 이용하여 템플릿을 다음과 같이 재구성하자. 여기서 사용된 `container`, `my-3`, `thead-dark` 등이 바로 부트스트랩이 제공하는 클래스이다.

파일 이름 C:/projects/mysite/templates/pybo/question_list.html

```
{% load static %}
<link rel="stylesheet" type="text/css" href="{% static 'bootstrap.min.css' %}">
<div class="container my-3">
    <table class="table">
        <thead>
        <tr class="thead-dark">
            <th>번호</th>
            <th>제목</th>
            <th>작성일시</th>
        </tr>
        </thead>
        <tbody>
        {% if question_list %}
        {% for question in question_list %}
        <tr>
            <td>{{ forloop.counter }}</td>
```

```
            <td>
                <a href="{% url 'pybo:detail' question.id %}">
                    {{ question.subject }}
                </a>
            </td>
            <td>{{ question.create_date }}</td>
        </tr>
        {% endfor %}
        {% else %}
        <tr>
            <td colspan="3">질문이 없습니다.</td>
        </tr>
        {% endif %}
        </tbody>
    </table>
</div>
```

기존에는 질문 목록을 `ul` 엘리먼트로 간단히 표시했지만, 여기서는 `table` 엘리먼트로 바꾸고 질문의 일련번호와 작성일시 항목도 추가했다. 질문의 일련번호는 `{{ forloop.counter }}`를 이용하여 표시했다. `{{ forloop.counter }}`는 `{% for ... %}`에서 반복 시 자동으로 매겨지는 순섯값을 의미한다. 웹 브라우저에서 /pybo에 접속하면 부트스트랩이 적용된 화면을 볼 수 있다.

앞으로 다른 화면을 만들 때도 부트스트랩을 사용할 것이다. 그러나 이 책의 주제는 부트스트랩이 아니므로 간단히 설명한다. 혹시 자세한 내용이 궁금하다면 부트스트랩 공식 문서를 읽어 보기를 권한다.

부트스트랩 공식 문서: getbootstrap.com/docs/4.5/getting-started/introduction

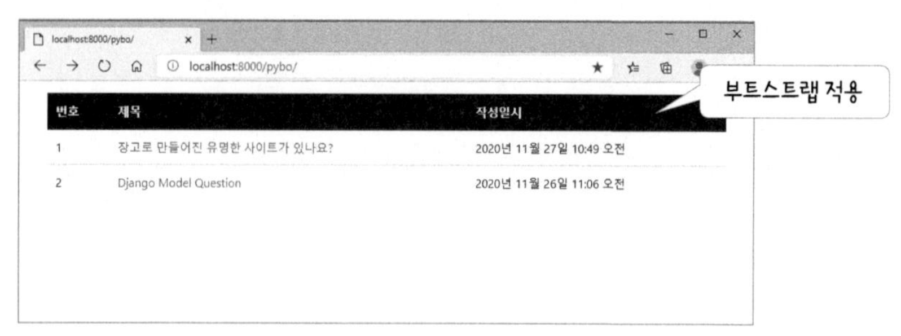

부트스트랩이 적용된 질문 목록 조회 화면

03단계 질문 상세 템플릿에 부트스트랩 사용하기

질문 상세 템플릿도 다음과 같이 부트스트랩을 적용하자.

파일 이름 C:/projects/mysite/templates/pybo/question_detail.html

```
{% load static %}
<link rel="stylesheet" type="text/css" href="{% static 'bootstrap.min.css' %}">
<div class="container my-3">
    <h2 class="border-bottom py-2">{{ question.subject }}</h2>
    <div class="card my-3">
        <div class="card-body">
            <div class="card-text" style="white-space: pre-line;">
                {{ question.content }}
            </div>
            <div class="d-flex justify-content-end">
                <div class="badge badge-light p-2">
                    {{ question.create_date }}
                </div>
            </div>
        </div>
    </div>
    <h5 class="border-bottom my-3 py-2">
        {{question.answer_set.count}}개의 답변이 있습니다.
    </h5>
    {% for answer in question.answer_set.all %}
    <div class="card my-3">
        <div class="card-body">
            <div class="card-text" style="white-space: pre-line;">
                {{ answer.content }}
            </div>
            <div class="d-flex justify-content-end">
                <div class="badge badge-light p-2">
                    {{ answer.create_date }}
                </div>
            </div>
        </div>
    </div>
    {% endfor %}
```

```
    <form action="{% url 'pybo:answer_create' question.id %}"
          method="post" class="my-3">
        {% csrf_token %}
        <div class="form-group">
            <textarea name="content" id="content"
                      class="form-control" rows="10"></textarea>
        </div>
        <input type="submit" value="답변 등록" class="btn btn-primary">
    </form>
</div>
```

질문, 답변은 하나의 뭉치에 해당되므로 부트스트랩의 card 컴포넌트를 사용했고, 질문 내용과 답변 내용은 style 속성으로 white-space: pre-line을 적용하여 텍스트의 줄바꿈을 정상적으로 보이게 만들었다. 부트스트랩 클래스 my-3은 상하 마진값 3을 의미한다. py-2는 상하 패딩값 2, p-2는 상하좌우 패딩값 2를 의미한다. d-flex justify-content-end는 컴포넌트 오른쪽 정렬을 의미한다.

부트스트랩 공식 문서(card 컴포넌트) : get bootstrap.com/docs/4.5/components/card

04단계 질문 상세 화면 확인하기

질문 상세 화면이 어떻게 바뀌었는지 확인해 보자. 부트스트랩을 사용하면 정말 빠르게 만족스러운 화면을 만들 수 있다.

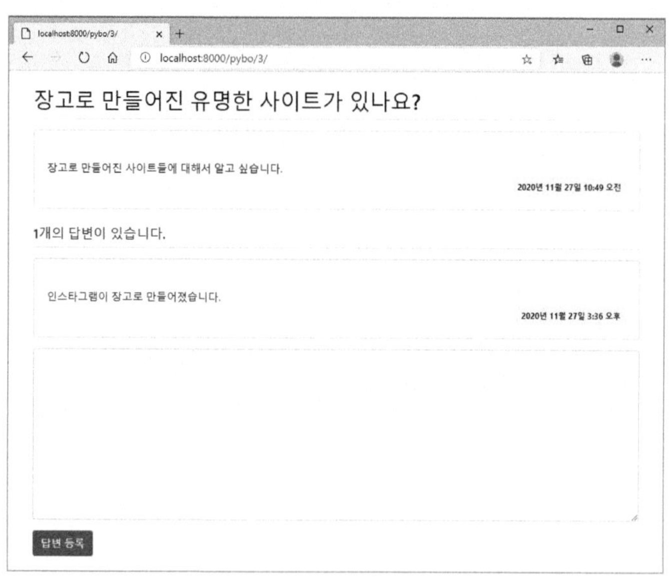

부트스트랩이 적용된 질문 상세 화면

02-9 표준 HTML과 템플릿 상속 사용해 보기

• 완성 소스 github.com/pahkey/djangobook/tree/2-09

혹시 눈치챘는지 모르겠지만, 지금까지 작성한 질문 목록과 질문 상세 템플릿 파일은 표준 HTML 구조가 아니다. 어떤 운영체제나 웹 브라우저를 사용하더라도 웹 페이지가 동일하게 보이고 정상적으로 작동 하게 하려면 반드시 웹 표준을 지키는 HTML 문서를 작성해야 한다.

표준 HTML 구조는 어떻게 생겼을까?

표준 HTML 문서의 구조는 다음과 같이 html, head, body 엘리먼트가 있어야 하며, CSS 파일은 head 엘리먼트 안에 있어야 한다. 또한 head 엘리먼트 안에는 meta, title 엘리먼트 등이 포함되어야 한다.

표준 HTML 구조 예

```
{% load static %}
<!doctype html>
<html lang="ko">
<head>
    <!-- Required meta tags -->
    <meta charset="utf-8">
    <meta name="viewport" content="width=device-width, initial-scale=1, shrink-to-fit=no">
    <!-- Bootstrap CSS -->
    <link rel="stylesheet" type="text/css" href="{% static 'bootstrap.min.css' %}">
    <!-- pybo CSS -->
    <link rel="stylesheet" type="text/css" href="{% static 'style.css' %}">
    <title>Hello, pybo!</title>
</head>
<body>
(... 생략 ...)
</body>
</html>
```

입력할 코드 아님!

템플릿을 표준 HTML 구조로 바꾸기

앞에서 작성한 템플릿 파일을 표준 HTML 구조로 수정해 보자. 그런데 모든 템플릿 파일을 표준 HTML 구조로 변경하면 body 엘리먼트 바깥 부분은 모두 같은 내용으로 중복된다. 그리고 CSS 파일 이름이 변경되거나 새로운 CSS 파일이 추가되면 head 엘리먼트의 내용을 수정하려고 템플릿 파일을 일일이 찾아다녀야 하는 불편함도 있다.
장고는 이런 불편함을 해소하기 위한 템플릿 상속(extends) 기능을 제공한다. 여기서는 단순히 템플릿을 표준 HTML 구조로 바꾸는 것이 아니라 템플릿 상속 기능까지 사용할 것이다. 그러면 파일을 하나씩 수정해 보자.

01단계 템플릿 파일의 기본 틀 작성하기

우선 템플릿 파일의 기본 틀인 base.html 템플릿을 작성하자. 모든 템플릿에서 공통으로 입력할 내용을 여기에 포함한다고 생각하면 된다.

파일 이름 C:/projects/mysite/templates/base.html

```
{% load static %}
<!doctype html>
<html lang="ko">
<head>
    <!-- Required meta tags -->
    <meta charset="utf-8">
    <meta name="viewport" content="width=device-width, initial-scale=1, shrink-to-fit=no">
    <!-- Bootstrap CSS -->
    <link rel="stylesheet" type="text/css" href="{% static 'bootstrap.min.css' %}">
    <!-- pybo CSS -->
    <link rel="stylesheet" type="text/css" href="{% static 'style.css' %}">
    <title>Hello, pybo!</title>
</head>
<body>
<!-- 기본 템플릿 안에 삽입될 내용 Start -->
{% block content %}
{% endblock %}
<!-- 기본 템플릿 안에 삽입될 내용 End -->
</body>
</html>
```

body 엘리먼트에 {% block content %}와 {% endblock %} 템플릿 태그가 있다. 바로 이 부분이 이후 base.html 템플릿 파일을 상속한 파일에서 구현해야 하는 영역이 된다. 이제 question_list.html 템플릿을 다음과 같이 변경하자.

02단계 질문 목록 템플릿 수정하기

질문 목록을 나타내는 question_list.html 파일을 다음과 같이 수정하자.

파일 이름 C:/projects/mysite/templates/pybo/question_list.html

```
{% extends 'base.html' %}  기존 코드 삭제 후 추가
{% block content %}
<div class="container my-3">
    <table class="table">
        (... 생략 ...)
    </table>
</div>
{% endblock %}  새로 추가
```

base.html 템플릿 파일을 상속받고자 {% extends 'base.html' %} 템플릿 태그를 사용했다. 그리고 {% block content %}와 {% endblock %} 사이에 question_list.html 파일에서만 사용할 내용을 작성했다. 이제 question_list.html은 base.html을 상속받았으므로 표준 HTML 구조를 갖추게 되었다.

03단계 질문 상세 템플릿 수정하기

질문 상세를 나타내는 question_detail.html 파일도 같은 방법으로 수정하자.

파일 이름 C:/projects/mysite/templates/pybo/question_detail.html

```
{% extends 'base.html' %}  기존 코드 삭제 후 추가
{% block content %}
<div class="container my-3">
    <h2 class="border-bottom py-2">{{ question.subject }}</h2>
    (... 생략 ...)
    </form>
</div>
{% endblock %}  새로 추가
```

{% extends 'base.html' %} 템플릿 태그를 맨 위에 추가하고 기존 내용 위 아래로 {% block content %}와 {% endblock %}를 작성했다.

04단계 기존 스타일 파일 내용 비우기

부트스트랩을 사용하게 되었으니 style.css 파일의 내용을 비우자. 이 파일은 이후 부트스트랩으로 표현할 수 없는 스타일을 위해 사용할 것이므로 파일 자체를 삭제하지는 말고 내용만 삭제하자.

파일 이름 C:/projects/mysite/static/style.css

```
/* 내용을 전부 삭제하자. */
```

02-10 질문 등록 기능 만들기

• 완성 소스 github.com/pahkey/djangobook/tree/2-10

지금까지는 질문을 등록하기 위해 장고 셸이나 장고 Admin을 사용했다. 이번에는 파이보 서비스를 통해 질문을 등록하는 기능을 만들어 보자.

질문 등록 기능 만들기

질문 목록 화면 아래에 질문 등록 버튼을 만든 다음, 질문 등록 기능을 완성해 보자. 참고로 질문 등록 기능은 이 장 끝까지 진행해야 완벽하게 작동한다.

01단계 질문 등록 버튼 만들기

우선 다음처럼 질문 목록 템플릿을 열고 `</table>` 태그 아래에 질문 등록 버튼을 생성하자.

파일 이름 C:/projects/mysite/templates/pybo/question_list.html

```
(... 생략 ...)
    </table>
    <a href="{% url 'pybo:question_create' %}" class="btn btn-primary">
        질문 등록하기
    </a>
</div>
```

a 엘리먼트에 href 속성으로 질문 등록 URL을 `{% url 'pybo:question_create' %}`처럼 추가하고 부트스트랩 클래스 `"btn btn-primary"`를 지정했다.

02단계 URL 매핑 추가를 위해 pybo/urls.py 수정하기

1단계에서 `{% url 'pybo:question_create' %}`이 추가되었으니 pybo/urls.py 파일에 URL 매핑을 추가하자.

파일 이름 C:/projects/mysite/pybo/urls.py

pybo 디렉터리

```
(... 생략 ...)
urlpatterns = [
    (... 생략 ...)
    path('question/create/', views.question_create, name='question_create'),
]
```

03단계 pybo/views.py 수정하기

2단계에서 URL 매핑에 의해 실행될 `views.question_create` 함수를 작성하자.

파일 이름 C:/projects/mysite/pybo/views.py

```
from .forms import QuestionForm
(... 생략 ...)
def question_create(request):
    """
    pybo 질문 등록
    """
    form = QuestionForm()
    return render(request, 'pybo/question_form.html', {'form': form})
```

`question_create` 함수는 `QuestionForm` 클래스로 생성한 객체 `form`을 사용할 것이다. 여기서 `QuestionForm` 클래스는 질문을 등록하기 위해 사용하는 장고의 폼이다. `render` 함수에 전달한 `{'form': form}`은 템플릿에서 폼 엘리먼트를 생성할 때 사용한다. 템플릿을 작성할 때 자세히 알아보겠다.

QuestionForm을 아직 작성하지 않아 파이참에서는 오류가 표시될 것이다. QuestionForm은 곧 만들 것이니 일단은 오류가 나오는 상태로 놔두자.

04단계 pybo/forms.py에 장고 폼 작성하기

pybo 디렉터리 바로 아래에 forms.py 파일을 새로 만들어 `ModelForm`을 상속받은 `QuestionForm` 클래스를 작성하자. `QuestionForm` 클래스 안에 내부 클래스로 `Meta` 클래스를 작성하고, `Meta` 클래스 안에는 `model`, `fields` 속성을 다음과 같이 작성하자.

파일 이름 C:/projects/mysite/pybo/forms.py

```
from django import forms
```

```
from pybo.models import Question

class QuestionForm(forms.ModelForm):
    class Meta:
        model = Question
        fields = ['subject', 'content']
```

이 같은 클래스를 장고 폼이라 한다. 장고 폼은 사실 2개의 폼으로 구분할 수 있는데, forms.Form을 상속받으면 폼, forms.ModelForm을 상속받으면 모델 폼이라 부른다. 여기서는 form.ModelForm을 상속받아 모델 폼을 만들었다. 모델 폼은 말 그대로 모델과 연결된 폼이며, 모델 폼 객체를 저장하면 연결된 모델의 데이터를 저장할 수 있다. 아직 모델 폼 객체를 저장한다는 의미가 잘 이해되지는 않겠지만, 곧 질문 등록 기능을 완성하며 이 내용을 자세히 설명하겠다. 내부 클래스로 선언한 Meta 클래스가 눈에 띌 것이다. 장고 모델 폼은 내부 클래스로 Meta 클래스를 반드시 가져야 하며, Meta 클래스에는 모델 폼이 사용할 모델과 모델의 필드들을 적어야 한다. QuestionForm 클래스는 Question 모델과 연결되어 있으며, 필드로 subject, content를 사용한다고 정의했다.

05단계 pybo/question_form.html 만들어 장고 폼 사용하기

질문 등록을 위해 pybo/question_form.html 파일을 생성하고 다음과 같이 작성하자.

파일 이름 C:/projects/mysite/templates/pybo/question_form.html

디렉터리 확인!

```
{% extends 'base.html' %}

{% block content %}
<div class="container">
    <h5 class="my-3 border-bottom pb-2">질문 등록</h5>
    <form method="post" class="post-form my-3">
        {% csrf_token %}
        {{ form.as_p }}
        <button type="submit" class="btn btn-primary">저장하기</button>
    </form>
</div>
{% endblock %}
```

코드의 {{ form.as_p }}에서 form이 바로 question_create 함수에서 전달한 QuestionForm 객체이다. 여기서 {{ form.as_p }}는 모델 폼과 연결된 입력 항목 subject, content에 값을 입력할 수 있는 HTML 코드를 자동으로 만들어 준다.

06단계 질문 등록 화면 확인하기

이제 웹 브라우저에서 지금까지 작업한 내용의 결과를 확인해 보자. /pybo/ 페이지를 요청해 보자. 그러면 〈질문 등록하기〉 버튼이 표시될 것이다. 〈질문 등록하기〉 버튼을 누르자.

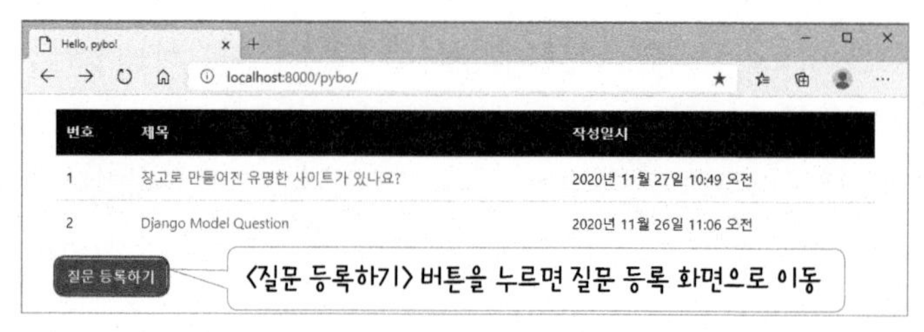

〈질문 등록하기〉 버튼 누르기

그러면 다음과 같은 질문 등록 화면이 나타나고 질문 등록 화면에는 템플릿에 작성한 {{ form.as_p }}에 의해 나타난 입력 항목 subject, content를 확인할 수 있다. 값을 입력하고 〈저장하기〉 버튼을 눌러 보자.

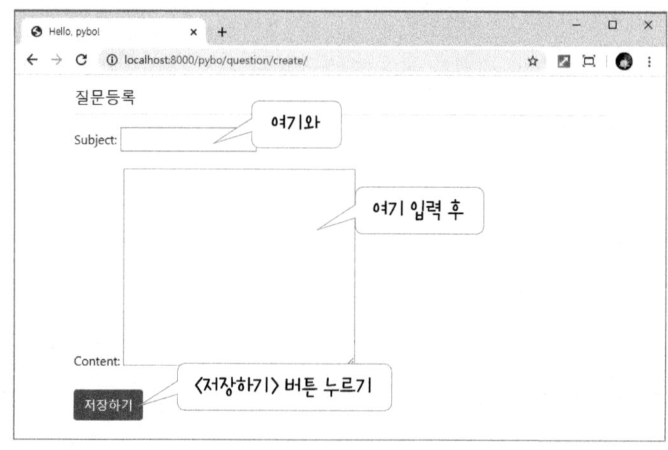

Subject, Content 항목 입력 후 〈저장하기〉 버튼 누르기

그런데 아무런 반응이 없다. 왜냐하면 pybo/views.py 파일에 정의한 question_create 함수에 입력 데이터를 저장하기 위한 코드를 작성하지 않았기 때문이다. 이제 입력 데이터를 저장하는 방법에 대해 알아보자.

07단계 입력 데이터 저장하기

pybo/views.py 파일의 question_create 함수를 수정하자. 코드가 꽤 기니 주의해서 입력하자.

파일 이름 C:/projects/mysite/pybo/views.py

```
def question_create(request):
    """
    pybo 질문 등록
    """
    if request.method == 'POST':
        form = QuestionForm(request.POST)
        if form.is_valid():
            question = form.save(commit=False)
            question.create_date = timezone.now()
            question.save()
            return redirect('pybo:index')
    else:
        form = QuestionForm()    # request.method가 'GET'인 경우 호출!
    context = {'form': form}
    return render(request, 'pybo/question_form.html', context)
```

가장 눈에 띄는 부분은 동일한 URL 요청을 POST, GET 요청 방식에 따라 다르게 처리한 부분이다. 질문 목록 화면에서 〈질문 등록하기〉 버튼을 누르면 /pybo/question/create/가 GET 방식으로 요청되어 질문 등록 화면이 나타나고, 질문 등록 화면에서 입력값을 채우고 〈저장하기〉 버튼을 누르면 /pybo/question/create/가 POST 방식으로 요청되어 데이터가 저장된다.

그리고 QuestionForm 객체도 GET 방식과 POST 방식일 경우 다르게 생성한 것에 주목하자. GET 방식의 경우 QuestionForm()과 같이 입력값 없이 객체를 생성했고 POST 방식의 경우에는 QuestionForm(request.POST)처럼 화면에서 전달받은 데이터로 폼의 값이 채워지도록 객체를 생성했다. form.is_valid 함수는 POST 요청으로 받은 form이 유효한지 검사한다. 폼이 유효하지 않다면 폼에 오류가 저장되어 화면에 전달될 것이다.

그리고 question = form.save(commit=False)는 form으로 Question 모델 데이터를 저장하기 위한 코드이다. 여기서 commit=False는 임시 저장을 의미한다. 즉, 실제 데이터는 아직 저장되지 않은 상태를 말한다. 이렇게 임시 저장을 사용하는 이유는 폼으로 질문 데이터를 저장할 경우 Question 모델의 create_date에 값이 설정되지 않아 오류가 발생하기 때문이다(폼에는 현재 subject, content 필드만 있고 create_date 필드는 없다).

이러한 이유로 임시 저장을 한 후 question 객체를 반환받아 create_date에 값을 설정한 후 question.save()로 실제 저장하는 것이다.

form.save(commit=False) 대신 form.save()를 수행하면 create_date 속성값이 없다는 오류 메시지가 나타난다.

08단계 질문 등록 기능 확인하기

웹 브라우저에서 질문 등록 기능을 확인해 보자. /pybo에 접속하여 〈질문 등록하기〉 버튼을 눌러 질문 등록 화면으로 이동하자. 그런 다음 질문 등록 기능을 확인하자.

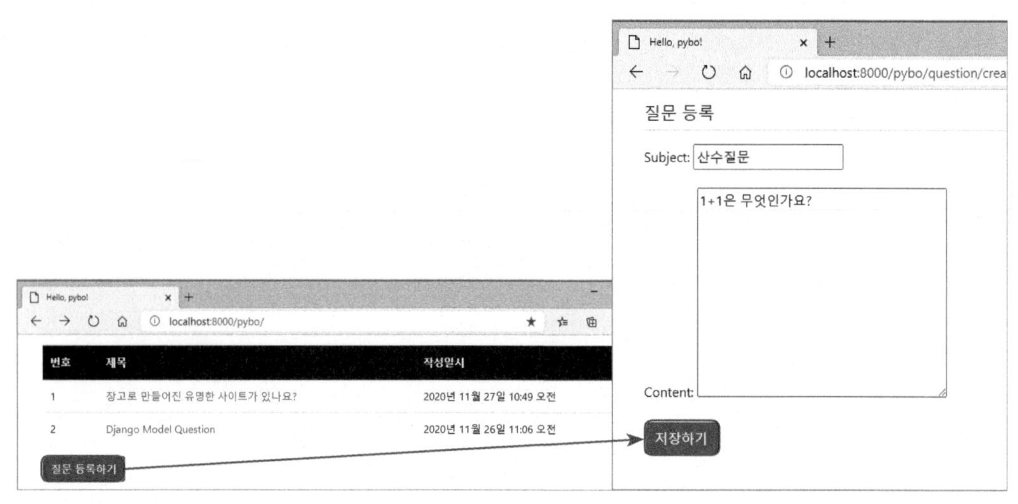

〈질문 등록하기〉 버튼 누르기

값 입력 후 〈저장하기〉 버튼 누르기

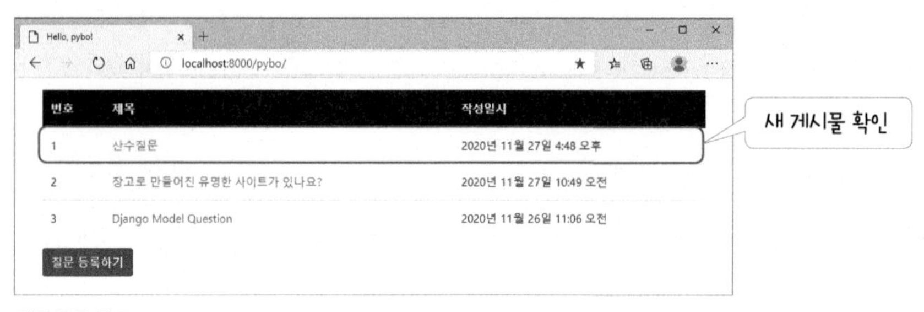

질문 등록 완료

09단계 폼에 부트스트랩 적용하기

여기까지 진행하면 질문 등록 화면에 부트스트랩이 적용되지 않아서 아쉬움이 느껴질 것이다. 그렇다. {{ form.as_p }} 태그는 form 엘리먼트와 입력 항목을 자동으로 생성해 주므로 편리하기는 하지만 부트스트랩을 적용할 수 없다는 단점이 있다. 이 문제를 해결할 수는 없을까? 완벽하지는 않지만, QuestionForm 클래스 내부에 있는 Meta 클래스에 widgets 속성을 다음과 같이 추가하면 이 문제를 해결할 수 있다.

파일 이름 C:/projects/mysite/pybo/forms.py

```
from django import forms
from pybo.models import Question


class QuestionForm(forms.ModelForm):
    class Meta:
        model = Question
        fields = ['subject', 'content']
        widgets = {
            'subject': forms.TextInput(attrs={'class':'form-control'}),
            'content': forms.Textarea(attrs={'class':'form-control', 'rows': 10}),
        }
```

다시 질문 등록 화면을 요청해 보면 다음과 같이 부트스트랩이 적용된 화면을 볼 수 있다.

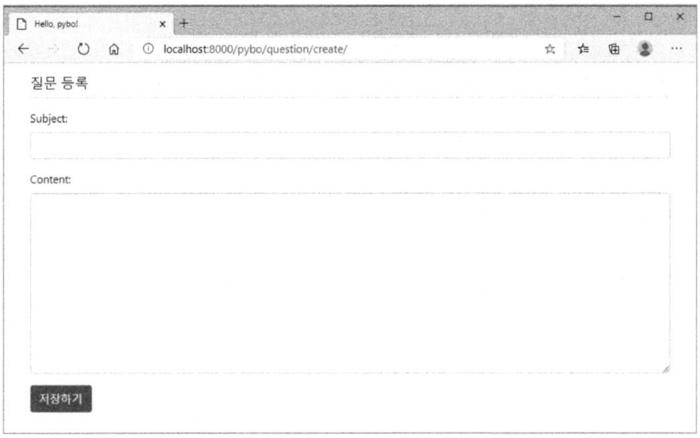

부트스트랩이 적용된 질문 등록 화면

10단계 label 속성 수정하여 Subject, Content 한글로 변경하기

화면의 'Subject', 'Content'를 영문이 아니라 한글로 표시하고 싶다면 `label` 속성을 지정하면 된다.

파일 이름 C:/projects/mysite/pybo/forms.py

```
from django import forms
from pybo.models import Question


class QuestionForm(forms.ModelForm):
    class Meta:
        model = Question
        fields = ['subject', 'content']
        widgets = {
            'subject': forms.TextInput(attrs={'class': 'form-control'}),
            'content': forms.Textarea(attrs={'class': 'form-control', 'rows': 10}),
        }
        labels = {
            'subject': '제목',
            'content': '내용',
        }
```

그러면 'Subject'는 '제목'으로 'Content'는 '내용'으로 변경된다.

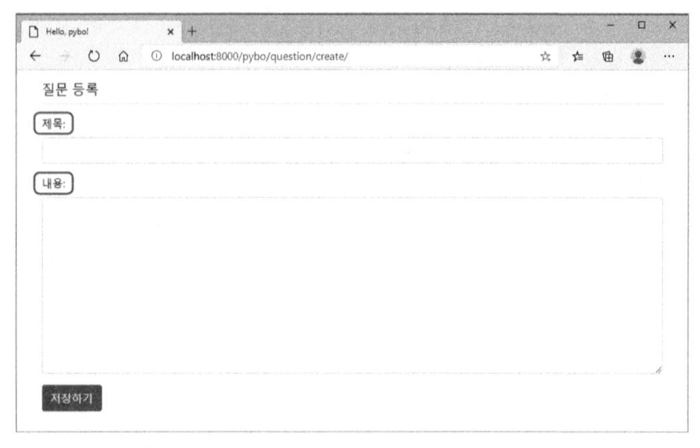

한글로 변경된 질문 등록 화면

장고 폼에 대한 자세한 내용은 장고 공식 문서를 참고하자.

장고 공식 문서(폼): docs.djangoproject.com/en/3.0/topics/forms

11단계 수작업으로 폼 작성하기

{{ form.as_p }}를 사용하면 빠르게 템플릿을 만들 수 있지만 HTML 코드가 자동으로 생성되므로 디자인 측면에서 많은 제한이 생기게 된다. 예를 들어 특정 태그를 추가하거나 필요한 클래스를 추가하는 작업에 제한이 생긴다. 또 디자인 영역과 서버 프로그램 영역이 혼재되어 웹 디자이너와 개발자의 역할을 분리하기도 애매해진다. 이번에는 자동으로 HTML 코드를 생성하지 말고 수작업으로 HTML 코드를 작성해 보자. 우선 forms.py 파일의 **widget** 항목을 제거하자.

파일 이름 C:/projects/mysite/pybo/forms.py

```
from django import forms
from pybo.models import Question


class QuestionForm(forms.ModelForm):
    class Meta:
        model = Question
        fields = ['subject', 'content']
        labels = {
            'subject': '제목',
            'content': '내용',
        }
        # widget 항목 삭제
```

labels 항목 남기기

그런 다음 질문 등록 템플릿을 다음과 같이 수정하자.

파일 이름 C:/projects/mysite/templates/pybo/question_form.html

```
{% extends 'base.html' %}

{% block content %}
<div class="container">
    <h5 class="my-3 border-bottom pb-2">질문 등록</h5>
    <form method="post" class="post-form my-3">
        {% csrf_token %}
        <!-- 오류 표시 Start -->
        {% if form.errors %}
            <div class="alert alert-danger" role="alert">
            {% for field in form %}
```

```
                {% if field.errors %}
                <strong>{{ field.label }}</strong>
                {{ field.errors }}
                {% endif %}
            {% endfor %}
            </div>
        {% endif %}
        <!-- 오류 표시 End -->
        <div class="form-group">
            <label for="subject">제목</label>
            <input type="text" class="form-control" name="subject" id="subject"
                   value="{{ form.subject.value|default_if_none:'' }}">
        </div>
        <div class="form-group">
            <label for="content">내용</label>
            <textarea class="form-control" name="content" id="content"
                      rows="10">{{ form.content.value|default_if_none:'' }}</textarea>
        </div>
        <button type="submit" class="btn btn-primary">저장하기</button>
    </form>
</div>
{% endblock %}
```

{{ form.as_p }}에 의해 자동 생성되는 HTML 대신 제목과 내용을 위한 HTML을 직접 작성했다. 그리고 question_create 함수에서 form.is_valid()가 실패했을 때 오류를 표시하기 위해 오류 표시 영역도 추가했다. 제목의 value에는 {{ form.subject.value|default_if_none:'' }}을 대입했는데, 이는 오류 발생 시 기존 입력값을 유지하기 위함이다. |default_if_none:''는 form.subject.value에 값이 없으면 'None'이라는 문자열이 표시되는데, 이를 공백으로 표시하기 위해 사용한 템플릿 필터이다. 수정 후 질문 등록 화면으로 돌아가 제목만 입력하고 <저장하기> 버튼을 누르면 다음 화면을 볼 수 있다.

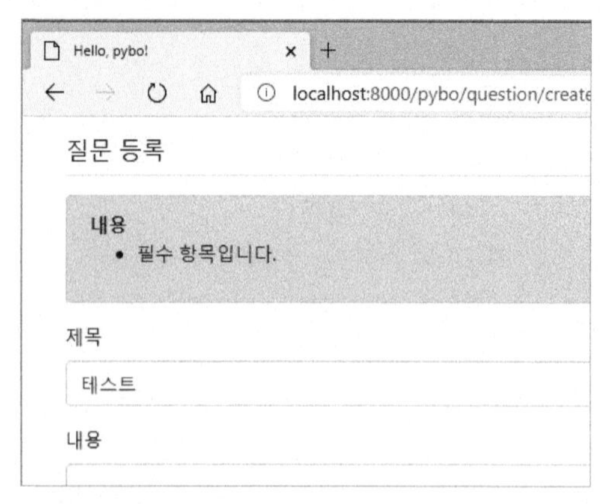

필수 항목을 입력하지 않으면 나타나는 오류 메시지

필수 항목인 내용을 입력하지 않았으니 '내용을 입력하라'는 오류 메시지를 볼 수 있다. 또한 오류가 발생해도 이미 입력한 제목에 해당되는 값은 value 설정으로 인해 그대로 유지되는 것도 확인할 수 있다.

답변 등록 기능에 장고 폼 적용하기

01단계 AnswerForm 클래스 추가하고 answer_create 함수 수정하기

질문 등록 기능에 장고 폼을 적용한 것처럼 답변 등록 기능에도 장고 폼을 적용하자. 답변을 등록할 때 사용할 AnswerForm 클래스를 pybo/forms.py 파일에 다음과 같이 작성하자.

파일 이름 C:/projects/mysite/pybo/forms.py

```
from django import forms
from pybo.models import Question, Answer
(... 생략 ...)
class AnswerForm(forms.ModelForm):
    class Meta:
        model = Answer
        fields = ['content']
        labels = {
            'content': '답변내용',
        }
```

그런 다음 pybo/views.py 파일의 answer_create 함수를 수정하자. answer_create 함수는 question_create 함수와 거의 동일하므로 자세한 설명은 생략한다.

파일 이름 C:/projects/mysite/pybo/views.py

```
(... 생략 ...)
from .forms import QuestionForm, AnswerForm
(... 생략 ...)

def answer_create(request, question_id):
    """
    pybo 답변 등록
    """
    question = get_object_or_404(Question, pk=question_id)
```

```
    if request.method == "POST":
        form = AnswerForm(request.POST)
        if form.is_valid():
            answer = form.save(commit=False)
            answer.create_date = timezone.now()
            answer.question = question
            answer.save()
            return redirect('pybo:detail', question_id=question.id)
    else:
        form = AnswerForm()
    context = {'question': question, 'form': form}
    return render(request, 'pybo/question_detail.html', context)
```

02단계 질문 상세 템플릿에 오류 표시 영역 추가하기

질문 상세 템플릿에 오류 표시 영역을 추가하자.

파일 이름 C:/projects/mysite/templates/pybo/question_detail.html

```
(... 생략 ...)
<form action="{% url 'pybo:answer_create' question.id %}" method="post" class="my-3">
    {% csrf_token %}
    {% if form.errors %}
    <div class="alert alert-danger" role="alert">
    {% for field in form %}
        {% if field.errors %}
        <strong>{{ field.label }}</strong>
        {{ field.errors }}
        {% endif %}
    {% endfor %}
    </div>
    {% endif %}
(... 생략 ...)
</form>
(... 생략 ...)
```

csrf_token 아래에 추가

이렇게 수정하고 답변 내용 없이 답변을 등록하려고 하면 오류 메시지가 그림처럼 나타난다.

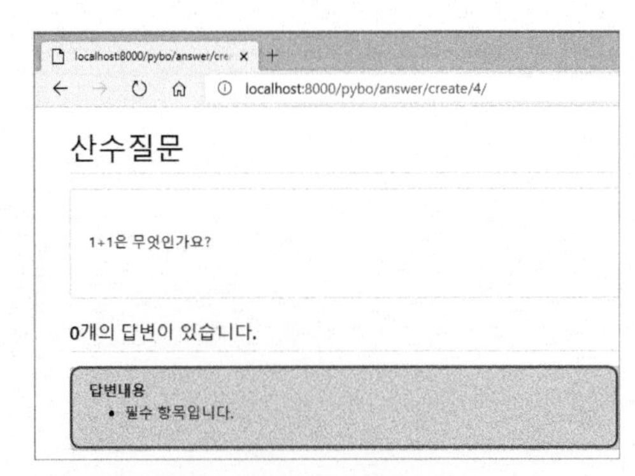

답변 내용이 없으면 오류 메시지 나타남

파이보 서비스 개발!

파이보의 기초 공사가 마무리되었으니 이제 본격적으로 파이보를 만들 차례이다. 이 장을 마치면 파이보는 꽤 괜찮은 모습으로 거듭날 것이다. 파이보를 조금씩 발전시켜 나가는 즐거운 여정을 시작해 보자.

- 파이보를 상용 게시판 수준으로 개발한다.
- 부트스트랩을 적용하여 서비스를 더 아름답게 만든다.
- 게시물 등록, 삭제, 수정부터 로그인, 로그아웃, 페이징, 검색까지 게시판을 완벽하게 만든다.

03-1 내비게이션 기능 추가하기

• 완성 소스 github.com/pahkey/djangobook/tree/3-01

지금까지 만든 파이보의 기능(질문 등록·조회, 답변 등록·조회)을 사용해 봤다면 편의 기능이 없어서 이런저런 불편함을 느꼈을 것이다. 그중에서 메인 페이지로 돌아갈 수 있는 장치가 없다는 것이 가장 불편하다. 여기서는 이런 불편함을 해소할 수 있는 기능을 추가하기 위해 내비게이션바를 만들어 볼 것이다.

내비게이션바는 모든 화면 위쪽에 고정되어 있는 부트스트랩 컴포넌트이다.

부트스트랩 내비게이션바 공식 문서: getbootstrap.com/docs/4.5/components/navbar

내비게이션바 추가하기

01단계 로고, 로그인 링크 추가하기

내비게이션바는 모든 페이지에서 보여야 하므로 base.html 템플릿 파일을 열어 <body> 태그 바로 아래에 추가하자. 내비게이션바에는 메인 페이지로 이동해 주는 'Pybo' 로고(클래스값 navbar-brand)를 가장 왼쪽에 배치하고, 오른쪽에는 '로그인' 링크를 추가하자.

파일 이름 C:/projects/mysite/templates/base.html

```
{% load static %}
<!doctype html>
<html lang="ko">
<head>
    <!-- Required meta tags -->
    <meta charset="utf-8">
    <meta name="viewport"
          content="width=device-width, initial-scale=1, shrink-to-fit=no">
    <!-- Bootstrap CSS -->
    <link rel="stylesheet" type="text/css" href="{% static 'bootstrap.min.css' %}">
    <!-- pybo CSS -->
    <link rel="stylesheet" type="text/css" href="{% static 'pybo/style.css' %}">
    <title>Hello, pybo!</title>
</head>
<body>
```

```
<!-- 내비게이션바 -->
<nav class="navbar navbar-expand-lg navbar-light bg-light border-bottom">
    <a class="navbar-brand" href="{% url 'pybo:index' %}">Pybo</a>
    <button class="navbar-toggler ml-auto" type="button" data-toggle="collapse"
            data-target="#navbarNav" aria-controls="navbarNav"
            aria-expanded="false" aria-label="Toggle navigation">
        <span class="navbar-toggler-icon"></span>
    </button>
    <div class="collapse navbar-collapse flex-grow-0" id="navbarNav">
        <ul class="navbar-nav">
            <li class="nav-item ">
                <a class="nav-link" href="#">로그인</a>
            </li>
        </ul>
    </div>
</nav>
<!-- 기본 템플릿 안에 삽입될 내용 Start -->
{% block content %}
{% endblock %}
<!-- 기본 템플릿 안에 삽입될 내용 End -->
</body>
</html>
```

02단계 질문 목록 화면에서 상단 내비게이션바 확인하기

1단계 작업을 마친 뒤 질문 목록 페이지를 요청하면 맨 위에 멋진 내비게이션바가 보인다. 또한 내비게이션바의 'Pybo' 로고를 누르면 다른 페이지에서 메인 페이지로 돌아갈 수 있다. 'Pybo' 로고를 눌러서 잘 작동하는지 확인해 보자.

pybo 로고 확인

내비게이션바는 모든 화면이 상속하는 base.html 파일에 추가되어서 질문 목록, 질문 상세, 질문 등록 화면 모두에 나타난다. 한번 확인해 보자.

03단계 부트스트랩이 제공하는 햄버거 메뉴 버튼 확인하기

그런데 부트스트랩 내비게이션바에는 재미있는 기능이 하나 숨어 있다. 아무 페이지나 접속해서(여기서는 질문 목록에 접속했다) 웹 브라우저의 너비를 줄여 보자. 그러면 어느 순간 햄버거 메뉴 버튼이 생긴다. 그리고 '로그인' 링크는 사라진다.

햄버거 메뉴 버튼을 눌렀는데 아무 변화가 없더라도 당황하지 말자. 아직은 제대로 작동하지 않는 것이 정상이다.

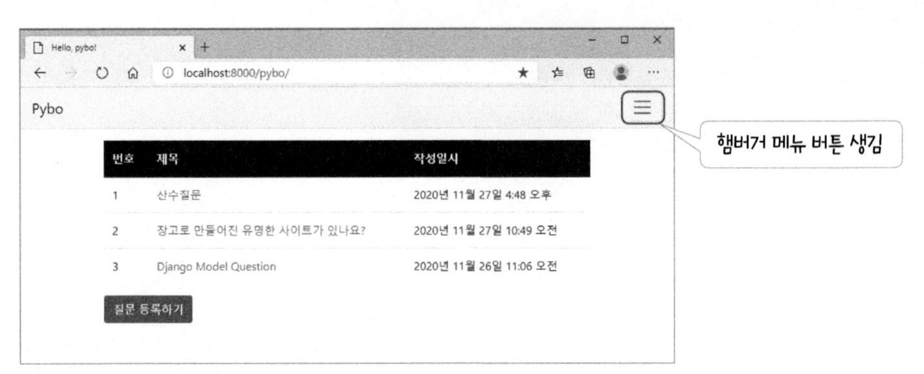

부트스트랩이 제공하는 햄버거 메뉴 버튼

이렇게 부트스트랩은 화면 크기가 작은 기기를 고려한 '반응형 웹'까지 적용되어 있다. 그런데 햄버거 메뉴 버튼을 클릭해도 아무런 변화가 없을 것이다. 그 이유는 부트스트랩 자바스크립트 파일(bootstrap.min.js)이 base.html 파일에 포함되지 않았기 때문이다. 또한 부트스트랩 자바스크립트 파일은 제이쿼리를 기반으로 해서 만들어졌다. 결국 햄버거 메뉴 버튼을 제대로 사용하려면 부트스트랩 자바스크립트 파일과 제이쿼리 파일이 필요하다.

04단계 부트스트랩에 필요한 파일 추가하기 — 부트스트랩 자바스크립트 파일

부트스트랩 자바스크립트 파일은 bootstrap-4.5.3-dist.zip 압축 파일에 있다. 이 파일을 찾아 다음과 같은 위치에 복사해 붙여 넣자.

- **부트스트랩 자바스크립트 파일 위치**: bootstrap-4.5.3-dist.zip/bootstrap-4.5.3-dist/js/bootstrap.min.js
- **붙여 넣을 위치**: C:/projects/mysite/static/bootstrap.min.js

05단계 부트스트랩에 필요한 파일 추가하기 - 제이쿼리

제이쿼리는 jquery.com/download에 접속하여 'Download the compressed, production jQuery 3.4.1' 링크를 마우스 오른쪽 버튼으로 누른 다음 '다른 이름으로 링크 저장'을 하면 'jquery-3.4.1.min.js' 파일이 다운로드된다. 이 파일을 다음 위치에 붙여 넣자.

· 붙여 넣을 위치: C:/projects/mysite/static/jquery-3.4.1.min.js

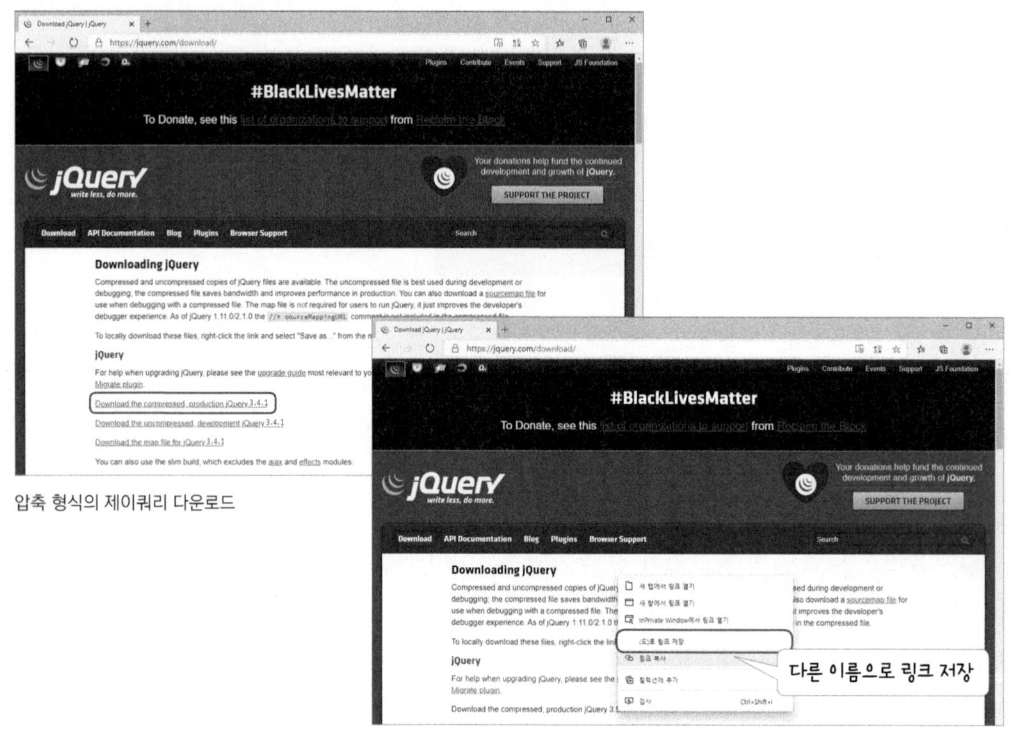

압축 형식의 제이쿼리 다운로드

압축 형식의 제이쿼리 다운로드를 위해 〈다른 이름으로 링크 저장〉 이용

06단계 templates/base.html에 파일 추가하기

4, 5단계를 마치면 다음과 같은 경로에 각 파일이 위치해야 한다. 파일 위치를 확인하자.

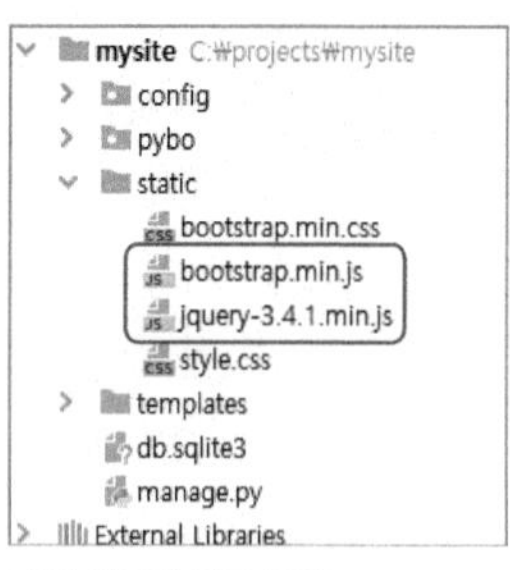

파일 위치와 경로 확인

파일 위치를 확인하고 base.html 파일을 열어 base.html 파일 </body> 태그 바로 위에 코드를 추가하자. 수정한 다음 햄버거 메뉴 버튼을 누르면 숨어 있는 링크가 표시된다.

파일 이름 C:/projects/mysite/templates/base.html

```
(... 생략 ...)
<!-- 기본 템플릿 안에 삽입될 내용 Start -->
{% block content %}
{% endblock %}
<!-- 기본 템플릿 안에 삽입될 내용 End -->
<!-- jQuery JS -->
<script src="{% static 'jquery-3.4.1.min.js' %}"></script>
<!-- Bootstrap JS -->
<script src="{% static 'bootstrap.min.js' %}"></script>
</body>
</html>
```


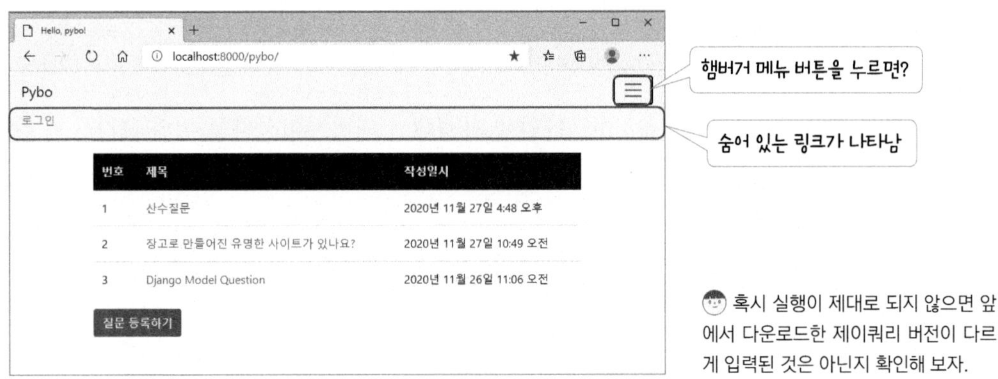

햄버거 메뉴 버튼을 누르면 나타나는 로그인 링크

혹시 실행이 제대로 되지 않으면 앞에서 다운로드한 제이쿼리 버전이 다르게 입력된 것은 아닌지 확인해 보자.

include 기능으로 내비게이션바 추가해 보기

이번에는 조금 더 나은 방법으로 내비게이션바를 템플릿에 추가해 보자. 장고에는 템플릿 특정 위치에 템플릿 파일을 삽입하는 include라는 기능이 있다. 이번에는 include 기능으로 내비게이션바를 base.html 파일에 추가해 보자.

01단계 templates/navbar.html 생성하고 코드 작성하기

templates 디렉터리에 navbar.html 파일을 생성하고 다음과 같은 코드를 작성하자.

파일 이름 C:/projects/mysite/templates/navbar.html

```
<!-- 내비게이션바 -->
<nav class="navbar navbar-expand-lg navbar-light bg-light border-bottom">
    <a class="navbar-brand" href="{% url 'pybo:index' %}">Pybo</a>
    <button class="navbar-toggler ml-auto" type="button" data-toggle="collapse"
            data-target="#navbarNav" aria-controls="navbarNav"
            aria-expanded="false" aria-label="Toggle navigation">
        <span class="navbar-toggler-icon"></span>
    </button>
    <div class="collapse navbar-collapse flex-grow-0" id="navbarNav">
        <ul class="navbar-nav">
            <li class="nav-item ">
                <a class="nav-link" href="#">로그인</a>
            </li>
        </ul>
    </div>
</nav>
```

navbar.html 파일의 코드는 base.html 파일에 작성했던 내비게이션바를 위한 HTML과 같다. 내비게이션바와 관련된 코드를 분리했다고 생각하면 된다.

02단계 templates/base.html에 include 적용하기

이제 include 기능을 이용해 1단계에서 만든 navbar.html 파일을 base.html 파일에 삽입해 보자.

파일 이름 C:/projects/mysite/templates/base.html

```
{% load static %}
<!doctype html>
<html lang="ko">
<head>
    <!-- Required meta tags -->
    <meta charset="utf-8">
   <meta name="viewport" content="width=device-width, initial-scale=1, shrink-to-fit=no">
    <!-- Bootstrap CSS -->
    <link rel="stylesheet" type="text/css" href="{% static 'bootstrap.min.css' %}">
    <!-- pybo CSS -->
```

```
    <link rel="stylesheet" type="text/css" href="{% static 'style.css' %}">
    <title>Hello, pybo!</title>
</head>
<body>
{% include "navbar.html" %}     nav 엘리먼트 모두 삭제 후 코드 입력
<!-- 기본 템플릿 안에 삽입될 내용 Start -->
{% block content %}
{% endblock %}
<!-- 기본 템플릿 안에 삽입될 내용 End -->
<!-- jQuery JS -->
<script src="{% static 'jquery-3.4.1.min.js' %}"></script>
<!-- Bootstrap JS -->
<script src="{% static 'bootstrap.min.js' %}"></script>
</body>
</html>
```

이렇게 include 기능은 템플릿의 특정 영역을 중복, 반복해서 사용할 경우에 유용하다. 즉, 중복, 반복되는 템플릿의 특정 영역을 따로 템플릿 파일로 만들고, include 기능으로 그 템플릿을 포함한다. navbar.html 파일은 base.html 파일에서 1번만 사용되지만 따로 파일로 관리해야 이후 유지·보수하는 데 유리하므로 분리했다.

03-2 게시판 페이징 기능 추가하기

• 완성 소스 github.com/pahkey/djangobook/tree/3-02

지금까지 만든 파이보의 질문 목록에는 페이징[paging] 기능이 없었다. 페이징 기능이 없으면 어떻게 될까? 만약 게시물이 300개 작성되면 질문 목록 화면에 게시물이 300개 그대로 표시될 것이다. 이런 경우 한 화면에 표시할 게시물이 많아져서 스크롤바를 내려야 하는 등의 불편함이 생기므로 페이징 기능은 필수다. 페이징 기능을 추가하는 방법을 알아보자.

임시 질문 데이터 300개 생성하기

페이징을 구현하기 전에 페이징을 테스트할 정도로 충분한 데이터를 생성하자. 여기서는 300개의 테스트 데이터를 생성한다. 대량의 테스트 데이터를 만드는 가장 좋은 방법은 장고 셸을 이용하는 것이다.

01단계 장고 셸 실행하고 필요한 모듈 임포트하기

다음처럼 장고 셸을 실행하자.

C:_ 명령 프롬프트

```
(mysite) C:\projects\mysite>python manage.py shell
Python 3.8.2 (tags/v3.8.2:7b3ab59, Feb 25 2020, 22:45:29) [MSC v.1916 32 bit (Intel)] on
win32
Type "help", "copyright", "credits" or "license" for more information.
(InteractiveConsole)
>>>
```

이어서 질문 데이터를 생성하기 위한 모듈을 임포트하자.

C:_ 명령 프롬프트

```
>>> from pybo.models import Question
>>> from django.utils import timezone
```

02단계 for 문으로 테스트 데이터 300개 만들기

for 문을 이용하여 다음과 같이 300개의 테스트 데이터를 생성하자.

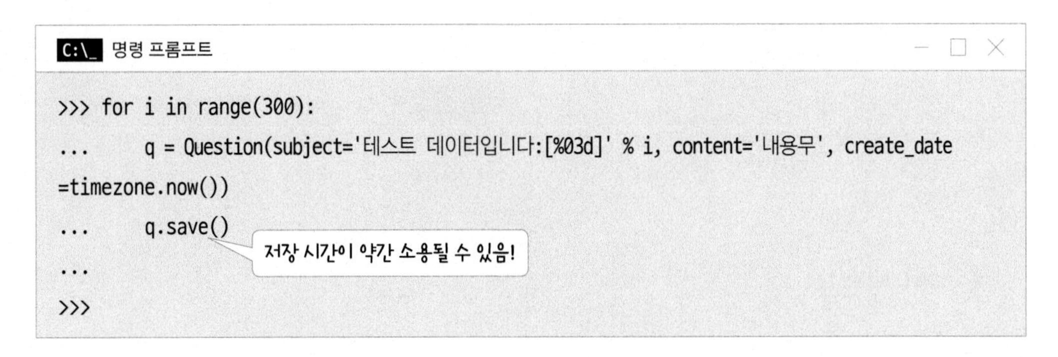

```
C:\_ 명령 프롬프트

>>> for i in range(300):
...     q = Question(subject='테스트 데이터입니다:[%03d]' % i, content='내용무', create_date
=timezone.now())
...     q.save()
...
>>>
```


이제 장고 셸을 종료하고 개발 서버를 실행한 다음 웹 브라우저에서 질문 목록 페이지를 호출하면 1~2단계로 등록한 300개의 테스트 데이터가 보인다. 그리고 앞에서 언급했듯 한없이 이어지는 게시물이 문제임을 금방 알아챌 것이다. 이게 바로 페이징이 필요한 이유이다.

```
C:\_ 명령 프롬프트

(mysite) C:\projects\mysite>python manage.py runserver
```

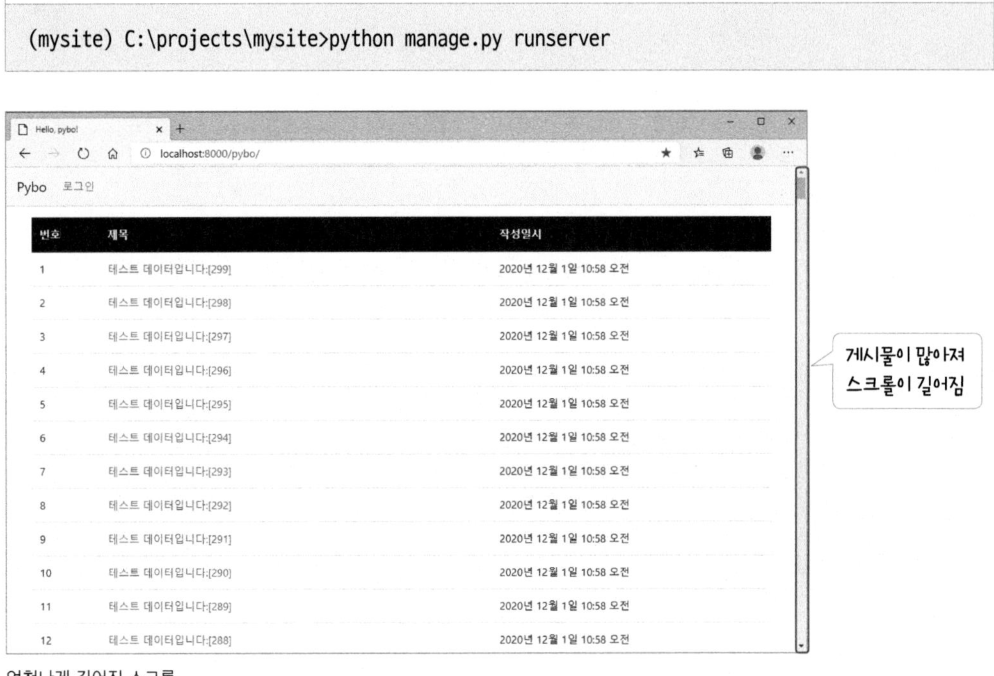

엄청나게 길어진 스크롤

페이징 기능 살짝 구현해 보기

질문 목록 조회를 위한 index 함수에 페이징 기능을 추가해 보자.

파일 이름 C:/projects/mysite/pybo/views.py

```
from django.core.paginator import Paginator
(... 생략 ...)

def index(request):
    """
    pybo 목록 출력
    """
    # 입력 인자
    page = request.GET.get('page', '1')  # 페이지

    # 조회
    question_list = Question.objects.order_by('-create_date')

    # 페이징 처리
    paginator = Paginator(question_list, 10)  # 페이지당 10개씩 보여 주기
    page_obj = paginator.get_page(page)

    context = {'question_list': page_obj}
    return render(request, 'pybo/question_list.html', context)
```

index 함수의 형태를 자세히 살펴보자. page = request.GET.get('page', '1')은 다음과 같은 GET 방식 요청 URL에서 page값을 가져올 때 사용한다.

GET 방식 요청 URL 예

```
localhost:8000/pybo/?page=1
```

get('page', '1')에서 '1'은 /pybo/처럼 ?page=1과 같은 page 파라미터가 없는 URL을 위해 기본값으로 1을 지정한 것이다. 페이징 구현에 사용한 클래스는 Paginator이다.

```
paginator = Paginator(question_list, 10)  # 페이지당 10개씩 보여 주기
page_obj = paginator.get_page(page)
```

페이징 구현에 사용한 Paginator 클래스

Paginator 클래스는 question_list를 페이징 객체 paginator로 변환한다. 두 번째 파라미터인 10은 페이지당 보여줄 게시물 개수를 의미한다. page_obj = paginator.get_page(page)로 만들어진 page_obj 객체에는 다음과 같은 속성들이 있다. 장고의 Paginator 클래스를 이용하면 별다른 수고 없이 다음 속성들을 사용할 수 있으므로 페이징 처리가 아주 쉬워진다.

항목	설명
paginator.count	전체 게시물 개수
paginator.per_page	페이지당 보여줄 게시물 개수
paginator.page_range	페이지 범위
number	현재 페이지 번호
previous_page_number	이전 페이지 번호
next_page_number	다음 페이지 번호
has_previous	이전 페이지 유무
has_next	다음 페이지 유무
start_index	현재 페이지 시작 인덱스(1부터 시작)
end_index	현재 페이지의 끝 인덱스(1부터 시작)

Paginator의 속성들은 템플릿에서 페이징을 처리할 때 사용된다.

이와 같이 index 함수를 수정한 후에 질문 목록 페이지에 접속하면 이제 300개의 질문 데이터가 표시되지 않고 페이징 기능으로 한 페이지에 10건씩 출력됨을 확인할 수 있다.

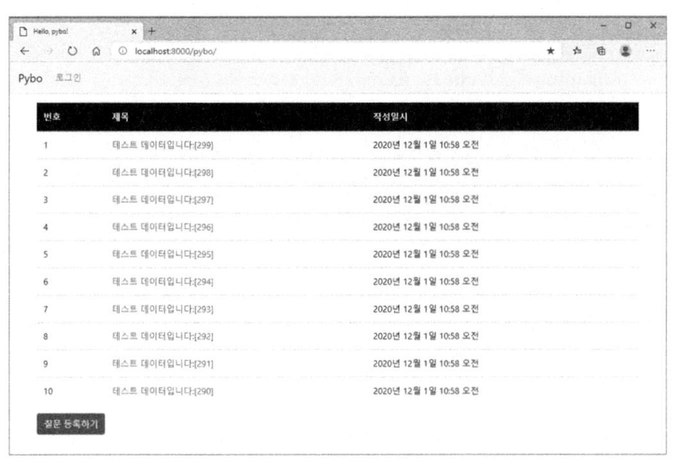

한 페이지에 10건의 게시물만 보여주게 됨

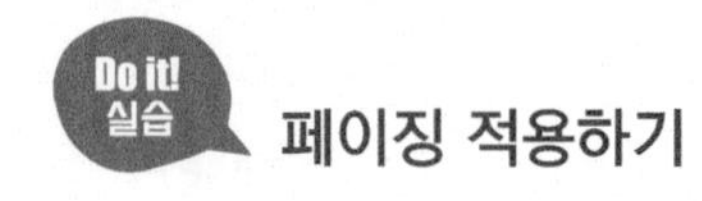

페이징 적용하기

이제 한 페이지에 10건씩 게시물을 출력할 수 있게 되었지만 페이지 이동 기능이 없어서 여전히 불편하다. 이번에는 페이지 이동 기능을 템플릿에 구현해 보자.

01단계 질문 목록 템플릿에 페이징 기능 적용하기

question_list.html 템플릿 파일의 </table> 태그 바로 밑에 다음 코드를 추가하자.

파일 이름 C:/projects/mysite/templates/pybo/question_list.html

```
(... 생략 ...)
    </table>
    <!-- 페이징 처리 시작 -->
    <ul class="pagination justify-content-center">
        <!-- 이전 페이지 -->
        {% if question_list.has_previous %}
        <li class="page-item">
            <a class="page-link"
               href="?page={{ question_list.previous_page_number }}">
                이전
            </a>
        </li>
        {% else %}
        <li class="page-item disabled">
            <a class="page-link" tabindex="-1" aria-disabled="true" href="#">
                이전
            </a>
        </li>
        {% endif %}
        <!-- 페이지 리스트 -->
        {% for page_number in question_list.paginator.page_range %}
            {% if page_number == question_list.number %}
            <li class="page-item active" aria-current="page">
                <a class="page-link" href="?page={{ page_number }}">
                    {{ page_number }}
                </a>
            </li>
            {% else %}
            <li class="page-item">
```

```
                <a class="page-link" href="?page={{ page_number }}">
                    {{ page_number }}
                </a>
            </li>
            {% endif %}
        {% endfor %}
        <!-- 다음 페이지 -->
        {% if question_list.has_next %}
        <li class="page-item">
            <a class="page-link"
               href="?page={{ question_list.next_page_number }}">
                다음
            </a>
        </li>
        {% else %}
        <li class="page-item disabled">
            <a class="page-link" tabindex="-1" aria-disabled="true" href="#">
                다음
            </a>
        </li>
        {% endif %}
    </ul>
    <!-- 페이징 처리 끝 -->
    <a href="{% url 'pybo:question_create' %}" class="btn btn-primary">질문 등록하기</a>
</div>
{% endblock %}
```

템플릿에 사용된 `{{ question_list }}`가 바로 views.py 파일의 `page_obj`이다. views.py 파일에 다음과 같이 컨텍스트 정보를 입력했고, 이 정보가 템플릿으로 전달되었다.

views.py의 컨텍스트 정보

```
context = {'question_list': page_obj}
```

다시 말해 템플릿의 `{{ question_list.previous_page_number }}`는 `page_obj.previous_page_number`와 동일하다.

여기서는 페이징(1, 2, 3, ...)을 보기 좋게 표시하기 위해 부트스트랩의 pagination 컴포넌트를 사용했다.

부트스트랩 pagination 컴포넌트 공식 문서: getbootstrap.com/docs/4.5/components/pagination

만약 이전 페이지가 있다면 '이전' 링크가 활성화되지만, 반대로 이전 페이지가 없으면 '이전' 링크는 비활성화된다. '다음' 링크의 경우도 마찬가지이다. 그리고 `{% for page_number in question_list.paginator.page_range %}`와 `{% endfor %}` 템플릿 태그 사이에서는 페이지 리스트를 돌면서 해당 페이지로 이동할 수 있는 링크를 생성했다. 이때 현재 페이지 번호는 부트스트랩의 `active` 클래스를 적용하여 강조 표시도 했다. 코드의 양이 많아서 얼핏 복잡해 보이지만, 찬찬히 살펴보면 `if` 문과 `for` 문을 조합한 것이므로 생각보다 어렵지 않으니 천천히 분석해 보기 바란다.

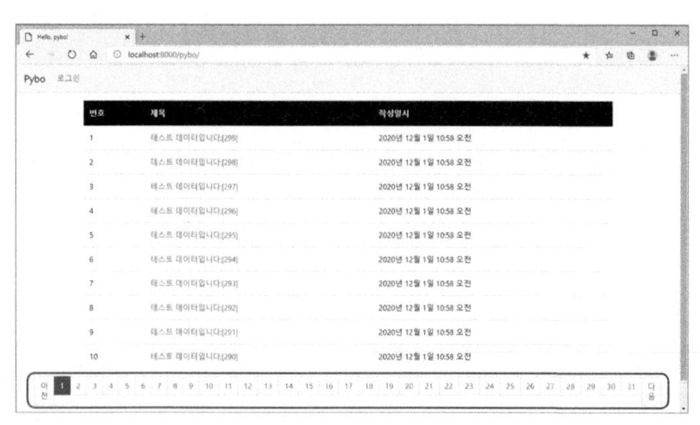

페이지가 너무 많아 부자연스러워짐

페이지 표시 제한 기능 구현하기

다만 여러분이 구현한 페이징 기능에는 1가지 문제가 있다. 앞에서 보듯 페이지 개수가 30까지 늘어나면 이동할 수 있는 페이지가 모두 표시되어 덜 다듬어진 서비스처럼 보인다는 점이다.

01단계 페이징 템플릿 수정하기

이 문제를 해결하기 위해 다음과 같이 템플릿을 수정하자.

파일 이름 C:/projects/mysite/templates/pybo/question_list.html

```
(... 생략 ...)
{% for page_number in question_list.paginator.page_range %}
{% if page_number >= question_list.number|add:-5 and page_number <= question_list.
number|add:5 %}  한 줄에 입력
    {% if page_number == question_list.number %}
    <li class="page-item active" aria-current="page">
        <a class="page-link" href="?page={{ page_number }}">{{ page_number }}</a>
```

```
    </li>
    {% else %}
(... 생략 ...)
    {% endif %}
{% endif %}
{% endfor %}
(... 생략 ...)
```

`{% for page_number in question_list.paginator.page_range %}` 바로 아래에 다음 코드를 삽입하여 페이지 표시 제한 기능을 구현했다. `{% if ... %}` ~ `{% endif %}`로 `{% endif %}`까지 입력해야 하니 코드 누락에 주의하자.

페이지 표시 제한 기능을 위해 삽입한 코드

```
{% if page_number >= question_list.number|add:-5 and page_number <= question_list.number|add:5 %}
(... 생략 ...)
{% endif %}
```

위 코드는 페이지 번호가 현재 페이지 기준으로 좌우 5개씩 보이도록 만든다. `question_list.number`보다 5만큼 크거나 작은 값만 표시되도록 만든 것이다. `|add:-5`는 5만큼 빼라는 의미이고 `|add:5`는 5만큼 더하라는 의미이다. 만약 현재 페이지가 15라면 오른쪽 그림과 같이 페이지 번호가 나타날 것이다.

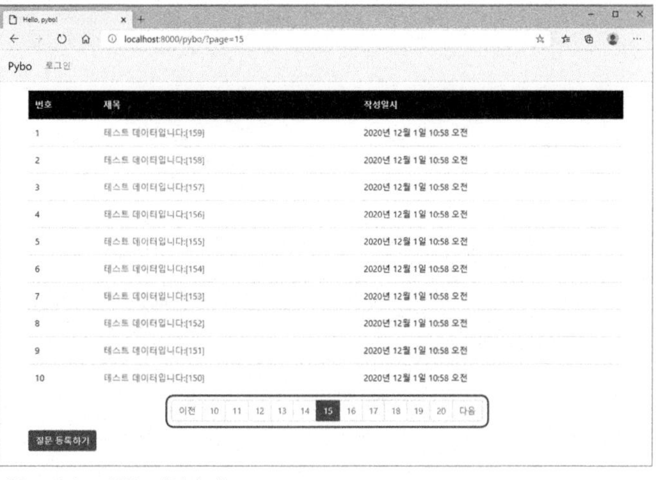

좌우 5개씩 표시하는 페이징 기능

축하한다! 페이징 기능이 완성되었다. 페이징은 사실 구현하기가 무척 어려운 기술이다. `Paginator` 클래스의 도움이 없었다면 아마 이렇게 쉽게 해내기는 힘들었을 것이다.

지금까지 만든 페이징 기능에 '처음'과 '마지막' 링크를 추가하고 '…' 생략 기호까지 추가하면 더 완성도 높은 페이징 기능이 될 것이다.

03-3 템플릿 필터 직접 만들어 보기

• 완성 소스 github.com/pahkey/djangobook/tree/3-03

여기서는 템플릿 필터를 직접 만드는 방법을 알아본다. 템플릿 필터란 템플릿 태그에서 | 문자 뒤에 사용하는 필터를 말한다. 예를 들어 None 대신 공백 문자열로 보여주기 위해 사용했던 default_if_none과 같은 것을 템플릿 필터라고 한다.

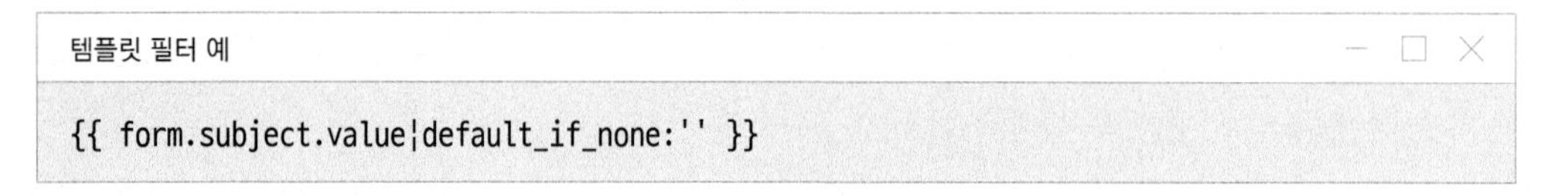

템플릿 필터 예

```
{{ form.subject.value|default_if_none:'' }}
```

항상 1로 시작하는 게시물 번호 문제 해결하기

파이보 질문 목록 화면을 유심히 보면 페이지마다 게시물 번호가 항상 1부터 시작되는 문제가 있다. 페이지를 이리저리 이동해 봐도 게시물 번호는 1부터 시작한다. 이 문제를 템플릿 필터를 사용하여 해결해 보자.

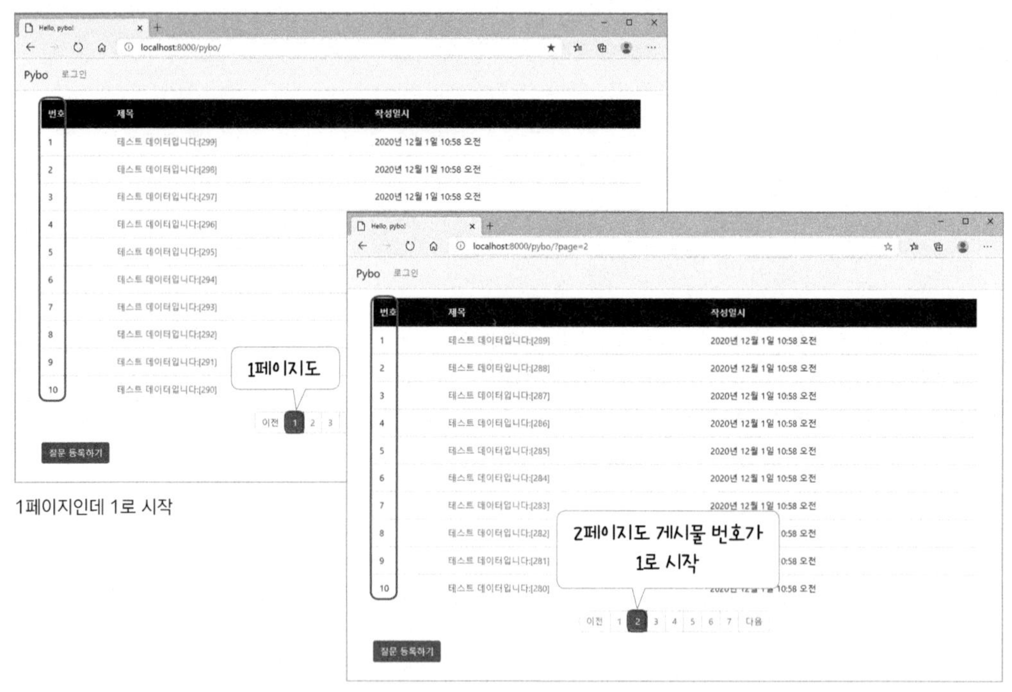

1페이지인데 1로 시작

2페이지도 1로 시작

01단계 게시물 번호 공식 만들기

만약 질문 게시물이 12개라면 1페이지에는 12번째~3번째 게시물이, 2페이지에는 2번째~1번째 게시물이 역순으로 표시되어야 한다. 질문 게시물의 번호를 역순으로 정렬하려면 다음과 같은 공식을 적용해야 한다.

게시물 일련번호 공식 만들기

```
일련번호 = 전체 게시물 개수 - 시작 인덱스 - 현재 인덱스 + 1
```

시작 인덱스는 페이지당 시작되는 게시물의 시작 번호를 의미한다. 예를 들어 페이지당 게시물을 10건씩 보여준다면 1페이지의 시작 인덱스는 1, 2페이지의 시작 인덱스는 11이 된다. 현재 인덱스는 페이지에 보여지는 게시물 개수만큼 0부터 1씩 증가되는 번호이다. 따라서 전체 게시물 개수가 12개이고 페이지당 10건씩 게시물을 보여 준다면 1페이지의 일련번호는 12 - 1 - (0~9 반복) + 1 이 되어 12~3까지 표시되고 2페이지의 경우에는 12 - 11 - (0~1 반복) + 1 이 되어 2~1이 표시될 것이다. 템플릿에서 이 공식을 적용하려면 빼기 기능이 필요하다. 앞에서 더하기 필터(`|add:5`)를 사용한 것처럼 빼기 필터(`|sub:3`)가 있으면 좋을 것 같다. 하지만 장고에는 빼기 필터가 없다. 그래서 우리는 빼기 필터를 만들 것이다.

`|add:-3`와 같이 숫자를 직접 입력하면 더하기 필터를 이용하여 원하는 값을 뺀 결과를 화면에 보여줄 수는 있다. 하지만 이 방법은 이곳에는 사용할 수 없다. 왜냐하면 더하기 필터에는 변수를 적용할 수 없기 때문이다.

add 필터는 인수로 숫자만 가능하다.

02단계 템플릿 필터 디렉터리 만들기

템플릿 필터 함수는 템플릿 필터 파일을 작성한 다음에 정의해야 한다. 템플릿 필터 파일은 템플릿 파일이나 스태틱 파일과 마찬가지로 pybo/templatetags 디렉터리를 새로 만들어 저장해야 한다.

템플릿 필터 디렉터리 위치 확인

```
C:\projects\mysite\pybo\templatetags
```

pybo/templatetags 디렉터리는 반드시 앱 디렉터리 아래에 생성해야 한다. mysite 디렉터리 아래에 만들면 안 되므로 위치에 주의하자.

C:_ 명령 프롬프트

```
(mysite) C:\projects\mysite\pybo>mkdir templatetags
```

03단계 템플릿 필터 작성하기

pybo_filter.py 파일을 만든 후 템플릿 필터 함수를 다음과 같이 작성하자.

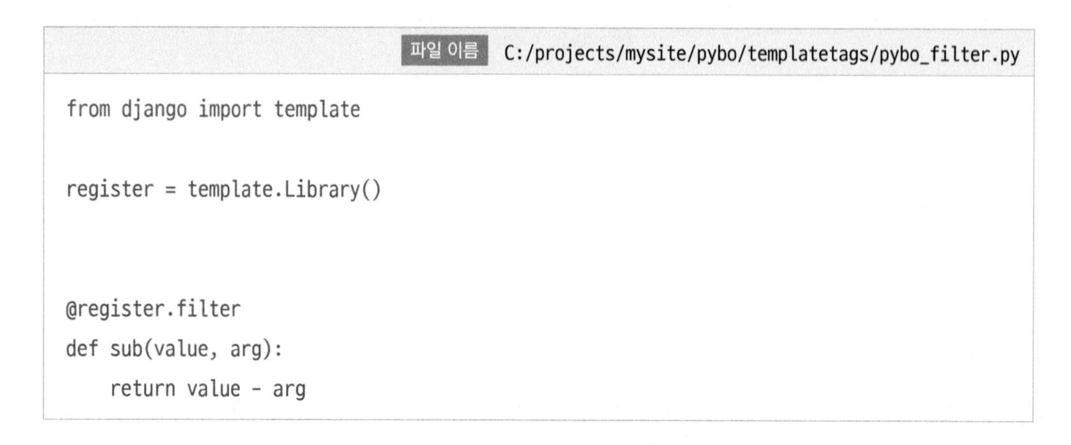

파일 이름 C:/projects/mysite/pybo/templatetags/pybo_filter.py

```python
from django import template

register = template.Library()


@register.filter
def sub(value, arg):
    return value - arg
```

템플릿 필터 함수를 만드는 방법은 무척 간단하다. sub 함수에 @register.filter라는 애너테이션을 적용하면 템플릿에서 해당 함수를 필터로 사용할 수 있게 된다. 템플릿 필터 함수 sub는 기존 값 value에서 입력으로 받은 값 arg를 빼서 반환할 것이다.

04단계 템플릿 필터 사용하기

템플릿 필터 함수를 템플릿에 사용해 보자. 여러분이 직접 만든 템플릿 필터를 사용하려면 템플릿 파일 맨 위에 {% load pybo_filter %}와 같이 템플릿 필터 파일을 로드해야 한다. 만약 템플릿 파일 맨 위에 extends 문이 있으면 load 문은 extends 문 다음에 위치해야 한다.

템플릿 파일에서 템플릿 필터 파일 로드 예

```
{% load pybo_filter %}
```

다음은 템플릿 필터 로드 후 일련번호를 적용한 것이다.

파일 이름 C:/projects/mysite/templates/pybo/question_list.html

```
{% extends 'base.html' %}
{% load pybo_filter %}
(... 생략 ...)
<td>{{ question_list.paginator.count|sub:question_list.start_index|sub:forloop.counter0|add:1
}}</td>
(... 생략 ...)
```

<td>{{ forloop.counter }}</td>에서 {{ forloop.counter }}를 변경했다. 다음은 게시물 일련번호 공식에 사용된 코드를 정리한 표이다.

일련번호 공식은 전체 게시물 개수 - 시작 인덱스 - 현재 인덱스 + 1이다.

공식 요소	설명
question_list.paginator.count	전체 게시물 개수
question_list.start_index	시작 인덱스(1부터 시작)
forloop.counter0	루프 내의 현재 인덱스(forloop.counter0는 0부터, forloop.counter는 1부터 시작)

코드 수정 후 일련번호를 확인해 보면 항상 1부터 시작했던 문제가 사라졌음을 확인할 수 있다.

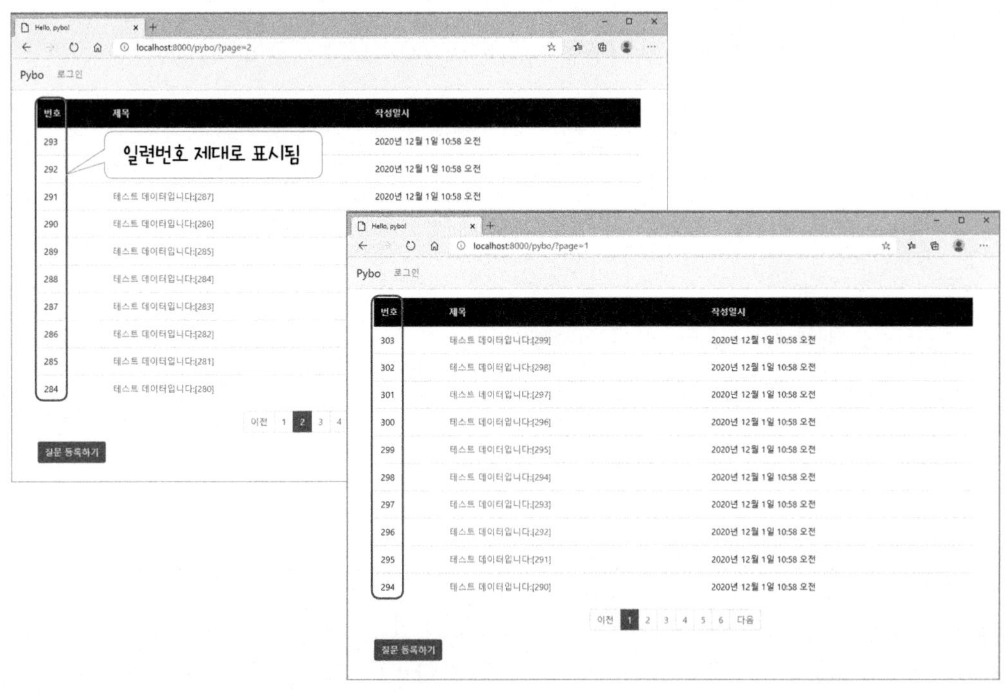

제대로 표시된 일련번호

03-4 질문에 달린 답변 개수 표시하기

• 완성 소스 github.com/pahkey/djangobook/tree/3-04

이제 질문 목록에 '해당 질문에 달린 답변 개수'를 표시할 수 있는 기능을 추가해 보자. 코드의 분량은 많지 않지만, '게시판 서비스를 더욱 서비스답게 만들어 주는 기능'이다.

질문에 달린 답변의 개수 표시하기

답변 개수는 다음처럼 게시물 제목 바로 오른쪽에 표시하자.

파일 이름 C:/projects/mysite/templates/pybo/question_list.html

```
(... 생략 ...)
<td>
    <a href="{% url 'pybo:detail' question.id %}">
        {{ question.subject }}
    </a>
    {% if question.answer_set.count > 0 %}
    <span class="text-danger small ml-2">
        {{ question.answer_set.count }}
    </span>
    {% endif %}
</td>
(... 생략 ...)
```

`{% if question.answer_set.count > 0 %}`로 답변이 있는 경우를 검사하고, `{{ question.answer_set.count }}`로 답변 개수를 표시했다. 이제 답변이 있는 질문은 제목 오른쪽에 빨간색 숫자가 표시된다.

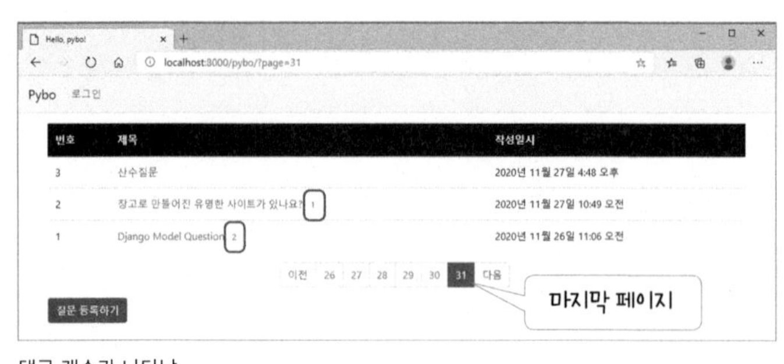

댓글 개수가 나타남

03-5 로그인·로그아웃 구현하기

• 완성 소스 github.com/pahkey/djangobook/tree/3-05

이번에는 파이보에 로그인·로그아웃을 구현해 보자. 장고는 로그인·로그아웃을 쉽게 구현할 수 있도록 `django.contrib.auth` 앱을 제공한다. 이 앱은 장고 프로젝트 생성 시 mysite/config/settings.py에 자동으로 추가된다.

mysite/config/settings.py에 자동으로 추가된 django.contrib.auth 앱

```
(... 생략 ...)
INSTALLED_APPS = [
    (... 생략 ...)
    'django.contrib.auth',
    (... 생략 ...)
]
(... 생략 ...)
```

common 앱 생성 후 초기 설정 작업하기

당장 로그인·로그아웃을 구현하고 싶겠지만, 잠시 생각해 볼 문제가 있다. 로그인·로그아웃은 pybo 앱에 구현해야 옳을까? 필자는 그렇지 않다고 이야기하고 싶다. 왜냐하면 하나의 웹 사이트에는 파이보와 같은 게시판 서비스 외에도 블로그나 쇼핑몰과 같은 굵직한 단위의 앱들이 함께 있을 수 있기 때문에 공통으로 사용되는 기능인 로그인이나 로그아웃을 이 중의 하나의 앱에 종속시키는 것은 좋지 않기 때문이다. 이러한 이유로 여기서는 로그인·로그아웃을 '공통 기능을 가진 앱'이라는 의미의 common 앱에 구현할 것이다.

01단계 common 앱 생성하기

common 앱을 생성하려면, 새로운 앱을 생성하는 것이므로 맨 처음 pybo 앱을 생성했던 것과 동일한 방법으로 생성하면 된다. projects/mysite 디렉터리 위치에서 다음 명령으로 common 앱을 생성하자.

C:_ 명령 프롬프트

```
(mysite) C:\projects\mysite>django-admin startapp common
```

common 앱을 생성하고 디렉터리를 열어 보면 pybo 앱의 디렉터리와 같은 구조임을 알 수 있다.

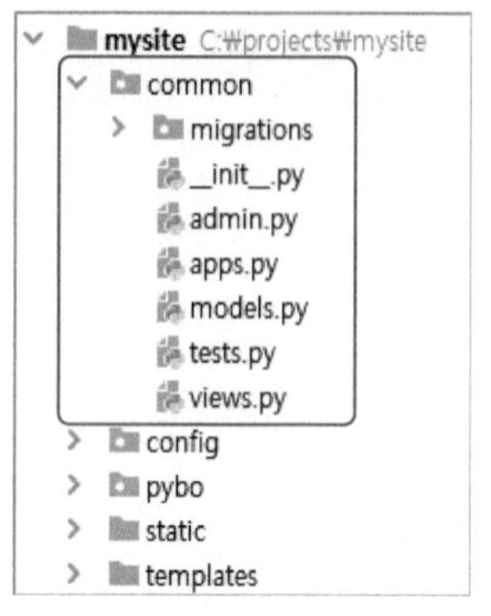

mysite/common 디렉터리 구조 확인

02단계 설정 파일에 common 앱 등록하기

config/settings.py 파일에 common 앱을 등록하자.

파일 이름 C:/projects/mysite/config/settings.py

```
(... 생략 ...)
INSTALLED_APPS = [
    'common.apps.CommonConfig',
    (... 생략 ...)
]
(... 생략 ...)
```

`INSTALLED_APPS`에 `'common.apps.CommonConfig',`을 추가해 등록했다. 이어서 common 앱의 urls.py 파일을 사용하기 위해 config/urls.py 파일을 다음과 같이 수정하자.

파일 이름 C:/projects/mysite/config/urls.py

config 디렉터리의 urls.py 파일임!

```
from django.contrib import admin
from django.urls import include, path
from pybo import views

urlpatterns = [
    (... 생략 ...)
    path('common/', include('common.urls')),
]
```

이 수정으로 /common/으로 시작하는 URL은 모두 common/urls.py 파일을 참조할 것이다.

03단계 common/urls.py 생성하기

common/urls.py 파일을 새로 생성하고 다음과 같이 작성하자.

파일 이름 C:/projects/mysite/common/urls.py

```
app_name = 'common'

urlpatterns = [
]
```

아직 common 앱에 어떤 기능도 구현하지 않았으므로 `urlpatterns`는 빈 상태로 놔두자.

로그인 구현하기

이제 common 앱에 로그인 기능을 구현하자.

01단계 내비게이션바 수정하고 URL 매핑 추가하기

templates/navbar.html 파일을 열어 '로그인' 링크를 수정하자.

파일 이름 C:/projects/mysite/templates/navbar.html

```
(... 생략 ...)
<a class="nav-link" href="{% url 'common:login' %}">로그인</a>
(... 생략 ...)
```

템플릿 태그로 `{% url 'common:login' %}`를 사용했으므로 common/urls.py 파일에 URL 매핑을 추가하자.

파일 이름 C:/projects/mysite/common/urls.py

```
from django.urls import path
from django.contrib.auth import views as auth_views

app_name = 'common'

urlpatterns = [
    path('login/', auth_views.LoginView.as_view(), name='login'),
]
```

django.contib.auth 앱의 LoginView 클래스를 활용했으므로 별도의 views.py 파일 수정이 필요 없음!

앞에서 언급했듯 로그인 기능은 `django.contrib.auth` 앱을 사용할 것이므로 common/views.py 파일은 수정할 필요가 없다. 여기서는 `django.contrib.auth` 앱의 `LoginView` 클래스를 사용할 것이다.

02단계 로그인 템플릿 만들기

/pybo/ 페이지에서 내비게이션바의 '로그인' 링크를 눌러 보자. 그러면 아마도 다음과 같은 오류 메시지가 나타날 것이다.

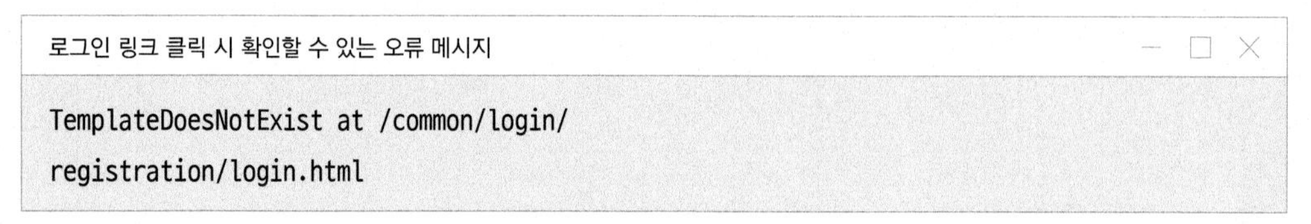
로그인 링크 클릭 시 확인할 수 있는 오류 메시지

```
TemplateDoesNotExist at /common/login/
registration/login.html
```

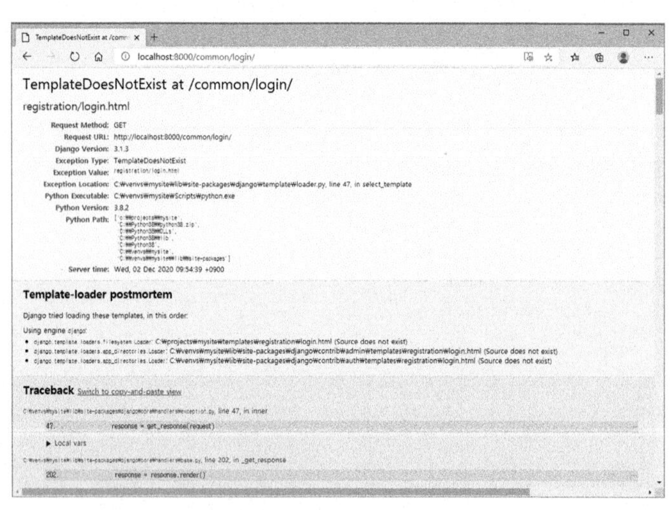

로그인 링크 클릭 시 오류 발생(템플릿 없음)

위 오류는 registration 디렉터리에 login.html 파일이 없음을 의미한다. 1단계에서 사용한 `LoginView`는 registration이라는 템플릿 디렉터리에서 login.html 파일을 찾는다. 그런데 이 파일을 찾지 못해 오류가 발생한 것이다. 이 오류를 해결하려면 registration/login.html 템플릿 파일을 작성해야만 한다.

다만! 로그인은 common 앱에 구현할 것이므로 오류 메시지에 표시한 것처럼 registration 디렉터리에 템플릿 파일을 생성하기보다는 common 디렉터리에 템플릿을 생성하는 것이 좋다. 이를 위해 `LoginView`가 common 디렉터리의 템플릿을 참조할 수 있도록 common/urls.py 파일을 다음과 같이 수정하자.

```
파일 이름 C:/projects/mysite/common/urls.py

(... 생략 ...)
urlpatterns = [
    path('login/', auth_views.LoginView.as_view(
        template_name='common/login.html'), name='login'),
]
```

as_view 함수에 template_name으로 'common/login.html'을 설정하면 registration 디렉터리가 아닌 common 디렉터리에서 login.html 파일을 참조하게 된다. 코드 수정 후 로그인 링크를 누르면 여전히 오류 메시지가 나타난다. 하지만 조금만 더 자세히 보면 메시지가 변경되었음을 알 수 있다.

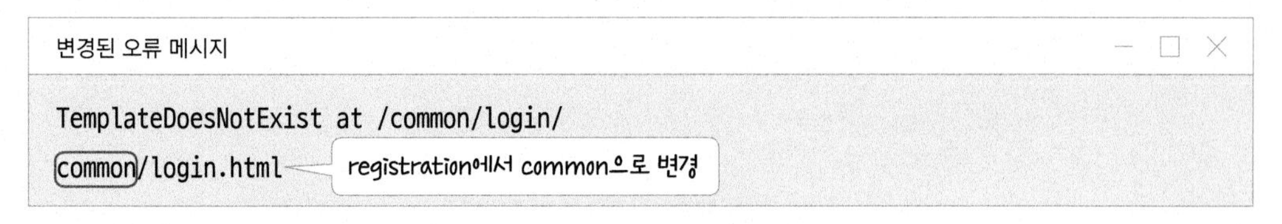

변경된 오류 메시지
TemplateDoesNotExist at /common/login/
common/login.html
registration에서 common으로 변경

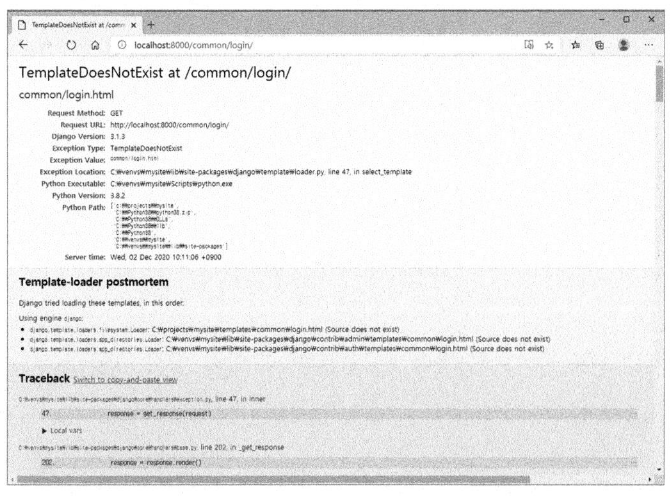

오류 메시지가 변경되었음

우리가 설정한 common 디렉터리에서 login.html 파일을 찾으려고 했으나 common 디렉터리에 login.html 파일이 없어서 오류가 발생하였다.

03단계 common 디렉터리 생성 후 login.html 생성하기

common 디렉터리를 생성하고 login.html 파일을 생성한 후 다음처럼 코드를 작성하자.

C:_ 명령 프롬프트

```
(mysite) C:\projects\mysite\templates>mkdir common
```

파일 이름 C:/projects/mysite/templates/common/login.html

```
{% extends "base.html" %}
{% block content %}
<div class="container my-3">
    <form method="post" class="post-form" action="{% url 'common:login' %}">
        {% csrf_token %}
        {% include "form_errors.html" %}
        <div class="form-group">
            <label for="username">사용자ID</label>
            <input type="text" class="form-control" name="username" id="username"
                   value="{{ form.username.value|default_if_none:'' }}">
        </div>
        <div class="form-group">
            <label for="password">비밀번호</label>
            <input type="password" class="form-control" name="password" id="password"
                   value="{{ form.password.value|default_if_none:'' }}">
        </div>
        <button type="submit" class="btn btn-primary">로그인</button>
    </form>
</div>
{% endblock %}
```

아이디와 비밀번호를 입력받아 로그인하는 간단한 HTML 코드이다. 입력 항목 username과 password는 모두 django.contrib.auth 앱에서 요구하는 필수 항목이다.

04단계 form_errors.html 만들어 작성하기

3단계에서 작성한 {% include "form_errors.html" %}를 위해 templates/form_errors.html 파일을 생성한 후에 다음과 같이 코드를 작성하자.

파일 이름 C:/projects/mysite/templates/form_errors.html

디렉터리 확인!

```
{% if form.errors %}
    {% for field in form %}
```

```
        {% for error in field.errors %}  <!-- 필드 오류를 출력한다. -->
            <div class="alert alert-danger">
                <strong>{{ field.label }}</strong>
                {{ error }}
            </div>
        {% endfor %}
    {% endfor %}
    {% for error in form.non_field_errors %}   <!-- 넌필드 오류를 출력한다. -->
        <div class="alert alert-danger">
            <strong>{{ error }}</strong>
        </div>
    {% endfor %}
{% endif %}
```

form_errors.html 파일은 로그인 실패 시 로그인이 실패한 원인을 알려 준다. 위에서 보듯 폼 오류에는 다음과 같은 두 가지 오류가 있다.

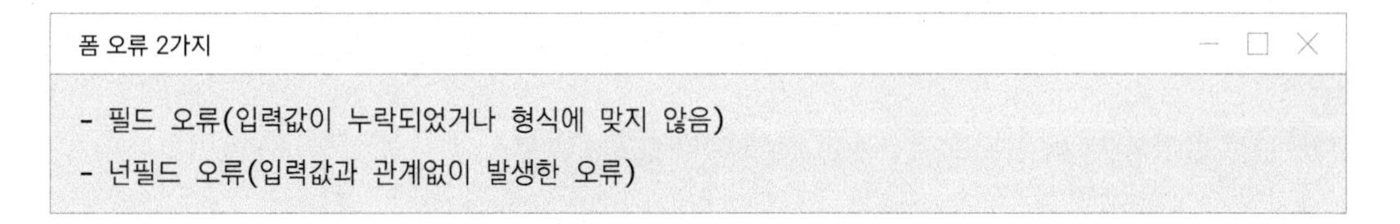
폼 오류 2가지

- 필드 오류(입력값이 누락되었거나 형식에 맞지 않음)
- 넌필드 오류(입력값과 관계없이 발생한 오류)

05단계 엉뚱한 값으로 로그인해 보기

코드를 수정한 다음 내비게이션바의 로그인 링크를 눌러 로그인 화면으로 이동해 보자. 그러면 다음 화면을 볼 수 있다.

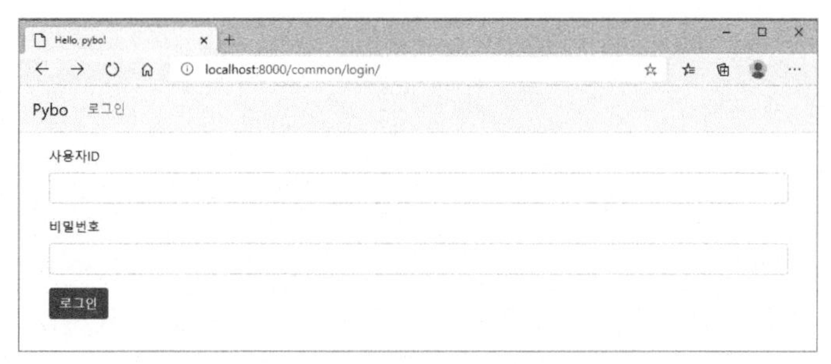

로그인 화면

form_errors.html 파일이 잘 작동하는지 시험해 보기 위해 입력값을 누락하거나 엉뚱한 값을 입력한 다음 〈로그인〉을 눌러 보자. 그러면 적절한 오류 메시지가 표시될 것이다.

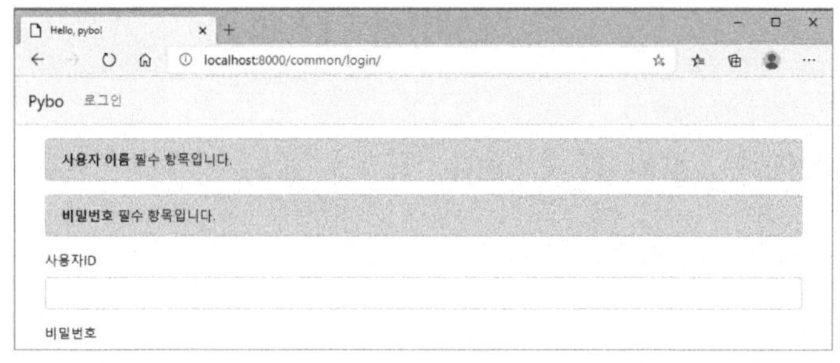

입력값이 없는 경우 나타나는 오류 메시지

06단계 제대로 로그인해 보기

현재 로그인할 수 있는 계정은 슈퍼 유저로 생성한 admin뿐이므로 admin 계정으로 로그인해 보자. 그러면 아마도 다음 오류 메시지를 볼 수 있을 것이다.

회원가입은 03-6에서 자세히 알아볼 것이다.

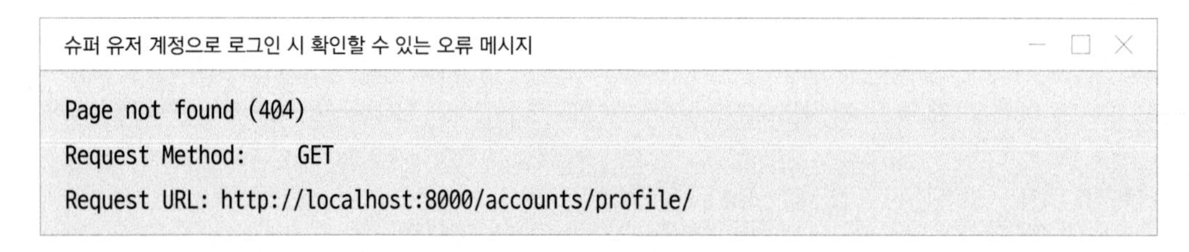

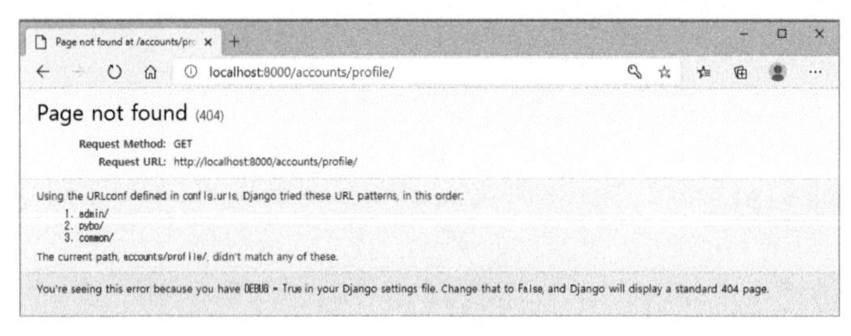

장고가 /accounts/profile/로 리다이렉트해 발생한 오류

이 오류는 왜 발생했을까? 로그인은 성공한 것이 맞다. 오류가 발생한 이유는 `django.contrib.auth` 앱이 로그인 성공 후 /accounts/profile/ 이라는 URL로 페이지를 리다이렉트 했기 때문인데, 우리는 아직 이 URL에 대한 준비를 하지 않았다.

07단계 로그인 성공 시 이동할 페이지 등록하기

다만 /accounts/profile/ URL은 현재 우리가 파이보에 구성한 것과 맞지 않으므로 로그인 성공 시 / 페이지로 이동할 수 있도록 config/settings.py 파일을 수정하자. 마지막 줄에 `LOGIN_REDIRECT_URL`을 추가하면 된다.

/ 페이지는 기본 URL인 localhost:8000/를 의미하며 보통 index 페이지라 부른다.

파일 이름 C:/projects/mysite/config/settings.py

```
(... 생략 ...)
# 로그인 성공 시 자동으로 이동할 URL
LOGIN_REDIRECT_URL = '/'
```

이렇게 수정하고 다시 로그인하면 또다시 오류 메시지가 나타난다!

계속해서 오류가 발생하고 있지만 한 걸음씩 나아가고 있으니 두려워 말자.

다시 발생한 오류 메시지

```
Page not found (404)
Request Method:    GET
Request URL: http://localhost:8000/
```

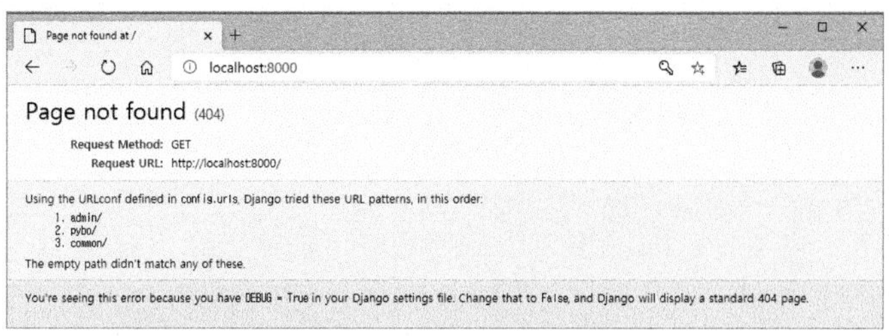

/ 페이지에 대한 매핑이 없어 발생한 오류

이 오류 메시지는 / 페이지에 대한 매핑이 없음을 의미한다.

08단계 config/urls.py 수정하기

/ 페이지에 대응하는 urlpatterns를 추가하자.

파일 이름 C:/projects/mysite/config/urls.py

```
(... 생략 ...)
from pybo import views

urlpatterns = [
    (... 생략 ...)
    path('', views.index, name='index'),  # / 페이지에 해당하는 urlpatterns
]
```

그러면 / 페이지 요청에 대해 `path('', views.index, name='index')`가 작동하여 pybo/views.py 파일의 index 함수가 실행된다. 여기까지 수정한 다음 로그인이 잘 되는지 직접 확인해 보자.

로그아웃 구현하기

로그인에 성공했지만, 내비게이션바에는 여전히 로그인 링크가 보인다. 로그인 후에는 로그인 링크가 로그아웃 링크로 바뀌도록 navbar.html 파일을 수정하자.

01단계 내비게이션바 수정하기

navbar.html 템플릿 파일에서 로그인 링크 부분을 다음과 같이 수정하자.

파일 이름 C:/projects/mysite/templates/navbar.html

```
(... 생략 ...)
<li class="nav-item">
    {% if user.is_authenticated %}
    <a class="nav-link" href="{% url 'common:logout' %}">
        {{ user.username }} (로그아웃)
    </a>
    {% else %}
    <a class="nav-link" href="{% url 'common:login' %}">로그인</a>
    {% endif %}
</li>
(... 생략 ...)
```

`{% if user.is_authenticated %}`은 현재 로그인 상태를 판별하여 로그인 상태라면 로그아웃 링크를, 로그아웃 상태라면 로그인 링크를 보여 준다. 로그인 상태에서는 로그인한 사용자명 `{{ user.username }}`도 표시했다.

02단계 로그아웃 URL 매핑하기

로그아웃 링크가 추가되었으므로 `{% url 'common:logout' %}`에 대응하는 URL 매핑을 common/urls.py 파일에 추가하자.

파일 이름 C:/projects/mysite/common/urls.py

```
urlpatterns = [
    path('login/', auth_views.LoginView.as_view(
        template_name='common/login.html'), name='login'),
    path('logout/', auth_views.LogoutView.as_view(), name='logout'),
]
```

이제 슈퍼 유저로 로그인하면 로그인 링크가 다음과 같이 변경된다.

로그아웃으로 바뀐 링크

03단계 로그아웃 성공 시 이동할 페이지 등록하기

로그인 성공 시 리다이렉트할 위치인 `LOGIN_REDIRECT_URL`을 등록했던 것과 마찬가지로 로그아웃 성공 시 리다이렉트할 위치도 config/settings.py 파일에 추가하자.

파일 이름 C:/projects/mysite/config/settings.py

```
(... 생략 ...)
# 로그인 로그아웃 성공 시 이동할 URL
LOGIN_REDIRECT_URL = '/'
LOGOUT_REDIRECT_URL = '/'
```

로그아웃 성공 시 / 페이지로 이동하기 위한 `LOGOUT_REDIRECT_URL = '/'`을 설정했다. 코드 수정 후 로그인·로그아웃을 해보면 잘 작동할 것이다. 여러분이 직접 확인해 보자.

03-6 회원가입 구현하기

• 완성 소스 github.com/pahkey/djangobook/tree/3-06

이번에는 파이보에 회원가입 기능을 구현해 보자. 회원가입 기능을 만들어 보았다면 웹 프로그래밍은 거의 마스터했다고 할 수 있다. 그만큼 회원가입 기능은 웹 사이트에서 핵심 중의 핵심이라 할 수 있다. 회원가입 역시 로그인·로그아웃과 마찬가지로 장고의 django.contrib.auth 앱을 이용하여 쉽게 구현할 것이다.

django.contrib.auth 앱을 이용하여 쉽게 구현한다는 뜻은 models.py 파일이나 urls.py, views.py 파일을 많이 수정하지 않고도 구현할 수 있다는 뜻이다.

회원가입 구현하기

01단계 회원가입 링크 추가하기

회원가입 링크는 login.html 파일에 추가하자.

파일 이름 C:/projects/mysite/templates/common/login.html

```
(... 생략 ...)
<div class="container my-3">
    <div class="row">
        <div class="col-4">
            <h4>로그인</h4>
        </div>
        <div class="col-8 text-right">
            <span>
                또는 <a href="{% url 'common:signup' %}">계정을 만드세요.</a>
            </span>
        </div>
    </div>
    <form method="post" class="post-form" action="{% url 'pybo:login' %}">
(... 생략 ...)
```

form 엘리먼트 위에 <div class="row">...</div>를 입력하여 회원가입 링크를 추가했다.

02단계 회원가입 URL 매핑 추가하기

1단계에서 login.html 파일에 `{% url 'common:signup' %}`를 추가했으므로 여기에 대응하는 URL 매핑을 추가해야 한다. common/urls.py 파일에 회원가입을 위한 URL 매핑을 추가하자.

파일 이름 C:/projects/mysite/common/urls.py

```
(... 생략 ...)
from . import views
(... 생략 ...)

urlpatterns = [
    (... 생략 ...)
    path('signup/', views.signup, name='signup'),
]
```

이제 로그인 화면에서 회원가입 링크를 누르면 `views.signup` 함수가 실행될 것이다.

03단계 회원가입에 사용할 폼 만들기

회원가입에 사용할 `UserForm`을 commons/forms.py 파일에 작성하자.

파일 이름 C:/projects/mysite/common/forms.py

새로 만들기

```
from django import forms
from django.contrib.auth.forms import UserCreationForm
from django.contrib.auth.models import User


class UserForm(UserCreationForm):
    email = forms.EmailField(label="이메일")

    class Meta:
        model = User
        fields = ("username", "email")
```

UserForm은 django.contrib.auth.forms 패키지의 UserCreationForm 클래스를 상속하고 email 속성을 추가했다.
상속한 UserCreationForm은 다음 속성을 가지고 있다.

속성명	설명
username	사용자 이름
password1	비밀번호1
password2	비밀번호2(비밀번호1을 제대로 입력했는지 대조하기 위한 값)

즉 UserCreationForm이 기본적으로 가지고 있는 username, password1, password2 속성에 부가 정보인 email 속성을 추가하기 위해 UserCreationForm을 상속한 UserForm을 만든 것이다.
UserCreationForm의 is_valid 함수는 회원가입 화면의 필드값 3개가 모두 입력되었는지, 비밀번호1과 비밀번호2가 같은지, 비밀번호의 값이 비밀번호 생성 규칙에 맞는지 등을 검사한다. is_valid 함수는 다음 단계에서 사용할 것이다.

04단계 회원가입을 위한 signup 함수 정의하기

common/views.py 파일에 signup 함수를 다음과 같이 정의하자.

common/views.py 파일에는 기본값 외에는 아무 것도 없는 상태일 것이다.

파일 이름 C:/projects/mysite/common/views.py

```
from django.contrib.auth import authenticate, login
from django.shortcuts import render, redirect
from common.forms import UserForm


def signup(request):
    """
    회원가입
    """
    if request.method == "POST":    # POST 요청
        form = UserForm(request.POST)
        if form.is_valid():
            form.save()
```

```
            username = form.cleaned_data.get('username')
            raw_password = form.cleaned_data.get('password1')
            user = authenticate(username=username, password=raw_password)
            login(request, user)
            return redirect('index')
    else:  # GET 요청
        form = UserForm()
    return render(request, 'common/signup.html', {'form': form})
```

signup 함수는 POST 요청인 경우 화면에서 입력한 데이터로 새로운 사용자를 생성하고, GET 요청인 경우 common/signup.html 화면을 반환한다. POST 요청에서 form.cleaned_data.get 함수는 회원가입 화면에서 입력한 값을 얻기 위해 사용하는 함수이다. 여기서는 로그인 시 필요한 아이디, 비밀번호를 얻기 위해 사용되었다. 그리고 회원가입이 완료된 이후에 자동으로 로그인되도록 authenticate 함수와 login 함수를 사용했다.

authenticate, login 함수는 django.contrib.auth 패키지에 있는 함수로 사용자 인증과 로그인을 담당한다.

05단계 회원가입 템플릿 만들기

common/signup.html 파일을 생성한 다음 아래와 같이 작성하자.

파일 이름 C:/projects/mysite/templates/common/signup.html (디렉터리 확인!)

```
{% extends "base.html" %}
{% block content %}
<div class="container my-3">
    <div class="row my-3">
        <div class="col-4">
            <h4>회원가입</h4>
        </div>
        <div class="col-8 text-right">
            <span>또는 <a href="{% url 'common:login' %}">로그인 하세요.</a></span>
        </div>
    </div>
    <form method="post" class="post-form">
        {% csrf_token %}
```

```
        {% include "form_errors.html" %}
        <div class="form-group">
            <label for="username">사용자 이름</label>
            <input type="text" class="form-control" name="username" id="username"
                   value="{{ form.username.value|default_if_none:'' }}">
        </div>
        <div class="form-group">
            <label for="password1">비밀번호</label>
            <input type="password" class="form-control"
                   name="password1" id="password1"
                   value="{{ form.password1.value|default_if_none:'' }}">
        </div>
        <div class="form-group">
            <label for="password2">비밀번호 확인</label>
            <input type="password" class="form-control"
                   name="password2" id="password2"
                   value="{{ form.password2.value|default_if_none:'' }}">
        </div>
        <div class="form-group">
            <label for="email">이메일</label>
            <input type="text" class="form-control" name="email" id="email"
                   value="{{ form.email.value|default_if_none:'' }}">
        </div>
        <button type="submit" class="btn btn-primary">생성하기</button>
    </form>
</div>
{% endblock %}
```

맨 위에 로그인 페이지로 이동할 수 있는 링크를 추가하고, 오류 표시를 위해 form_errors.html 파일을 include로 포함했다. 그리고 회원가입 시 필요한 UserForm 클래스의 username, password1, password2, email 필드를 추가했다. 코드 수정 후 회원가입을 시도해 보자. 로그인 페이지에서 '계정을 만드세요.' 링크를 눌러 회원가입 페이지로 이동하면 된다.

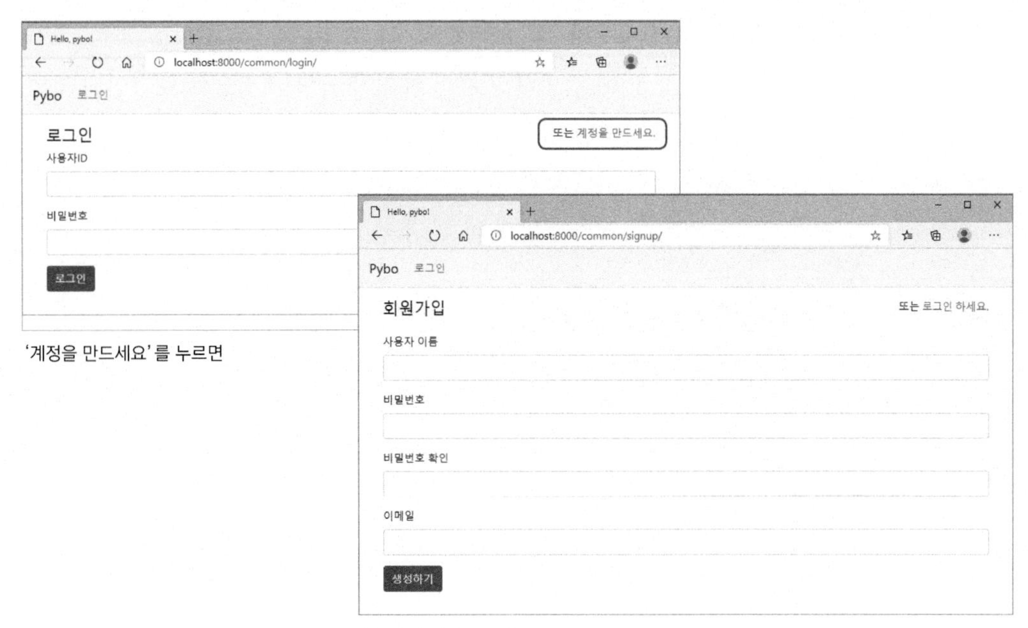

'계정을 만드세요'를 누르면

회원가입 화면으로 이동

만약 비밀번호와 비밀번호 확인에서 다르게 입력하면 다음 오류 메시지를 볼 수 있을 것이다.

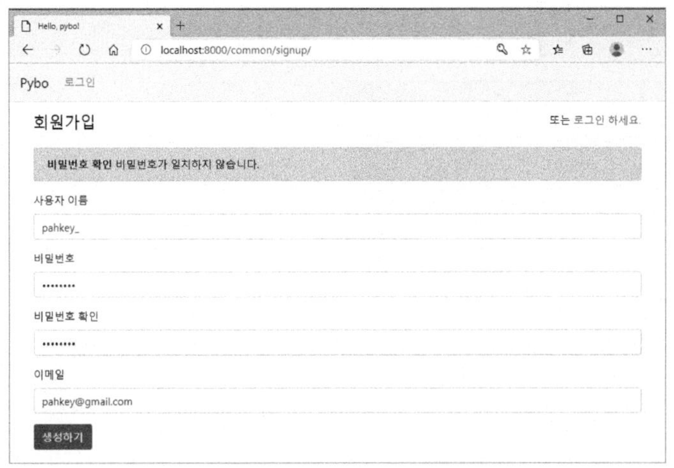

비밀번호가 일치하지 않으면 나타나는 오류

필수값, 비밀번호 생성 규칙, 이메일 규칙도 모두 잘 작동할 것이다. 여러분이 직접 확인해 보자.

06단계 회원가입 후 장고 admin 접속해 계정 확인하기

회원가입을 완료한 다음 장고 admin에 접속하면 슈퍼 유저가 아닌 계정으로 로그인되어 있으므로 다음과 같은 경고 메시지가 나타날 것이다.

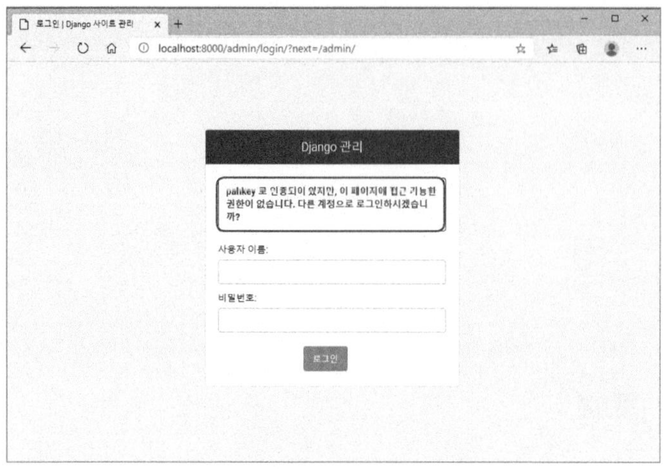

슈퍼 유저로 로그인한 상태가 아니라서 발생한 오류

장고 admin은 슈퍼 유저로 접속해야 한다. 슈퍼 유저로 로그인하자. 이어서 [홈 → 사용자(들)] 화면을 보면 새로 회원가입한 계정을 확인할 수 있을 것이다.

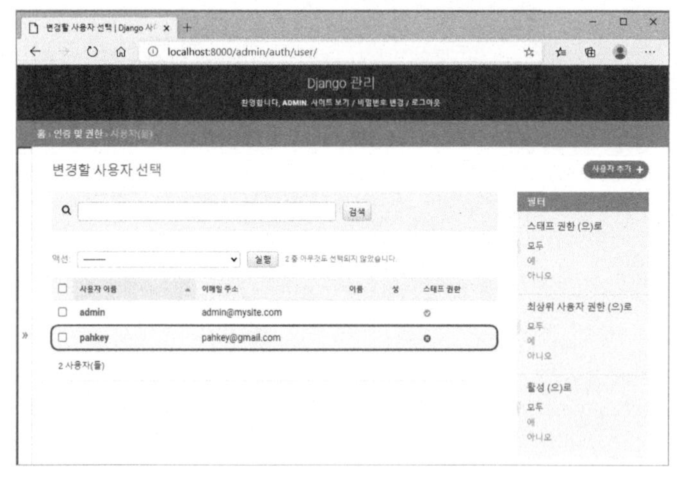

새로 추가된 계정

축하한다. 파이보는 이제 회원가입을 할 수 있게 되었다.

03-7 모델에 글쓴이 추가하기

• 완성 소스 github.com/pahkey/djangobook/tree/3-07

회원가입, 로그인, 로그아웃 기능이 완성되어 질문과 답변을 '누가' 작성했는지 알 수 있게 되었다. 이제 기능을 조금씩 다듬어서 파이보를 완벽하게 만들어 보자. 여기서는 Question, Answer 모델을 수정하여 '글쓴이'에 해당하는 author 필드를 추가할 것이다.

Question 모델 수정하기

01단계 Question 모델에 author 필드 추가하기

Question 모델에 author 필드를 추가하자.

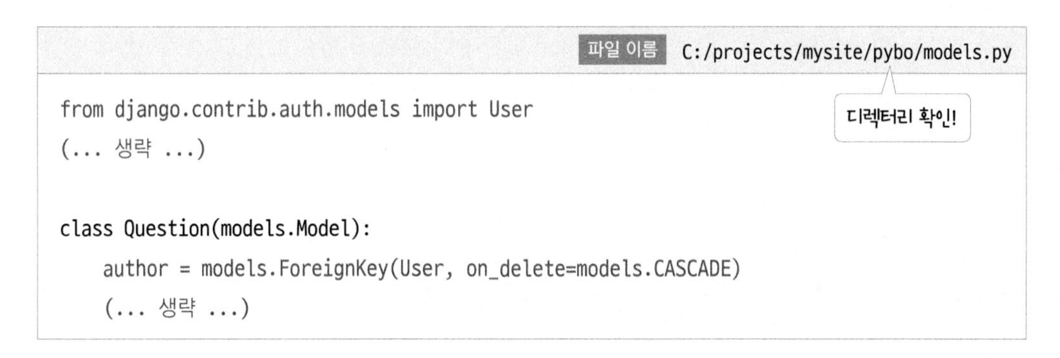

파일 이름 C:/projects/mysite/pybo/models.py

디렉터리 확인!

```
from django.contrib.auth.models import User
(... 생략 ...)

class Question(models.Model):
    author = models.ForeignKey(User, on_delete=models.CASCADE)
    (... 생략 ...)
```

author 필드는 User 모델을 ForeignKey로 적용하여 선언했다. User 모델은 django.contrib.auth 앱이 제공하는 모델이다. on_delete=models.CASCADE는 계정이 삭제되면 계정과 연결된 Question 모델 데이터를 모두 삭제하라는 의미이다.

02단계 makemigrations 명령 실행하고 author 필드 추가 문제 해결하기

모델을 수정했으므로 makemigrations 명령과 migrate 명령을 실행해야 한다. 그런데 makemigrations 명령을 실행하면 다음 메시지를 볼 수 있다.

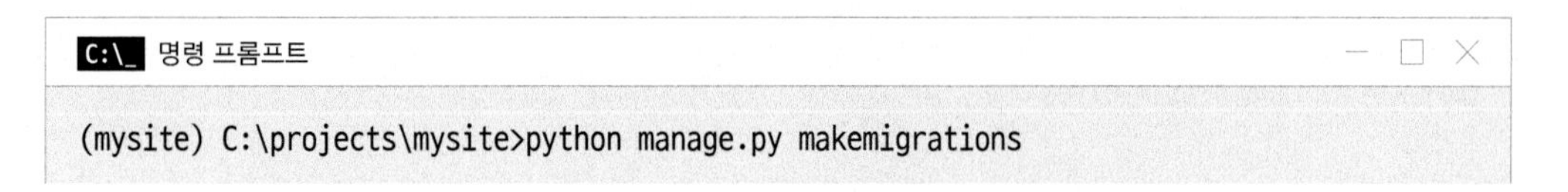

명령 프롬프트

```
(mysite) C:\projects\mysite>python manage.py makemigrations
```

```
You are trying to add a non-nullable field 'author' to question without a default; we can't do that (the database needs something to populate existing rows).
Please select a fix:
 1) Provide a one-off default now (will be set on all existing rows with a null value for this column)
 2) Quit, and let me add a default in models.py
Select an option:
```

이 메시지가 나타난 이유는 Question 모델에 author 필드를 추가하면 이미 등록되어 있던 게시물에 author 필드에 해당되는 값이 저장되어야 하는데, 장고는 author 필드에 어떤 값을 넣어야 하는지 모르기 때문이다. 그래서 장고가 여러분에게 기존에 저장된 Question 모델 데이터에는 author 필드값으로 어떤 값을 저장해야 하는지 묻는 것이다.
이 문제를 해결하는 방법에는 2가지가 있다. 첫 번째 방법은 author 필드를 null로 설정하는 방법이고, 두 번째 방법은 기존 게시물에 추가될 author 필드의 값에 강제로 임의 계정 정보를 추가하는 방법이다. 질문, 답변에는 author 필드값이 무조건 있어야 하므로 두 번째 방법을 사용할 것이다. 위 메시지를 유지한 상태에서 '1'을 입력하자.

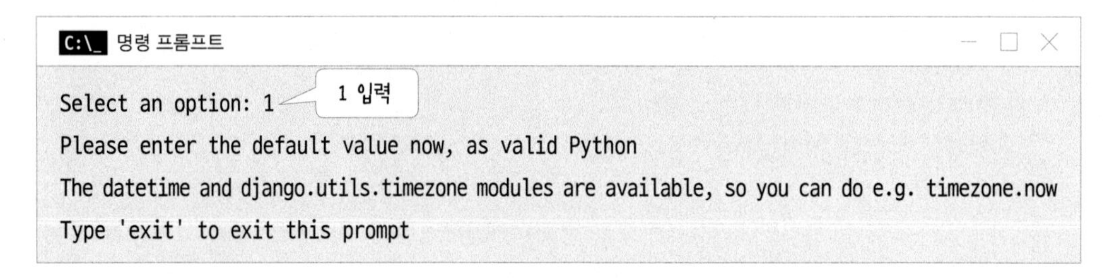

C:_ 명령 프롬프트
Select an option: 1
1 입력
Please enter the default value now, as valid Python
The datetime and django.utils.timezone modules are available, so you can do e.g. timezone.now
Type 'exit' to exit this prompt

그러면 파이썬 셸이 다음처럼 구동된다. 여기서 '1'을 입력하자. 그러면 makemigrations가 완료되고 파이썬 셸이 종료된다.

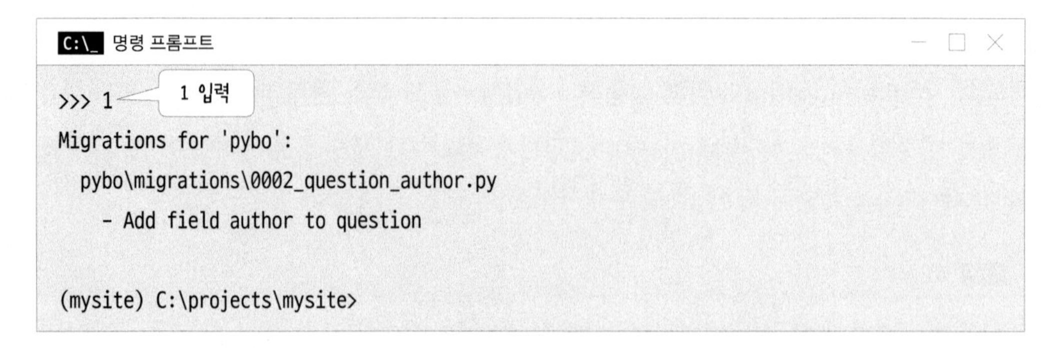

파이썬 셸에서 입력한 '1'은 최초 생성했던 슈퍼 유저의 id값이므로 기존 게시물의 author에는 슈퍼 유저가 등록될 것이다.

03단계 migrate 명령 실행하기

이제 migrate 명령으로 변경된 내용을 데이터베이스에 적용하자.

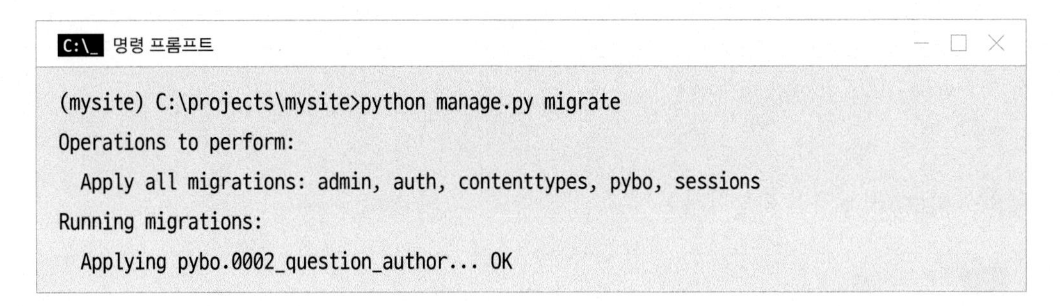

C:_ 명령 프롬프트

```
(mysite) C:\projects\mysite>python manage.py migrate
Operations to perform:
  Apply all migrations: admin, auth, contenttypes, pybo, sessions
Running migrations:
  Applying pybo.0002_question_author... OK
```

Answer 모델 수정하기

01단계 Answer 모델에 author 필드 추가하고 문제 해결하기

Question 모델과 같은 방법으로 Answer 모델에 author 필드를 추가하자.

파일 이름 C:/projects/mysite/pybo/models.py

```
class Answer(models.Model):
    author = models.ForeignKey(User, on_delete=models.CASCADE)
    (... 생략 ...)
```

이어서 makemigrations 명령을 실행한 다음, Question 모델에 했던 것과 마찬가지로 파이썬 셸 작업을 진행하자.

C:_ 명령 프롬프트

```
(mysite) C:\projects\mysite>python manage.py makemigrations
You are trying to add a non-nullable field 'author' to answer without a default; we can't
do that (the database needs something to populate existing rows).
Please select a fix:
 1) Provide a one-off default now (will be set on all existing rows with a null value for
this column)
 2) Quit, and let me add a default in models.py
```

```
Select an option: 1   ← 1 입력
Please enter the default value now, as valid Python
The datetime and django.utils.timezone modules are available, so you can do e.g. timezone.
now
Type 'exit' to exit this prompt
>>> 1   ← 1 입력
Migrations for 'pybo':
  pybo\migrations\0003_answer_author.py
    - Add field author to answer
```

이어서 migrate 명령을 실행하자.

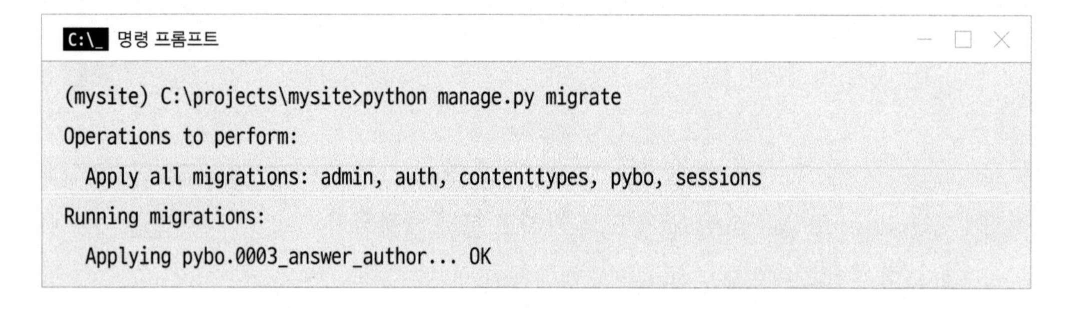

명령 프롬프트

```
(mysite) C:\projects\mysite>python manage.py migrate
Operations to perform:
  Apply all migrations: admin, auth, contenttypes, pybo, sessions
Running migrations:
  Applying pybo.0003_answer_author... OK
```

여기까지 잘 진행되면 이상 없이 잘 처리된 것이다.

author 필드에 null 허용하기

author 필드에 null을 허용하려면 다음처럼 필드 정의 시 null=True를 지정하면 된다.

Answer, Question 모델의 author 필드 정의

```
author = models.ForeignKey(User, on_delete=models.CASCADE, null=True)
```

이렇게 설정하면 author 필드에 null을 허용하므로 기존 게시물의 author 필드가 추가될 때 값이 없어도 된다.

author 필드 적용하기

이제 Question, Answer 모델에 author 필드가 추가되었으므로 질문 등록시에 author 필드를 추가해야 한다.

질문, 답변에 글쓴이를 추가한다는 느낌으로 작업을 진행하자.

01단계 답변 등록 함수 수정하기

answer_create 함수를 수정하자.

파일 이름 C:/projects/mysite/pybo/views.py

```
def answer_create(request, question_id):
    (... 생략 ...)
        if form.is_valid():
            answer = form.save(commit=False)
            answer.author = request.user  # 추가한 속성 author 적용
            (... 생략 ...)
    (... 생략 ...)
```

답변 글쓴이는 현재 로그인한 계정이므로 answer.author = request.user로 처리했다. request.user가 바로 현재 로그인한 계정의 User 모델 객체이다.

02단계 질문 등록 함수 수정하기

question_create 함수도 마찬가지 방법으로 수정하자.

파일 이름 C:/projects/mysite/pybo/views.py

```
def question_create(request):
    (... 생략 ...)
        if form.is_valid():
            question = form.save(commit=False)
            question.author = request.user  # 추가한 속성 author 적용
    (... 생략 ...)
```

질문 글쓴이도 question.author = request.user로 처리했다. 이제 다시 개발 서버를 시작하고 로그인한 다음 질문·답변 등록을 테스트해보자. 잘 될 것이다.

개발 서버 종료는 Ctrl + C를 누르면 된다.

개발 서버 시작은 projects/mysite에서 python manage.py runserver 명령을 실행하면 된다.

로그인이 필요한 함수 설정하기

01단계 로그아웃 상태에서 질문, 답변 등록해 보기 — 오류 발생

로그아웃 상태에서 질문 또는 답변을 등록하면 다음과 같은 ValueError 오류가 발생한다. 오류는 웹 브라우저, 명령 프롬프트 양쪽에서 모두 확인할 수 있다. 로그아웃 상태에서 직접 오류를 발생시켜 보자.

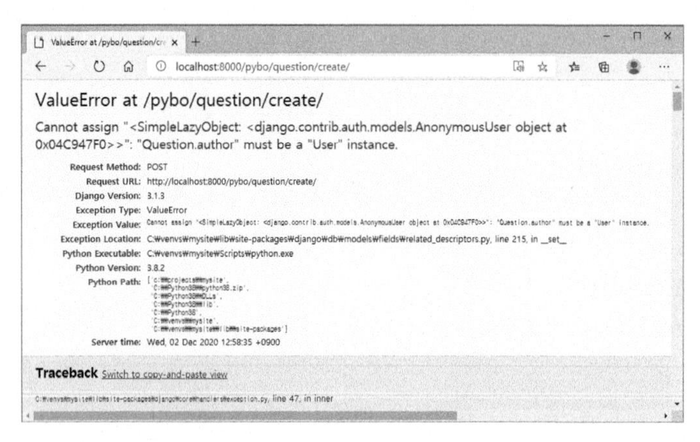

로그아웃 상태에서 질문·답변 등록 시 오류 발생

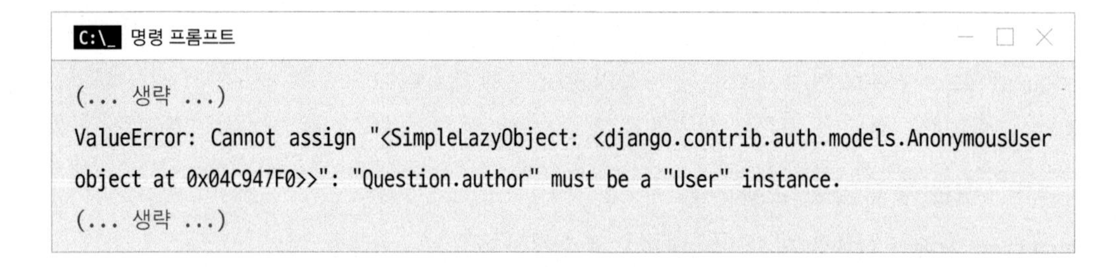

이 오류는 request.user가 User 객체가 아닌 AnonymousUser 객체라서 발생한 것이다. 조금 더 자세히 설명하자면 request.user에는 로그아웃 상태이면 AnonymousUser 객체가, 로그인 상태이면 User 객체가 들어있는데, 앞에서 우리는 author 필드를 정의할 때 User를 이용하도록 했다. 그래서 answer.author = request.user에서 User 대신 AnonymousUser가 대입되어 오류가 발생한 것이다.

02단계 로그인이 필요한 함수에 @login_required 애너테이션 적용하기

이 문제를 해결하려면 로그인이 필요한 함수 answer_create, question_create에 @login_required 애너테이션을 사용해야 한다.

파일 이름 C:/projects/mysite/pybo/views.py

```
from django.contrib.auth.decorators import login_required
(... 생략 ...)

@login_required(login_url='common:login')
def answer_create(request, question_id):
    (... 생략 ...)

@login_required(login_url='common:login')
def question_create(request):
    (... 생략 ...)
```

쉽게 말해 answer_create 함수와 question_create 함수는 request.user를 포함하고 있으므로 @login_required 애너테이션을 통해 로그인이 되었는지를 우선 검사하여 1단계에서 본 오류를 방지한다. 만약 로그아웃 상태에서 @login_required 애너테이션이 적용된 함수가 호출되면 자동으로 로그인 화면으로 이동할 것이다. @login_required 애너테이션의 login_url은 이동해야 할 로그인 화면의 URL을 의미한다. 코드 수정 후 로그아웃 상태에서 질문 등록, 답변을 등록을 시도하면 로그인 화면으로 이동되는지 확인해 보자.

03단계 URL의 next 인자로 로그인 성공 후 이동할 URL 지정하기

그런데 로그아웃 상태에서 '질문 등록하기'를 눌러 로그인 화면으로 전환된 상태에서 웹 브라우저 주소창의 URL을 보면 next 파라미터가 있을 것이다.

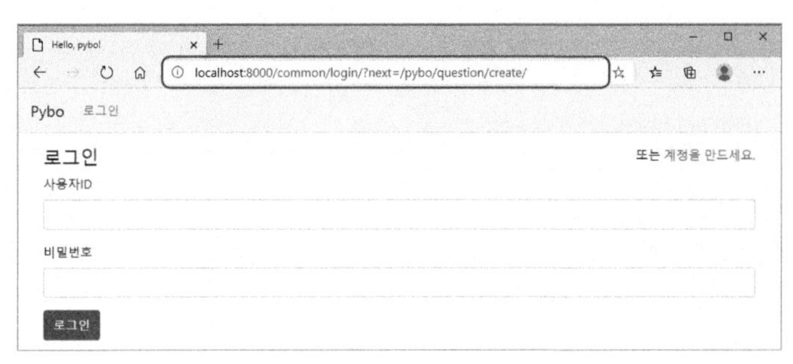

next 파라미터 확인

이는 로그인 성공 후 next 파라미터에 있는 URL로 페이지를 이동해야 한다는 의미이다. 그런데 지금은 그렇게 되고 있지 않다.

04단계 로그인 템플릿에 hidden 항목 추가하여 next 파라미터 활용하기

로그인 후 next 파라미터에 있는 URL로 페이지를 이동하려면 로그인 템플릿에 다음과 같이 hidden 항목 next를 추가해야 한다.

파일 이름 C:/projects/mysite/templates/common/login.html

```
(... 생략 ...)
<form method="post" class="post-form" action="{% url 'common:login' %}">
    {% csrf_token %}
    <!-- 로그인 성공 후 이동되는 URL -->
    <input type="hidden" name="next" value="{{ next }}">
    {% include "form_errors.html" %}
(... 생략 ...)
```

그러면 로그인 후 next 파라미터의 URL로 이동할 수 있을 것이다.

05단계 로그아웃 상태에서 아예 글을 작성할 수 없게 만들기

하나만 더 고쳐 보자. 현재 질문 등록은 로그아웃 상태에서는 아예 글을 작성할 수 없어서 만족스럽다. 하지만 답변 등록은 로그아웃 상태에서도 글을 작성할 수 있다. 물론 답변 작성 후 〈저장하기〉를 누르면 자동으로 로그인 화면으로 이동되므로 큰 문제는 아니지만 '글을 작성할 수 있는 것처럼 보이는 현상'은 부자연스럽다. 로그아웃 상태에서 아예 답변을 작성할 수 없도록 만드는 방법은 disabled 속성을 사용하는 것이다. pybo/question_detail.html 파일을 다음과 같이 수정하자.

파일 이름 C:/projects/mysite/templates/pybo/question_detail.html

```
(... 생략 ...)
<div class="form-group">
    <textarea name="content" id="content"
              {% if not user.is_authenticated %}disabled{% endif %}
              class="form-control" rows="10"></textarea>
</div>
<input type="submit" value="답변등록" class="btn btn-primary">
(... 생략 ...)
```

로그인 상태가 아닌 경우 `textarea` 엘리먼트에 `disabled` 속성을 적용하여 입력을 못하게 만들었다.

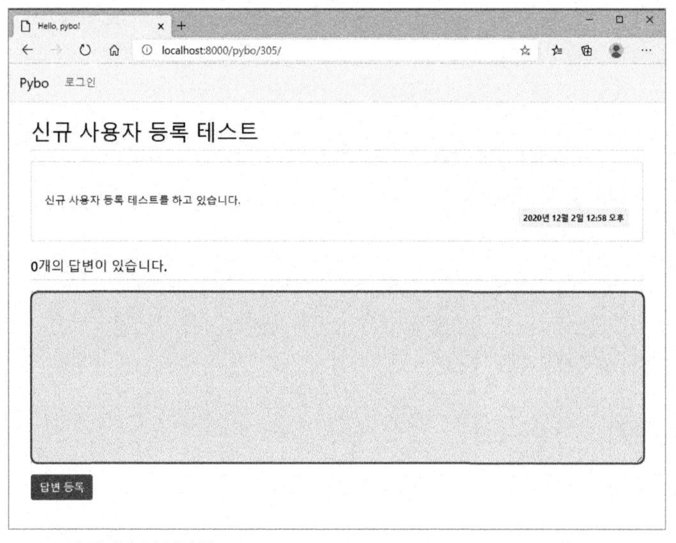

disable된 상태가 된 입력 창

03-8 글쓴이 표시하기

• 완성 소스 github.com/pahkey/djangobook/tree/3-08

앞서 Question 모델과 Answer 모델에 auther 필드를 추가했다. 게시판의 게시물에는 '글쓴이'를 표시하는 것이 일반적이다. 질문 목록, 질문 상세 화면에 auther 필드를 이용하여 글쓴이를 표시해 보자.

질문 목록 화면에 글쓴이 표시하기

01단계 질문 목록 템플릿 수정하기

글쓴이를 표시하기 위해 테이블 헤더에 글쓴이 항목을 추가하자.

파일 이름 C:/projects/mysite/templates/pybo/question_list.html

```
(... 생략 ...)
<tr class="text-center thead-dark">
    <th>번호</th>
    <th style="width:50%">제목</th>
    <th>글쓴이</th>
    <th>작성일시</th>
</tr>
(... 생략 ...)
```

<th>글쓴이</th>를 추가했다. 그리고 th 엘리먼트를 가운데 정렬하도록 tr 엘리먼트에 text-center 클래스를 추가하고 제목의 너비가 전체에서 50%를 차지하도록 style="width:50%"도 지정해 주었다. 이어서 for 문에도 글쓴이를 적용하자.

파일 이름 C:/projects/mysite/templates/pybo/question_list.html

```
(... 생략 ...)
{% for question in question_list %}
<tr class="text-center">
    <td>
(... 생략 ...)
```

```
        </td>
        <td class="text-left">
            <a href="{% url 'pybo:detail' question.id %}">{{ question.subject }}</a>
            {% if question.answer_set.count > 0 %}
            <span class="text-danger small ml-2">{{ question.answer_set.count }}</span>
            {% endif %}
        </td>
        <td>{{ question.author.username }}</td>  <!-- 글쓴이 추가 -->
        <td>{{ question.create_date }}</td>
    </tr>
    {% endfor %}
    (... 생략 ...)
```

<td>{{ question.user.username }}</td>를 삽입하여 질문의 글쓴이를 표시했다. 그리고 테이블 내용을 가운데 정렬하도록 tr 엘리먼트에 text-center 클래스를 추가하고, 제목을 왼쪽 정렬하도록 text-left 클래스를 추가했다. 질문 목록 화면에 글쓴이가 추가되었다. 변경된 질문 목록 화면은 오른쪽 그림과 같다.

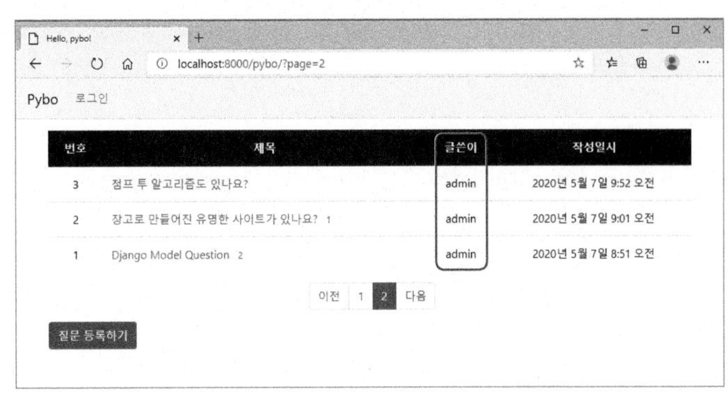

질문 목록 화면에 추가된 글쓴이 열

질문 상세 화면에 글쓴이 표시하기

01단계 질문 상세 템플릿 수정하기

질문 상세 화면에도 다음과 같이 글쓴이를 추가하자.

파일 이름 C:/projects/mysite/templates/pybo/question_detail.html

```
(... 생략 ...)
<div class="card-body">
    <div class="card-text" style="white-space: pre-line;">{{ question.content }}</div>
    <div class="d-flex justify-content-end">
        <div class="badge badge-light p-2 text-left">
```

```
            <div class="mb-2">{{ question.author.username }}</div>
            <div>{{ question.create_date }}</div>
        </div>
    </div>
</div>
(... 생략 ...)
```

글쓴이와 작성일시가 함께 보이도록 수정했다. 그리고 부트스트랩을 이용하여 여백과 정렬 등의 디자인도 살짝 변경했다.

02단계 답변에 글쓴이 표시 기능 추가하기

답변에도 글쓴이를 추가하자. 1단계와 마찬가지로 작성일시 바로 위에 글쓴이를 표시하면 된다.

파일 이름 C:/projects/mysite/templates/pybo/question_detail.html

```
(... 생략 ...)
<div class="card-body">
    <div class="card-text" style="white-space: pre-line;">{{ answer.content }}</div>
    <div class="d-flex justify-content-end">
        <div class="badge badge-light p-2 text-left">
            <div class="mb-2">{{ answer.author.username }}</div>
            <div>{{ answer.create_date }}</div>
        </div>
    </div>
</div>
(... 생략 ...)
```

질문 상세 화면의 질문과 답변에 글쓴이가 추가되었다.

질문 상세 화면에 추가된 글쓴이 정보

03-9 게시물 수정 & 삭제 기능 추가하기

• 완성 소스 github.com/pahkey/djangobook/tree/3-09

이번에는 작성한 게시물을 수정 & 삭제할 수 있는 기능을 추가할 것이다. 실습을 진행하다 보면 '비슷한 기능을 반복해서 구현한다는 느낌'을 받아 조금 지루할 수 있다. 하지만 게시물 수정 & 삭제 기능은 게시물 작성만큼 중요하다. 장고 개발 패턴을 연습할 수 있는 좋은 기회이므로 실습을 이해하며 따라가 보자.

모델 수정하기

01단계 Question, Answer 모델에 modify_date 필드 추가하기

질문, 답변을 언제 수정했는지 확인할 수 있도록 Question 모델과 Answer 모델에 수정일시를 의미하는 modify_date 필드를 추가하자.

파일 이름 C:/projects/mysite/pybo/models.py

```
(... 생략 ...)

class Question(models.Model):
    (... 생략 ...)
    modify_date = models.DateTimeField(null=True, blank=True)
    (... 생략 ...)

class Answer(models.Model):
    (... 생략 ...)
    modify_date = models.DateTimeField(null=True, blank=True)
```

null=True는 데이터베이스에서 modify_date 칼럼에 null을 허용한다는 의미이며, blank=True는 form.is_valid()를 통한 입력 폼 데이터 검사 시 값이 없어도 된다는 의미이다. 즉, null=True, blank=True는 어떤 조건으로든 값을 비워둘 수 있음을 의미한다.
수정일시는 수정한 경우에만 생성되는 데이터이므로 null=True, blank=True를 지정했다.

02단계 makemigrations, migrate 명령 수행하기

모델이 변경되었으므로 makemigrations, migrate 명령을 수행하자.

```
C:\_ 명령 프롬프트

(mysite) C:\projects\mysite>python manage.py makemigrations
Migrations for 'pybo':
pybo\migrations\0004_auto_20200331_0945.py
    - Add field modify_date to answer
    - Add field modify_date to question

(mysite) C:\projects\mysite>python manage.py migrate
Operations to perform:
Apply all migrations: admin, auth, contenttypes, pybo, sessions
Running migrations:
Applying pybo.0004_auto_20200331_0945... OK
```

질문 수정 기능 추가하기

01단계 질문 수정 버튼 추가하기

질문 상세 화면에 질문 수정 버튼을 추가하자.

```
파일 이름 C:/projects/mysite/templates/pybo/question_detail.html

(... 생략 ...)
<div class="card my-3">
    <div class="card-body">
        <div class="card-text" style="white-space: pre-line;">{{ question.content }}</div>
        <div class="d-flex justify-content-end">
            <div class="badge badge-light p-2 text-left">
                <div class="mb-2">{{ question.author.username }}</div>
                <div>{{ question.create_date }}</div>
            </div>
        </div>
        {% if request.user == question.author %}
        <div class="my-3">
            <a href="{% url 'pybo:question_modify' question.id %}"
               class="btn btn-sm btn-outline-secondary">수정</a>
```

```
            </div>
            {% endif %}
        </div>
    </div>
(... 생략 ...)
```

질문 수정 버튼은 로그인한 사용자와 글쓴이가 같은 경우에만 보여야 하므로 `{% if request.user == question.author %}`와 같이 추가했다.

02단계 질문 수정 버튼의 URL 매핑 추가하기

`{% url 'pybo:question_modify' question.id %}` URL이 추가되었으니 pybo/urls.py 파일을 수정하여 URL 매핑을 추가해야 한다.

파일 이름 C:/projects/mysite/pybo/urls.py

```
urlpatterns = [
    (... 생략 ...)
    path('question/modify/<int:question_id>/', views.question_modify,
        name='question_modify'),
]
```

03단계 질문 수정 함수 추가하기

URL 매핑에 등록한 `views.question_modify` 함수를 추가하자.

파일 이름 C:/projects/mysite/pybo/views.py

```
from django.contrib import messages
(... 생략 ...)

@login_required(login_url='common:login')
def question_modify(request, question_id):
    """
    pybo 질문 수정
    """
    question = get_object_or_404(Question, pk=question_id)
```

```
    if request.user != question.author:
        messages.error(request, '수정권한이 없습니다')
        return redirect('pybo:detail', question_id=question.id)

    if request.method == "POST":
        form = QuestionForm(request.POST, instance=question)
        if form.is_valid():
            question = form.save(commit=False)
            question.author = request.user
            question.modify_date = timezone.now()  # 수정일시 저장
            question.save()
            return redirect('pybo:detail', question_id=question.id)
    else:
        form = QuestionForm(instance=question)
    context = {'form': form}
    return render(request, 'pybo/question_form.html', context)
```

`question_modify` 함수는 로그인한 사용자(`request.user`)와 수정하려는 글쓴이(`question.author`)가 다르면 '수정권한이 없습니다'라는 오류가 발생하도록 작성했다.

'수정권한이 없습니다' 오류를 발생시키기 위해 messages 모듈을 이용했다.

messages 모듈은 장고가 제공하는 기능으로 오류를 임의로 발생시키고 싶은 경우에 사용한다. 이때 임의로 발생시킨 오류는 폼 필드와 관련이 없으므로 넌필드 오류에 해당된다.

03-5에서 필드, 넌필드 오류를 설명했다.

질문 상세 화면에서 〈수정〉을 누르면 /pybo/question/modify/2/ 페이지가 GET 방식으로 호출되어 질문 수정 화면이 나타나고, 질문 수정 화면에서 〈저장하기〉를 누르면 /pybo/question/modify/2/ 페이지가 POST 방식으로 호출되어 데이터 수정이 이뤄진다.

데이터 저장 시 form 엘리먼트에 action 속성이 없으면 현재의 페이지로 폼을 전송한다.

질문 수정에서 사용한 템플릿은 질문 등록 시 사용한 pybo/question_form.html 파일을 그대로 사용한다.

이때 GET 요청으로 질문 수정 화면이 나타날 때 기존에 저장되어 있던 제목, 내용이 반영된 상태에서 수정을 시작할 수 있도록 다음과 같이 폼을 생성했다.

질문 수정 화면에 기존 제목, 내용 반영

```
form = QuestionForm(instance=question)
```

이처럼 instance 매개변수에 question을 지정하면 기존 값을 폼에 채울 수 있다. 그러면 사용자는 질문 수정 시 제목, 내용이 채워진 상태의 폼에서 수정을 시작할 수 있을 것이다. POST 요청으로 수정 내용을 반영하는 경우에는 다음과 같이 폼을 생성해야 한다.

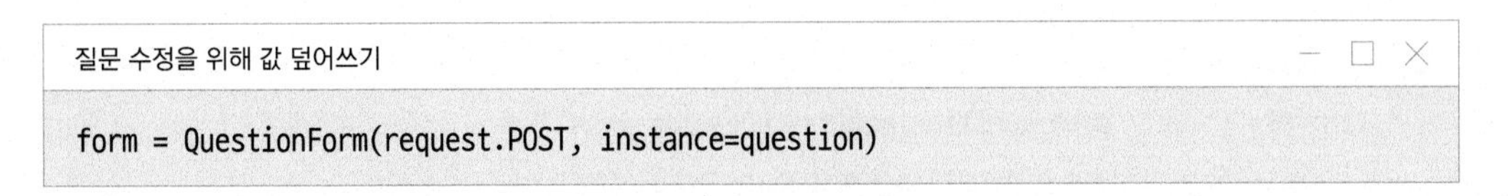
질문 수정을 위해 값 덮어쓰기

```
form = QuestionForm(request.POST, instance=question)
```

위 코드는 조회한 질문 question을 기본값으로 하여 화면으로 전달받은 입력값들을 덮어써서 QuestionForm을 생성하라는 의미이다. 그리고 질문의 수정일시는 다음처럼 현재일시로 저장했다.

질문 수정일시를 현재일시로 저장

```
question.modify_date = timezone.now()
```

04단계 질문 수정 확인하기

이제 로그인 사용자와 글쓴이가 같으면 질문 상세 화면에 〈수정〉 버튼이 보일 것이다.

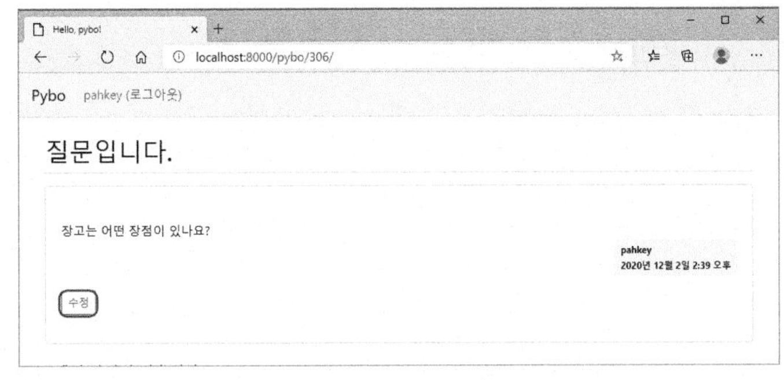

수정 기능 확인

수정 기능이 잘 작동하는지 확인해 보자.

질문 삭제 기능 추가하기

01단계 질문 삭제 버튼 추가하기

이제 질문을 삭제하는 기능을 추가해 보자. 다음처럼 〈수정〉 버튼 바로 옆에 〈삭제〉 버튼을 추가하자.

파일 이름 C:/projects/mysite/templates/pybo/question_detail.html

```
(... 생략 ...)
{% if request.user == question.author %}
<div class="my-3">
    <a href="{% url 'pybo:question_modify' question.id %}"
       class="btn btn-sm btn-outline-secondary">수정</a>
    <a href="#" class="delete btn btn-sm btn-outline-secondary"
       data-uri="{% url 'pybo:question_delete' question.id %}">삭제</a>
</div>
{% endif %}
(... 생략 ...)
```

〈삭제〉 버튼은 〈수정〉 버튼과는 달리 **href** 속성값을 **"#"**로 설정했다. 그리고 삭제를 실행할 URL을 얻기 위해 **data-uri** 속성을 추가하고, 삭제 함수가 실행될 수 있도록 **class** 속성에 **"delete"** 항목을 추가해 주었다.

data-uri 속성은 제이쿼리에서 $(this).data('uri')와 같이 사용하여 그 값을 얻을 수 있다.

02단계 질문 삭제 버튼에 jQuery 사용하기

삭제 기능에서 〈삭제〉 버튼을 구현할 때 '정말로 삭제하시겠습니까?'와 같은 확인 창을 보여주어야 한다. 이를 구현하려면 다음과 같은 코드가 필요하다. 잠시 제이쿼리 코드를 적용해야 하는 단계이므로 손을 떼고 책을 읽어 보자.

삭제 기능을 위한 제이쿼리 코드

```
<script type='text/javascript'>
$(document).ready(function(){
    $(".delete").on('click', function() {
        if(confirm("정말로 삭제하시겠습니까?")) {
            location.href = $(this).data('uri');
        }
    });
});
```

이 코드에서는 제이쿼리를 사용했다. 제이쿼리가 생소할 수도 있다. 하지만 코드는 크게 어렵지 않다. 정리하자면 〈삭제〉 버튼을 누르면 확인 창이 나타나고, 확인 창에서 〈확인〉 버튼을 누르면 앞서 입력했던 `data-uri` 속성값으로 URL이 호출된다. 〈취소〉 버튼을 누르면 아무 일도 발생하지 않는다.

`$(document).ready(function())`은 화면이 로드된 다음 자동으로 호출되는 제이쿼리 함수이다.

03단계 jQuery 실행을 위해 pybo/base.html 파일 수정하기

제이쿼리를 이용하여 자바스크립트를 작성하기 위해서는 제이쿼리 라이브러리 파일을 먼저 로드해야 한다. 알다시피 base.html 파일에 제이쿼리 라이브러리를 로드하는 코드가 이미 추가되어 있다. 따라서 모든 템플릿에서 제이쿼리 라이브러리를 사용하기 위해서는 다음처럼 base.html 파일을 수정해야 한다.

파일 이름 C:/projects/mysite/templates/base.html

```
(... 생략 ...)
<!-- jQuery JS -->
<script src="{% static 'jquery-3.4.1.min.js' %}"></script>
<!-- Bootstrap JS -->
<script src="{% static 'bootstrap.min.js' %}"></script>
<!-- 자바스크립트 Start -->
{% block script %}
{% endblock %}
<!-- 자바스크립트 End -->
</body>
</html>
```

`<script src="{{ url_for('static', filename='jquery-3.4.1.min.js')}}"></script>` 문장 이후에 `{% block script %}{% endblock %}`를 추가했다. 이렇게 하면 base.html 파일을 상속받는 템플릿이 이 블록을 구현하여 제이쿼리를 사용한 코드를 작성할 수 있다.

04단계 질문 템플릿에 삭제 알림 창 기능 추가하기

이제 question_detail.html 파일 아래에 `{% block script %}{% endblock %}`를 추가하고 질문을 삭제할 수 있도록 코드를 추가하자.

파일 이름 C:/projects/mysite/templates/pybo/question_detail.html

```
(... 생략 ...)
{% endblock %}
{% block script %}   맨 아래에 추가
<script type='text/javascript'>
$(document).ready(function(){
    $(".delete").on('click', function() {
        if(confirm("정말로 삭제하시겠습니까?")) {
            location.href = $(this).data('uri');
        }
    });
});
</script>
{% endblock %}
```

05단계 질문 삭제 URL 매핑 추가하기

그리고 data-uri 속성에 {% url 'pybo:question_delete' question.id %}이 추가되었으므로 pybo/urls.py 파일에 URL 매핑을 추가해야 한다.

파일 이름 C:/projects/mysite/pybo/urls.py

```
urlpatterns = [
    (... 생략 ...)
    path('question/delete/<int:question_id>/', views.question_delete,
        name='question_delete'),
]
```

06단계 질문 삭제 함수 추가하기

URL 매핑에 추가한 views.question_delete 함수를 다음처럼 작성하자.

파일 이름 C:/projects/mysite/pybo/views.py

```
(... 생략 ...)
@login_required(login_url='common:login')
def question_delete(request, question_id):
    """
```

```
    pybo 질문 삭제
    """
    question = get_object_or_404(Question, pk=question_id)
    if request.user != question.author:
        messages.error(request, '삭제권한이 없습니다')
        return redirect('pybo:detail', question_id=question.id)
    question.delete()
    return redirect('pybo:index')
```

question_delete 함수 역시 로그인이 필요하므로 @login_required 애너테이션을 적용하고 로그인한 사용자와 글쓴이가 동일한 경우에만 삭제할 수 있도록 했다.
질문 글쓴이와 로그인 사용자가 동일하면 질문 상세 화면에 이제 〈삭제〉 버튼이 나타날 것이다. 삭제가 잘 실행되는지 확인해 보자.

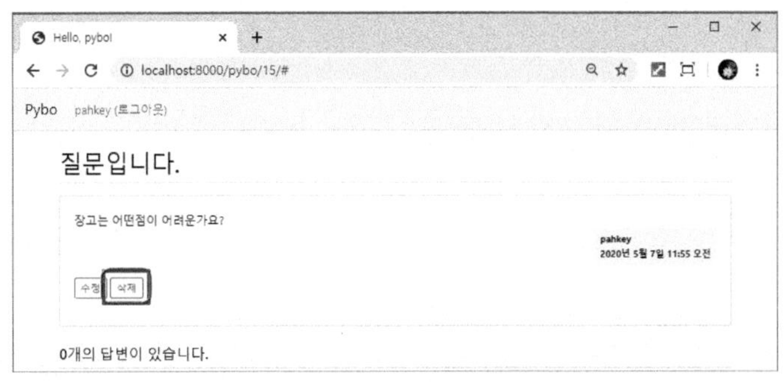

삭제 기능 확인

답변 수정 & 삭제 기능 추가하기

이번에는 답변 수정 & 삭제 기능을 추가하자. 질문 수정 & 삭제 기능과 거의 비슷한 구성으로 실습을 진행한다. 다만 답변 수정은 답변 등록 템플릿이 따로 없으므로 답변 수정에 사용할 템플릿이 추가로 필요하다.

답변 등록은 질문 상세 화면 아래쪽에 텍스트 입력 창을 추가하여 만든 것이므로 질문 상세 템플릿을 답변 수정용으로 사용하는 데는 적합하지 않다.

답변 수정 & 삭제 기능은 질문 수정 & 삭제 기능과 크게 차이 나지 않으므로 간단히 설명하고 넘어가겠다.

01단계 답변 수정 버튼 추가하기

답변 목록이 출력되는 부분에 답변 수정 버튼을 추가하자.

파일 이름 C:/projects/mysite/templates/pybo/question_detail.html

```
(... 생략 ...)
{% for answer in question.answer_set.all %}
<div class="card my-3">
    <div class="card-body">
        (... 생략 ...)
        {% if request.user == answer.author %}
        <div class="my-3">
            <a href="{% url 'pybo:answer_modify' answer.id %}"
               class="btn btn-sm btn-outline-secondary">수정</a>
        </div>
        {% endif %}
    </div>
</div>
{% endfor %}
(... 생략 ...)
```

card-body 안에 작성!

02단계 답변 수정 URL 매핑 추가하기

{% url 'pybo:answer_modify' answer.id %}가 추가되었으므로 pybo/urls.py 파일에 URL 매핑을 추가해야 한다.

파일 이름 C:/projects/mysite/pybo/urls.py

```
urlpatterns = [
    (... 생략 ...)
    path('answer/modify/<int:answer_id>/', views.answer_modify, name='answer_modify'),
]
```

03단계 답변 수정 함수 추가하기

계속해서 views.answer_modify 함수를 추가하자.

파일 이름 C:/projects/mysite/pybo/views.py

```
(... 생략 ...)
from .models import Question, Answer
(... 생략 ...)
@login_required(login_url='common:login')
```

```python
def answer_modify(request, answer_id):
    """
    pybo 답변 수정
    """
    answer = get_object_or_404(Answer, pk=answer_id)
    if request.user != answer.author:
        messages.error(request, '수정권한이 없습니다')
        return redirect('pybo:detail', question_id=answer.question.id)

    if request.method == "POST":
        form = AnswerForm(request.POST, instance=answer)
        if form.is_valid():
            answer = form.save(commit=False)
            answer.author = request.user
            answer.modify_date = timezone.now()
            answer.save()
            return redirect('pybo:detail', question_id=answer.question.id)
    else:
        form = AnswerForm(instance=answer)
    context = {'answer': answer, 'form': form}
    return render(request, 'pybo/answer_form.html', context)
```

04단계 답변 수정 폼 작성하기

답변 수정을 위한 템플릿 answer_form.html 파일은 별도로 만들어야 한다. 파일 생성 후 다음과 같은 코드를 입력하자.

파일 이름 C:/projects/mysite/templates/pybo/answer_form.html

```html
{% extends 'base.html' %}

{% block content %}
<div class="container my-3">
    <form method="post" class="post-form">
        {% csrf_token %}
        {% include "form_errors.html" %}
        <div class="form-group">
```

```
            <label for="content">답변내용</label>
            <textarea class="form-control" name="content" id="content"
                      rows="10">{{ form.content.value|default_if_none:'' }}</textarea>
        </div>
        <button type="submit" class="btn btn-primary">저장하기</button>
    </form>
</div>
{% endblock %}
```

답변 수정 기능도 질문 수정 기능과 마찬가지로 답변 등록 사용자와 로그인 사용자가 동일할 때만 〈수정〉 버튼이 나타난다. 답변 수정 기능이 잘 작동하는지 확인해 보자.

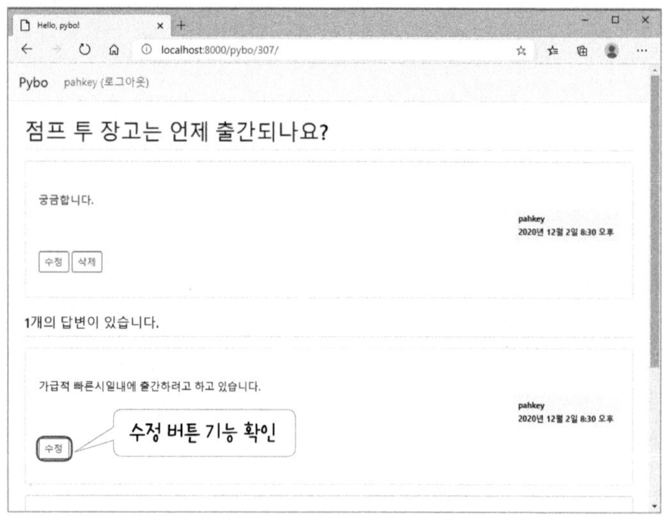

수정 기능 확인

05단계 답변 삭제 버튼 추가하기

질문 상세 화면에 답변 삭제 버튼을 추가하자.

파일 이름 C:/projects/mysite/templates/pybo/question_detail.html

```
(... 생략 ...)
{% for answer in question.answer_set.all %}
<div class="card my-3">
    <div class="card-body">
        (... 생략 ...)
        {% if request.user == answer.author %}
```

```
        <div class="my-3">
            <a href="{% url 'pybo:answer_modify' answer.id %}"
               class="btn btn-sm btn-outline-secondary">수정</a>
            <a href="#" class="delete btn btn-sm btn-outline-secondary"
               data-uri="{% url 'pybo:answer_delete' answer.id %}">삭제</a>
        </div>
        {% endif %}
    </div>
</div>
{% endfor %}
(... 생략 ...)
```

〈수정〉 버튼 옆에 〈삭제〉 버튼을 추가했다. 질문의 〈삭제〉 버튼과 마찬가지로 〈삭제〉 버튼에 `delete` 클래스를 적용했으므로 〈삭제〉 버튼을 누르면 `data-uri` 속성에 설정한 `url`이 실행될 것이다.

06단계 답변 삭제 URL 매핑 추가하기

`{% url 'pybo:answer_delete' answer.id %}`이 추가되었으므로 pybo/urls.py 파일에 URL 매핑을 추가하자.

파일 이름 C:/projects/mysite/pybo/urls.py

```
urlpatterns = [
    (... 생략 ...)
    path('answer/delete/<int:answer_id>/', views.answer_delete, name='answer_delete'),
]
```

07단계 답변 삭제 함수 추가하기

URL 매핑에 의해 실행될 `views.answer_delete` 함수를 추가하자.

파일 이름 C:/projects/mysite/pybo/views.py

```
(... 생략 ...)
@login_required(login_url='common:login')
def answer_delete(request, answer_id):
    """
```

```
    pybo 답변 삭제
    """
    answer = get_object_or_404(Answer, pk=answer_id)
    if request.user != answer.author:
        messages.error(request, '삭제권한이 없습니다')
    else:
        answer.delete()
    return redirect('pybo:detail', question_id=answer.question.id)
```

이제 질문 상세 화면에서 답변을 작성한 사용자와 로그인한 사용자가 같으면 〈삭제〉 버튼이 나타날 것이다. 잘 작동하는지 확인해 보자.

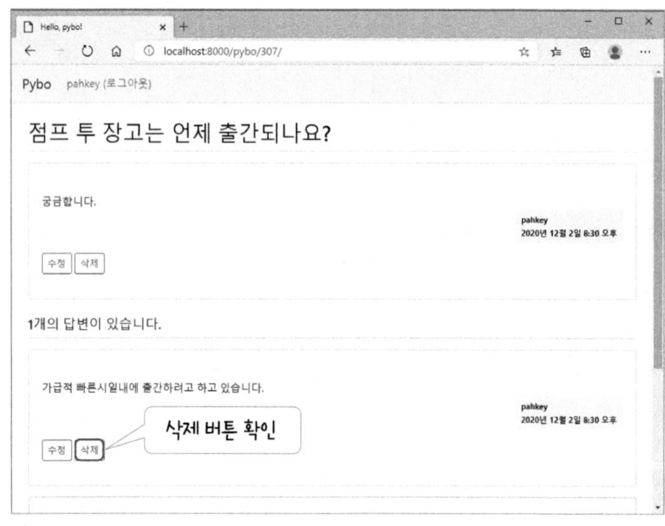

삭제 기능 확인

수정일시 표시하기

마지막으로 질문 상세 화면에서 수정일시를 확인할 수 있도록 템플릿을 수정해 보자.

01단계 작성일시 왼쪽에 수정일시 추가하기

질문과 답변에는 이미 작성일시를 표시하고 있다. 작성일시 바로 왼쪽에 수정일시를 추가하자.

파일 이름 C:/projects/mysite/templates/pybo/question_detail.html

```
(... 생략 ...)
<div class="card-body">
    <div class="card-text" style="white-space: pre-line;">{{ question.content }}</div>
    <div class="d-flex justify-content-end">    삽입 위치 확인
        {% if question.modify_date %}
        <div class="badge badge-light p-2 text-left mx-3">
            <div class="mb-2">modified at</div>
            <div>{{ question.modify_date }}</div>
        </div>
        {% endif %}
        <div class="badge badge-light p-2 text-left">
            <div class="mb-2">{{ question.author.username }}</div>
            <div>{{ question.create_date }}</div>
        </div>
    </div>
    (... 생략 ...)
</div>
(... 생략 ...)
{% for answer in question.answer_set.all %}
<div class="card my-3">
    <div class="card-body">
        <div class="card-text" style="white-space: pre-line;">{{ answer.content }}</div>
        <div class="d-flex justify-content-end">    삽입 위치 확인
            {% if answer.modify_date %}
            <div class="badge badge-light p-2 text-left mx-3">
                <div class="mb-2">modified at</div>
                <div>{{ answer.modify_date }}</div>
            </div>
            {% endif %}
            <div class="badge badge-light p-2 text-left">
                <div class="mb-2">{{ answer.author.username }}</div>
                <div>{{ answer.create_date }}</div>
            </div>
        </div>
        (... 생략 ...)
    </div>
</div>
{% endfor %}
(... 생략 ...)
```

이제 질문이나 답변을 수정하면 다음처럼 수정일시가 표시될 것이다.

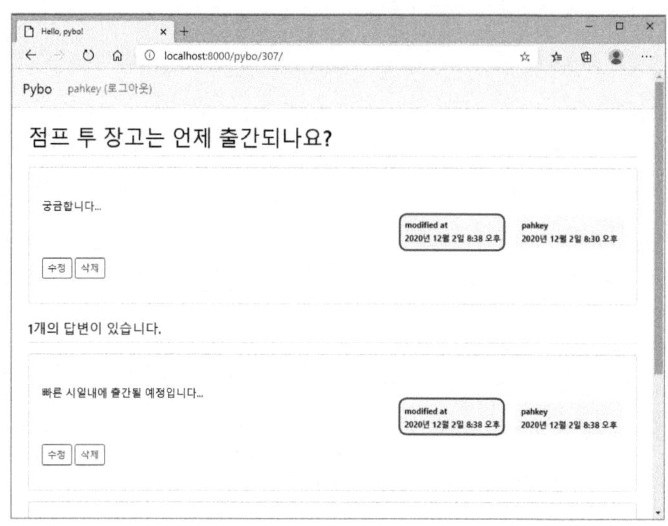

수정일시 표시 확인

03-10 댓글 기능 추가하기

• 완성 소스 github.com/pahkey/djangobook/tree/3-10

이제 질문과 답변에 댓글 기능을 추가해 보자. 댓글 기능을 추가하다 보면 파이보가 완벽한 게시판 서비스에 가까워지고 있다는 느낌이 들 것이다.

댓글에 사용할 모델 만들기

01단계 Comment 모델 만들기

댓글에 사용할 Comment 모델을 작성하자. 필드가 꽤 많으므로 누락되지 않도록 주의하며 입력하자.

파일 이름 C:/projects/mysite/pybo/models.py

```
(... 생략 ...)
class Comment(models.Model):
    author = models.ForeignKey(User, on_delete=models.CASCADE)
    content = models.TextField()
    create_date = models.DateTimeField()
    modify_date = models.DateTimeField(null=True, blank=True)
    question = models.ForeignKey(Question, null=True, blank=True,
                                 on_delete=models.CASCADE)
    answer = models.ForeignKey(Answer, null=True, blank=True, on_delete=models.CASCADE)
```

Comment 모델의 필드 구성은 다음과 같다.

필드	설명
author	댓글 글쓴이
content	댓글 내용
create_date	댓글 작성일시
modify_date	댓글 수정일시
question	이 댓글이 달린 질문
answer	이 댓글이 달린 답변

질문에 댓글을 작성하면 Comment 모델의 question 필드에 값이 저장되고, 답변에 댓글이 작성되면 answer에 값이 저장된다. 다시 말해 Comment 모델 데이터에는 question 필드 또는 answer 필드 중 하나에만 값이 저장되므로 두 필드는 모두 null=True, blank=True여야 한다. 또한 question, answer 필드는 질문이나 답변 삭제 시 그에 달린 댓글까지 삭제되도록 on_delete=models.CASCADE를 설정했다.

02단계 makemigrations, migrate 명령 실행하기

Comment 모델이 추가되었으므로 makemigrations, migrate 명령을 실행하자.

```
C:\_ 명령 프롬프트

(mysite) C:\projects\mysite>python manage.py makemigrations
Migrations for 'pybo':
  pybo\migrations\0005_comment.py
    - Create model Comment

(mysite) C:\projects\mysite>python manage.py migrate
Operations to perform:
  Apply all migrations: admin, auth, contenttypes, pybo, sessions
Running migrations:
  Applying pybo.0005_comment... OK
```

질문 댓글 기능 추가하기

질문에 댓글을 등록할 수 있는 기능을 추가해 보자. 이제 장고에 새 기능을 추가하는 패턴에 익숙해졌을 것이다. 실습을 조금 빠르게 진행해 보자.

장고 기능 개발 패턴 정리

1. 화면에 버튼 등 기능 추가하기
2. urls.py 파일에 기능에 해당하는 URL 매핑 추가하기
3. forms.py 파일에 폼 작성하기
4. views.py 파일에 URL 매핑에 추가한 함수 작성하기
5. 함수에서 사용할 템플릿 작성하기

01단계 질문 상세 화면에 댓글 목록과 댓글 입력 링크 추가하기

질문 상세 화면에 등록한 댓글을 보여 주고, 댓글을 등록할 수 있는 링크를 추가하자.

div class="comment py-2 text-muted"에서 comment는 styles.css의 글씨를 작게 표시하기 위한 설정이다.

파일 이름 C:/projects/mysite/templates/pybo/question_detail.html

```
<div class="card-body">
    (... 생략 ...)
    <!-- 질문 댓글 Start -->
    {% if question.comment_set.count > 0 %}
    <div class="mt-3">
    {% for comment in question.comment_set.all %}
        <div class="comment py-2 text-muted">
            <span style="white-space: pre-line;">{{ comment.content }}</span>
            <span>
                - {{ comment.author }}, {{ comment.create_date }}
                {% if comment.modify_date %}
                (수정:{{ comment.modify_date }})
                {% endif %}
            </span>
            {% if request.user == comment.author %}
            <a href="{% url 'pybo:comment_modify_question' comment.id %}"
               class="small">수정</a>,
            <a href="#" class="small delete"
               data-uri="{% url 'pybo:comment_delete_question' comment.id %}">
                삭제
            </a>
            {% endif %}
        </div>
    {% endfor %}
    </div>
    {% endif %}
    <div>
        <a href="{% url 'pybo:comment_create_question' question.id %}"
           class="small"><small>댓글 추가 ..</small></a>
    </div>
    <!-- 질문 댓글 End -->
</div>
```

첫 번째 <div class="card-body"> 안에서 맨 마지막 위치에 작성

질문에 등록된 댓글을 보여 주도록 {% for comment in question.comment_set.all %}와 {% endfor %} 사이에 댓글 내용과 글쓴이, 작성일시를 출력했다. 또 댓글 글쓴이와 로그인한 사용자가 같으면 '수정', '삭제' 링크가 보이도록 했다. for 문 바깥쪽에는 댓글을 작성할 수 있는 '댓글 추가 ..' 링크도 추가했다.
'코드를 자세히 보면 for 문으로 표시되는 댓글(div 엘리먼트)에 클래스값으로 comment를 지정했다. comment 클래스는 댓글을 작게 보여주는 클래스로 CSS를 별도로 작성해야 한다.

02단계 comment 클래스의 CSS 작성하기

지금까지 빈 파일로 남아 있던 style.css를 사용할 차례이다. 댓글마다 상단에 점선을 추가하고, 글꼴 크기를 0.7em으로 설정하도록 CSS를 작성하자.

파일 이름 C:/projects/mysite/static/style.css

```
.comment {
    border-top:dotted 1px #ddd;
    font-size:0.7em;
}
```

03단계 질문 댓글 URL 매핑 추가하기

1단계에서 추가한 〈수정〉, 〈삭제〉, 〈댓글 추가 ..〉에 해당하는 URL 매핑을 pybo/urls.py 파일에 추가하자.

파일 이름 C:/projects/mysite/pybo/urls.py

```
urlpatterns = [
    (... 생략 ...)
    path('comment/create/question/<int:question_id>/', views.comment_create_question,
         name='comment_create_question'),
    path('comment/modify/question/<int:comment_id>/', views.comment_modify_question,
         name='comment_modify_question'),
    path('comment/delete/question/<int:comment_id>/', views.comment_delete_question,
         name='comment_delete_question'),
]
```

댓글 등록, 수정, 삭제에 대한 URL 매핑을 한꺼번에 추가했다. 댓글을 등록할 때는 질문의 id 번호 <int:question_id>가 필요하고 댓글을 수정하거나 삭제할 때는 댓글의 id 번호 <int:comment_id>가 필요함에 주의하자.

04단계 질문 댓글 폼 작성하기

댓글 등록 시 사용할 CommentForm을 작성하자.

파일 이름 C:/projects/mysite/pybo/forms.py

```
from pybo.models import Question, Answer, Comment
(... 생략 ...)
class CommentForm(forms.ModelForm):
    class Meta:
        model = Comment
        fields = ['content']
        labels = {
            'content': '댓글내용',
        }
```

댓글은 content 필드 하나면 충분하다.

05단계 질문 댓글 등록 함수 추가하기

pybo/views.py 파일에 댓글 등록 함수 comment_create_question을 추가하자.

파일 이름 C:/projects/mysite/pybo/views.py

```
... 생략 ...)
from .forms import QuestionForm, AnswerForm, CommentForm
(... 생략 ...)
@login_required(login_url='common:login')
def comment_create_question(request, question_id):
    """
    pybo 질문 댓글 등록
    """
    question = get_object_or_404(Question, pk=question_id)
    if request.method == "POST":
        form = CommentForm(request.POST)
        if form.is_valid():
            comment = form.save(commit=False)
            comment.author = request.user
            comment.create_date = timezone.now()
            comment.question = question
            comment.save()
```

```
            return redirect('pybo:detail', question_id=question.id)
    else:
        form = CommentForm()
    context = {'form': form}
    return render(request, 'pybo/comment_form.html', context)
```

댓글 저장 후에는 댓글을 작성한 질문 상세 화면으로 리다이렉트시켰다. 또한 댓글은 질문에 딜리는 것이므로 `comment.question = question`와 같이 `Comment` 모델의 `question` 속성에 질문 객체를 저장했다.

06단계 질문 댓글 등록을 위한 템플릿 작성하기

댓글 등록을 위한 comment_form.html 템플릿 파일은 다음과 같이 작성하자. 파일 생성 후 다음과 같은 코드를 작성하자.

파일 이름 C:/projects/mysite/templates/pybo/comment_form.html

파일 새로 생성!

```
{% extends 'base.html' %}
{% block content %}
<div class="container my-3">
    <h5 class="border-bottom pb-2">댓글등록하기</h5>
    <form method="post" class="post-form my-3">
        {% csrf_token %}
        {% include "form_errors.html" %}
        <div class="form-group">
            <label for="content">댓글내용</label>
            <textarea class="form-control"name="content" id="content"
                      rows="3">{{ form.content.value|default_if_none:'' }}</textarea>
        </div>
        <button type="submit" class="btn btn-primary">저장하기</button>
    </form>
</div>
{% endblock %}
```

07단계 질문 댓글 수정 함수 추가하기

질문 댓글 수정을 위한 `comment_modify_question` 함수를 다음과 같이 추가하자.

파일 이름 C:/projects/mysite/pybo/views.py

```
(... 생략 ...)
from .models import Question, Answer, Comment
(... 생략 ...)

@login_required(login_url='common:login')
def comment_modify_question(request, comment_id):
    """
    pybo 질문 댓글 수정
    """
    comment = get_object_or_404(Comment, pk=comment_id)
    if request.user != comment.author:
        messages.error(request, '댓글수정권한이 없습니다')
        return redirect('pybo:detail', question_id=comment.question.id)

    if request.method == "POST":
        form = CommentForm(request.POST, instance=comment)
        if form.is_valid():
            comment = form.save(commit=False)
            comment.author = request.user
            comment.modify_date = timezone.now()
            comment.save()
            return redirect('pybo:detail', question_id=comment.question.id)
    else:
        form = CommentForm(instance=comment)
    context = {'form': form}
    return render(request, 'pybo/comment_form.html', context)
```

질문 댓글 수정 함수는 질문 댓글 등록 함수와 다르지 않다. GET 방식이면 기존 댓글을 조회하여 폼에 반영하고 POST 방식이면 입력된 값으로 댓글을 업데이트한다. 업데이트 시 modify_date에 수정일시를 반영하는 것도 잊지 말자.

08단계 질문 댓글 삭제 함수 추가하기

질문 댓글 삭제 함수 comment_delete_question을 추가하자.

파일 이름 C:/projects/mysite/pybo/views.py

```
(... 생략 ...)
@login_required(login_url='common:login')
def comment_delete_question(request, comment_id):
    """
    pybo 질문 댓글 삭제
    """
    comment = get_object_or_404(Comment, pk=comment_id)
    if request.user != comment.author:
        messages.error(request, '댓글삭제권한이 없습니다')
        return redirect('pybo:detail', question_id=comment.question.id)
    else:
        comment.delete()
    return redirect('pybo:detail', question_id=comment.question.id)
```

댓글 삭제 시 댓글이 있던 상세 화면으로 리다이렉트한다. 코드 수정 후 질문 상세 화면에서 〈댓글 추가 ..〉를 눌러 댓글을 추가해 보고 수정과 삭제 기능도 잘 작동하는지 확인해 보자.

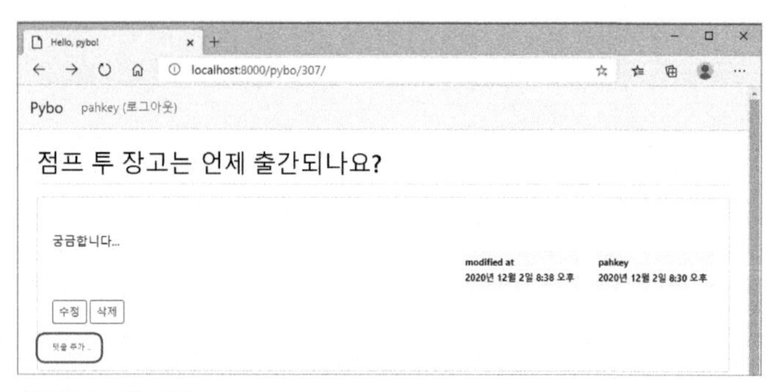

댓글 추가 .. 기능 확인

답변 댓글 기능 추가하기

답변에 댓글 기능을 추가하는 과정은 질문에 댓글 기능을 추가하는 과정과 크게 차이 나지 않는다. 실습을 빠르게 진행하자.

01단계 답변에 댓글 목록을 보여주고 댓글 등록 링크 추가하기

질문 상세 화면의 답변 부분에 댓글의 목록을 보여주고 댓글을 추가할 수 있는 링크를 추가하자.

파일 이름 C:/projects/mysite/templates/pybo/question_detail.html

```
{% for answer in question.answer_set.all %}
<div class="card my-3">
    <div class="card-body">
        (... 생략 ...)
        <!-- 답변 댓글 Start -->
        {% if answer.comment_set.count > 0 %}
        <div class="mt-3">
        {% for comment in answer.comment_set.all %}
            <div class="comment py-2 text-muted">
                <span style="white-space: pre-line;">{{ comment.content }}</span>
                <span>
                    - {{ comment.author }}, {{ comment.create_date }}
                    {% if comment.modify_date %}
                    (수정:{{ comment.modify_date }})
                    {% endif %}
                </span>
                {% if request.user == comment.author %}
                <a href="{% url 'pybo:comment_modify_answer' comment.id %}"
                   class="small">수정</a>,
                <a href="#" class="small delete"
                   data-uri="{% url 'pybo:comment_delete_answer' comment.id %}">
                    삭제
                </a>
                {% endif %}
            </div>
        {% endfor %}
        </div>
        {% endif %}
        <div>
            <a href="{% url 'pybo:comment_create_answer' answer.id %}"
               class="small"><small>댓글 추가 ..</small></a>
        </div>
        <!-- 답변 댓글 End -->
    </div>
</div>
{% endfor %}
```

삽입 위치 확인

질문 부분에 댓글 기능을 추가했던 것과 차이가 없다. 다만 `question.comment_set` 대신 `answer.comment_set`을 사용한 점과, 답변의 댓글을 〈수정〉, 〈삭제〉, 〈추가〉 시 호출되는 URL만 다르다.

02단계 답변 댓글 URL 매핑 추가하기

urls.py 파일에 1단계에 해당하는 URL 매핑을 추가하자.

파일 이름 C:/projects/mysite/pybo/urls.py

```
urlpatterns = [
    (... 생략 ...)
    path('comment/create/answer/<int:answer_id>/', views.comment_create_answer,
         name='comment_create_answer'),
    path('comment/modify/answer/<int:comment_id>/', views.comment_modify_answer,
         name='comment_modify_answer'),
    path('comment/delete/answer/<int:comment_id>/', views.comment_delete_answer,
         name='comment_delete_answer'),
]
```

댓글을 등록할 때는 답변 id 번호 `<int:answer_id>`가, 댓글을 수정 또는 삭제할 때는 댓글 id 번호 `<int:comment_id>`가 사용되니 주의하자.

03단계 답변 댓글 등록, 수정, 삭제 함수 추가하기

views.py 파일에 답변의 댓글을 등록, 수정, 삭제하기 위한 함수를 추가하자.

파일 이름 C:/projects/mysite/pybo/views.py

```
(... 생략 ...)
@login_required(login_url='common:login')
def comment_create_answer(request, answer_id):
    """
    pybo 답변 댓글 등록
    """
    answer = get_object_or_404(Answer, pk=answer_id)
    if request.method == "POST":
        form = CommentForm(request.POST)
        if form.is_valid():
```

```
            comment = form.save(commit=False)
            comment.author = request.user
            comment.create_date = timezone.now()
            comment.answer = answer
            comment.save()
            return redirect('pybo:detail', question_id=comment.answer.question.id)
    else:
        form = CommentForm()
    context = {'form': form}
    return render(request, 'pybo/comment_form.html', context)


@login_required(login_url='common:login')
def comment_modify_answer(request, comment_id):
    """
    pybo 답변 댓글 수정
    """
    comment = get_object_or_404(Comment, pk=comment_id)
    if request.user != comment.author:
        messages.error(request, '댓글수정권한이 없습니다')
        return redirect('pybo:detail', question_id=comment.answer.question.id)

    if request.method == "POST":
        form = CommentForm(request.POST, instance=comment)
        if form.is_valid():
            comment = form.save(commit=False)
            comment.author = request.user
            comment.modify_date = timezone.now()
            comment.save()
            return redirect('pybo:detail', question_id=comment.answer.question.id)
    else:
        form = CommentForm(instance=comment)
    context = {'form': form}
    return render(request, 'pybo/comment_form.html', context)


@login_required(login_url='common:login')
def comment_delete_answer(request, comment_id):
```

```
    """
    pybo 답글 댓글 삭제
    """
    comment = get_object_or_404(Comment, pk=comment_id)
    if request.user != comment.author:
        messages.error(request, '댓글삭제권한이 없습니다')
        return redirect('pybo:detail', question_id=comment.answer.question.id)
    else:
        comment.delete()
    return redirect('pybo:detail', question_id=comment.answer.question.id)
```

이번에 추가한 답변 댓글과 관련된 함수들은 질문 댓글의 함수들과 거의 차이가 없으므로 별도의 설명은 생략하겠다. 하나 짚고 넘어가자면 답변의 댓글을 등록하거나 수정하기 위해 사용한 폼과 템플릿은 질문 댓글에서 사용한 `CommentForm`과 comment_form.html 파일을 재활용할 수 있어서 별도의 코드를 작성할 필요가 없었다는 점이다.

답변 댓글에서 question_id를 얻어내기 위해 comment.answer.question과 같이 answer를 통해 question을 참조한 점도 확인하자.

03-11 views.py 파일 분리하기

• 완성 소스 github.com/pahkey/djangobook/tree/3-11

지금까지 실습을 진행한 독자라면 views.py 파일에 함수가 늘어나 파일 관리의 불편함을 느꼈을 것이다. 점점 방대해지는 views.py 파일을 개선할 수 없을까? 당연히 있다. 여기서는 두 가지 개선 방법을 알아본다.

views.py 파일 분리하기

첫 번째 방법은 views.py 파일을 분리하고 나머지 파일을 수정하지 않는 방법이다. 이 방법이 전체 코드의 변화가 가장 적다.

01단계 views 디렉터리 생성하기

mysite/pybo/views 디렉터리를 생성하자.

C:_ 명령 프롬프트

```
(mysite) C:\projects\mysite\pybo>mkdir views
```

파이참에서 pybo 디렉터리를 오른쪽 마우스로 누른 다음 [New → Directory]로 생성해도 된다.

02단계 views.py 파일을 분리하여 views 디렉터리에 각각 저장하기

views.py 파일에 정의한 함수를 기능별로 분리하여 views 디렉터리에 다음의 파일로 저장하자. 우선 다음 표를 보고 views 디렉터리에 빈 파일을 만들어 놓자.

파일명	기능	함수
base_views.py	기본 관리	index, detail
question_views.py	질문 관리	question_create, question_modify, question_delete
answer_views.py	답변 관리	answer_create, answer_modify, answer_delete
comment_views.py	댓글 관리	comment_create_question, ..., comment_delete_answer(총 6개)

03단계 base_views.py 파일 작성하기

base_views.py 파일을 다음과 같이 작성하자. 함수의 기능을 바꾸거나 하지 않았으므로 함수 내용은 모두 생략했다.

파일 이름 C:/projects/mysite/pybo/views/base_views.py

새로 만들기

```
from django.core.paginator import Paginator
from django.shortcuts import render, get_object_or_404

from ..models import Question


def index(request):
    (... 생략 ...)


def detail(request, question_id):
    (... 생략 ...)
```

index, detail 함수는 views.py 파일의 함수를 그대로 복사하고 import 문은 views.py의 모든 import 문을 복사하자.

파이참에서는 pybo/views.py의 모든 import 문을 그대로 복사한 다음 Ctrl+Alt+O를 누르면 import 문을 쉽게 정리할 수 있다.

다만 `import` 문을 수정해야 한다. 기존의 pybo/views.py 파일은 같은 디렉터리의 models.py 파일을 `from .models import Question`와 같이 임포트했지만 이제는 views 디렉터리에 파일이 위치하므로 `from ..models import Question`과 같이 임포트해야 한다.

04단계 question_views.py 파일 작성하기

question_views.py 파일은 다음과 같이 작성하자.

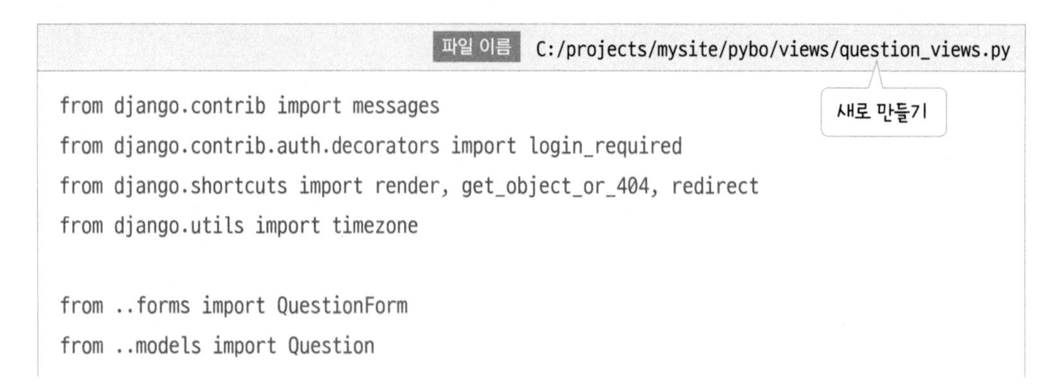

파일 이름 C:/projects/mysite/pybo/views/question_views.py

새로 만들기

```
from django.contrib import messages
from django.contrib.auth.decorators import login_required
from django.shortcuts import render, get_object_or_404, redirect
from django.utils import timezone

from ..forms import QuestionForm
from ..models import Question
```

```
@login_required(login_url='common:login')
def question_create(request):
   (... 생략 ...)


@login_required(login_url='common:login')
def question_modify(request, question_id):
    (... 생략 ...)


@login_required(login_url='common:login')
def question_delete(request, question_id):
    (... 생략 ...)
```

이 파일 역시 import 문 수정에 주의하자.

05단계 answer_views.py, comment_views.py 파일 작성하기

나머지 파일도 작성하자.

파일 이름 C:/projects/mysite/pybo/views/answer_views.py

새로 만들기

```
from django.contrib import messages
from django.contrib.auth.decorators import login_required
from django.shortcuts import render, get_object_or_404, redirect
from django.utils import timezone

from ..forms import AnswerForm
from ..models import Question, Answer


@login_required(login_url='common:login')
def answer_create(request, question_id):
    (... 생략 ...)


@login_required(login_url='common:login')
def answer_modify(request, answer_id):
```

```
    (... 생략 ...)


@login_required(login_url='common:login')
def answer_delete(request, answer_id):
    (... 생략 ...)
```

파일 이름 C:/projects/mysite/pybo/views/comment_views.py

새로 만들기

```
from django.contrib import messages
from django.contrib.auth.decorators import login_required
from django.shortcuts import render, get_object_or_404, redirect
from django.utils import timezone

from ..forms import CommentForm
from ..models import Question, Answer, Comment


@login_required(login_url='common:login')
def comment_create_question(request, question_id):
    (... 생략 ...)


@login_required(login_url='common:login')
def comment_modify_question(request, comment_id):
    (... 생략 ...)


@login_required(login_url='common:login')
def comment_delete_question(request, comment_id):
    (... 생략 ...)


@login_required(login_url='common:login')
def comment_create_answer(request, answer_id):
    (... 생략 ...)
```

```
@login_required(login_url='common:login')
def comment_modify_answer(request, comment_id):
    (... 생략 ...)


@login_required(login_url='common:login')
def comment_delete_answer(request, comment_id):
    (... 생략 ...)
```

06단계 __init__.py 작성하기

마지막으로 views 디렉터리에 __init__.py 파일을 생성하여 아래와 같이 작성하자.

파일 이름 C:/projects/mysite/pybo/views/__init__.py

```
from .base_views import *
from .question_views import *
from .answer_views import *
from .comment_views import *
```

이렇게 하면 views 디렉터리의 __init__.py 파일에서 views 디렉터리의 모든 함수를 임포트하므로 views.py 파일을 사용할 때와 차이가 없어 views 모듈을 임포트하여 사용하는 다른 파일들을 수정할 필요가 없다.

07단계 pybo/views.py 삭제하기

파일 작성이 끝났으니 pybo/views.py 파일을 삭제하자. 정리 후 views 디렉터리의 모습은 오른쪽 그림과 같다. 수정 후 반드시 파이보가 제대로 작동하는지 확인해 보자.

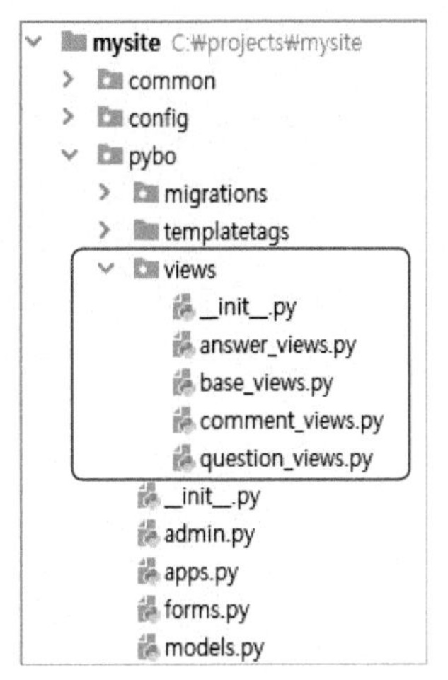

변경된 pybo/views 디렉터리

유지보수에 유리한 구조로 만들기

앞서 살펴본 방법에는 프로그램 디버깅 시 urls.py 파일부터 함수를 찾을 때 urls.py 파일에는 매핑한 함수명만 있으므로 어떤 파일의 함수인지를 알 수 없다는 단점이 있다. 여러분이야 매핑한 함수가 어느 파일에 있는지 알겠지만 다른 사람은 모를 것이다. 그래서 필자는 여럿이 함께 하는 프로젝트에는 앞선 방법을 절대로 추천하지 않는다. 따라서 다음의 방법을 통해 유지보수에 유리한 구조로 프로젝트를 변경하자.

01단계 views 디렉터리의 __init__.py 삭제하기

views 디렉터리의 __init__.py 파일을 삭제하자.

C:_ 명령 프롬프트

```
(mysite) C:\projects\mysite\pybo\views>del __init__.py
```

02단계 urls.py 파일 수정하기

그리고 pybo/urls.py 파일을 다음과 같이 수정하자.

파일 이름 C:/projects/mysite/pybo/urls.py

```
from django.urls import path
from .views import base_views, question_views, answer_views, comment_views

app_name = 'pybo'

urlpatterns = [
    # base_views.py
    path('',
         base_views.index, name='index'),
    path('<int:question_id>/',
         base_views.detail, name='detail'),

    # question_views.py
    path('question/create/',
         question_views.question_create, name='question_create'),
    path('question/modify/<int:question_id>/',
```

기존 코드 수정

```
        question_views.question_modify, name='question_modify'),
    path('question/delete/<int:question_id>/',
        question_views.question_delete, name='question_delete'),

    # answer_views.py
    path('answer/create/<int:question_id>/',
        answer_views.answer_create, name='answer_create'),
    path('answer/modify/<int:answer_id>/',
        answer_views.answer_modify, name='answer_modify'),
    path('answer/delete/<int:answer_id>/',
        answer_views.answer_delete, name='answer_delete'),

    # comment_views.py
    path('comment/create/question/<int:question_id>/',
        comment_views.comment_create_question, name='comment_create_question'),
    path('comment/modify/question/<int:comment_id>/',
        comment_views.comment_modify_question, name='comment_modify_question'),
    path('comment/delete/question/<int:comment_id>/',
        comment_views.comment_delete_question, name='comment_delete_question'),
    path('comment/create/answer/<int:answer_id>/',
        comment_views.comment_create_answer, name='comment_create_answer'),
    path('comment/modify/answer/<int:comment_id>/',
        comment_views.comment_modify_answer, name='comment_modify_answer'),
    path('comment/delete/answer/<int:comment_id>/',
        comment_views.comment_delete_answer, name='comment_delete_answer'),
]
```

모듈명이 표시되도록 URL 매핑 시 `views.index`을 `base_views.index`와 같이 변경했다. 모듈명이 있기 때문에 이제 누가 보더라도 어떤 파일의 어떤 함수인지 명확하게 인지할 수 있다.

base_views.py와 같이 주석도 작성했다.

03단계 urls.py 파일 수정하기

config/urls.py 파일의 `index` 함수에 해당하는 URL 매핑도 `views` 대신 `base_views`와 같이 수정하자.

파일 이름 C:/projects/mysite/config/urls.py

```
from django.contrib import admin
from django.urls import include, path
from pybo.views import base_views  기존 코드 수정

urlpatterns = [
    path('pybo/', include('pybo.urls')),
    path('common/', include('common.urls')),
    path('admin/', admin.site.urls),
    path('', base_views.index, name='index'),  # '/' 에 해당되는 path  기존 코드 수정
]
```

03-12 추천 기능 추가하기

• 완성 소스 github.com/pahkey/djangobook/tree/3-12

커뮤니티 성격의 게시판 서비스라면 '추천(좋아요)' 기능은 필수이므로 추천 기능을 만들어 보자.

Question, Answer 모델 변경하기 — 다대다 관계

추천은 질문이나 답변에 적용해야 하는 요소이다. 그러려면 Question, Answer 모델에 추천인 필드 voter를 추가해야 한다. 게시판 서비스를 사용해 봤다면 글 1개에 여러 명이 추천할 수 있고, 반대로 1명이 여러 개의 글을 추천할 수 있음을 쉽게 알 수 있다. 그리고 이런 경우에는 모델의 다대다[ManyToMany] 관계를 사용해야 한다.

01단계 Question 모델 수정하기

장고에서는 다대다 관계를 위해 ManyToManyField를 지원하므로 Question 모델에 이를 추가하면 된다.

파일 이름 C:/projects/mysite/pybo/models.py

```
(... 생략 ...)
class Question(models.Model):
    author = models.ForeignKey(User, on_delete=models.CASCADE)
    subject = models.CharField(max_length=200)
    content = models.TextField()
    create_date = models.DateTimeField()
    modify_date = models.DateTimeField(null=True, blank=True)
    voter = models.ManyToManyField(User)  # voter 추가

    def __str__(self):
        return self.subject
(... 생략 ...)
```

voter = models.ManyToManyField(User)는 추천인 voter 필드를 ManyToManyField 관계로 추가한 것이다.

02단계 makemigrations 오류 해결하기

수정 후 makemigrations 명령을 실행하면 다음과 같은 오류가 발생한다.

개발 서버가 실행 중이라면 같은 오류가 발생할 것이다.

명령 프롬프트

```
(mysite) C:\projects\mysite>python manage.py makemigrations
SystemCheckError: System check identified some issues:

ERRORS:
pybo.Question.author: (fields.E304) Reverse accessor for 'Question.author' clashes with
reverse accessor for 'Question.voter'.
        HINT: Add or change a related_name argument to the definition for 'Question.
author' or 'Question.voter'.
pybo.Question.voter: (fields.E304) Reverse accessor for 'Question.voter' clashes with
reverse accessor for 'Question.author'.
        HINT: Add or change a related_name argument to the definition for 'Question.voter'
or 'Question.author'.
```

오류 내용은 Question 모델에서 사용한 author와 voter 필드가 모두 User 모델을 참조하고 있는데, 추후 User.question_set과 같이 User 모델을 통해 Question 데이터에 접근할 경우 author 필드를 기준으로 할지 voter 필드를 기준으로 할지 장고는 알 수 없으므로 직접 정하라는 뜻이다. 이 문제는 오류 메시지의 'HINT'에 있는 related_name 옵션 추가로 해결할 수 있다.

03단계 Question 모델에 related_name 옵션 추가하기

Question 모델을 다음과 같이 수정하자.

파일 이름 C:/projects/mysite/pybo/models.py

```
class Question(models.Model):
    author = models.ForeignKey(User, on_delete=models.CASCADE,
                               related_name='author_question')
    subject = models.CharField(max_length=200)
    content = models.TextField()
    create_date = models.DateTimeField()
    modify_date = models.DateTimeField(null=True, blank=True)
```

```
    voter = models.ManyToManyField(User, related_name='voter_question')  # voter 추가

    def __str__(self):
        return self.subject
```

author 필드에는 related_name='author_question'을 추가하고, voter 필드에는 related_name='voter_question'을 추가했다. 이렇게 하면 특정 사용자가 작성한 질문을 얻기 위해 some_user.author_question.all() 같은 코드를 사용할 수 있다.

특정 사용자가 추천한 질문을 얻기 위한 코드는 some_user.voter_question.all()이다.

04단계 Answer 모델 수정하기

마찬가지 방법으로 Answer 모델도 수정하자.

파일 이름 C:/projects/mysite/pybo/models.py

```
(... 생략 ...)
class Answer(models.Model):
    author = models.ForeignKey(User, on_delete=models.CASCADE,
                               related_name='author_answer')
    question = models.ForeignKey(Question, on_delete=models.CASCADE)
    content = models.TextField()
    create_date = models.DateTimeField()
    modify_date = models.DateTimeField(null=True, blank=True)
    voter = models.ManyToManyField(User, related_name='voter_answer')
(... 생략 ...)
```

05단계 makemigrations, migrate 명령 실행하기

makemigrations 명령과 migrate 명령을 실행하자.

C:_ 명령 프롬프트

```
(mysite) C:\projects\mysite>python manage.py makemigrations
Migrations for 'pybo':
  pybo\migrations\0006_auto_20200423_1358.py
    - Add field voter to answer
    - Add field voter to question
```

```
    - Alter field author on answer
    - Alter field author on question

(mysite) C:\projects\mysite>python manage.py migrate
Operations to perform:
  Apply all migrations: admin, auth, contenttypes, pybo, sessions
Running migrations:
  Applying pybo.0006_auto_20200423_1358... OK
```

모델 변경을 완료했으니 이제 질문 추천 기능을 만들어 보자. 질문 추천을 할 수 있는 위치는 어디일까? 그렇다. 질문 상세 화면이다. 질문 상세 템플릿을 수정하자.

질문 추천 기능 만들기

01단계 질문 추천 버튼 만들기

지금부터 질문 상세 템플릿의 구조를 꽤 많이 변경할 것이다. 클래스값 row, col-1, col-11을 이용하여 추천 영역의 너비는 전체 너비의 1/12로, 질문 영역의 너비는 전체 너비의 11/12로 만들자. 추천 영역에는 질문 추천 개수, 〈추천〉 버튼을 추가한다. 질문 영역은 기존 내용을 그대로 복사하면 된다. HTML 작성이 처음이라면 이 과정이 어려울 수 있다. 코드를 잘 보고 따라 입력하자.

row, col-1, col-11의 자세한 내용은 부트스트랩의 Grid System 공식 문서를 참고하자.

부트스트랩 Grid System 공식 문서: get bootstrap.com/docs/4.5/layout/grid

소스가 복잡하므로 github.com/pahkey/djangobook/tree/3-12를 참고하기 바란다.

파일 이름 C:/projects/mysite/templates/pybo/question_detail.html

```
{% extends 'base.html' %}
{% block content %}
<div class="container my-3">
    (... 생략 ...)
    <h2 class="border-bottom py-2">{{ question.subject }}</h2>
    <div class="row my-3">
        <div class="col-1"> <!-- 추천 영역  -->
            <div class="bg-light text-center p-3 border font-weight-bolder mb-1">
                {{question.voter.count}}
            </div>
            <a href="#" data-uri="{% url 'pybo:vote_question' question.id %}"
```

```
            class="recommend btn btn-sm btn-secondary btn-block my-1">추천</a>
        </div>                          추천 버튼을 누르는 이벤트를 얻기 위한 클래스
        <div class="col-11"> <!-- 질문 영역  -->
            <!-- 기존 내용 -->
            <div class="card"> <!-- my-3 삭제 -->
                <div class="card-body">
                    (... 생략 ...)
                </div>
            </div>
        </div>
    </div>  누락 주의
    <h5 class="border-bottom my-3 py-2">
{{question.answer_set.count}}개의 답변이 있습니다.
</h5>
    {% for answer in question.answer_set.all %}
    (... 생략 ...)
(... 생략 ...)
```

02단계 추천 버튼 확인 창 만들기

〈추천〉 버튼을 눌렀을 때 '정말로 추천하시겠습니까?'라는 확인 창이 나타나야 하므로 다음 코드를 추가하자.

파일 이름 C:/projects/mysite/templates/question_detail.html

```
(... 생략 ...)
{% block script %}
<script type='text/javascript'>
$(document).ready(function(){
    (... 생략 ...)
    $(".recommend").on('click', function() {
        if(confirm("정말로 추천하시겠습니까?")) {
            location.href = $(this).data('uri');
        }
    });
});
</script>
{% endblock %}
```

〈추천〉 버튼에 class="recommend"가 적용되어 있으므로 해당 엘리먼트를 찾아 주는 제이쿼리 코드 $(".recommend")를 이용했다. 또한 확인 창에서 〈확인〉을 누르면 data-uri 속성에 정의한 URL이 호출되도록 했다.

03단계 질문 추천 URL 매핑 추가하기

{% url 'pybo:vote_question' question.id %} URL에 해당하는 URL 매핑을 추가하자.

파일 이름 C:/projects/mysite/pybo/urls.py

```
(... 생략 ...)
from .views import base_views, question_views, answer_views, comment_views, vote_views
(... 생략 ...)

urlpatterns = [
    (... 생략 ...)
    # vote_views.py
    path('vote/question/<int:question_id>/',
         vote_views.vote_question, name='vote_question'),
]
```

04단계 질문 추천 함수 추가하기

URL 매핑에 의해 실행될 함수를 추가하자. vote_views.py 파일 생성 후 다음 코드를 작성하면 된다.

파일 이름 C:/projects/mysite/pybo/views/vote_views.py

```
from django.contrib import messages
from django.contrib.auth.decorators import login_required
from django.shortcuts import get_object_or_404, redirect

from ..models import Question


@login_required(login_url='common:login')
def vote_question(request, question_id):
    """
    pybo 질문 추천 등록
```

```
    """
    question = get_object_or_404(Question, pk=question_id)
    if request.user == question.author:
        messages.error(request, '본인이 작성한 글은 추천할 수 없습니다')
    else:
        question.voter.add(request.user)
    return redirect('pybo:detail', question_id=question.id)
```

이때 자기 추천 방지를 위해 추천자와 글쓴이가 동일하면 추천 시 오류가 발생하도록 하였다. 그리고 Question 모델의 voter 필드는 ManyToManyField로 정의했으므로 question.voter.add(request.user)와 같이 add 함수로 추천인을 추가해야 한다.

같은 사용자가 하나의 질문을 여러 번 추천해도 추천 수가 증가하지는 않는다. ManyToManyField는 중복을 허락하지 않는다.

05단계 자신의 글 추천 시 오류 표시 기능 추가하기

그리고 '본인이 작성한 글은 추천할 수 없습니다'라는 오류가 표시되도록 질문 상세 화면 위쪽에 오류 영역을 추가하자.

파일 이름 C:/projects/mysite/templates/pybo/question_detail.html

```
{% extends 'pybo/base.html' %}
{% block content %}
<div class="container my-3">
    <!-- 사용자 오류 표시 -->
    {% if messages %}
    <div class="alert alert-danger my-3" role="alert">
    {% for message in messages %}
        <strong>{{ message.tags }}</strong>
        <ul><li>{{ message.message }}</li></ul>
    {% endfor %}
    </div>
    {% endif %}
    <h2 class="border-bottom py-2">{{ question.subject }}</h2>
    (... 생략 ...)
(... 생략 ...)
```

질문 상세 화면의 본문 왼쪽을 보면 〈추천〉 버튼이 생겼을 것이다. 버튼이 잘 작동하는지 확인하자. 자기 추천 방지도 잘 작동하는지 확인해 보자.

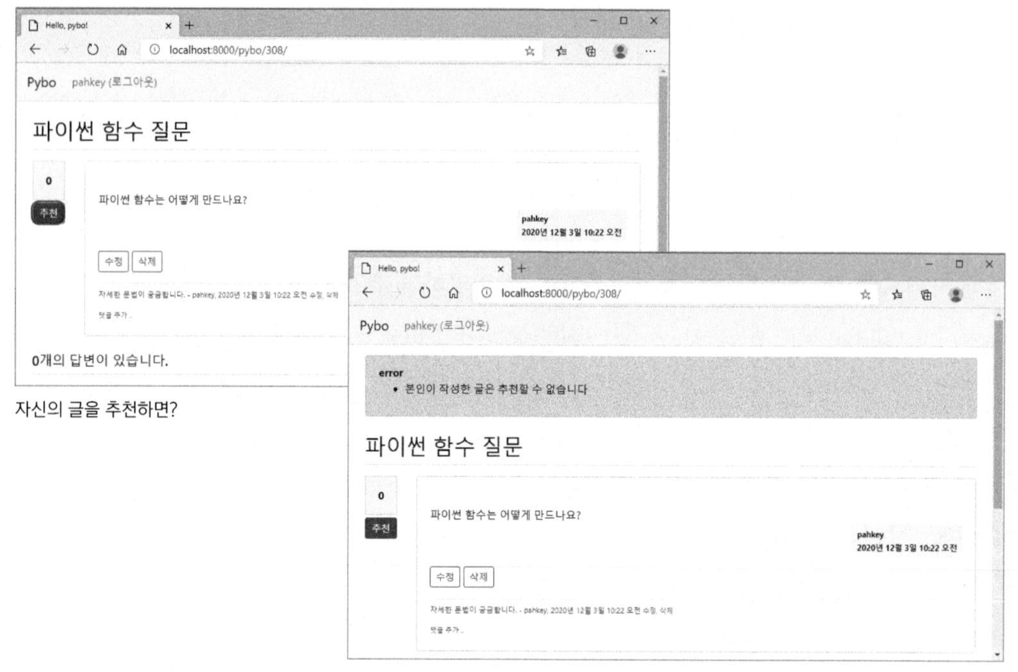

자신의 글을 추천하면?

오류 발생

답변 추천 기능 만들기

답변 추천 기능은 질문 추천 기능과 같으므로 빠르게 만들 수 있다.

01단계 답변 추천 버튼 만들기

답변의 추천 개수를 표시하고, 〈답변 추천〉 버튼을 질문 상세 화면에 추가하자.

파일 이름 C:/projects/mysite/templates/pybo/question_detail.html

```
(... 생략 ...)
<h5 class="border-bottom my-3 py-2">
    {{question.answer_set.count}}개의 답변이 있습니다.
</h5>
{% for answer in question.answer_set.all %}
<div class="row my-3">
    <div class="col-1">  <!-- 추천 영역  -->
```

```
        <div class="bg-light text-center p-3 border font-weight-bolder mb-1">
            {{answer.voter.count}}
        </div>
        <a href="#" data-uri="{% url 'pybo:vote_answer' answer.id %}"
            class="recommend btn btn-sm btn-secondary btn-block my-1">추천</a>
    </div>
    <div class="col-11">  <!-- 답변 영역 -->
        <!-- 기존 내용 -->
        <div class="card">  <!-- my-3 삭제 -->
            <div class="card-body">
                (... 생략 ...)
            </div>
        </div>
    </div>
</div>
{% endfor %}
(... 생략 ...)
```

02단계 답변 추천 URL 매핑 정보 추가하기

`{% url 'pybo:vote_answer' answer.id %}`이 추가되었으므로 URL 매핑을 추가하자.

파일 이름 C:/projects/mysite/pybo/urls.py

```
(... 생략 ...)
urlpatterns = [
    (... 생략 ...)
    # vote_views.py
    (... 생략 ...)
    path('vote/answer/<int:answer_id>/',
         vote_views.vote_answer, name='vote_answer'),
]
```

03단계 답변 추천 함수 작성하기

URL 매핑에 의해 실행될 `vote_views.vote_answer` 함수를 다음처럼 작성하자.

파일 이름 C:/projects/mysite/pybo/views/vote_views.py

```
(... 생략 ...)
from ..models import Question, Answer
(... 생략 ...)
@login_required(login_url='common:login')
def vote_answer(request, answer_id):
    """
    pybo 답글 추천 등록
    """
    answer = get_object_or_404(Answer, pk=answer_id)
    if request.user == answer.author:
        messages.error(request, '본인이 작성한 글은 추천할 수 없습니다')
    else:
        answer.voter.add(request.user)
    return redirect('pybo:detail', question_id=answer.question.id)
```

코드 수정 후 답변 추천 기능도 확인해 보자.

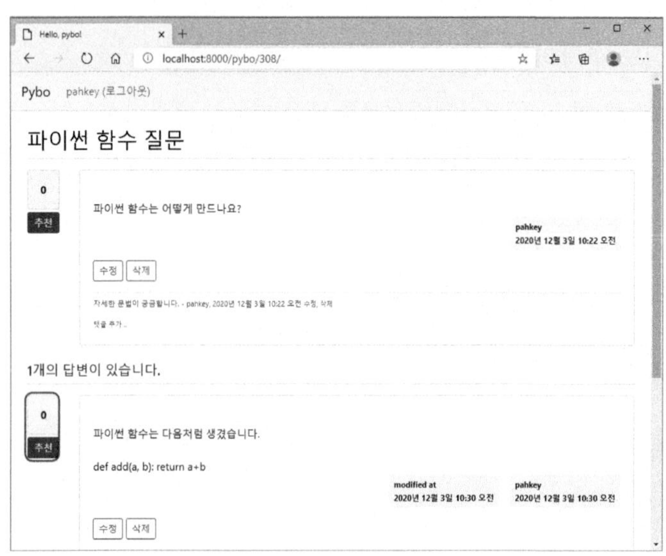

답변 추천 기능 확인

질문 목록 화면에서 추천수 표시하기

01단계 질문 목록에 추천수 표시하기

질문 목록에서 추천 개수를 표시하면 서비스를 잘하는 친절한 게시판으로 보인다. 질문 목록 화면에 추천수를 추가해 보자.

파일 이름 C:/projects/mysite/templates/pybo/question_list.html

```
(... 생략 ...)
<table class="table">
    <thead>
    <tr class="text-center thead-dark">
        <th>번호</th>
        <th>추천</th>
        <th style="width:50%">제목</th>
        <th>글쓴이</th>
        <th>작성일시</th>
    </tr>
    </thead>
    <tbody>
    {% if question_list %}
    {% for question in question_list %}
    <tr class="text-center">
        <td>(... 생략 ...)</td>
        <td>
            {% if question.voter.all.count > 0 %}
            <span class="badge badge-warning px-2 py-1">
                {{ question.voter.all.count }}
            </span>
            {% endif %}
        </td>
        <td class="text-left">
            (... 생략 ...)
        </td>
        <td>{{ question.author.username }}</td>
        <td>{{ question.create_date }}</td>
    </tr>
    {% endfor %}
```

```
    {% else %}
    (... 생략 ...)
    {% endif %}
    </tbody>
</table>
(... 생략 ...)
```

질문 목록 테이블에 '추천' 열을 추가하고, 부트스트랩의 badge 컴포넌트로 표시했다.

질문 목록 화면에 추가된 추천 열

03-13 스크롤 초기화 문제점 해결하기

• 완성 소스 github.com/pahkey/djangobook/tree/3-13

파이보 서비스가 점점 완성되어 간다. 여기서는 파이보에 더 많은 기능을 추가하기 전에 '스크롤 초기화' 문제점을 해결해 본다.

어떤 문제가 있을까?

답변을 작성하거나 수정하면 질문 상세 화면의 브라우저 스크롤바가 항상 페이지 상단으로 고정된다. 코드 오류는 아니지만 서비스답지 못한 현상이다. 답변을 작성한 다음에는 답변 위치에 스크롤이 있어야 자연스럽다. 이 문제를 해결해 보자. 여기서는 가장 쉽게 해결하는 방법을 소개한다.

앵커 엘리먼트로 스크롤 문제 해결하는 원리 알아보기

HTML에는 URL을 호출하면 원하는 위치로 스크롤을 이동시키는 앵커 엘리먼트 a가 있다. 예를 들어 HTML 중간에 `<a name="django"></a>`와 같이 앵커 엘리먼트를 위치시키고, 해당 HTML을 호출하는 URL 뒤에 `#django`를 붙여 주면 바로 해당 앵커 엘리먼트 위치로 스크롤이 이동한다. 이 원리로 스크롤 초기화 문제를 해결할 것이다. 그러면 답변 등록, 답변 수정, 댓글 등록, 댓글 수정 기능 순으로 앵커 엘리먼트를 적용해 보자.

답변 등록, 답변 수정 시 앵커 기능 추가하기

01단계 질문 상세 화면에 앵커 엘리먼트 추가하기

질문 상세 화면에 답변 등록, 답변 수정을 할 때 이동해야 할 앵커 엘리먼트를 추가하자.

파일 이름 C:/projects/mysite/templates/pybo/question_detail.html

```
(... 생략 ...)
<h5 class="border-bottom my-3 py-2">
{{question.answer_set.count}}개의 답변이 있습니다.
</h5>
{% for answer in question.answer_set.all %}
<a name="answer_{{ answer.id }}"></a>
(... 생략 ...)
```

답변이 반복되어 표시되는 for 문 바로 다음에 <a name="answer_{{ answer.id }}"></a>와 같이 앵커 엘리먼트를 추가했다. 앵커 엘리먼트의 name 속성은 유일해야 하므로 answer_{{ answer.id }}와 같이 답변 id를 사용했다.

02단계 앵커 엘리먼트로 이동할 수 있도록 redirect 수정하기

이제 답변을 등록하거나 수정할 때 1단계에서 지정한 앵커 엘리먼트로 이동하도록 코드를 수정하자. 다음은 답변 등록 또는 답변 수정을 한 뒤 사용했던 기존 코드의 일부이다.

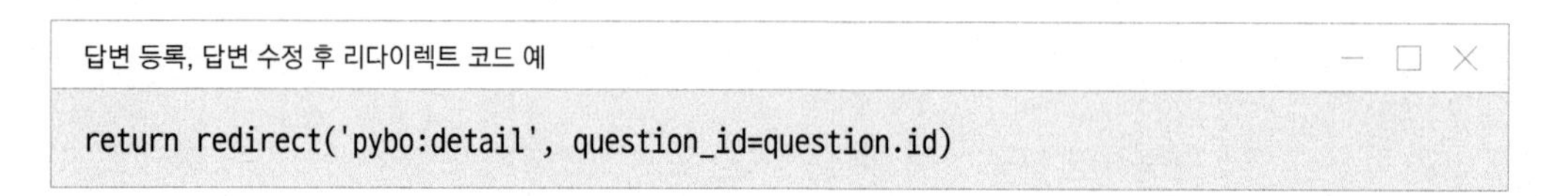

답변 등록, 답변 수정 후 리다이렉트 코드 예

```
return redirect('pybo:detail', question_id=question.id)
```

여기에 앵커 엘리먼트를 포함하면 다음과 같다.

앵커 엘리먼트를 적용한 코드 예

```
return redirect('{}#answer_{}'.format(
    resolve_url('pybo:detail', question_id=question.id), answer.id))
```

pybo:detail에 #answer_2와 같은 앵커를 추가하기 위해 format과 resolve_url 함수를 사용했다. resolve_url 함수는 실제 호출되는 URL을 문자열로 반환하는 장고 함수이다. 위를 참고하여 answer_views.py 파일의 answer_create, answer_modify 함수를 다음과 같이 수정하자.

파일 이름 C:/projects/mysite/pybo/views/answer_views.py

```
from django.shortcuts import render, get_object_or_404, redirect, resolve_url
(... 생략 ...)

@login_required(login_url='common:login')
def answer_create(request, question_id):
    (... 생략 ...)
            return redirect('{}#answer_{}'.format(
                resolve_url('pybo:detail', question_id=question.id), answer.id))
    (... 생략 ...)
```

if form.is_valid 함수의 return 문 수정

```
@login_required(login_url='common:login')
def answer_modify(request, answer_id):
    (... 생략 ...)

    if request.method == "POST":
        form = AnswerForm(request.POST, instance=answer)
        if form.is_valid():
            (... 생략 ...)
            return redirect('{}#answer_{}'.format(
                resolve_url('pybo:detail', question_id=answer.question.id), answer.id))
    (... 생략 ...)
```

answer_modify 함수를 보면 redirect 함수를 사용한 부분이 두 군데 있으므로 수정에 주의하자. 오류가 발생하면 실행하는 redirect 함수는 앵커 엘리먼트로 이동할 필요가 없으므로 수정하지 않았다. 수정한 후 답변을 등록할 때 스크롤이 지정한 앵커 엘리먼트로 이동하는지 확인해 보자.

답변 수정을 할 때에도 똑같이 작동하는지 확인해 보자.

앵커 엘리먼트 작동 확인

화면에 ❶로 표시한 부분을 보면 상세 화면 URL에 #answer_9가 추가되었고, ❷로 표시한 부분을 보면 스크롤이 해당 위치로 이동했음을 알 수 있다.

댓글에 앵커 기능 추가하기

01단계 댓글 앵커 엘리먼트 추가하기

댓글에도 앵커 기능을 추가하자. 우선 댓글이 반복되는 구간에 댓글 앵커 엘리먼트를 추가하자.

파일 이름 C:/projects/mysite/templates/pybo/question_detail.html

```
(... 생략 ...)
<!-- 질문 댓글 Start -->
{% if question.comment_set.count > 0 %}
<div class="mt-3">
{% for comment in question.comment_set.all %}
    <a name="comment_{{ comment.id }}"></a>

(... 생략 ...)

<!-- 답변 댓글 Start -->
{% if answer.comment_set.count > 0 %}
<div class="mt-3">
{% for comment in answer.comment_set.all %}
    <a name="comment_{{ comment.id }}"></a>
(... 생략 ...)
```

질문, 답변 댓글에 모두 앵커 엘리먼트 <a name="comment_{{ comment.id }}"></a>를 추가했다.

02단계 redirect 함수 수정하기

그리고 다음과 같이 comment_views.py 파일을 수정하자.

파일 이름 C:/projects/mysite/pybo/views/comment_views.py

```
(... 생략 ...)
from django.shortcuts import render, get_object_or_404, redirect, resolve_url
(... 생략 ...)
@login_required(login_url='common:login')
def comment_create_question(request, question_id):
    (... 생략 ...)
    if request.method == "POST":
```

```
        form = CommentForm(request.POST)
        if form.is_valid():
            (... 생략 ...)
            return redirect('{}#comment_{}'.format(resolve_url('pybo:detail',
                question_id=comment.question.id), comment.id))
    (... 생략 ...)

@login_required(login_url='common:login')
def comment_modify_question(request, comment_id):
    (... 생략 ...)
    if request.method == "POST":
        form = CommentForm(request.POST, instance=comment)
        if form.is_valid():
            (... 생략 ...)
            return redirect('{}#comment_{}'.format(resolve_url('pybo:detail',
                question_id=comment.question.id), comment.id))
    (... 생략 ...)

@login_required(login_url='common:login')
def comment_create_answer(request, answer_id):
    (... 생략 ...)
    if request.method == "POST":
        form = CommentForm(request.POST)
        if form.is_valid():
            (... 생략 ...)
            return redirect('{}#comment_{}'.format(resolve_url('pybo:detail',
                question_id=comment.answer.question.id), comment.id))
    (... 생략 ...)

@login_required(login_url='common:login')
def comment_modify_answer(request, comment_id):
    (... 생략 ...)
    if request.method == "POST":
        form = CommentForm(request.POST, instance=comment)
        if form.is_valid():
            (... 생략 ...)
            return redirect('{}#comment_{}'.format(resolve_url('pybo:detail',
                question_id=comment.answer.question.id), comment.id))
    (... 생략 ...)
```

질문 또는 답변 댓글을 등록하거나 수정을 완료하면 해당 앵커 엘리먼트로 이동하도록 리다이렉트 URL을 수정했다. 댓글 삭제일 경우에는 화면을 자동으로 이동시킬 필요가 없으므로 앵커 엘리먼트를 추가하지 않았다. 이제 댓글을 작성한 다음 화면이 해당 앵커 엘리먼트로 이동하는지 확인하자.

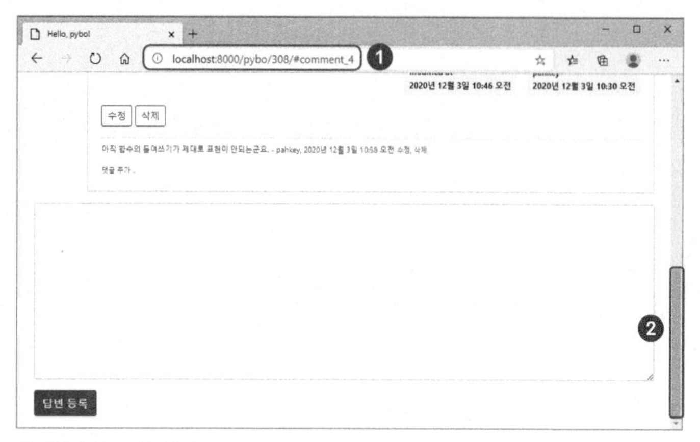

엥커 엘리먼트 작동 확인

❶로 표시한 부분을 보면 댓글을 작성할 때 URL에 `#comment_4`가 추가되고, ❷로 표시한 부분을 보면 웹 브라우저의 스크롤바가 해당 위치로 이동하는 것을 확인할 수 있다.

03-14 마크다운 기능 적용하기

• 완성 소스 github.com/pahkey/djangobook/tree/3-14

파이보는 게시판 서비스이므로 질문 또는 답변을 작성할 때 일반 텍스트 형식으로 글을 작성하면 매력이 떨어진다. 예를 들어 글자를 진하게 표시(볼드)하거나 링크를 추가하고 싶을 수도 있다. 이런 경우 사용하면 좋은 도구가 바로 '마크다운'이다. 마크다운을 이용하면 간단한 문법으로 문서를 여러 형태로 표시할 수 있다. 여기서는 마크다운 문법을 간단히 설명하고, 파이보에 마크다운 기능을 적용하는 방법까지 알아보겠다.

마크다운이 뭐죠? 문법 알아보기!

마크다운 문법은 아주 간단하다. 여기서는 마크다운의 주요 문법을 간단히 알아보려고 한다. 참고로 마크다운 문법이 원하는 형태로 표시되려면 그 문법을 해석하고 표현하는 해석기를 설치해야 한다. 지금은 단순히 마크다운 문법만 설명하고 파이보에서는 해석기까지 설치하여 실제 표시되는 과정까지 실습해 보자.

마크다운 문법은 프로그래밍 문법이 아니라 아주 간단한 텍스트 입력 규칙이다. 실습하면서 알아보자.

마크다운은 블로그, 깃허브 등 많은 사이트에서 사용하는 글쓰기 도구이다. 배워 두면 크게 쓸모가 있다.

01단계 마크다운 문법 - 순서 없는 목록과 순서 있는 목록 표시하기

만약 마크다운으로 작성한 글에 목록을 표시하고 싶다면 다음과 같이 *을 입력하고 1칸 띄고 글을 완성하면 된다.

```
* 파이썬
* 장고
* 알고리즘
```

이 마크다운 문서를 해석기가 변환하여 HTML로 만들어 주면 실제 화면에서는 오른쪽과 같이 보인다.

- 파이썬
- 장고
- 알고리즘

목록화된 결과

어떤 경우에는 순서가 있는 목록을 표시해야 할 수도 있다. 그런 경우 다음 문법을 사용하면 된다. **이때 입력값을 1. 1. 1.로 똑같이 해도 자동으로 순서를 적용하여 렌더링한다.**

```
1. 하나
1. 둘
1. 셋
```

결과는 오른쪽과 같다. 이후부터는 문법 바로 아래에 HTML로 만든 결과 이미지를 붙여 놓겠다.

1. 하나
2. 둘
3. 셋

순서가 있는 목록화된 결과

02단계 마크다운 문법 - 강조(볼드) 표시하기

작성한 글자를 강조 표시하려면 강조할 텍스트 양쪽에 **를 넣어 감싼다.

```
장고는 **파이썬**으로 만든 웹 프레임워크이다.
```

결과는 다음과 같다.

장고는 **파이썬**으로 만들어진 웹 프레임워크이다.

강조 표시를 한 결과

03단계 마크다운 문법 - 링크 표시하기

링크는 대괄호, 소괄호를 이어 쓰면 생성할 수 있다. 대괄호에는 표시할 링크의 이름을 입력하고, 소괄호에는 실제 링크를 입력한다.

```
파이썬 홈페이지는 [http://www.python.org](http://www.python.org)입니다.
```

결과는 다음과 같다.

파이썬 홈페이지는 http://www.python.org입니다.

링크를 적용한 결과

04단계 마크다운 문법 - 코드 표시하기

코드는 백쿼트 ` 3개를 연이어 붙여 위아래로 감싸면 생성할 수 있다.

백쿼트는 백틱이라고도 한다.

````
```
def add(a, b):
    return a+b
```
````

결과는 다음과 같다.

```
def add(a, b):
    return a+b
```

코드를 표시한 결과

05단계 마크다운 문법 - 인용 표시하기

인용을 표시하려면 다음처럼 >를 문장 맨 앞에 입력하고 1칸 띄어쓰기를 한 다음 인용구를 입력한다.

```
> 마크다운은 Github에서 사용하는 글쓰기 도구이다.
```

결과는 다음과 같다.

> 마크다운은 Github에서 사용하는 글쓰기 도구이다.

인용을 표시한 결과

앞에서 언급했듯 여기서는 자주 사용하는 마크다운 문법만 알아보았다. 마크다운 문법을 자세히 알고 싶다면 팁의 문서를 참고하자.

마크다운 문법 공식 문서: www.markdownguide.org/getting-started

파이보에 마크다운 기능 추가하기

01단계 markdown 설치하기

파이보에 마크다운 기능을 추가하려면 `pip install markdown`으로 마크다운을 설치해야 한다.

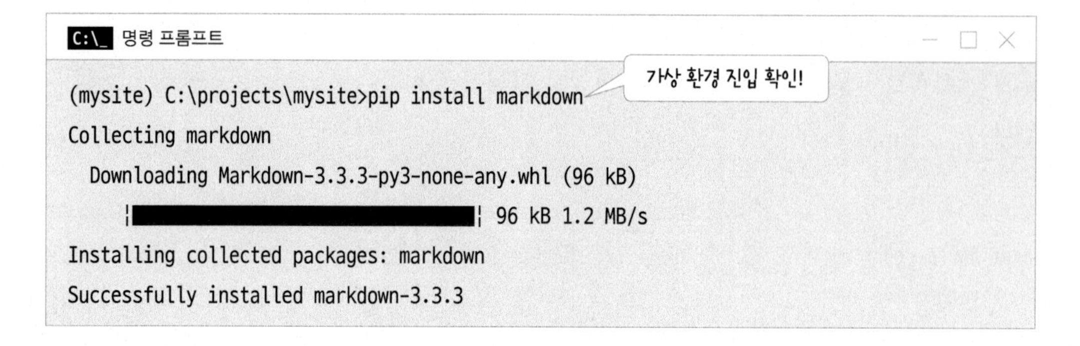

명령 프롬프트
(mysite) C:\projects\mysite>pip install markdown
가상 환경 진입 확인!
Collecting markdown
Downloading Markdown-3.3.3-py3-none-any.whl (96 kB)
96 kB 1.2 MB/s
Installing collected packages: markdown
Successfully installed markdown-3.3.3

02단계 마크다운 필터 등록하기

마크다운으로 작성한 문서를 HTML 문서로 변환하려면 템플릿에서 사용할 마크다운 필터를 작성해야 한다. 이전에 sub 필터를 작성했던 pybo_filter.py 파일에 mark 함수를 추가하자.

파일 이름 C:/projects/mysite/pybo/templatetags/pybo_filter.py

```
import markdown
from django import template
from django.utils.safestring import mark_safe
(... 생략 ...)

@register.filter()
def mark(value):
    extensions = ["nl2br", "fenced_code"]
    return mark_safe(markdown.markdown(value, extensions=extensions))
```

mark 함수는 markdown 모듈과 mark_safe 함수를 이용하여 문자열을 HTML 코드로 변환하여 반환한다. 이 과정을 거치면 마크다운 문법에 맞도록 HTML이 만들어진다. 그리고 markdown 모듈에 "nl2br", "fenced_code" 확장 도구를 설정했다. "nl2br"은 줄바꿈 문자를
 태그로 바꿔 주므로 Enter를 한 번만 눌러도 줄바꿈으로 인식한다. 만약 이 확장 도구를 사용하지 않으면 줄바꿈을 위해 줄 끝에 마크다운 문법인 스페이스를 2개를 연속으로 입력해야 할 것이다. "fenced_code"는 마크다운의 소스 코드 표현을 위해 적용했다.

마크다운 확장 기능은 다음 문서를 참고하자.

마크다운 확장 기능 문서: python-markdown.github.io/extensions

03단계 질문 상세 템플릿에 마크다운 적용해 보기

질문 상세 템플릿에 {% load pybo_filter %}을 추가하여 마크다운 필터를 적용하자.

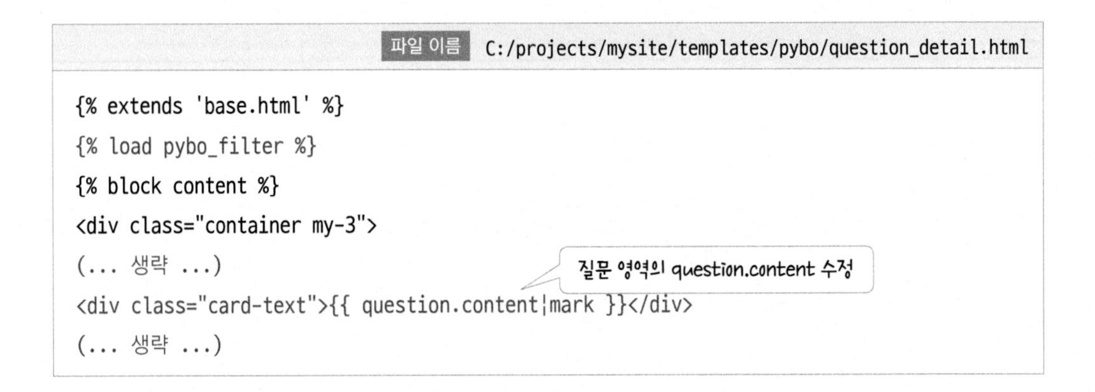

파일 이름 C:/projects/mysite/templates/pybo/question_detail.html

```
{% extends 'base.html' %}
{% load pybo_filter %}
{% block content %}
<div class="container my-3">
(... 생략 ...)
<div class="card-text">{{ question.content|mark }}</div>
(... 생략 ...)
```

기존의 style="white-space: pre-line;"은 삭제하고 {{ question.content|mark }}와 같이 마크다운 필터 mark를 적용했다.

04단계 답변 내용에 마크다운 적용해 보기

답변 내용에도 마크다운을 적용하자.

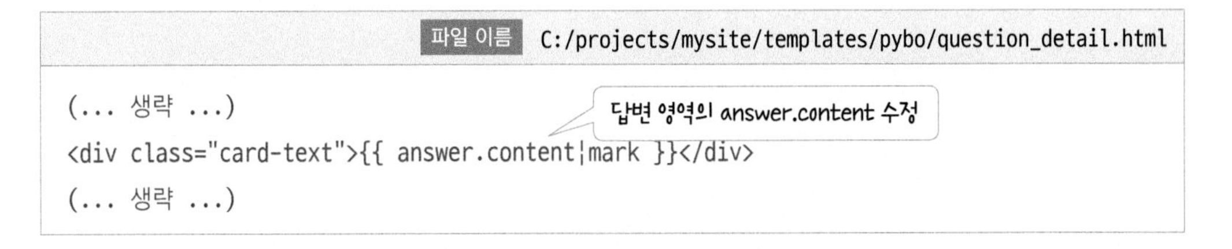

파일 이름 C:/projects/mysite/templates/pybo/question_detail.html

```
(... 생략 ...)
<div class="card-text">{{ answer.content|mark }}</div>
(... 생략 ...)
```

이제 질문 또는 답변을 마크다운 문법으로 작성하면 웹 브라우저에서 어떻게 보이는지 확인해 보자. 다음 내용으로 글을 작성해 보자.

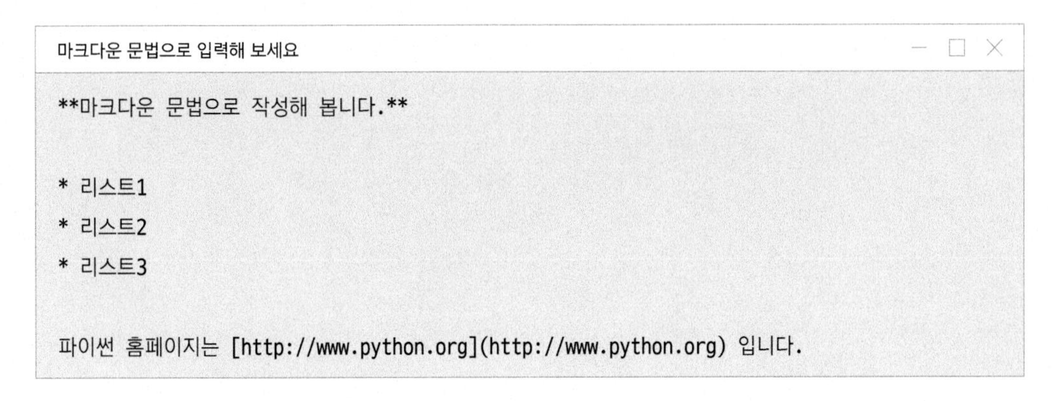

마크다운 문법으로 입력해 보세요

```
**마크다운 문법으로 작성해 봅니다.**

* 리스트1
* 리스트2
* 리스트3

파이썬 홈페이지는 [http://www.python.org](http://www.python.org) 입니다.
```

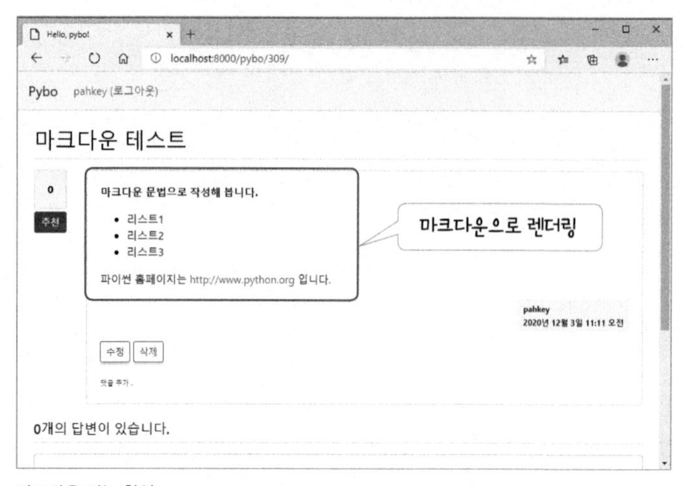

마크다운 기능 확인

마크다운 문법을 몰라도 simplemde와 같은 마크다운 UI 도구를 설치하면 마크다운을 쉽게 사용할 수 있다.

03-15 검색, 정렬 기능 추가하기

• 완성 소스 github.com/pahkey/djangobook/tree/3-15

여기서는 파이보에 검색 기능과 정렬 기능을 추가할 것이다. 파이보는 질문, 답변 데이터가 계속 쌓이는 게시판 서비스이므로 검색 기능은 필수다. 검색 대상은 '제목', '질문 내용', '질문 글쓴이', '답변 글쓴이'로 정하겠다. 예를 들어 '파이썬'이라고 검색하면 '파이썬'이라는 문자열이 '제목', '질문 내용', '질문 글쓴이', '답변 글쓴이'에 있는지 검사하고, 검사 결과를 화면에 보여 준다.

검색 기능 자세히 알아보기

이와 같은 조건으로 검색하려면 질문 목록 조회 코드를 다음과 같이 수정해야 한다. 아직 파일 수정 단계가 아니므로 눈으로만 살펴보자.

질문 목록 조회에 검색 기능을 추가한 예

```
from django.db.models import Q

kw = request.GET.get('kw', '')  # 검색어

if kw:
    question_list = question_list.filter(
        Q(subject__icontains=kw) |                    # 제목 검색
        Q(content__icontains=kw) |                    # 내용 검색
        Q(author__username__icontains=kw) |           # 질문 글쓴이 검색
        Q(answer__author__username__icontains=kw)  # 답글 글쓴이 검색
    ).distinct()
```

답변 내용도 검색에 포함하려면 Q(answer__content__icontains=kw)를 추가하면 된다.

Q 함수는 OR 조건으로 데이터를 조회하는 장고의 함수이다. 위 코드는 제목, 내용, 글쓴이를 OR 조건으로 검색한다. filter 함수 뒤에 사용한 distinct 함수는 조회 결과의 중복을 제거하여 반환한다.

1개의 글에 여러 개의 답변이 있을 때 답변자 중복을 처리하기 위해 distinct 함수를 반드시 사용해야 한다.

다음은 kw를 사용한 코드의 일부이다. 코드를 유심히 보면 kw는 웹 브라우저에서 전달받은 검색어라는 것을 짐작할 수 있으며 GET 방식으로 받아온 값임을 알 수 있다.

```
웹 브라우저에서 입력한 URL
localhost:8000/?kw=파이썬&page=1
```

```
kw 값을 얻기 위한 코드 예
kw = request.GET.get('kw', '')  # 검색어
```

kw는 keywords의 줄임말이다.

kw를 POST 방식으로 전달하는 방법은 추천하지 않는다. 왜냐하면 kw를 POST 방식으로 전달하면 page 역시 POST 방식으로 전달해야 하기 때문이다. 또한 POST 방식으로 검색, 페이징 기능을 만들면 웹 브라우저에서 '새로고침' 또는 '뒤로가기'를 했을 때 '만료된 페이지' 오류를 종종 만나게 된다. POST 방식은 동일한 POST 요청이 발생하면 중복을 방지하려고 오류를 발생시키기 때문이다.
예를 들어 2페이지에서 3페이지로 갔다가 '뒤로가기'를 하여 2페이지로 갈 때 '만료된 페이지' 오류를 만날 수 있다. 이러한 이유로 게시판을 조회하는 목록 함수는 GET 방식을 사용해야 한다. 이후 알아볼 정렬 기능 역시 GET 방식으로 구현할 것이다. 그러면 본격적으로 검색 기능을 만들어 보자.

검색 기능 만들어 보기

01단계 질문 목록 화면에 검색창 추가하기

question/question_list.html 템플릿에 검색 창을 추가하자.

```
파일 이름 C:/projects/mysite/templates/pybo/question_list.html
{% extends 'pybo/base.html' %}
{% load pybo_filter %}
{% block content %}
<div class="container my-3">
    <div class="row justify-content-end my-3">
        <div class="col-4 input-group">
            <input type="text" class="form-control kw"
                   value="{{ kw|default_if_none:'' }}">
            <div class="input-group-append">
                <button class="btn btn-outline-secondary"
```

```
                        type="button" id="btn_search">찾기</button>
            </div>
        </div>
    </div>
    <table class="table">
    (... 생략 ...)
```

<table> 위에 검색 창을 생성했다. 그리고 자바스크립트에서 검색 창에 입력된 값을 읽을 수 있도록 input 엘리먼트 class 속성에 kw를 추가했다.

02단계 질문 목록 템플릿에 form 엘리먼트 추가하기

page와 kw를 동시에 GET 방식으로 요청할 수 있도록 form 엘리먼트를 추가하자.

파일 이름 C:/projects/mysite/templates/pybo/question_list.html

```
(... 생략 ...)
    <!-- 페이징 처리 끝 -->
    <a href="{% url 'pybo:question_create' %}" class="btn btn-primary">질문 등록하기</a>
</div>
<form id="searchForm" method="get" action="{% url 'index' %}">
    <input type="hidden" id="kw" name="kw" value="{{ kw|default_if_none:'' }}">
    <input type="hidden" id="page" name="page" value="{{ page }}">
</form>
{% endblock %}
```

GET 방식으로 요청해야 하므로 method 속성에 "get"을 설정했다. kw와 page는 이전에 요청했던 값을 기억해야 하므로 value 속성에 그 값을 대입했는데, kw와 page값은 질문 목록 함수에서 전달받는다. form 엘리먼트의 action 속성은 '폼이 전송되는 URL'이므로 질문 목록 URL인 "{% url 'index' %}"를 지정했다.

03단계 질문 목록의 페이징 수정하기

그리고 기존의 페이징 처리 방식도 ?page=1에서 값을 읽어 요청하는 방식으로 변경해야 한다.

파일 이름 C:/projects/mysite/templates/pybo/question_list.html

```
(... 생략 ...)
<!-- 페이징 처리 시작 -->
<ul class="pagination justify-content-center">
    <!-- 이전 페이지 -->
    {% if question_list.has_previous %}
    <li class="page-item">
        <a class="page-link"                                   기존 코드 수정
            data-page="{{ question_list.previous_page_number }}" href="#">이전</a>
    </li>
    {% else %}
    <li class="page-item disabled">
        <a class="page-link" tabindex="-1" aria-disabled="true" href="#">
            이전
        </a>
    </li>
    {% endif %}
    <!-- 페이지 리스트 -->
    {% for page_number in question_list.paginator.page_range %}
    {% if (... 생략 ...) %}
        {% if page_number == question_list.number %}
        <li class="page-item active" aria-current="page">      기존 코드 수정
            <a class="page-link" data-page="{{ page_number }}" href="#">
                {{ page_number }}
            </a>
        </li>
        {% else %}
        <li class="page-item">                                 기존 코드 수정
            <a class="page-link" data-page="{{ page_number }}" href="#">
                {{ page_number }}
            </a>
        </li>
        {% endif %}
    {% endif %}
    {% endfor %}
    <!-- 다음 페이지 -->
    {% if question_list.has_next %}
    <li class="page-item">
```

```
        <a class="page-link"                                        기존 코드 수정
           data-page="{{ question_list.next_page_number }}" href="#">다음</a>
    </li>
    {% else %}
    <li class="page-item disabled">
        <a class="page-link" tabindex="-1" aria-disabled="true" href="#">다음</a>
    </li>
    {% endif %}
</ul>
<!-- 페이징 처리 끝 -->
(... 생략 ...)
```

모든 페이지 링크를 href 속성에 직접 입력하는 대신 data-page 속성으로 값을 읽을 수 있도록 변경했다.

04단계 질문 목록 템플릿에 페이징과 검색을 위한 자바스크립트 코드 추가하기

페이징과 검색을 처리하는 자바스크립트 코드를 추가하자.

파일 이름 C:/projects/mysite/templates/pybo/question_list.html

```
(... 생략 ...)
{% endblock %}
{% block script %}
<script type='text/javascript'>
$(document).ready(function(){
    $(".page-link").on('click', function() {
        $("#page").val($(this).data("page"));
        $("#searchForm").submit();
    });

    $("#btn_search").on('click', function() {
        $("#kw").val($(".kw").val());
        $("#page").val(1);  // 검색 버튼을 클릭할 경우 1페이지부터 조회한다.
        $("#searchForm").submit();
    });
});
</script>
{% endblock %}
```

class 속성이 "page-link"인 링크를 누르면 이 링크의 data-page 속성값을 읽어 searchForm의 page 필드에 그 값을 설정하여 폼을 요청하도록 했다. 또한 〈검색〉 버튼을 누르면 검색 창에 입력된 값을 searchForm의 kw 필드에 설정하여 폼을 요청하도록 했다. 이때 〈검색〉 버튼을 누르는 경우는 새로운 검색 요청에 해당하므로 searchForm의 page 필드에 항상 1을 설정하여 폼을 요청하도록 했다.

05단계 index 함수 수정하기

검색어가 질문 목록 조회에 적용될 수 있도록 views/base_views.py 파일을 열어 index 함수를 수정하자.

파일 이름 C:/projects/mysite/pybo/views/base_views.py

```
(... 생략 ...)
from django.db.models import Q
(... 생략 ...)

def index(request):
    """
    pybo 목록 출력
    """
    # 입력 인자
    page = request.GET.get('page', '1')       # 페이지
    kw = request.GET.get('kw', '')            # 검색어

    # 조회
    question_list = Question.objects.order_by('-create_date')
    if kw:
        question_list = question_list.filter(
            Q(subject__icontains=kw) |                      # 제목 검색
            Q(content__icontains=kw) |                      # 내용 검색
            Q(author__username__icontains=kw) |             # 질문 글쓴이 검색
            Q(answer__author__username__icontains=kw)       # 답변 글쓴이 검색
        ).distinct()

    # 페이징 처리
    paginator = Paginator(question_list, 10)                # 페이지당 10개씩 보여 주기
    page_obj = paginator.get_page(page)
```

```
    context = {'question_list': page_obj, 'page': page, 'kw': kw}  # page와 kw가 추가됨
    return render(request, 'pybo/question_list.html', context)
(... 생략 ...)
```

Q 함수에 사용된 subject__icontains=kw는 제목에 kw 문자열이 포함되었는지를 의미한다. answer__author__username__icontains은 답변을 작성한 사람의 이름에 포함되는지를 의미한다. filter 함수에서 모델 필드에 접근하려면 이처럼 __를 이용하면 된다.

subject__contains=kw 대신 subject__icontains=kw을 사용하면 대소문자를 가리지 않고 찾아 준다.

그리고 입력으로 받은 page와 kw값을 템플릿 searchForm에 전달하기 위해 context 안에 'page', 'kw'를 각각 page, kw으로 추가했다. 검색 창에 '마크다운'이라고 검색어를 입력한 다음 〈찾기〉 버튼을 눌러 보자. 그러면 다음과 같은 검색 결과가 나올 것이다.

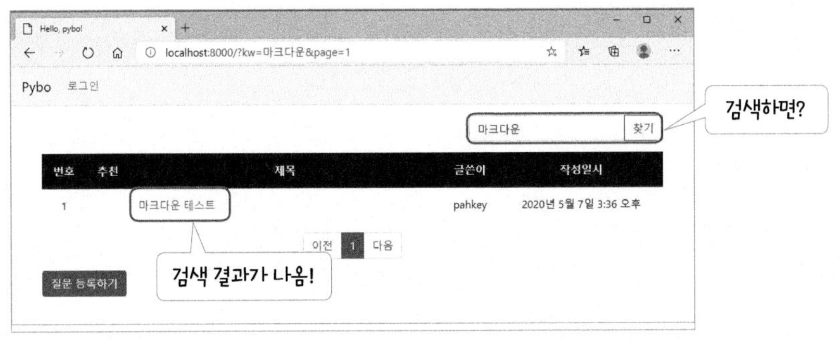

검색 기능 확인

정렬 기능 만들어 보기

이번에는 질문 목록을 정렬할 수 있는 기능을 추가해 보자. 정렬 기준은 다음과 같다.

- **최신순**: 최근 등록된 질문을 먼저 보여 주는 방식
- **추천순**: 추천을 많이 받은 질문을 먼저 보여 주는 방식
- **인기순**: 질문에 등록된 답변이 많은 질문을 먼저 보여 주는 방식

이러한 정렬 기준에 해당하는 파라미터 역시 GET 방식으로 요청해야 페이징, 검색, 정렬 기능이 잘 작동한다.

01단계 **질문 목록 화면에 정렬 조건 추가하기**

question/question_list.html 파일에 정렬 조건을 추가하자.

파일 이름 C:/projects/mysite/templates/pybo/question_list.html

```
{% extends 'pybo/base.html' %}
{% load pybo_filter %}
{% block content %}
<div class="container my-3">
    <div class="row justify-content-between my-3">
        <div class="col-2">
            <select class="form-control so">
                <option value="recent" {% if so == 'recent' %}selected{% endif %}>
                    최신순
                </option>
              <option value="recommend" {% if so == 'recommend' %}selected{% endif %}>
                    추천순
                </option>
                <option value="popular" {% if so == 'popular' %}selected{% endif %}>
                    인기순
                </option>
            </select>
        </div>
        <div class="col-4 input-group">
            <input type="text" class="form-control kw"
                   value="{{ kw|default_if_none:'' }}">
            <div class="input-group-append">
                <button class="btn btn-outline-secondary"
                        type="button" id="btn_search">찾기</button>
            </div>
        </div>
    </div>
    <table class="table">
    (... 생략 ...)
```

between으로 수정

우선 div 엘리먼트를 오른쪽 정렬(justify-content-end)에서 양쪽 정렬(justify-content-between)으로 변경했다. 그런 다음 왼쪽에는 정렬 기준을 추가하고 오른쪽에는 검색 조건을 추가했다. 또한 '현재 선택된 정렬 기준'을 읽을 수 있도록 select 엘리먼트의 class를 so로 지정했다.

02단계 질문 목록 템플릿의 searchForm 수정하기

searchForm에 정렬 기준을 입력할 수 있도록 input 엘리먼트를 추가하자.

파일 이름 C:/projects/mysite/templates/pybo/question_list.html

```
(... 생략 ...)
<form id="searchForm" method="get" action="{% url 'index' %}">
    <input type="hidden" id="kw" name="kw" value="{{ kw|default_if_none:"" }}">
    <input type="hidden" id="page" name="page" value="{{ page }}">
    <input type="hidden" id="so" name="so" value="{{ so }}">
</form>
(... 생략 ...)
```

03단계 질문 목록 템플릿의 자바스크립트 코드 수정하기

그리고 정렬 기준 콤보박스를 변경할 때 searchForm 요청이 발생하도록 다음과 같이 제이쿼리 자바스크립트를 추가하자.

파일 이름 C:/projects/mysite/templates/pybo/question_list.html

```
(... 생략 ...)
{% block script %}
<script type='text/javascript'>
$(document).ready(function(){
    (... 생략 ...)
    $(".so").on('change', function() {
        $("#so").val($(this).val());
        $("#page").val(1);
        $("#searchForm").submit();
    });
});
</script>
{% endblock %}
```

class가 so인 엘리먼트, 즉 정렬 조건에 해당하는 select의 값이 변경되면 그 값을 searchForm의 so 필드에 저장하여 searchForm을 요청하도록 코드를 수정했다.

04단계 index 함수 수정하기

so에 입력된 값을 이용하여 질문 목록을 정렬할 수 있도록 base_views.py 파일의 index 함수를 다음처럼 수정하자.

파일 이름 C:/projects/mysite/pybo/views/base_views.py

```
(... 생략 ...)
from django.db.models import Q, Count
(... 생략 ...)
def index(request):
    """
    pybo 목록 출력
    """
    # 입력 인자
    page = request.GET.get('page', '1')      # 페이지
    kw = request.GET.get('kw', '')           # 검색어
    so = request.GET.get('so', 'recent')     # 정렬 기준

    # 정렬
    if so == 'recommend':
        question_list = Question.objects.annotate(
            num_voter=Count('voter')).order_by('-num_voter', '-create_date')
    elif so == 'popular':
        question_list = Question.objects.annotate(
            num_answer=Count('answer')).order_by('-num_answer', '-create_date')
    else:  # recent
        question_list = Question.objects.order_by('-create_date')

    # 조회
    question_list = Question.objects.order_by('-create_date')
    if kw:
        question_list = question_list.filter(
            Q(subject__icontains=kw) |                    # 제목 검색
            Q(content__icontains=kw) |                    # 내용 검색
            Q(author__username__icontains=kw) |           # 질문 글쓴이 검색
            Q(answer__author__username__icontains=kw)     # 답글 글쓴이 검색
        ).distinct()

    # 페이징 처리
    paginator = Paginator(question_list, 10)              # 페이지당 10개씩 보여 주기
```

```
    page_obj = paginator.get_page(page)

    context = {'question_list': page_obj, 'page': page, 'kw': kw, 'so': so}  # so 추가
    return render(request, 'pybo/question_list.html', context)
(... 생략 ...)
```

정렬 기준이 추천순(recommend)인 경우에는 추천 수가 큰 것부터 정렬하므로 order_by에 추천 수 -num_voter를 입력했다. 추천 수는 장고의 annotate 함수와 Count 함수를 사용하여 구했다. Question.objects.annotate(num_voter=Count('voter'))에서 사용한 annotate 함수는 Question 모델의 기존 필드인 author, subject, content, create_date, modify_date, voter에 질문의 추천 수에 해당하는 num_voter 필드를 임시로 추가해 주는 함수이다. 이렇게 annotate 함수로 num_voter 필드를 추가하면 filter 함수나 order_by 함수에서 num_voter 필드를 사용할 수 있게 된다. 여기서 num_voter는 Count('voter')와 같이 Count 함수를 사용하여 만들었다. Count('voter')는 해당 질문의 추천 수이다.

order_by('-num_voter', '-create_date')와 같이 order_by 함수에 두 개 이상의 인자가 전달되는 경우 1번째 항목부터 우선순위를 매긴다. 즉, 추천 수가 같으면 최신순으로 정렬한다.

그리고 page, kw와 마찬가지로 템플릿에서 요청한 so값을 저장할 수 있도록 context에 so를 추가했다. 코드 수정 후 질문 목록 화면에서 정렬 기능을 사용해 보자. '인기순'으로 정렬하면 답변수가 많은 게시물부터 보여주는 것을 확인할 수 있을 것이다.

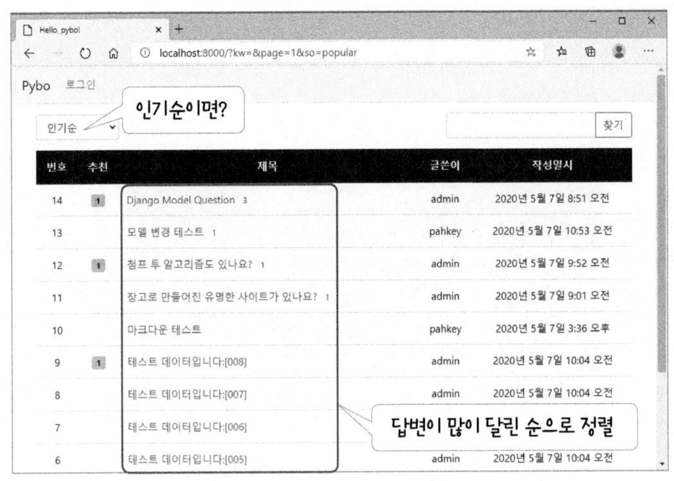

인기순으로 정렬 시 댓글이 많이 달린 순서로 정렬

03-16 도전! 저자 추천 파이보 추가 기능

• 완성 소스 github.com/pahkey/djangobook/tree/3-16

아쉽지만 이 책에서 구현할 파이보의 기능은 여기까지다. 여러분과 함께 더 많은 기능을 추가하고 싶지만 이런 경험은 여러분 스스로 파이보를 직접 성장시키며 체험해 보길 바란다.
나만 이 책에서는 다루지 않았지만 구현하면 좋은 기능을 소개한다. 다음 기능을 스스로 구현하다 보면 장고를 더 깊이 이해할 수 있을 것이다.

도전 1 답변 페이징과 정렬 기능

현재 파이보는 질문 1개에 답변이 여러 개 달릴 수 있다. 답변이 100개라고 가정해 보자. 성능을 위해서도 답변 페이징은 반드시 필요할 것이다. 또 답변을 보여줄 때 최신순, 추천순 등으로 정렬하여 보여줄 기능도 필요하다. 유명한 개발자 커뮤니티인 스택오버플로(stackoverflow.com)나 레딧(reddit.com)에서는 추천 수가 많은 답변을 맨 위에 보여 준다.

추천 개수가 많은 답변을 맨 위에 보여 주는 스택오버플로(왼쪽)와 레딧(오른쪽) 커뮤니티

도전 2 카테고리 기능 만들기

현재 파이보는 질문(질문에 포함된 답변)으로만 게시판이 구성되지만 여기에 '강좌'나 '자유게시판'과 같은 게시판을 더 만들고 싶을 수도 있다. 이런 경우 Question 모델에 카테고리 개념을 적용해야 한다. 이러한 게시판 카테고리 기능을 추가해 보자.

도전 3 비밀번호 찾기, 변경 기능 만들기

현재 파이보는 사용자가 비밀번호를 분실했을 때 조치할 방법이 없다. 비밀번호를 잃어버렸을 때 가입할 때 입력한 이메일 주소로 임시비밀번호를 발송하여 로그인할 수 있도록 조치하는 간단한 기능을 구현해 보자. 임시비밀번호는 1회 사용할 수 있도록 하고, 사용한 뒤 비밀번호를 강제로 변경하도록 만들면 더 좋다. 또한 분실하지 않더라도 비밀번호를 변경할 수 있는 화면도 필요할 것이다.

도전 4 프로필 화면 보여주기

로그인한 사용자의 프로필 화면을 만들어 보자. 이 화면에는 사용자의 기본 정보와 작성한 질문, 답변, 댓글이 보이면 좋다.

도전 5 최근 답변과 최근 댓글 기능 추가하기

현재 파이보는 질문 게시판 위주로 목록이 나타난다. 하지만 사용자는 최근 답변이나 최근 댓글이 궁금할 수도 있다. 최근 답변과 최근 댓글을 확인할 수 있는 기능을 추가해 보자.

도전 6 조회 수 표시하기

현재 파이보는 답변 수와 추천 수를 알 수 있지만 조회 수는 표시하지 않는다. 조회 수가 표시되도록 수정해 보자.

도전 7 소셜 로그인 추가하기

파이보에 구글이나 페이스북, 트위터 등을 경유하여 로그인하는 소셜 로그인 기능을 구현해 보자.

도전 8 마크다운 에디터 적용하기

마크다운 문법을 더 쉽게 입력할 수 있는 마크다운 에디터를 적용해 보자. 인터넷을 찾아보면 추천하는 마크다운 에디터가 몇 가지 있는데, 필자는 그중에서 simpleMDE(simplemde.com)를 추천한다. simpleMDE를 파이보에 적용해 보자.

여기서 소개한 도전 기능은 이미 필자가 만든 파이보 서비스에 적용되어 있다. pybo.kr에 접속하여 만들어진 기능들을 확인해 보자.

세상에 선보이는 파이보 서비스!

드디어 파이보를 만드는 긴 여정을 마무리했다. 이 장에서는 '파이보 서비스를 잘 관리하는 방법'과 '파이보 서비스를 세상에 선보이는 방법'을 알아본다. 서비스 관리에는 '깃'이라는 프로그램이 제격이다. 여기서는 깃을 이용하여 파이보의 소스 버전을 관리할 것이다. 그리고 AWS 클라우드를 이용하여 서버를 생성하는 방법과, 운영 환경에서 장고로 개발한 서비스를 어떻게 하면 효율적으로 관리할 수 있는지도 알아본다. 하지만 무엇보다도 이 장에서는 여러분이 만든 서비스를 세상에 선보이는 소중한 경험을 만끽하기 바란다.

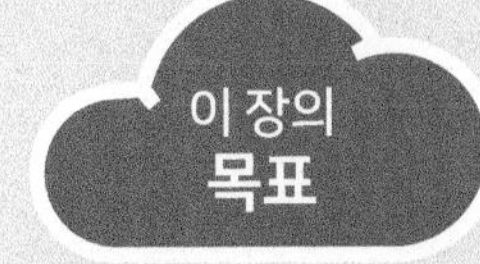

- 깃으로 소스를 관리한다.
- 서비스 배포를 위한 환경을 마련한다.
- AWS 라이트세일로 서비스를 배포한다.

04-1 깃으로 버전 관리하기

• 완성 소스 github.com/pahkey/djangobook/tree/4-01

코드를 작성하다 보면 수정과 삭제를 많이 하게 된다. 가끔은 예전에 삭제한 코드를 되살려야 할 때도 있고, 수정한 코드를 다시 확인해야 할 때도 생긴다. 만약 프로젝트에 여러 사람이 참여했다면 파일 1개를 여럿이 수정해야 할 때도 있다. 그러면 누가 어떤 부분을 왜 수정했는지 알아야 한다. 이런 경우 '버전 관리 시스템'을 도입하면 간단히 해결할 수 있다. 이 장에서는 버전 관리 시스템 중에서도 가장 유명한 깃Git을 설치하고 사용해 본다.

이후 Git은 깃으로 표기한다.

깃 설치하기

깃 공식 홈페이지에서 깃 설치 파일을 내려받아 설치하자. 설치 파일을 실행한 다음에는 계속 〈Next〉를 눌러 기본 옵션으로 설치하면 된다.

깃 공식 홈페이지: git-scm.com

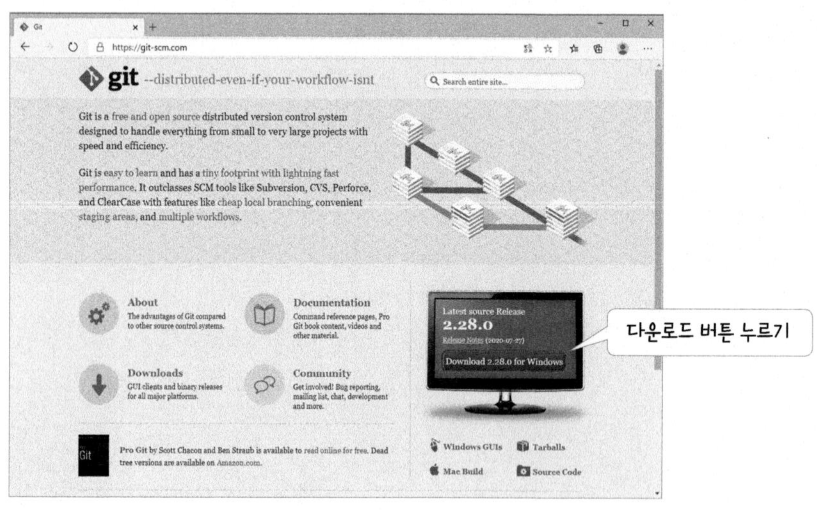

깃 다운로드 화면

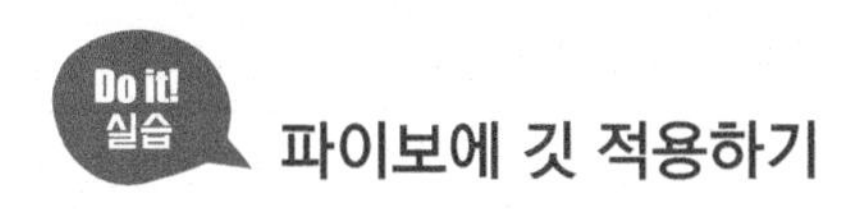

파이보에 깃 적용하기

01단계 파이보 프로젝트에서 저장소 만들기 - git init

이제 파이보에 깃을 사용할 준비가 되었다. 가장 먼저 할 일은 저장소repository를 만드는 것이다. projects/mysite에서 `git init` 명령을 실행하자.

```
C:\_ 명령 프롬프트
(mysite) c:\projects\mysite>git init
Initialized empty Git repository in C:/projects/mysite/.git/
```

그러면 C:/projects/mysite/.git/ 디렉터리가 생성된다. 이후 깃의 관리는 모두 이 디렉터리에서 이뤄진다.

만약 .git 디렉터리가 보이지 않는다면 윈도우 탐색기의 [보기] 메뉴에서 '숨긴 항목' 옵션을 체크해서 선택해 보자.

git init 명령은 가상 환경을 실행하지 않아도 된다.

02단계 현재 저장소의 상태 확인하기 - git status

그러면 projects/mysite에서 `git status` 명령을 실행해 보자.

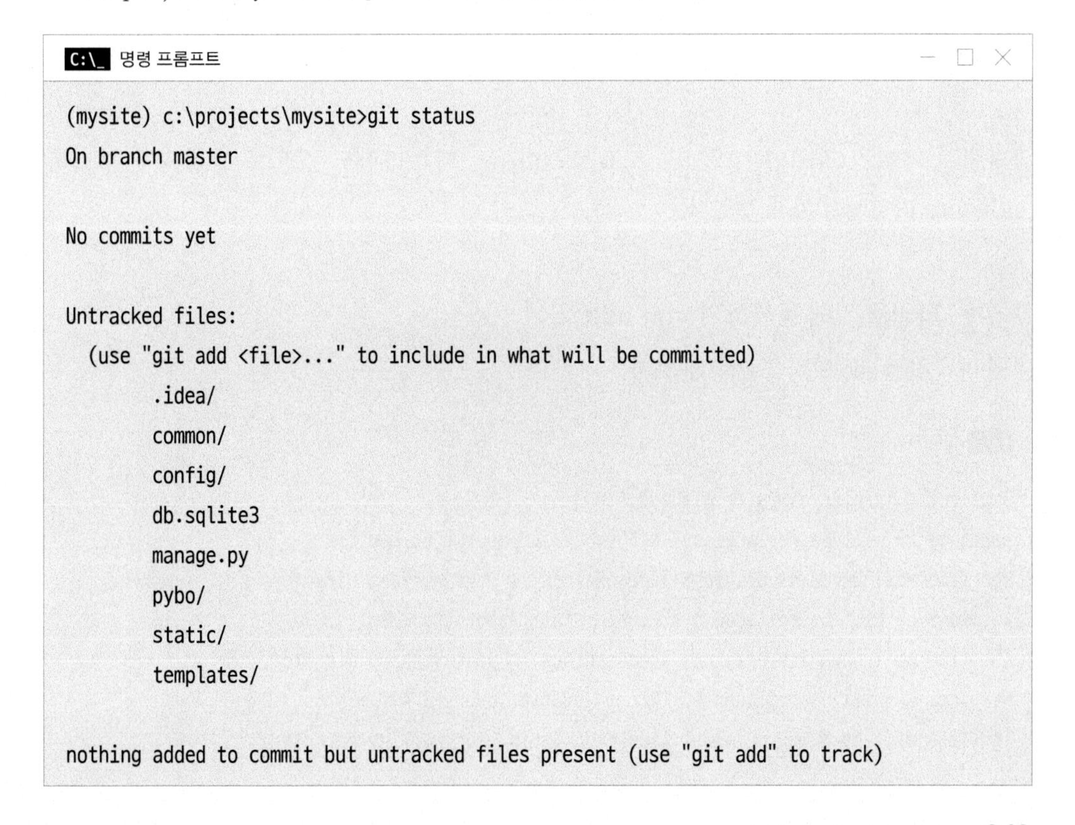

```
C:\_ 명령 프롬프트
(mysite) c:\projects\mysite>git status
On branch master

No commits yet

Untracked files:
  (use "git add <file>..." to include in what will be committed)
        .idea/
        common/
        config/
        db.sqlite3
        manage.py
        pybo/
        static/
        templates/

nothing added to commit but untracked files present (use "git add" to track)
```

git status 명령은 현재 저장소의 상태를 출력한다. 또 아직 관리되지 않는 파일untracked files을 보여 주며, 이 파일을 관리하려면 git add 명령을 이용하라고 조언한다.

03단계 깃으로 관리하지 않을 파일 무시하기 - .gitignore

앞에서 조언한 대로 git add 명령을 수행하기 전에 깃으로 관리할 파일을 고민해야 한다. 예를 들어 파이보를 만들며 직접 작성한 mysite, pybo 디렉터리 등은 깃으로 관리해야 할 대상이 맞지만 .idea나 db.sqlite3 파일은 사용자별, 시스템별로 달라지는 파일이므로 깃으로 관리하면 안 된다.

.idea는 사용자 설정을 저장하는 파이참 전용 파일이고, db.sqlite3 파일은 SQLite의 데이터베이스 파일이다.

예를 들어 여러 명이 같은 저장소에서 작업할 때 .idea 파일을 누군가 변경한다면 내가 설정했던 파이참 설정 내용이 다른 사람의 것으로 변경되는 문제가 발생한다. 이런 문제를 방지하기 위해 .gitignore 파일을 작성하여 관리하지 않을 대상을 기술해 주어야 한다. 다음처럼 .gitignore 파일을 생성해 보자.

파일 이름 C:/projects/mysite/.gitignore

```
.idea
db.sqlite3
*.pyc
__pycache__
```

컴파일된 파이썬 파일인 *.pyc와 __pycache__ 디렉터리도 깃으로 관리되지 않도록 .gitignore 파일에 추가해 주었다.

04단계 파일을 깃에 등록하기 - git add

이제 다음처럼 add 명령을 수행해 보자.

C:_ 명령 프롬프트

```
(mysite) c:\projects\mysite>git add *
warning: LF will be replaced by CRLF in static/bootstrap.min.css.
The file will have its original line endings in your working directory
warning: LF will be replaced by CRLF in static/bootstrap.min.js.
The file will have its original line endings in your working directory
warning: LF will be replaced by CRLF in static/jquery-3.4.1.min.js.
The file will have its original line endings in your working directory
```

현재 디렉터리 하위의 모든 파일을 추가하기 위해 git add *를 수행했다. bootstrap.min.css, bootstrap.min.js, jquery-3.4.1.min.js의 경고 문구는 '줄바꿈 문자를 \n에서 \r\n으로 강제로 바꾼다'는 의미이므로 무시해도 된다. 다시 git status 명령을 수행해 보자. 그러면 깃 스테이지 영역에 추가된 파일을 확인할 수 있다.

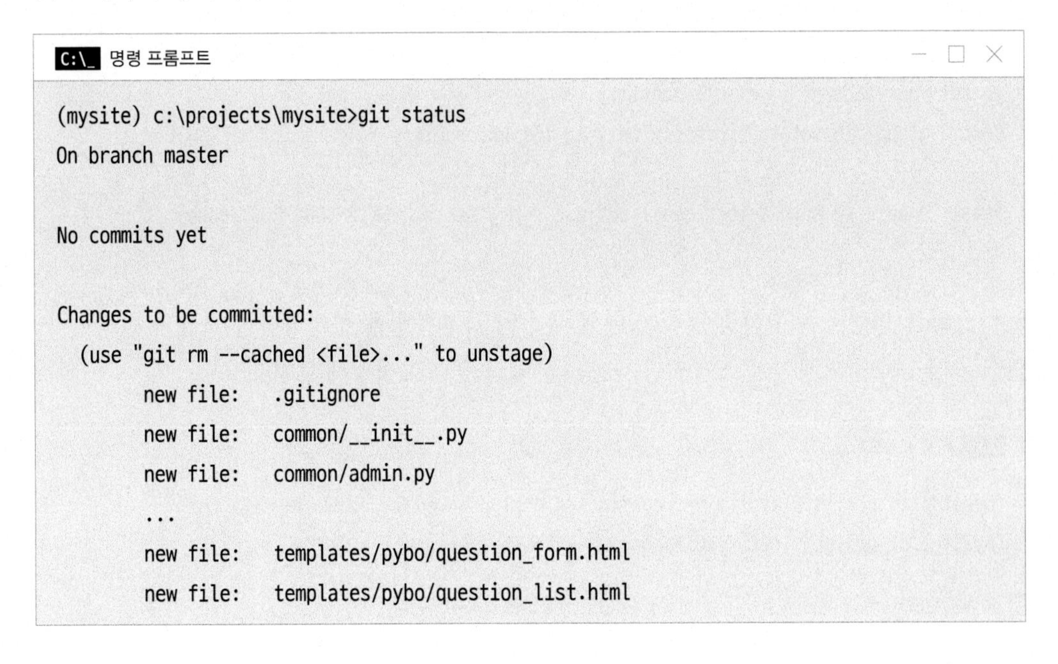
명령 프롬프트

```
(mysite) c:\projects\mysite>git status
On branch master

No commits yet

Changes to be committed:
  (use "git rm --cached <file>..." to unstage)
        new file:   .gitignore
        new file:   common/__init__.py
        new file:   common/admin.py
        ...
        new file:   templates/pybo/question_form.html
        new file:   templates/pybo/question_list.html
```

깃이 저장소에 변경 사항을 저장할 때는 스테이징을 거친다

깃은 저장소에 변경 사항을 바로 저장하지 않고 스테이징(staging)이라는 단계를 거친다. 스테이징은 변경 사항을 저장소에 저장하기 직전 단계에 올려놓는 개념이다. 따라서 git add <파일명> 명령을 사용하면 git add 명령으로 지정한 파일이 스테이지 영역에 추가되고, 이후 git commit 명령을 수행해야 비로소 스테이지 영역에 있는 파일이 저장소에 저장된다.

05단계 커밋하고 이메일 주소와 사용자명 등록하기 - git commit, git config

이제 git commit 명령을 수행하여 변경된 사항을 저장해 보자.

명령 프롬프트

```
(mysite) c:\projects\mysite>git commit -m "파이보 프로젝트 최초 커밋"

*** Please tell me who you are.
```

```
Run

  git config --global user.email "you@example.com"
  git config --global user.name "Your Name"

to set your account's default identity.
Omit --global to set the identity only in this repository.

fatal: unable to auto-detect email address (got 'pahke@DESKTOP-8R43RU6.(none)')
```

git commit 명령을 수행하면 먼저 이메일 주소와 사용자명을 설정하라는 오류가 발생한다. 다음을 참조하여 이메일 주소와 사용자명을 본인의 것으로 설정해 보자.

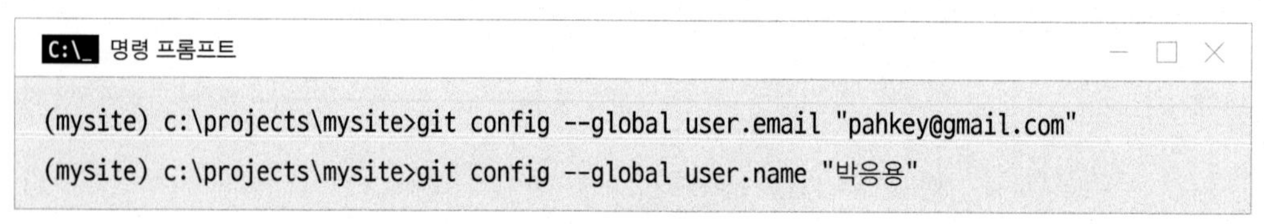

```
C:\_ 명령 프롬프트
(mysite) c:\projects\mysite>git config --global user.email "pahkey@gmail.com"
(mysite) c:\projects\mysite>git config --global user.name "박응용"
```

이메일 주소와 사용자명은 전역[global] 옵션으로 한 번만 설정하면 계속 유지된다.

그리고 다시 git commit 명령을 수행해 보자.

```
C:\_ 명령 프롬프트
(mysite) c:\projects\mysite>git commit -m "파이보 프로젝트 최초 커밋"
[master (root-commit) a092547] 파이보 프로젝트 최초 커밋
 50 files changed, 1389 insertions(+)
 create mode 100644 .gitignore
 create mode 100644 common/__init__.py
 create mode 100644 common/admin.py
 ...
 create mode 100644 templates/pybo/question_form.html
 create mode 100644 templates/pybo/question_list.html
```

-m 옵션은 커밋의 내용을 입력하는 옵션이다. 이 옵션을 생략하면 커밋의 내용을 입력하는 에디터 창이 나타난다. 이제 다시 git status 명령을 수행해 보자.

C:_ 명령 프롬프트

```
(mysite) c:\projects\mysite>git status
On branch master
nothing to commit, working tree clean
```

변경 사항이 없으며 작업 공간이 깨끗하다는 정보를 확인할 수 있다.

06단계 templates/base.html 수정해 보기

이번에는 base.html 템플릿 파일의 `<title>`을 다음과 같이 바꾸어 저장해 보자.

파일 이름 C:/projects/mysite/templates/base.html

```
(... 생략 ...)
<title>파이보</title>
(... 생략 ...)
```

그리고 다시 `git status` 명령을 수행해 보자.

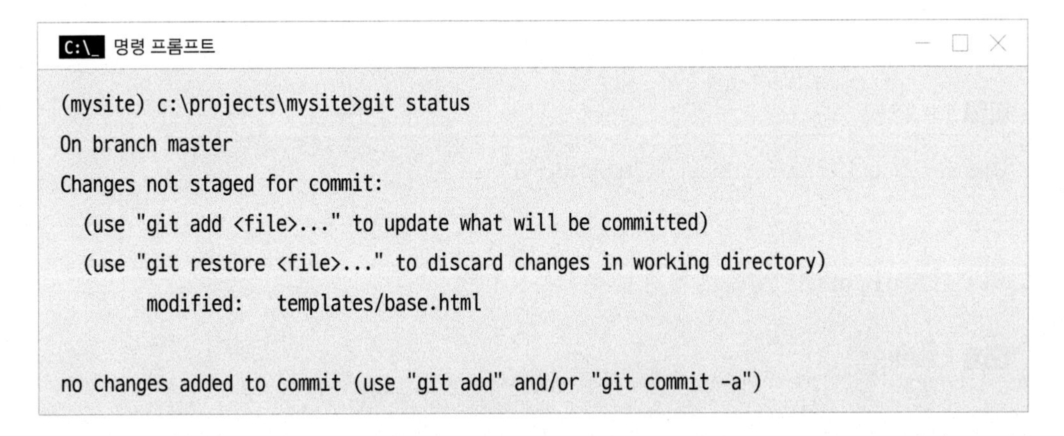

C:_ 명령 프롬프트

```
(mysite) c:\projects\mysite>git status
On branch master
Changes not staged for commit:
  (use "git add <file>..." to update what will be committed)
  (use "git restore <file>..." to discard changes in working directory)
        modified:   templates/base.html

no changes added to commit (use "git add" and/or "git commit -a")
```

파일을 변경하고 `git status` 명령을 수행하면 이와 같은 변경 내역 정보가 표시된다.

07단계 코드의 변경 내역 확인하고 한글 문제 해결하기 - git diff

코드의 변경 내역을 확인하려면 `git diff` 명령을 실행하면 된다.

명령 프롬프트

```
(mysite) c:\projects\mysite>git diff
diff --git a/templates/base.html b/templates/base.html
index af209b3..337feef 100644
--- a/templates/base.html
+++ b/templates/base.html
@@ -9,7 +9,7 @@
     <link rel="stylesheet" type="text/css" href="{% static 'bootstrap.min.css' %}">
     <!-- pybo CSS -->
     <link rel="stylesheet" type="text/css" href="{% static 'style.css' %}">
-    <title>Hello, pybo!</title>
+    <title><ED><8C><8C><EC><9D><B4><EB><B3><B4></title>
 </head>
 <body>
 {% include "navbar.html" %}
```

한글이 깨져서 <ED>와 같은 문자로 보임

그런데 git diff 명령을 수행하면 한글이 모두 깨져 보이는 문제가 발생한다. 이 문제를 해결하려면 다음처럼 set LC_ALL=C.UTF-8 명령을 수행하면 된다.

만약 윈도우 파워셸에서 이를 실행하고 있었다면 $Env:LC_ALL = "C.UTF-8"을 입력해야 한다.

명령 프롬프트

```
(mysite) c:\projects\mysite>set LC_ALL=C.UTF-8
```

그리고 다시 git diff 명령을 실행해 보자.

명령 프롬프트

```
(mysite) c:\projects\mysite>git diff
diff --git a/templates/base.html b/templates/base.html
index af209b3..337feef 100644
--- a/templates/base.html
+++ b/templates/base.html
@@ -9,7 +9,7 @@
     <link rel="stylesheet" type="text/css" href="{% static 'bootstrap.min.css' %}">
     <!-- pybo CSS -->
     <link rel="stylesheet" type="text/css" href="{% static 'style.css' %}">
```

```
-     <title>Hello, pybo!</title>
+     <title>파이보</title>
  </head>
  <body>
  {% include "navbar.html" %}
```

한글이 제대로 출력되는 것을 확인할 수 있다. git diff 명령으로 출력되는 문장에서 - 표시는 삭제되는 부분이고 + 표시는 추가되는 부분을 의미한다.

08단계 코드의 변경 내역 되돌리기 - git restore

만약 코드의 변경 내역을 되돌리고 싶을 때는 git restore 명령을 수행하면 된다.

```
C:\_ 명령 프롬프트
(mysite) c:\projects\mysite>git restore templates/base.html
```

git restore 명령 뒤에는 되돌리고 싶은 파일명을 적으면 된다. 파일의 이름은 git status 명령으로 출력된 파일명을 기준으로 적으면 된다. 파이참에서 확인해 보면 변경한 내용이 이전 내용으로 복구되었다는 것을 확인할 수 있다.

09단계 변경 내역 커밋하기 - git commit -a

복구된 templates/base.html 파일의 코드를 다시 <title>파이보</title>로 변경하고 git commit 명령을 수행해 보자.

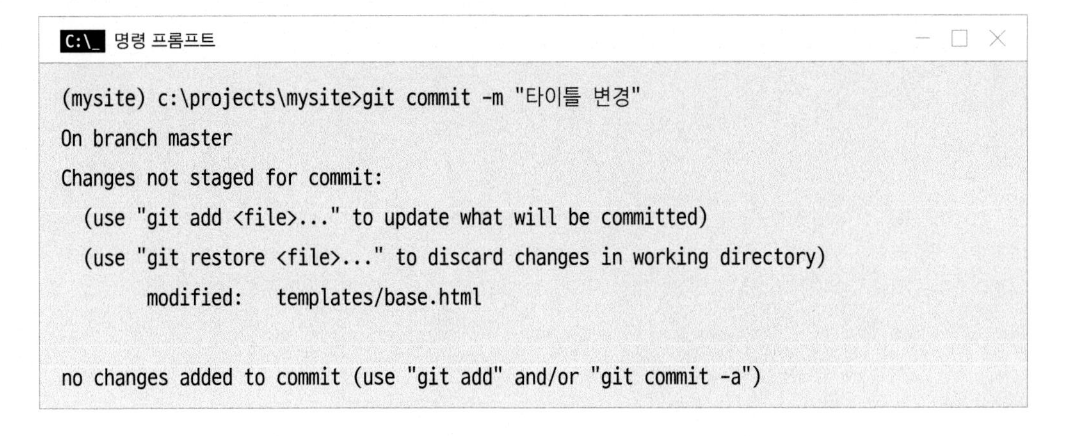

```
C:\_ 명령 프롬프트
(mysite) c:\projects\mysite>git commit -m "타이틀 변경"
On branch master
Changes not staged for commit:
  (use "git add <file>..." to update what will be committed)
  (use "git restore <file>..." to discard changes in working directory)
        modified:   templates/base.html

no changes added to commit (use "git add" and/or "git commit -a")
```

그러면 '변경 내역이 저장되지 않았다'는 메시지와 함께 **git add** 명령 또는 **git commit -a** 명령을 수행하라는 메시지가 나타난다. 만약 변경 내역을 커밋하고 싶다면 **git add** 명령을 진행하고 **git commit** 명령을 수행하거나 **git commit** 명령에 **-a** 옵션을 추가해야 한다. **-a** 옵션은 커밋할 때 add 명령도 함께 처리하라는 옵션이다. 다음처럼 **-a** 옵션을 추가하여 변경 내역을 적용하자.

C:_ 명령 프롬프트

```
(mysite) c:\projects\mysite>git commit -a -m "타이틀 변경"
[master 2a23519] 타이틀 변경
 1 file changed, 1 insertion(+), 1 deletion(-)
```

10단계 커밋 이력 확인하기 - git log

깃으로 커밋한 이력을 확인하려면 **git log** 명령을 입력하면 된다.

C:_ 명령 프롬프트

```
(mysite) c:\projects\mysite>git log
commit ef65d4cdce101f46946c894ca7a66336758e5791 (HEAD → master)
Author: 박응용 <pahkey@gmail.com>
Date:   Thu Apr 23 18:49:06 2020 +0900

    타이틀 변경

commit a09254755f3c2c1cb85bb28b179f87b8dd8873f4
Author: 박응용 <pahkey@gmail.com>
Date:   Thu Apr 23 18:39:25 2020 +0900

    파이보 프로젝트 최초 커밋
```

04-2 깃허브 사용해 보기

깃을 사용하여 로컬 저장소를 생성하고 소스 코드를 관리하는 방법을 배웠다. 하지만 프로젝트는 보통 여럿이 진행하므로 원격 저장소가 반드시 필요하다. 물론 개인 프로젝트라 하더라도 코드의 유실을 방지하려면 원격 저장소는 필수이다. 여기서는 깃을 지원하는 원격 저장소 중에서 가장 유명한 깃허브Github를 어떻게 사용하는지 알아본다.

원격 저장소는 컴퓨터에 있는 로컬 저장소가 아닌 인터넷의 다른 공간에 있는 저장소를 말한다.

깃허브는 마이크로소프트에서 운영하는 깃 지원 호스팅 서비스이다. 현재 사용자가 4,000만 명 이상이고 4,400만 개가 넘는 신규 저장소가 있다고 하니 그 인기가 어마어마하다. 깃허브는 오픈소스 지원 정책에 따라 무료로 사용할 수 있다.

깃허브 가입하고 원격 저장소 사용해 보기

01단계 깃허브 가입하기

깃허브를 사용해 본 적이 없다면 공식 홈페이지에서 회원가입하자. 깃허브 공식 홈페이지에 접속한 다음 오른쪽 위에 있는 〈Sign up〉을 누르고 이어서 필수 항목을 입력한 다음 〈Sign up for Github〉를 누르면 된다. 가입 절차가 간단하므로 여기서는 생략한다.

깃허브 공식 홈페이지: github.com

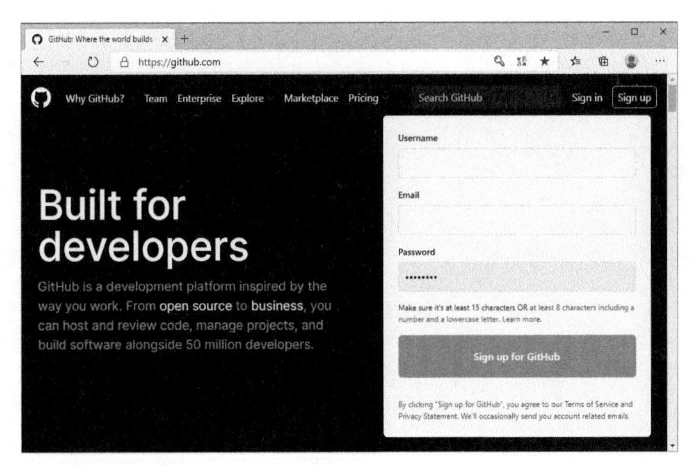

깃허브 회원가입 화면

02단계 깃허브에 원격 저장소 생성하기

깃허브를 원격 저장소로 사용하려면 파이보의 로컬 저장소와 깃허브의 원격 저장소를 연결해야 한다. 깃허브에 로그인하고 〈Create repository〉를 누르자.

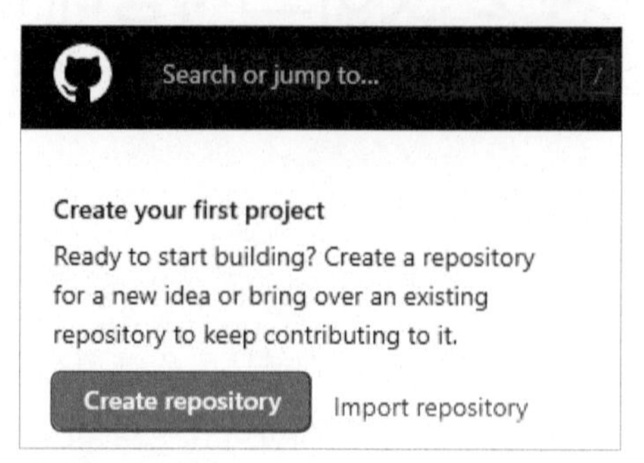

저장소 만들기

이미 깃허브를 사용한다면 'Repositories'의 〈New〉를 누르자.

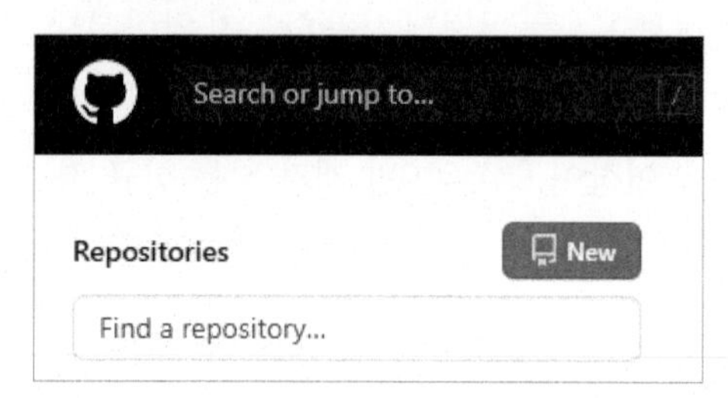

깃허브를 사용하면서 볼 수 있는 저장소 만들기 버튼

그러면 원격 저장소를 생성하는 페이지가 나타난다. 'Repository name'에 'pybo'를 입력하고 〈Create repository〉를 눌러 원격 저장소를 생성하자.

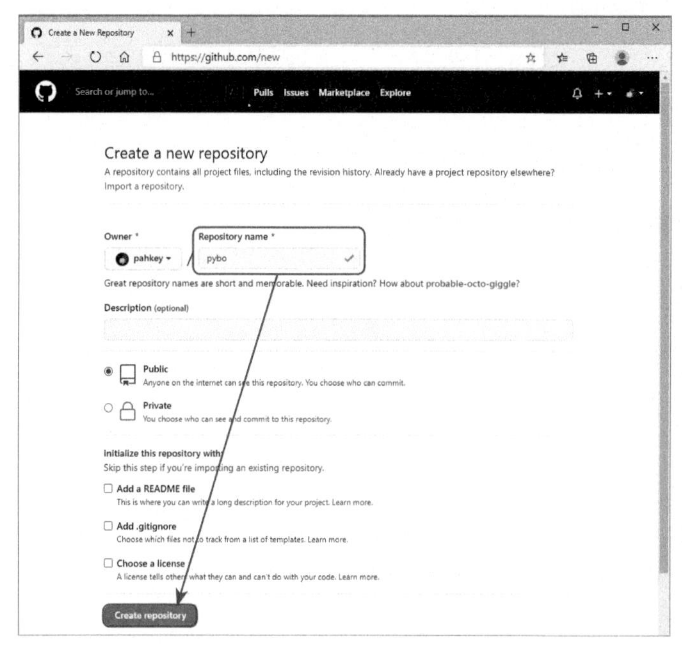

저장소 만드는 과정

그러면 원격 저장소의 URL을 확인하는 화면이 나타난다. 이 URL은 로컬 저장소와 연결할 때 사용되므로 기억해야 한다.

현재 필자의 원격 저장소 URL: github.com/pahkey/pybo.git

필자가 만든 원격 저장소 URL의 pahkey는 깃허브 아이디로 자동 생성된 것이므로 여러분의 원격 저장소 URL과 다르다.

원격 저장소 URL 확인하기

03단계 로컬 저장소와 원격 저장소 연결하고 저장하기

이제 로컬 저장소와 원격 저장소를 연결하자. C:/projects/mysite 디렉터리에서 `git remote add origin <원격 저장소 URL>` 명령을 수행하자.

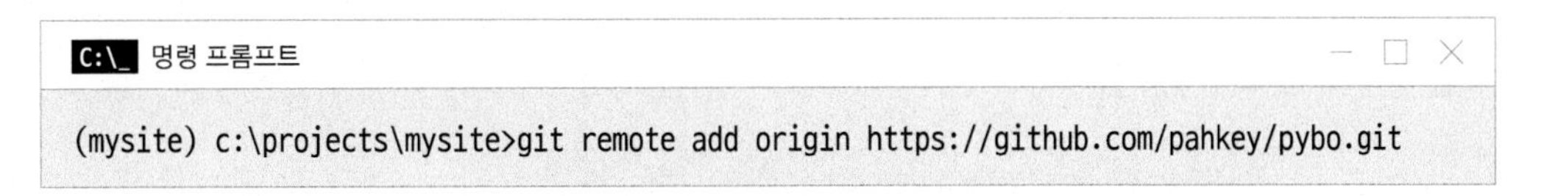

```
C:\_ 명령 프롬프트

(mysite) c:\projects\mysite>git remote add origin https://github.com/pahkey/pybo.git
```

명령어를 입력할 때에는 아이디(pahkey) 부분에 주의하자. 이어서 `git push -u origin master` 명령으로 로컬 저장소의 내용을 원격 저장소에 저장하자.

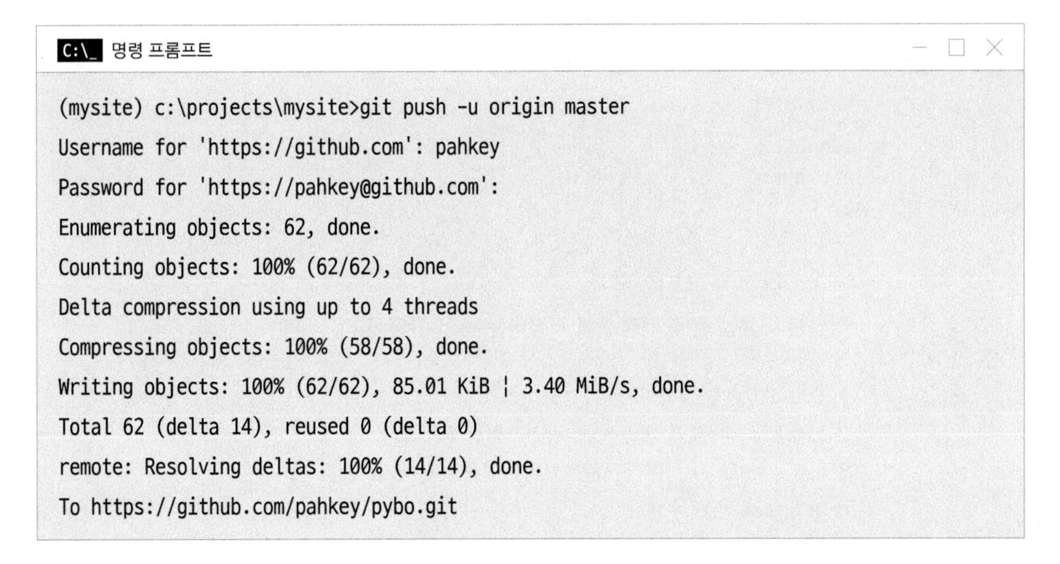

```
C:\_ 명령 프롬프트

(mysite) c:\projects\mysite>git push -u origin master
Username for 'https://github.com': pahkey
Password for 'https://pahkey@github.com':
Enumerating objects: 62, done.
Counting objects: 100% (62/62), done.
Delta compression using up to 4 threads
Compressing objects: 100% (58/58), done.
Writing objects: 100% (62/62), 85.01 KiB | 3.40 MiB/s, done.
Total 62 (delta 14), reused 0 (delta 0)
remote: Resolving deltas: 100% (14/14), done.
To https://github.com/pahkey/pybo.git
```

```
 * [new branch]      master → master
Branch 'master' set up to track remote branch 'master' from 'origin'.
```

'Username'과 'Password'를 요구하면 여러분의 깃허브 아이디와 비밀번호를 입력하면 된다. 입력을 마치면 원격 저장소에 로컬 저장소 내용이 저장된다.

git push 명령 입력 시 비밀번호를 묻지 않도록 설정하기

파이보의 코드를 변경한 다음 깃허브에 저장하기 위해 git push 명령을 수행할 때마다 깃허브의 아이디와 비밀번호를 입력해야 한다. 개발이 한창일 때는 이런 작업은 매우 귀찮고 번거롭다. 다음처럼 credential.helper store 옵션을 주면 인증 절차를 생략할 수 있어 한결 편리하다. 물론 최초 인증 절차는 필요하다.

C:_ 명령 프롬프트

```
(mysite) c:\projects\mysite> git config credential.helper store
```

이제 깃허브 홈페이지에 접속해서 원격 저장소에 파일들이 정상적으로 저장되었는지 확인하자.

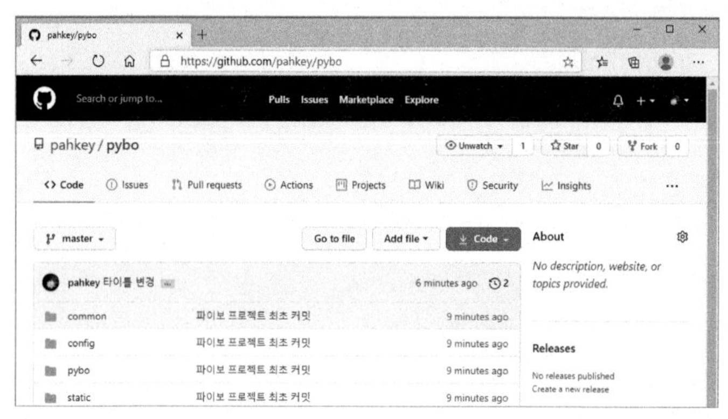

원격 저장소에 저장된 코드

작업한 내용을 원격 저장소에 저장하는 순서 간단 정리

1. 프로그램 변경 작업하기
2. git add <파일명> 또는 git add * 명령 수행하기
3. git commit -m "변경 사항 요약" 명령 수행하기
4. git push 명령 수행하기

04-3 파이보를 위한 서버 운영 방법 알아보기

이제 파이보를 서비스하는 방법을 소개할 차례이다. 여러분이 제작한 파이보 서비스를 누구나 사용할 수 있도록 하려면 다른 사람이 인터넷으로 파이보 서비스에 접속할 수 있도록 만들어야 한다. 그런데 그렇게 하려면 1년 365일 쉬지 않고 켜져 있는 서버가 필요하다.

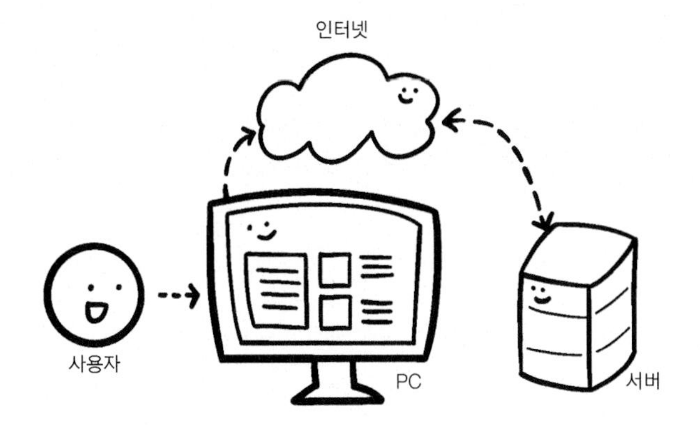

24시간 작동하여 사용자의 요청에 응답하는 서버

그림에서 보듯 사용자가 파이보 서비스를 사용하려면 항상 켜져 있는 서버가 필요하다. 사용자는 PC 또는 모바일 기기로 파이보 서비스에 접속하고, 서버는 사용자가 사용하는 기기의 화면으로 파이보 서비스를 보여 준다. 아무튼 중요한 것은 우리에게는 서버가 필요하다는 사실이다. 그러면 서버는 무엇이고 어떻게 운영해야 할까?

서버를 직접 운영하기는 무척 힘들다

서버는 여러분이 흔히 볼 수 있는 PC 본체와 비슷하다. 하지만 서버는 보통 PC보다 너비가 더 크고 납작하며 비싸다. 아무튼 서버를 운영하려면 바로 이 하드웨어를 구매해야 하고 네트워크 장비를 구축한 IDC 센터에 서버를 보내 관리해야 한다. 또한 서버에는 운영체제를 설치해야 한다. 서버의 운영체제는 보통 리눅스 계열을 많이 사용한다. 그리고 서버를 운영하려면 데이터베이스 설치, 네임 서버 설치, 도메인 등록, 백업 등 해야 할 일이 정말 많다.

여러분이 파이보 서비스를 인터넷에 공개하려면 이 모든 것을 해내야 한다. 하지만 혼자서 이 모든 것을 해내기란 정말 어렵다. 아마도 파이보 서비스를 인터넷에 공개하기 전에 서버를 설치하고 관리하는 데 엄청나게 많은 시간을 보내야 할 것이다.

클라우드 시스템을 이용하면 파이보를 쉽게 인터넷에 공개하고 운영할 수 있다

하지만 절망할 필요는 없다. 이 모든 것을 쉽게 할 수 있도록 도와주는 클라우드 시스템이 등장했기 때문이다. 클라우드 시스템을 사용하면 여러분이 서버를 구입할 필요도 없고 운영체제를 설치할 필요도 없다. 물론 데이터베이스나 네임 서버의 설치, 백업 등도 할 필요가 없다. 클라우드 시스템이 이 모든 것을 다 준비해 놓았기 때문이다.

클라우드 시스템은 네트워크 기반 서비스 형태로 서버를 관리할 수 있도록 해준다. **쉽게 말해 여러분은 클릭 몇 번으로 서버, 운영체제, 데이터베이스 등과 같은 서버를 운용하는 데 필요한 모든 것을 선택하여 설치할 수 있다. 개발자에게 정말 좋은 시절이 찾아온 것이다.** 파이보는 클라우드 시스템으로 아마존 웹 서비스Amazon Web Services, AWS를 사용할 것이다. AWS는 가장 잘 만들어진 클라우드 시스템 중 하나이고 개발자가 되고 싶다면 한 번쯤 경험해 볼 만한 서비스이기 때문이다. AWS에 관심이 있었다면 이번이 사용해 볼 절호의 찬스이다.

앞으로 아마존 웹 서비스는 AWS로 줄여서 사용한다.

04-4 AWS 라이트세일 사용해 보기 — 1달 무료

AWS에 관심이 있다면 'AWS는 어렵고 비싸다'라는 말을 많이 들었을 것이다. 하지만 AWS 라이트세일AWS Lightsail로 AWS를 쉽고 저렴하게 사용할 수 있다. 여기서는 AWS 라이트세일을 어떻게 사용하는지 알아보자.

AWS 라이트세일이란?

AWS 라이트세일은 아마존에서 운영하는 웹 서비스에 특화된 클라우드 서비스이다. AWS를 처음 시작하려면 공부할 내용이 무척 많다. 하지만 AWS 라이트세일은 웹 서비스 운영에 꼭 필요한 기능만 준비되어 있어 비교적 공부할 내용이 적다. 또한 AWS와 비교하면 AWS 라이트세일은 정말 가성비가 좋다. 처음 1달은 무료이며 그 이후 비용은 월 3.5달러이다. 이렇게 저렴한 비용에 꽤 좋은 웹 서버를 운영할 수 있다. **참고로 비용이 부담스럽다면 AWS 라이트세일을 1달만 사용하고 삭제하면 추가 요금이 발생하지 않는다. 월 3.5달러로 여러분에게 제공될 서버의 사양은 다음과 같다.**

AWS 라이트세일 사용 취소는 04-5 가장 마지막 부분에서 안내한다. 우선 안심하고 실습을 진행하자.

AWS 라이트세일의 사양
- 메모리: 512MB
- CPU: 1vCPU
- SSD: 20GB
- 트래픽: 1TB

이 정도면 서비스 초기 단계에는 충분하다. 물론 사용자가 많아져 트래픽이 많아지면 좀 더 좋은 사양으로 업그레이드해야 한다. AWS 라이트세일은 업그레이드 역시 쉽다.

AWS 가입하기

01단계 AWS 공식 홈페이지에서 계정 생성하기

AWS 라이트세일을 이용하려면 AWS 계정이 필요하다. 먼저 AWS 공식 홈페이지에서 AWS 계정을 생성하자. AWS 공식 홈페이지에 접속한 다음 〈AWS 계정 생성〉을 누르자.

AWS 공식 홈페이지: aws.amazon.com/ko

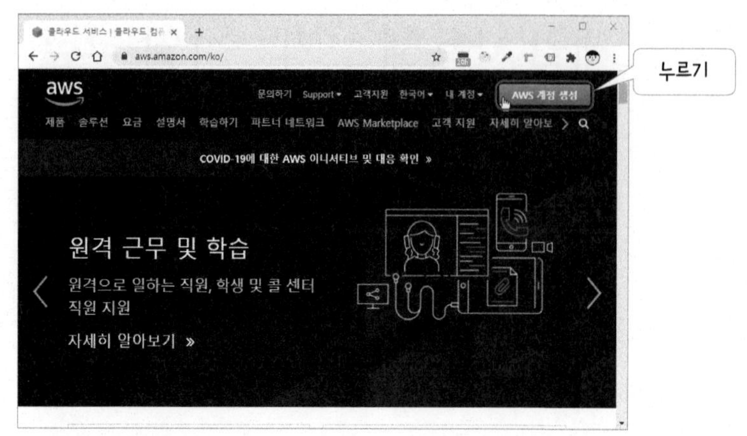

AWS 홈페이지에서 계정 생성하기

이어서 '이메일 주소'와 '암호' 그리고 '계정 이름'을 입력하고 ⟨(필수) 동의하고 계정 만들기⟩를 누른다.

aws
한국어 ▾
AWS 계정 생성
12개월 프리 티어 액세스 포함 AWS 계정
Amazon EC2, Amazon S3 및 Amazon DynamoDB 사용 포함
제안 약관 전문은 aws.amazon.com/free 참조
이메일 주소
eungyong.pahk@gmail.com
암호
암호 확인
AWS 계정 이름
pahky
- 수집하는 개인정보의 항목: 이름, 사용자 아이디, 인증 및 보안 자격 증명, 전화 번호, 주소, 이메일 주소, IP주소, 쿠키, 브라우저와 기기의 식별자, 결재 수단 정보(신용카드 정보 또는 은행계좌 정보), 납세자 등록 번호
- 개인정보의 수집·이용 목적: AWS 계정의 생성 및 관리, AWS 서비스의 제공, AWS 서비스의 개선, 대금 결제, 고객의 AWS 계정 또는 서비스에 관한 의사소통 및 고객 요청 대응
- 개인정보의 보유·이용 기간: 고객의 개인정보는 AWS와의 비즈니스 관계가 유지되는 동안 그리고, AWS의 법적 의무, 분쟁 해결 및 계약 이행에 필요한 기간 동안만 보유됩니다. 또한, AWS는 AWS의 데이터 보존 정책 및 관련 법률에 따라 고객 개인 정보를 삭제합니다.
'(필수) 동의하고 계정 만들기' 버튼을 클릭하면 위의 개인 정보 수집 및 이용에 대한 조건을 읽고 동의하는 것을 의미합니다.
(필수) 동의하고 계정 만들기
기존의 AWS 계정으로 로그인
© 2020 Amazon Web Services, Inc. 또는 자회사. All rights reserved.
개인 정보 보호 정책 | 이용 약관

AWS 회원가입 화면

02단계 연락처 정보 입력하기

계속해서 '연락처 정보'를 입력하고 〈계정을 만들고 계속 진행〉을 누른다. **이때 주소 정보는 반드시 영문으로 입력해야 한다.** 영문 주소는 juso.go.kr에 접속해 자신의 집 주소를 검색하고 '영문 보기'를 누르면 쉽게 알 수 있다.

영문 주소는 인터넷 검색 창에서 '영문 주소 변환'을 검색하면 쉽게 찾을 수 있다.

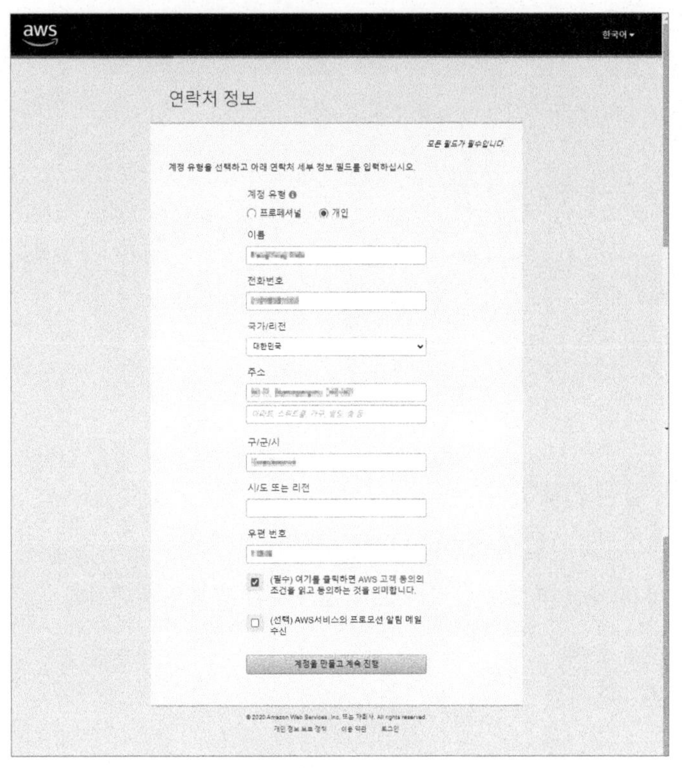

연락처 정보 입력 화면

03단계 결제 정보 입력하기 ― 해외 결제 가능한 신용카드 또는 체크카드 필요

'결제 정보'를 입력한 다음 〈검증 및 추가〉를 누르자. **참고로 계정을 생성하려면 해외 결제 가능한 신용카드 또는 체크카드가 필요하다. 결제 정보를 입력할 때 카드 인증을 위해 1달러가 자동으로 결제된다. 출금된 1달러는 1~2주 이내에 다시 입금되니 안심하자.** 만약 이 과정이 어려운 학생이라면 부모님께 부탁드리자.

카드 번호 검증 시 1달러 자동 결제 후 반환

결제 정보 입력 화면

04단계 본인 인증 후 무료 지원 플랜 선택하기

다음 화면에서 자격 증명 확인을 위해 자신의 휴대전화 번호를 입력하고 〈SMS 전송〉을 누른다. 이어서 휴대전화로 전달된 4자리 확인 코드를 입력하고 〈무료〉 지원 플랜을 선택하자.

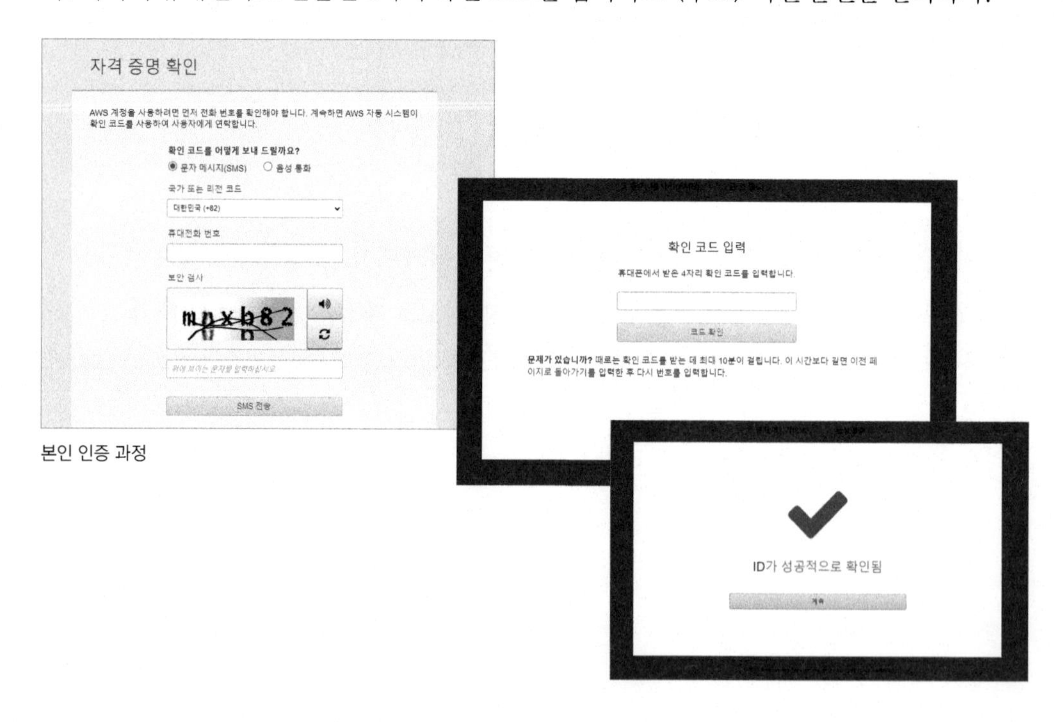

본인 인증 과정

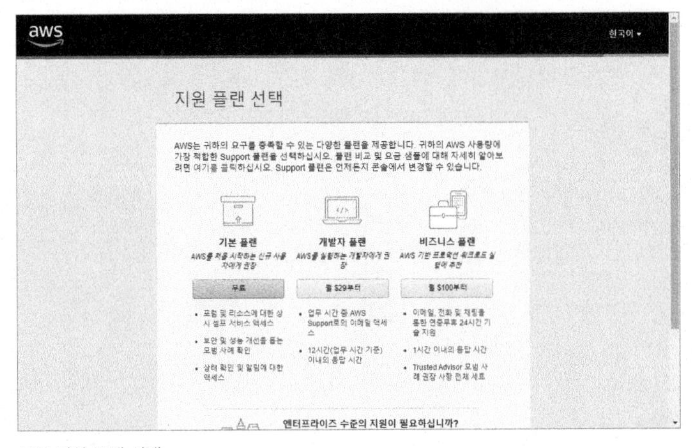

무료 지원 플랜 선택

05단계 콘솔에 로그인하기

이제 다 왔다. 〈콘솔에 로그인〉을 눌러 가입한 계정으로 로그인하자.

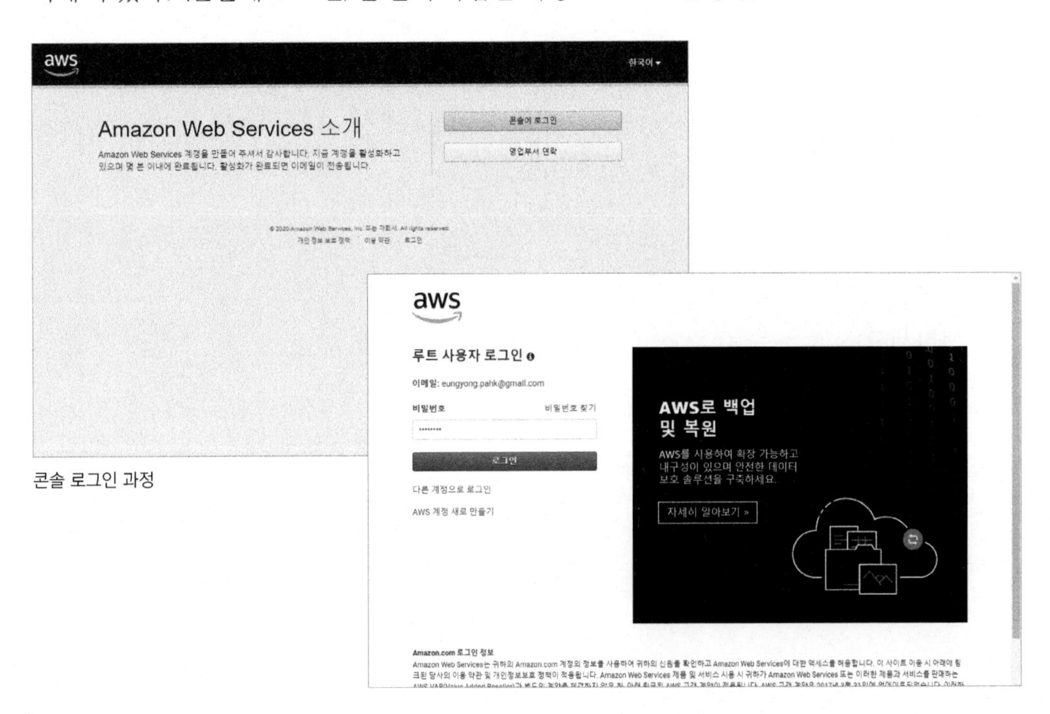

콘솔 로그인 과정

AWS 라이트세일 인스턴스 생성하기

AWS 계정 생성을 마쳤다면 AWS 라이트세일을 사용할 수 있다. AWS에 로그인하여 다음 단계를 순서대로 따라 해보자. 혹시 언어 설정이 나오면 〈한국어〉를 선택하자.

01단계 AWS 라이트세일 공식 홈페이지에 접속하기

AWS 공식 홈페이지에서 계정을 생성했으니 AWS에 로그인한 후 라이트세일 홈페이지에 접속하자.

AWS 라이트세일 공식 홈페이지: lightsail.aws.amazon.com

첫 로그인 시 인스턴스가 없다는 안내 화면

02단계 인스턴스 생성하기

[인스턴스] 탭에서 〈인스턴스 생성〉을 누르자. [데이터베이스], [네트워킹], [스토리지], [스냅샷]과 같은 탭은 지금은 필요 없으므로 무시하자.

인스턴스 생성하기

그런 다음 그림을 보고 인스턴스를 생성하는 데 필요한 여러 옵션을 지정하자. '인스턴스 이미지 선택'에서 플랫폼으로 〈Linux/Unix〉를 선택하고 블루프린트는 〈OS 전용〉을 선택한다. 그런 다음 〈Ubuntu 20.04 LTS〉를 선택한다. 운영체제는 아주 다양한데 가장 안정되고 많은 사람이 사용하는 우분투를 설치할 것이다.

운영체제 선택하기

우분투는 16.04, 18.04, 20.04 버전이 있는데 최신 버전인 20.04를 선택했다.

03단계 인스턴스 플랜 선택하기 - 비용 고르기

'인스턴스 플랜 선택'에서 〈월별 요금〉과 〈$3.5 USD〉를 선택하자. 참고로 월 3.5달러 이외의 요금제는 첫 달 무료 혜택이 없다. 이어서 스크롤을 내려 마지막으로 〈인스턴스 생성〉을 누르자.

인스턴스명은 자동으로 선택한 OS명에 인덱스를 붙여 'Ubuntu-1'과 같이 표시되는데 원하는 이름으로 바꿔도 된다.

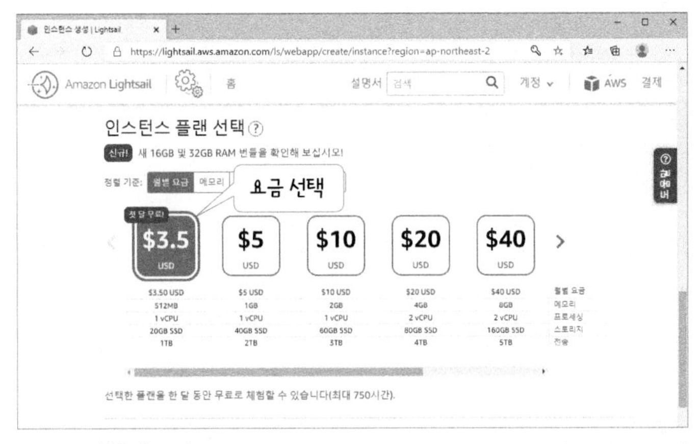

비용 고르기(첫 달 무료)

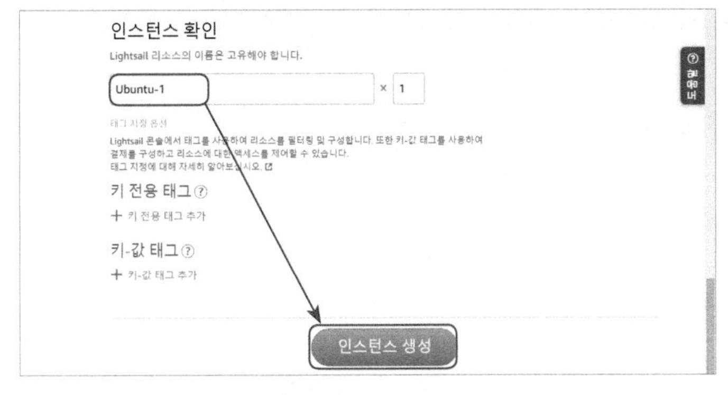

인스턴스명 확인 후 인스턴스 생성 완료

〈인스턴스 생성〉을 누르면 다음과 같은 화면이 나타난다. 인스턴스를 생성하는 동안에는 '대기 중'이라는 메시지를 보여 준다.

인스턴스 목록 화면

04단계 인스턴스 생성 완료!

1~2분 지나면 인스턴스가 '대기 중'에서 '실행 중'으로 바뀐다. 축하한다. 여러분의 서버가 생성되었다.

정상적으로 생성된 인스턴스

04-5 세상에 파이보 공개하기

• 완성 소스 github.com/pahkey/djangobook/tree/4-05

AWS 라이트세일로 여러분의 서버를 생성했다. 서버가 생성되었으니 서버에 파이보를 설치하고 모든 사람이 사용할 수 있도록 만들어 보자. 파이보를 서버에 설치하고 사용하기 위해 준비하는 과정은 여러분이 PC에서 개발을 진행할 때 설치했던 것과 크게 다르지 않다. 우선 AWS 라이트세일이 처음인 독자를 위해 서버 접속부터 차근차근 소개한다.

서버에 접속하여 필요한 도구 설치하기

01단계 서버에 접속하기

먼저 AWS에 로그인해 lightsail.aws.amazon.com에 접속하자. 다음 화면이 나타나면 여러분의 인스턴스에 있는 명령 프롬프트 아이콘을 누르자. 그러면 익숙한 명령 프롬프트 창이 나타난다.

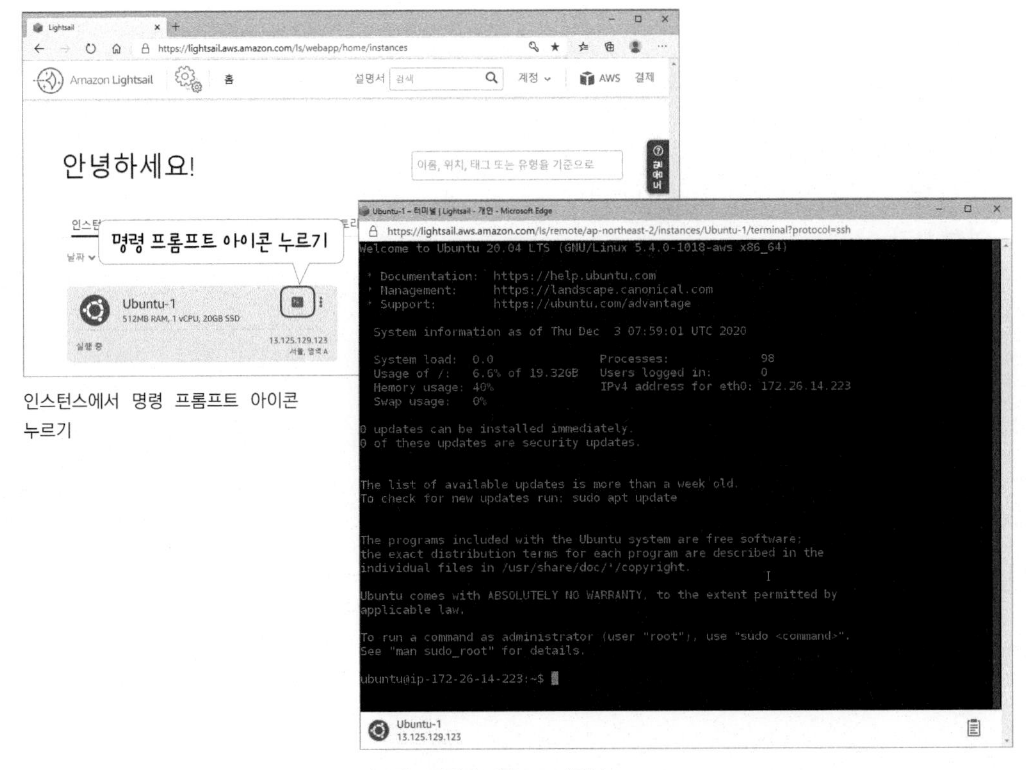

인스턴스에서 명령 프롬프트 아이콘 누르기

인스턴스의 명령 프롬프트, 터미널

앞으로 서버에 필요한 모든 작업은 여기서 진행된다고 생각하면 된다. 그런데 여러분이 보고 있는 AWS의 명령 프롬프트 창은 사실 매우 불편하다. 04-7절에서 mobaXterm을 사용하는 편리한 방법을 소개한다. 지금은 공부한다는 생각으로 사용해 보자.

02단계 현재 시간 확인해 보고 우리나라 시간으로 서버 설정하기

터미널에서 date 명령을 사용해 보자. 그러면 우리나라 시간이 아닌 UTC 시간이 출력된다.

터미널

```
ubuntu@ip-172-26-14-223:~$ date
Thu Dec  3 08:00:05 UTC 2020
```

참고로 UTC 시간은 국제 표준 시간이므로, 파이보 게시물의 등록 시간을 우리나라 시간으로 맞추려면 설정을 바꿔야 한다.

앞으로 '터미널'이라고 표시된 부분은 AWS 서버에 접속한 터미널에서 실행함을 의미한다.

한국 시간으로 설정하기 위해 다음 명령을 수행하자.

터미널

```
ubuntu@ip-172-26-14-223:~$ sudo ln -sf /usr/share/zoneinfo/Asia/Seoul /etc/localtime
```

다시 date 명령을 수행하면 우리나라 시간으로 출력된다. 여러분의 시계와 비교하여 맞는지 확인해 보자.

터미널

```
ubuntu@ip-172-26-14-223:~$ date
Thu Dec  3 17:00:47 KST 2020
```

03단계 서버에 파이썬이 설치되어 있는지 확인하기

장고를 사용하려면 파이썬이 반드시 설치되어 있어야 한다. 서버에 파이썬이 설치되어 있는지 python 명령을 입력해 보자.

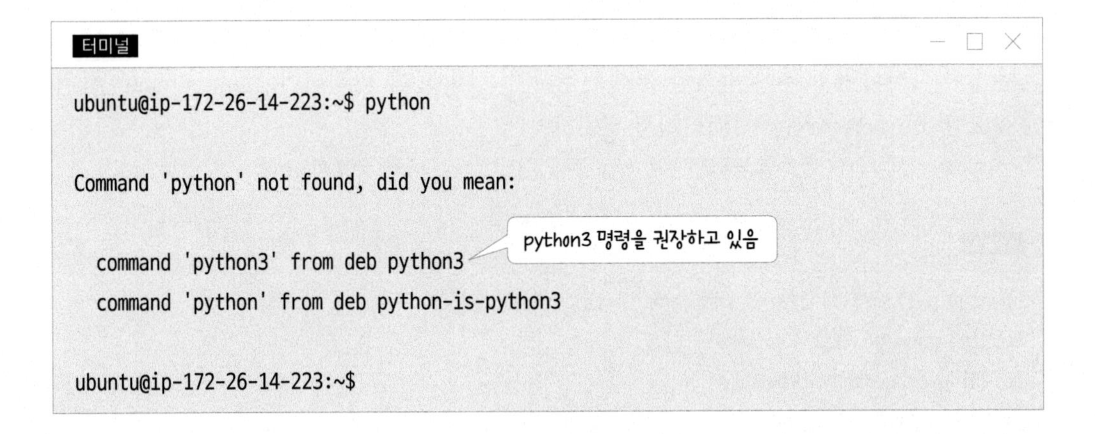

Command 'python' not found, did you mean:
command 'python3' from deb python3
command 'python' from deb python-is-python3

'python3를 입력하라'는 메시지가 나타나면 python3 명령을 입력해 보자.

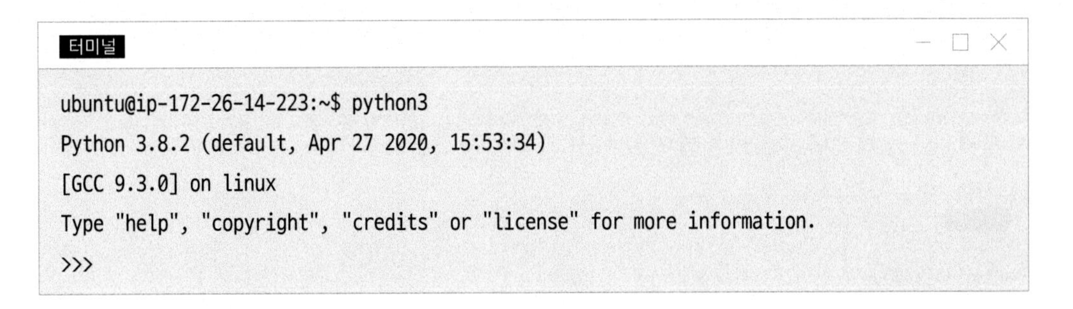

터미널
ubuntu@ip-172-26-14-223:~$ python3
Python 3.8.2 (default, Apr 27 2020, 15:53:34)
[GCC 9.3.0] on linux
Type "help", "copyright", "credits" or "license" for more information.
>>>

그러면 파이썬 셸이 실행된다. 그렇다. 파이썬이 정상으로 설치되어 있다는 것을 확인했으니 exit()를 실행하여 파이썬 셸을 종료하자.

04단계 가상 환경 설정하기

가상 환경 설정 패키지를 설치하기 전에 다음과 같이 sudo apt update 명령을 수행하여 우분투 패키지를 최신으로 업그레이드하자.

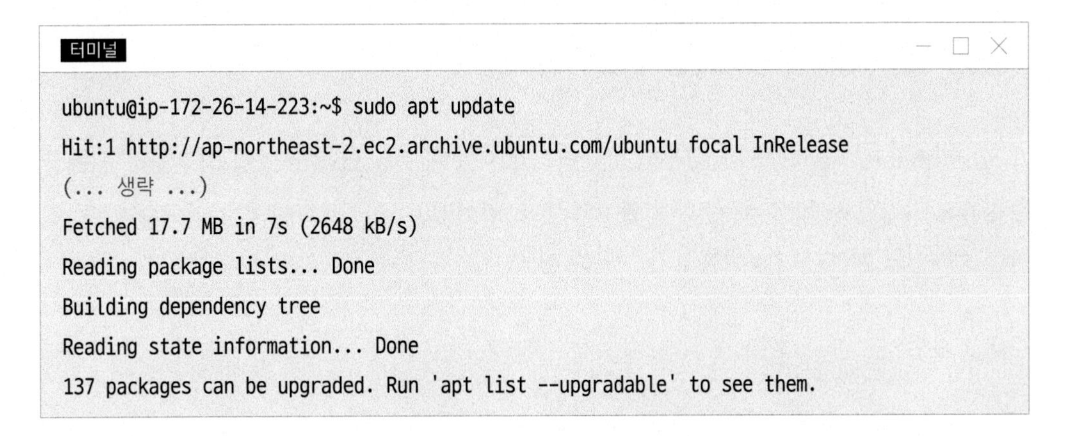

터미널
ubuntu@ip-172-26-14-223:~$ sudo apt update
Hit:1 http://ap-northeast-2.ec2.archive.ubuntu.com/ubuntu focal InRelease
(... 생략 ...)
Fetched 17.7 MB in 7s (2648 kB/s)
Reading package lists... Done
Building dependency tree
Reading state information... Done
137 packages can be upgraded. Run 'apt list --upgradable' to see them.

이어서 우분투에서 가상 환경을 사용할 수 있도록 'python3-venv' 패키지를 설치하자. 이때 질문 창이 나타나면 모두 [Enter]를 눌러 진행하자. 그리고 홈 디렉터리(/home/ubuntu) 하위에 필요한 projects, venvs 디렉터리를 생성하자.

ubuntu@ip-172-26-14-223:~$ 프롬프트에서 '~'는 홈 디렉터리인 /home/ubuntu를 의미한다.

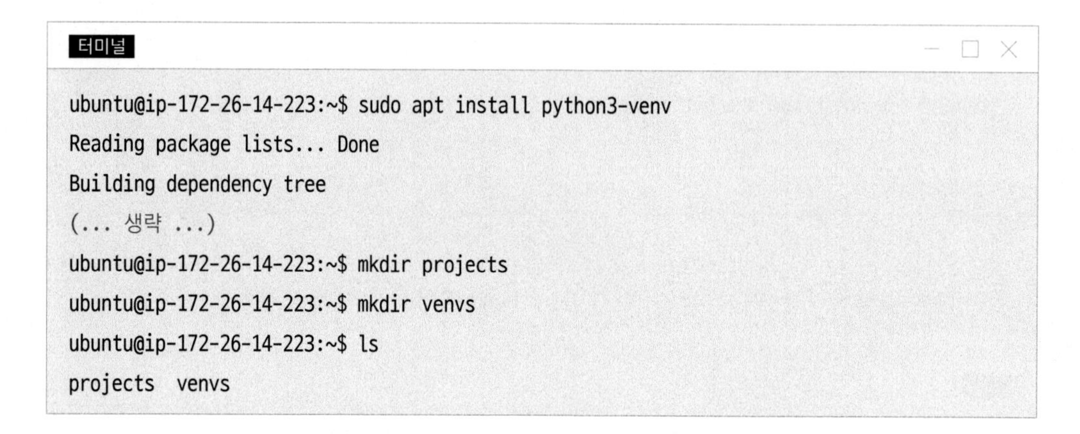


```
ubuntu@ip-172-26-14-223:~$ sudo apt install python3-venv
Reading package lists... Done
Building dependency tree
(... 생략 ...)
ubuntu@ip-172-26-14-223:~$ mkdir projects
ubuntu@ip-172-26-14-223:~$ mkdir venvs
ubuntu@ip-172-26-14-223:~$ ls
projects  venvs
```

이어서 venvs 디렉터리로 이동해 장고 가상 환경을 생성하자.

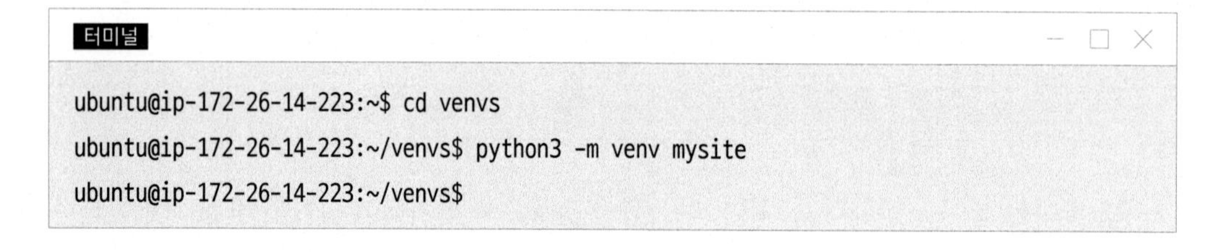


```
ubuntu@ip-172-26-14-223:~$ cd venvs
ubuntu@ip-172-26-14-223:~/venvs$ python3 -m venv mysite
ubuntu@ip-172-26-14-223:~/venvs$
```

이어서 가상 환경으로 진입하자.

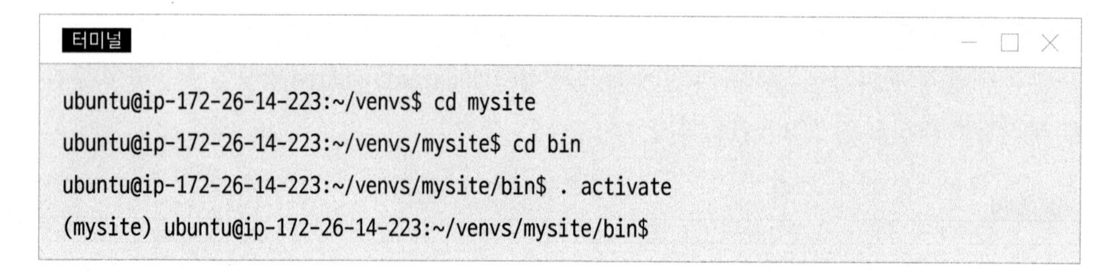


```
ubuntu@ip-172-26-14-223:~/venvs$ cd mysite
ubuntu@ip-172-26-14-223:~/venvs/mysite$ cd bin
ubuntu@ip-172-26-14-223:~/venvs/mysite/bin$ . activate
(mysite) ubuntu@ip-172-26-14-223:~/venvs/mysite/bin$
```

/home/ubuntu/venvs/mysite/bin 디렉터리로 이동해 `. activate` 명령을 수행하면 가상 환경으로 진입할 수 있다. 만약 가상 환경에서 벗어나려면 아무 곳에서나 `deactivate` 명령을 수행하면 된다.

. activate 명령은 '.'과 'activate' 사이에 공백이 있다.

05단계 wheel 패키지 설치하기

서버 환경에서는 pip으로 파이보 관련 패키지를 설치하면 'wheel 패키지 관련 오류'가 발생할 수 있다. 그러므로 `pip install wheel` 명령으로 wheel 패키지를 먼저 설치하자.

터미널

```
(mysite) ubuntu@ip-172-26-14-223:~/venvs/mysite/bin$ pip install wheel
```

그리고 django를 비롯해 필요한 패키지를 설치하자.

터미널

```
(mysite) ubuntu@ip-172-26-14-223:~/venvs/mysite/bin$ pip install django==3.1.3
(mysite) ubuntu@ip-172-26-14-223:~/venvs/mysite/bin$ pip install markdown
```

파이보 설치하기

파이보 관련 파일은 깃허브 원격 저장소에 저장되어 있다. 그러니 서버에서 깃을 이용하면 파이보 관련 파일을 쉽게 내려받을 수 있다.

01단계 projects 디렉터리에서 원격 저장소의 파일 내려받기

projects 디렉터리로 이동하자.

터미널

```
(mysite) ubuntu@ip-172-26-14-223:~/venvs/mysite/bin$ cd ~/projects
```

깃으로 파이보 관련 파일을 내려받으려면 여러분의 깃허브 원격 저장소 URL을 알아야 한다. 원격 저장소 URL을 미리 복사하자.

URL에 표시된 'pahkey'는 필자의 깃허브 아이디이다. 'pahkey' 대신 여러분의 아이디를 사용해야 한다.

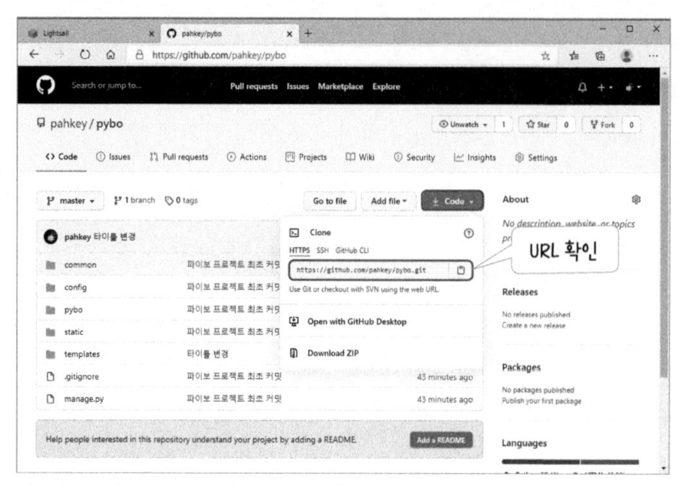

원격 저장소의 URL 복사하기

URL을 확인한 뒤 서버에서 git 명령어로 파이보 관련 파일을 내려받자. **이때 git clone https://github.com/pahkey/pybo.git mysite와 같이 맨 뒤에 mysite를 반드시 입력하자.**

혹시 이 과정을 수행하느라 서버 연결이 종료될 수 있다. 그런 경우에는 <다시 연결>을 눌러 서버를 다시 실행하자. 다시 연결하면 가상 환경이 해제되므로 가상 환경 진입도 반드시 다시 해야 한다.

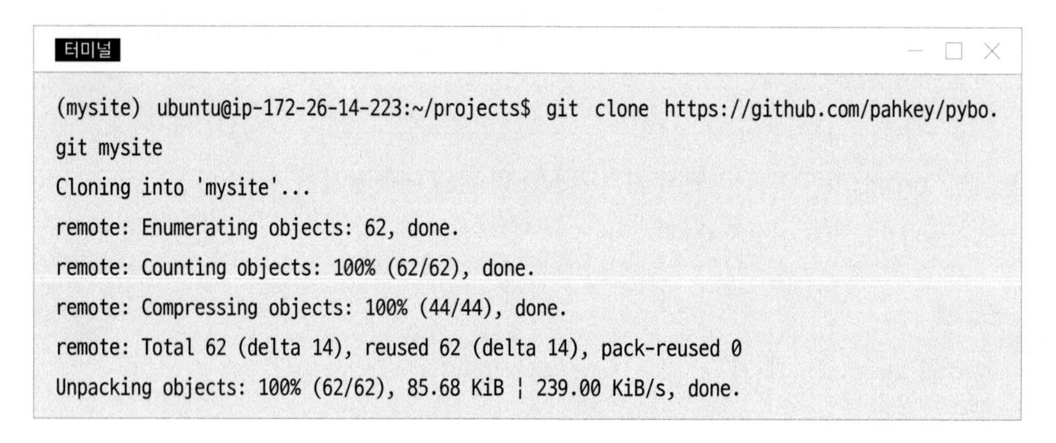
터미널

```
(mysite) ubuntu@ip-172-26-14-223:~/projects$ git clone https://github.com/pahkey/pybo.
git mysite
Cloning into 'mysite'...
remote: Enumerating objects: 62, done.
remote: Counting objects: 100% (62/62), done.
remote: Compressing objects: 100% (44/44), done.
remote: Total 62 (delta 14), reused 62 (delta 14), pack-reused 0
Unpacking objects: 100% (62/62), 85.68 KiB | 239.00 KiB/s, done.
```

ls 명령을 수행해 보면 mysite 디렉터리가 생성되었음을 확인할 수 있다.

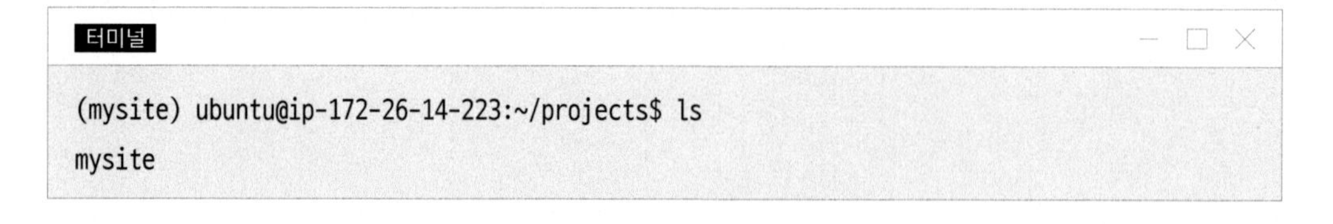
터미널

```
(mysite) ubuntu@ip-172-26-14-223:~/projects$ ls
mysite
```

파이보 실행하기

01단계 데이터베이스 초기화하기

이제 다음처럼 mysite 디렉터리에 진입한 후 장고 서버를 실행해 보자.

```
터미널
(mysite) ubuntu@ip-172-26-14-223:~/projects$ cd mysite
(mysite) ubuntu@ip-172-26-14-223:~/projects/mysite$ python manage.py runserver
Watching for file changes with StatReloader
Performing system checks...

System check identified no issues (0 silenced).

You have 24 unapplied migration(s). Your project may not work properly until you apply the
 migrations for app(s): admin, auth, contenttypes, pybo, sessions.
Run 'python manage.py migrate' to apply them.
December 03, 2020 - 17:23:33
Django version 3.1.3, using settings 'config.settings'
Starting development server at http://127.0.0.1:8000/
Quit the server with CONTROL-C.
```

장고 서버는 실행되지만, `python manage.py migrate` 명령을 수행하라는 메시지를 볼 수 있다. Ctrl + C 키를 입력하여 장고 서버를 종료하고 다음과 같이 `migrate` 명령을 수행하자.

```
터미널
(mysite) ubuntu@ip-172-26-14-223:~/projects/mysite$ python manage.py migrate
Operations to perform:
  Apply all migrations: admin, auth, contenttypes, pybo, sessions
Running migrations:
  Applying contenttypes.0001_initial... OK
  Applying auth.0001_initial... OK
  Applying admin.0001_initial... OK
  (... 생략 ...)
  Applying pybo.0006_auto_20201203_1007... OK
  Applying sessions.0001_initial... OK
```

02단계 장고 서버 실행하기

이제 다시 장고 서버를 실행하자. 아무 이상 없이 잘 구동될 것이다.

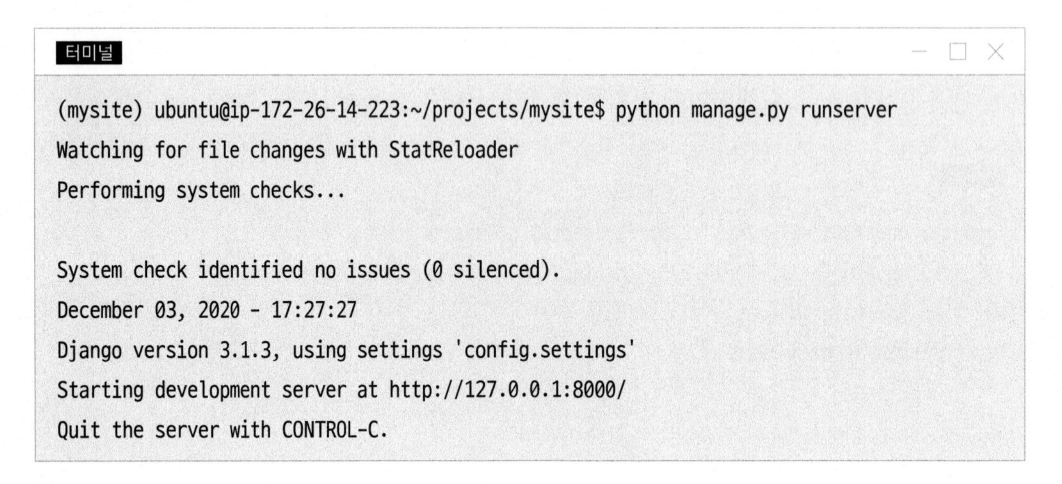
터미널

```
(mysite) ubuntu@ip-172-26-14-223:~/projects/mysite$ python manage.py runserver
Watching for file changes with StatReloader
Performing system checks...

System check identified no issues (0 silenced).
December 03, 2020 - 17:27:27
Django version 3.1.3, using settings 'config.settings'
Starting development server at http://127.0.0.1:8000/
Quit the server with CONTROL-C.
```

고정 IP 생성하기

이렇게 서버에 구동된 파이보 서비스(장고 서버)에 접속하려면 고정 IP가 필요하다. AWS 라이트세일에서 고정 IP를 생성해 보자.

01단계 고정 IP 생성 메뉴로 이동하기

AWS 라이트세일의 메인 화면에서 [네트워킹] 탭으로 이동해 〈고정 IP 생성〉을 누른다.

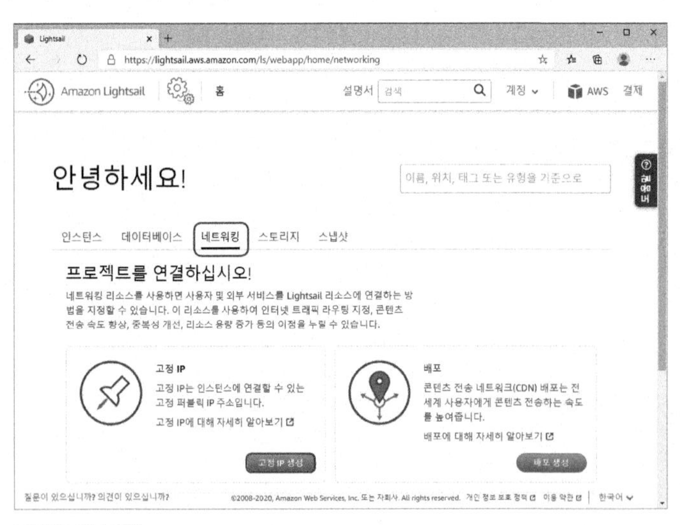

고정 IP 생성 화면

02단계 고정 IP 인스턴스에 연결하기

인스턴스 선택에서 [Ubuntu-1]을 선택하고 고정 IP명을 입력한 뒤 〈생성〉을 눌러 고정 IP를 생성하자. 필자의 경우 '3.35.153.92'라는 고정 IP가 생성되었다.

고정 IP명은 원하는 이름으로 설정해도 된다. 여기서는 기본값으로 제시된 StaticIp-1을 사용했다.

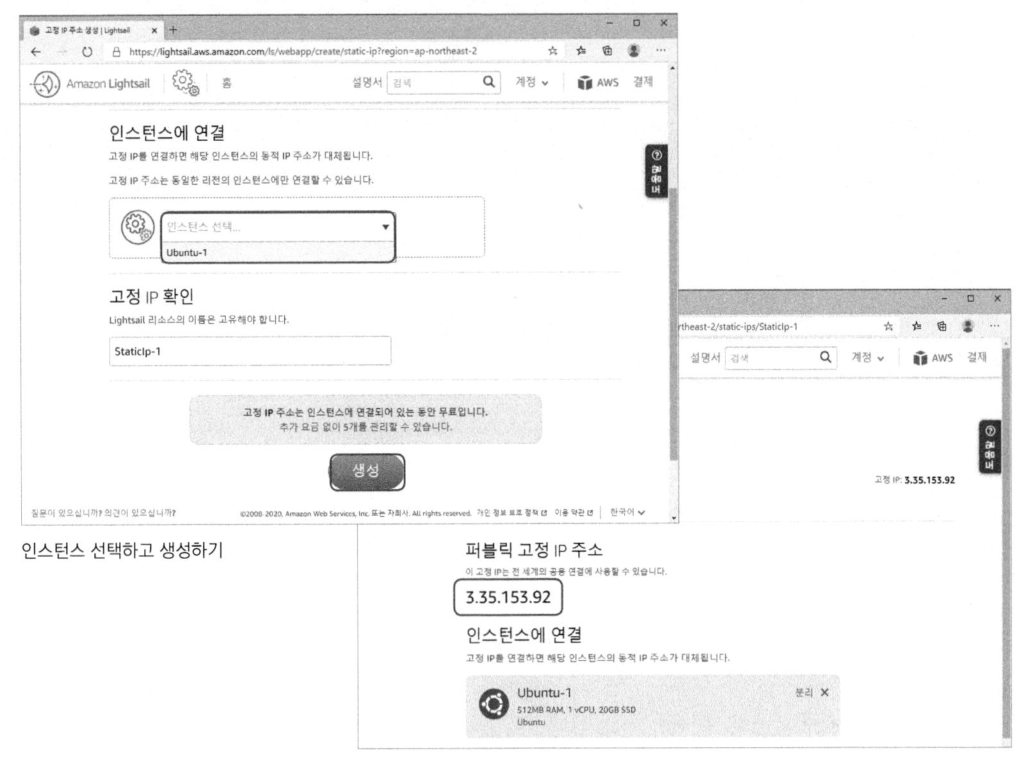

인스턴스 선택하고 생성하기

퍼블릭 고정 IP 주소를 확인하는 화면

방화벽 설정하고 파이보 서버에 접속해 보기

01단계 인스턴스에 접속 포트 번호 설정하기

우리의 파이보 서버(인스턴스)는 포트 번호가 8000번이다. 그래서 외부에서 8000번 포트로 접속하려면 '방화벽 해제 작업'을 해야 한다. AWS 라이트세일의 메인 화면에서 [인스턴스] 탭을 선택한 뒤 다음처럼 〈Ubuntu-1〉을 클릭하자.

HTTP 기본 포트인 80번 포트에서 서비스하는 방법은 04-10에서 알아본다.

인스턴스 선택하기

이어서 [네트워킹] 탭을 선택하고 〈+규칙 추가〉를 클릭한다.

Ubuntu-1 – 네트워킹 | Lightsail
https://lightsail.aws.amazon.com/ls/webapp/ap-northeast-2/instances/Ubuntu-1/networking
Amazon Lightsail
홈
설명서
검색
계정
AWS
결제
상태: 실행 중
프라이빗 IP: 172.26.15.179 고정 IP: 3.35.153.92
연결
스토리지
지표
네트워킹
스냅샷
태그
기록
삭제
IP 주소
고정 IP
3.35.153.92
고정 IP 분리
프라이빗 IP
172.26.15.179
프라이빗 IP 주소를 사용하여 다른 내부 리소스와 안전하게 통신할 수 있습니다.
방화벽
인터넷 또는 특정 IP 주소 또는 범위에 대해 포트를 개방하는 규칙을 생성합니다.
방화벽 규칙에 대해 자세히 알아보기
+ 규칙 추가

애플리케이션	프로토콜	포트 또는 범위 / 코드	제한
SSH	TCP	22	모든 IP 주소 Lightsail 브라우저 SSH/RDP
HTTP	TCP	80	모든 IP 주소

방화벽 규칙 추가 화면

다음처럼 포트 번호 '8000'을 입력하고 생성한다.

포트 번호 추가 화면

02단계 장고 서버 다시 구동하기

그리고 인스턴스 터미널로 돌아와 python manage.py runserver 0:8000 명령을 실행하여 장고 서버를 다시 구동하자. **이때 runserver 명령 뒤에 0:8000이라는 파라미터를 붙였다. 0:8000에서 0의 의미는 '외부에서 이 서버에 접속할 수 있도록 아이피를 개방한다'는 의미이며 :8000의 의미는 8000번 포트로 접속을 허용한다는 의미이다.**

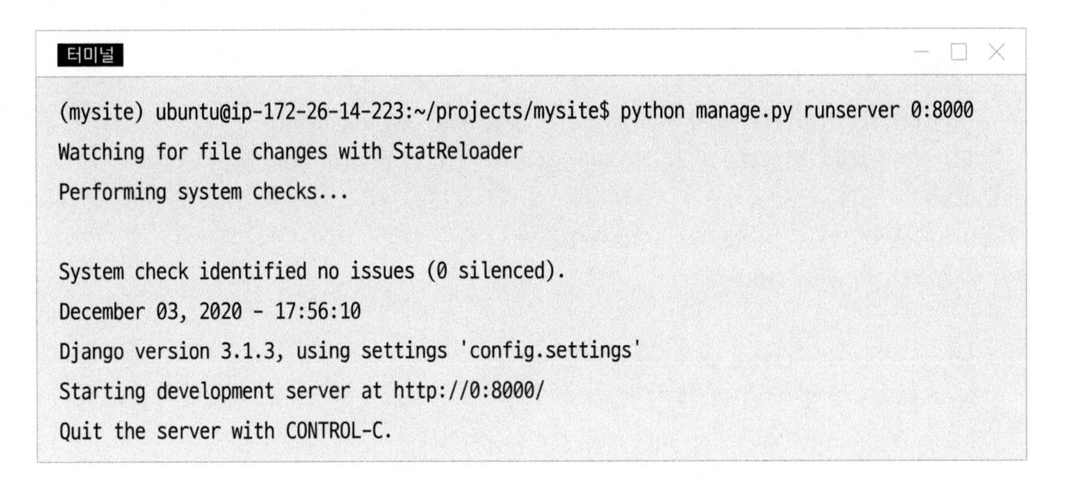

터미널

```
(mysite) ubuntu@ip-172-26-14-223:~/projects/mysite$ python manage.py runserver 0:8000
Watching for file changes with StatReloader
Performing system checks...

System check identified no issues (0 silenced).
December 03, 2020 - 17:56:10
Django version 3.1.3, using settings 'config.settings'
Starting development server at http://0:8000/
Quit the server with CONTROL-C.
```

장고 서버가 종료되지 않은 상태에서 터미널이 종료되었다면?

장고 서버가 종료되지 않은 상태에서 다음처럼 터미널이 종료되었다면 이미 실행 중인 장고 서버 프로세스를 종료해야 한다.

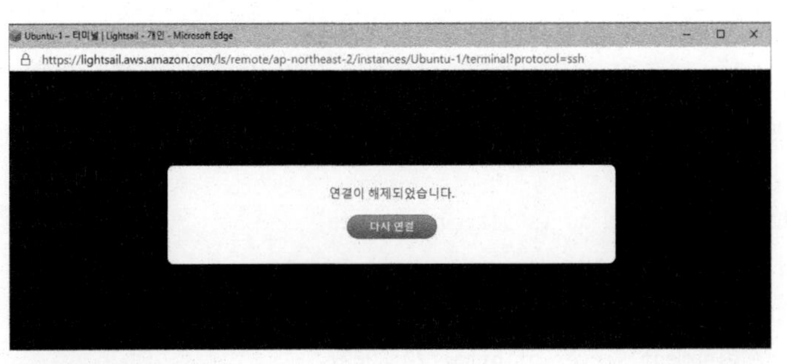

터미널 연결이 해제된 모습

<다시 연결>을 눌러 터미널에 다시 접속한 뒤 다음처럼 따라 해보자. 가상 환경에 진입하고 프로젝트 루트 디렉터리인 ~/projects/mysite로 이동하자.

터미널

```
ubuntu@ip-172-26-14-223:~$ cd ~/venvs/mysite/bin
```

```
ubuntu@ip-172-26-14-223:~/venvs/mysite/bin$ . activate
(mysite) ubuntu@ip-172-26-14-223:~/venvs/mysite$ cd ~/projects/mysite
(mysite) ubuntu@ip-172-26-14-223:~/projects/mysite$
```

그리고 기존에 실행한 장고 서버를 종료하기 위해 다음과 같이 killall python 명령을 수행한 후 서버를 다시 실행하자.

터미널

```
(mysite) ubuntu@ip-172-26-14-223:~/projects/mysite$ killall python
(mysite) ubuntu@ip-172-26-14-223:~/projects/mysite$ python manage.py runserver
0:8000
Watching for file changes with StatReloader
Performing system checks...

System check identified no issues (0 silenced).
December 03, 2020 - 17:51:19
Django version 3.1.3, using settings 'config.settings'
Starting development server at http://0:8000/
Quit the server with CONTROL-C.
```

만약 killall python 명령을 수행하지 않고 장고 서버를 실행하면 다음과 같은 오류가 발생할 수 있다.

터미널

```
(mysite) ubuntu@ip-172-26-14-223:~/venvs/mysite$ python manage.py runserver 0:8000
Watching for file changes with StatReloader
Performing system checks...

System check identified no issues (0 silenced).
April 13, 2020 - 11:49:18
Django version 3.0.5, using settings 'mysite.settings'
Starting development server at http://0:8000/
Quit the server with CONTROL-C.
Error: That port is already in use.
```

03단계 서버에서 장고 서비스 가능하도록 설정하기

장고 서버를 실행하고 이제 웹 브라우저에서 3.35.153.92:8000 URL로 접속해 보자.

'3.35.153.92'는 필자의 고정 아이피이므로 여러분의 고정 아이피를 입력하자.

그러면 화면에 다음과 같은 오류가 표시될 것이다.

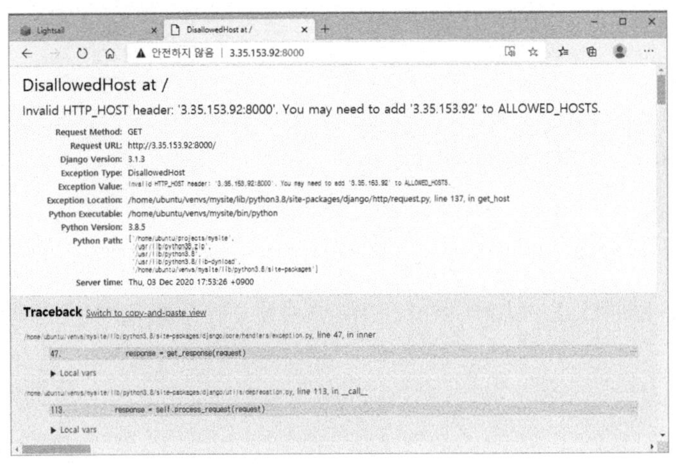

ALLOW_HOSTS를 설정하지 않은 경우 나타나는 오류

장고 서버를 외부에 서비스하려면 settings.py 파일의 `ALLOWED_HOSTS` 항목을 반드시 설정해야 하는데 설정이 되어 있지 않아서 발생하는 오류이다. 장고의 `ALLOWED_HOSTS`는 보안과 관련된 항목으로 장고 서버가 실행 가능한 호스트를 등록하는 설정 항목이다. 호스트 등록을 위해 다음처럼 settings.py 파일을 수정하도록 하자.

settings.py 파일 수정은 서버가 아닌 여러분의 PC에서 해야 한다.

파일 이름 c:/projects/mysite/config/settings.py

```
(... 생략 ...)
ALLOWED_HOSTS = ['3.35.153.92']
(... 생략 ...)
```

`ALLOWED_HOSTS`에 고정 아이피인 `'3.35.153.92'`을 추가해 주었다. `'3.35.153.92'`은 필자의 고정 아이피이므로 여러분의 고정 아이피를 입력하자. 로컬에서 수정한 파일을 서버에 적용하려면 다음과 같은 과정이 필요하다.

우선 여러분의 데스크톱 환경으로 돌아와 다음과 같이 깃허브에 변경된 내용을 저장한다.

```
C:\_ 명령 프롬프트

(mysite) c:\projects\mysite>git add *
(mysite) c:\projects\mysite>git commit -m "ALLOWD_HOSTS 변경"
(mysite) c:\projects\mysite>git push
```

그리고 AWS 터미널로 다시 돌아와 git pull 명령으로 깃허브에서 변경된 내용을 가져온다.

```
터미널

(mysite) ubuntu@ip-172-26-14-223:~/projects/mysite$ git pull
```

git pull 명령 실행 시 여러분의 PC와 마찬가지로 깃허브 인증이 필요하다. 하지만 여러분의 PC와 마찬가지로 git config credential.helper store 명령을 수행하면 인증 절차를 생략할 수 있다.

```
터미널

(mysite) ubuntu@ip-172-26-14-223:~/projects/mysite$ git config credential.helper store
```

04단계 고정 IP로 파이보에 접속해 보기

서버에서 다시 장고 서버를 실행하자.

```
터미널

(mysite) ubuntu@ip-172-26-14-223:~/venvs/mysite$ python manage.py runserver 0:8000
Watching for file changes with StatReloader
Performing system checks...

System check identified no issues (0 silenced).
April 13, 2020 - 11:49:18
Django version 3.0.5, using settings 'mysite.settings'
Starting development server at http://0:8000/
Quit the server with CONTROL-C.
```

그리고 여러분의 컴퓨터에서 웹 브라우저를 실행하고 앞서 설정한 고정 IP에 포트 번호를 붙여(3.35.153.92:8000) 접속해 보자. 그러면 다음 화면을 볼 수 있다.

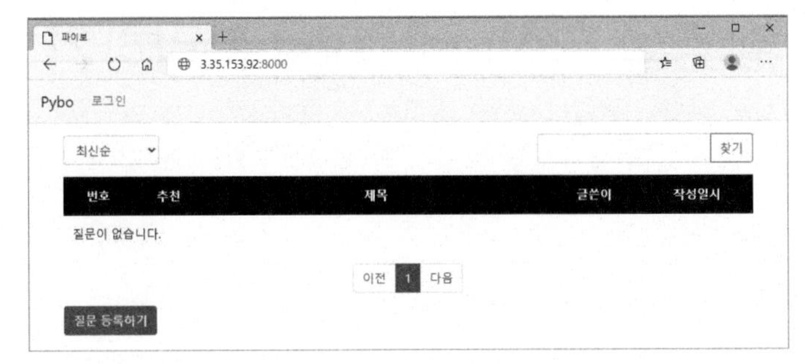

고정 IP로 접속한 파이보

이제부터 누구나 웹 브라우저에서 3.35.153.92:8000을 입력하면 여러분의 파이보 서비스를 사용할 수 있다. 여러분이 만든 서비스가 세상에 공개되는 순간이다. 축하한다!

AWS 인스턴스와 고정 IP 삭제하여 의도하지 않은 요금 발생 막기

AWS 라이트세일 인스턴스는 1달간 무료로 사용할 수 있고 이후엔 비용이 발생한다. 이를 원치 않는다면 인스턴스와 고정 IP를 삭제해야 한다. 인스턴스는 다음처럼 AWS 라이트세일 홈페이지 화면의 [인스턴스] 탭에서 삭제할 수 있다

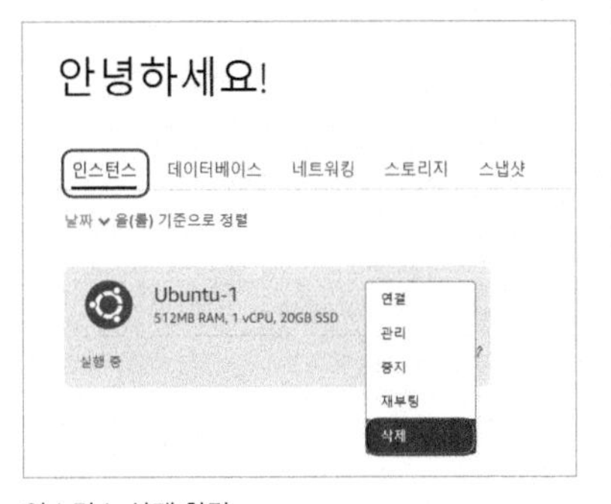

인스턴스 삭제 화면

고정 IP는 다음처럼 [네트워킹] 탭에서 삭제할 수 있다.

고정 IP 삭제 화면

04-6 서버·개발 환경을 위한 settings 분리하기

• 완성 소스 `github.com/pahkey/djangobook/tree/4-06`

04-5에서 settings.py 파일의 `ALLOWED_HOSTS`를 수정했다. 이 파일을 수정했던 이유는 고정 아이피를 추가하여 서버를 구동해야 서비스가 정상으로 실행되기 때문이었다. 하지만 여러분의 PC로 돌아와 개발 서버를 다시 실행해 localhost:8000에 접속하면 다음과 같은 오류 화면을 볼 수 있다.

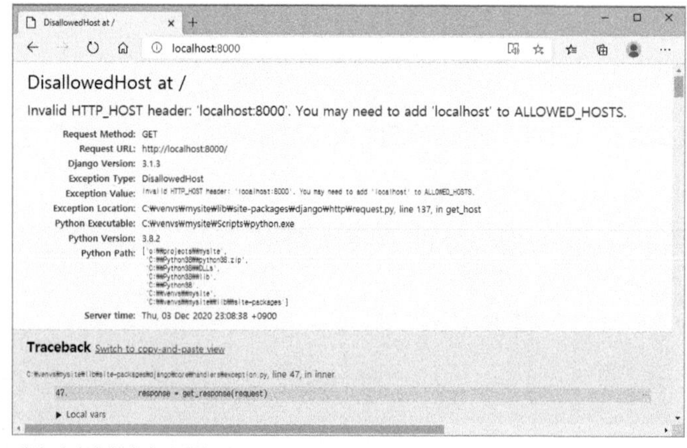

개발 서버에서 다시 발생한 ALLOWED_HOSTS 오류

이 오류는 `ALLOWED_HOSTS`에 서버의 고정 아이피(3.35.153.92)를 등록했기 때문이다. 이제는 localhost를 통해 접속할 수 없게 된 것이다. 하지만 개발을 한창 진행할 때는 localhost 접속이 필요하므로 이 오류를 해결해야 한다. 그러려면 `ALLOWED_HOSTS`에 등록한 고정 아이피를 빼야 할까? 그렇게 하면 고정 아이피를 뺀 내용이 서버에 다시 적용되고, 서버에서는 다시 위와 같은 오류가 발생하는 딜레마에 빠지게 될 것이다. 서버를 세상에 공개하면 이런 문제가 필연적으로 발생하게 된다.

이 문제를 해결하려면 개발 환경과 서버 환경을 구분해서 서버를 실행해야 한다. 즉, 서버 환경의 `ALLOWED_HOSTS`와 개발 환경의 `ALLOWED_HOSTS`를 다르게 설정해야 한다. 물론 `ALLOWED_HOSTS` 외에 `DEBUG`라던가 `DATABASE` 등의 항목도 서버 환경과 개발 환경에서 다르게 설정해야 한다. 여기서는 이런 문제를 해결하기 위한 settings.py 파일 분리와 설정 방법을 알아본다.

환경 파일 분리하기

settings.py 파일을 분리하는 방법은 이전에 알아보았던 views.py 파일을 분리하는 방법과 비슷하다.

01단계 settings 디렉터리 생성하기

다음과 같이 로컬 환경에서 settings 디렉터리를 생성하자.

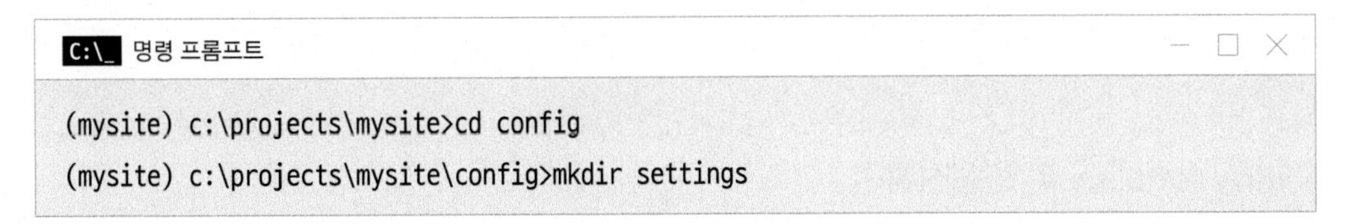

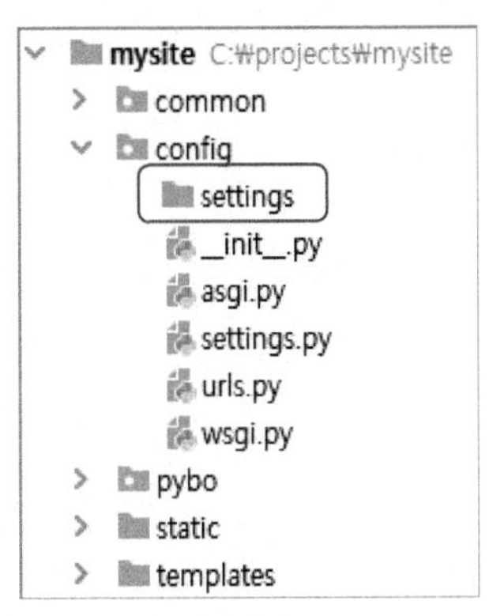

settings 디렉터리 확인

02단계 base.py 파일 생성하기

그리고 settings.py 파일을 settings 디렉터리에 base.py라는 이름으로 이동시키자.

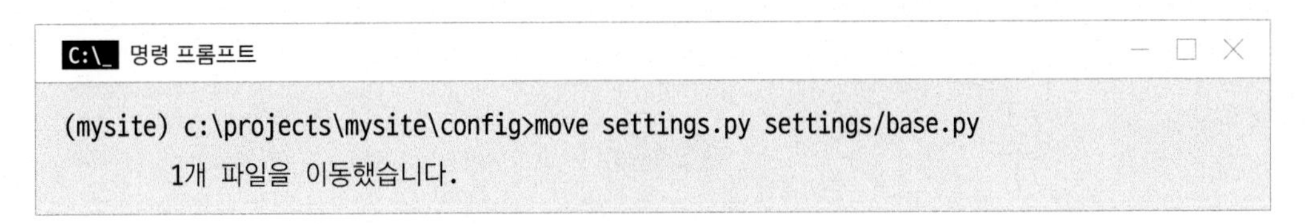

C:_ 명령 프롬프트
(mysite) c:\projects\mysite\config>move settings.py settings/base.py
1개 파일을 이동했습니다.

그리고 base.py 파일의 `BASE_DIR` 항목을 다음과 같이 수정하자.

파일 이름 C:/projects/mysite/config/settings/base.py

```
(... 생략 ...)
BASE_DIR = Path(__file__).resolve().parent.parent.parent
(... 생략 ...)
```

기존 settings.py 파일의 위치는 C:/projects/mysite/config인데 base.py 파일의 위치는 C:/projects/mysite/config/settings로 디렉터리가 더 깊어졌기 때문에 `.parent`를 한 번 더 사용하여 `BASE_DIR`을 설정했다. C:/projects/mysite/config/settings/base.py에서 총 세 번의 `.parent`가 사용되었으므로 `BASE_DIR`은 결국 C:/projects/mysite가 될 것이다.

03단계 local.py 파일 생성하기

개발 환경을 담당할 local.py 파일은 다음과 같이 작성한다.

파일 이름 C:/projects/mysite/config/settings/local.py

```
from .base import *

ALLOWED_HOSTS = []
```

개발 환경에 맞게끔 `ALLOWED_HOSTS` 항목을 비워 놓았다. `from .base import *` 는 base.py 파일의 모든 내용을 사용한다는 의미이다. 즉, local.py 파일의 내용은 base.py 파일과 동일하지만 `ALLOWED_HOSTS`만 다르게 설정하겠다는 의미이다.

04단계 prod.py 파일 생성하기

서버 환경을 담당할 prod.py 파일을 다음과 같이 작성한다.

보통 운영 환경을 production 환경이라고 한다. prod.py의 prod는 production의 약어이다

파일 이름 C:/projects/mysite/config/settings/prod.py

```
from .base import *

ALLOWED_HOSTS = ['3.35.153.92']
```

prod.py 파일에는 서버 환경에 맞게끔 ALLOWED_HOSTS 항목에 서버의 고정 아이피를 등록하였다. 이렇게 수정하면 mysite/config 디렉터리의 구조는 다음과 같을 것이다. 디렉터리 구조와 파일명을 확인하자.

config 디렉터리 확인

settings 옵션 설정하기

개발 환경에서 장고 서버를 구동해 보자. 그러면 다음과 같은 오류가 발생한다.

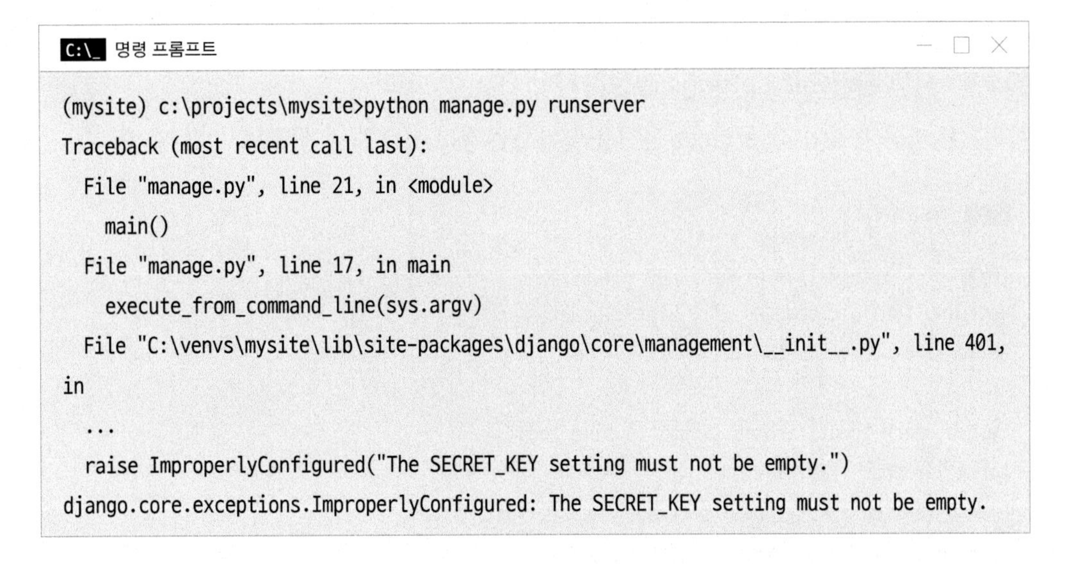

```
C:\_ 명령 프롬프트

(mysite) c:\projects\mysite>python manage.py runserver
Traceback (most recent call last):
  File "manage.py", line 21, in <module>
    main()
  File "manage.py", line 17, in main
    execute_from_command_line(sys.argv)
  File "C:\venvs\mysite\lib\site-packages\django\core\management\__init__.py", line 401,
in
  ...
  raise ImproperlyConfigured("The SECRET_KEY setting must not be empty.")
django.core.exceptions.ImproperlyConfigured: The SECRET_KEY setting must not be empty.
```

오류가 발생한 이유는 장고 서버가 분리 작업으로 인해 settings.py 파일을 읽지 못했기 때문이다.

01단계 개발 환경으로 settings 설정하기

다음과 같이 --settings 옵션을 추가하여 장고 서버를 실행해 보자.

```
C:\_ 명령 프롬프트

(mysite) c:\projects\mysite>python manage.py runserver --settings=config.settings.local
Watching for file changes with StatReloader
```

```
Performing system checks...

System check identified no issues (0 silenced).
April 23, 2020 - 20:47:17
Django version 3.1.3, using settings 'config.settings.local'
Starting development server at http://127.0.0.1:8000/
Quit the server with CTRL-BREAK.
```

python manage.py runserver 명령 뒤에 --settings=config.settings.local 옵션을 추가하니 장고 서버가 잘 작동한다. --settings 옵션은 장고 서버가 읽어야 할 설정 파일을 지정하고, --settings=config.settings.local 옵션은 장고 서버의 설정 파일로 config/settings/local.py 파일을 사용한다는 의미이다.

02단계 서버 환경으로 settings 설정하기

이번에는 다음과 같이 --settings 옵션을 달리하여 장고 서버를 실행해 보자.

```
C:\_ 명령 프롬프트

(mysite) c:\projects\mysite>python manage.py runserver --settings=config.settings.prod
Watching for file changes with StatReloader
Performing system checks...

System check identified no issues (0 silenced).
April 14, 2020 - 10:41:11
Django version 3.1.3, using settings 'mysite.settings.prod'
Starting development server at http://127.0.0.1:8000/
Quit the server with CTRL-BREAK.
```

이번에는 --settings=config.settings.prod 옵션으로 장고 서버를 실행하였다. 서버는 잘 실행되지만, 웹 브라우저에서 파이보에 접속하면 다음과 같은 오류가 발생한다.

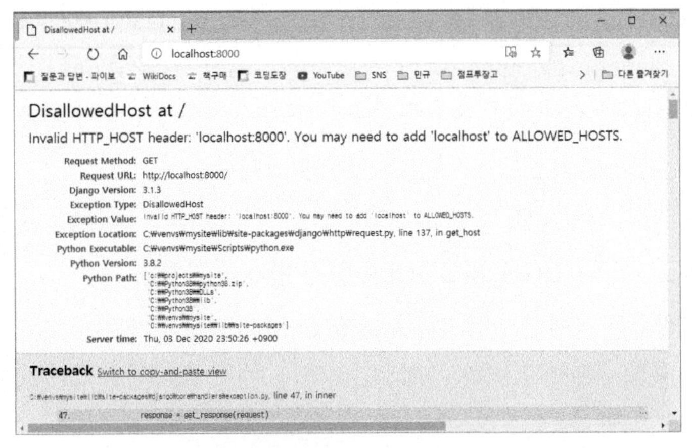

prod.py 파일에 서버의 고정 아이피가 등록되어 나타난 오류

왜냐하면 C:/projects/mysite/config/settings/prod.py 파일의 `ALLOWED_HOSTS`에는 서버의 고정 아이피가 등록되어 있기 때문이다. 즉, 개발 환경에서 장고 서버를 실행할 때는 `--settings=config.settings.local` 옵션을 사용하고, 서버 환경에서 장고 서버를 실행할 때는 `--settings=config.settings.prod`를 사용해야 한다.

개발 환경 자동화 설정하기

이번에는 `DJANGO_SETTINGS_MODULE`이라는 환경 변수를 이용하는 방법을 알아보자.

01단계 DJANGO_SETTINGS_MODULE 환경 변수 사용하기

`DJANGO_SETTINGS_MODULE` 환경 변수는 장고 서버 실행 시 사용하는 `--settings=config.settings.local` 옵션을 대신한다. 즉, 개발 환경에서는 다음처럼 장고 서버를 실행한다.

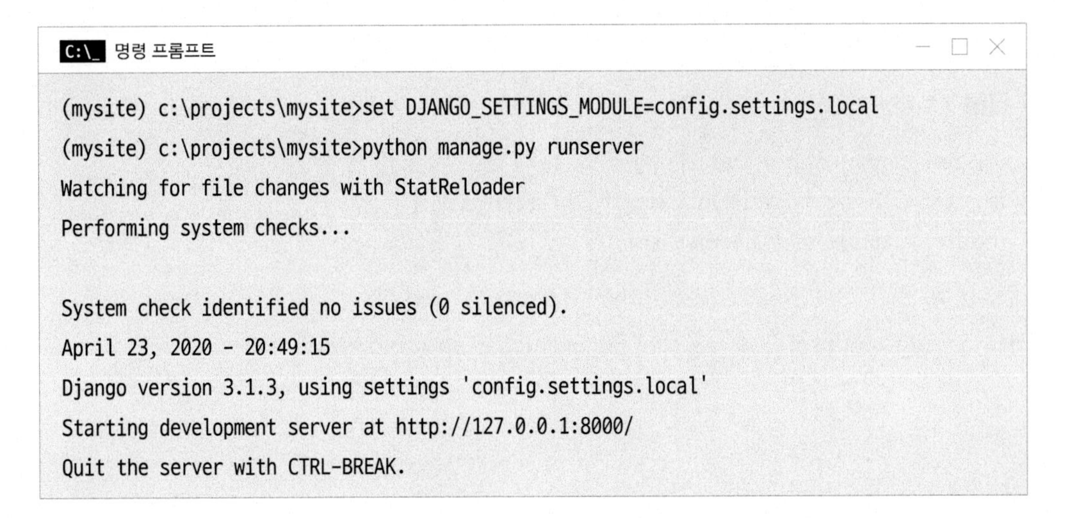
C:_ 명령 프롬프트

```
(mysite) c:\projects\mysite>set DJANGO_SETTINGS_MODULE=config.settings.local
(mysite) c:\projects\mysite>python manage.py runserver
Watching for file changes with StatReloader
Performing system checks...

System check identified no issues (0 silenced).
April 23, 2020 - 20:49:15
Django version 3.1.3, using settings 'config.settings.local'
Starting development server at http://127.0.0.1:8000/
Quit the server with CTRL-BREAK.
```

set DJANGO_SETTINGS_MODULE=config.settings.local 명령으로 DJANGO_SETTINGS_MODULE 환경 변수를 설정하고, python manage.py runserver 명령처럼 --settings=config.settings.local 옵션 없이 장고 서버를 실행했다. 옵션을 사용할 때와 동일하게 작동함을 확인할 수 있다.

02단계 배치 파일에 DJANGO_SETTINGS_MODULE 환경 변수 추가하기

DJANGO_SETTINGS_MODULE 환경 변수를 이전에 만들었던 mysite.cmd 파일에 추가하면 더욱 편리하게 개발 환경에서 장고 서버를 구동할 수 있다.

파일 이름 C:/venvs/mysite.cmd

```
@echo off
cd c:/projects/mysite
set DJANGO_SETTINGS_MODULE=config.settings.local
c:/venvs/mysite/scripts/activate
```

mysite.cmd 파일로 가상 환경에 진입하면 DJANGO_SETTINGS_MODULE 환경 변수가 자동으로 설정되므로 별다른 설정 없이 python manage.py runserver 명령으로 서버를 실행할 수 있다.

서버 환경 설정하기

서버 환경도 개발 환경에 적용했던 것과 동일한 방법을 사용하면 된다.

01단계 변경된 내용 서버에 적용하기

우선 다음처럼 개발 환경에서 변경된 파일을 서버에 적용하자.

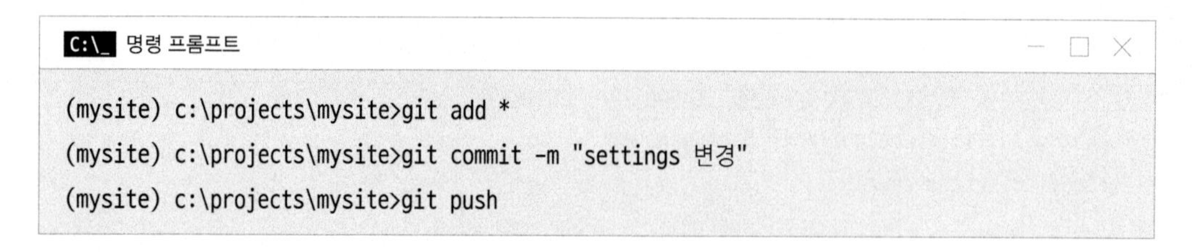
명령 프롬프트

```
(mysite) c:\projects\mysite>git add *
(mysite) c:\projects\mysite>git commit -m "settings 변경"
(mysite) c:\projects\mysite>git push
```

그리고 AWS 서버 터미널에 접속하여 다음 명령을 순서대로 수행한다.

터미널

```
ubuntu@ip-172-26-14-223:~$ cd ~/venvs/mysite/bin
ubuntu@ip-172-26-14-223:~/venvs/mysite/bin$ . activate
(mysite) ubuntu@ip-172-26-14-223:~/venvs/mysite/bin$ cd ~/projects/mysite
(mysite) ubuntu@ip-172-26-14-223:~/projects/mysite$ git pull
```

가상 환경으로 접속한 후 `git pull` 명령으로 변경된 내용을 깃허브에서 다운로드했다.

02단계 서버 환경으로 장고 서버 실행하기

그리고 다음처럼 `settings` 옵션을 추가하여 서버를 실행하면 서버가 잘 작동할 것이다.

터미널

```
(mysite) ubuntu@ip-172-26-14-223:~/projects/mysite$ python manage.py runserver 0:8000
--settings=config.settings.prod
Watching for file changes with StatReloader
Performing system checks...

System check identified no issues (0 silenced).
April 23, 2020 - 20:52:44
Django version 3.1.3, using settings 'config.settings.prod'
Starting development server at http://0:8000/
Quit the server with CONTROL-C.
```

서버 설정 자동화하기

서버도 개발 환경의 mysite.cmd 파일과 비슷하게 mysite.sh 파일을 작성하여 가상 환경 진입과 환경 변수 설정 작업을 자동화할 수 있다. 이때 서버에서는 파이참과 같은 편집기를 사용할 수 없으므로 여기서는 nano 편집기를 사용하자.

01단계 nano 편집기로 /venvs/mysite.sh 작성하기

터미널에서 venvs 디렉터리로 이동한 다음 `nano mysite.sh` 명령을 수행하자.

```
(mysite) ubuntu@ip-172-26-14-223:~/projects/mysite$ cd /home/ubuntu/venvs/
(mysite) ubuntu@ip-172-26-14-223:~/venvs$ nano mysite.sh
```

그러면 다음과 같은 화면이 나타난다. 이 화면이 nano 편집기 화면이다. 아쉽게도 nano 편집기에서는 마우스를 사용할 수 없다. 하지만 화살표 키로 커서를 움직이며 편집할 수 있으므로 그다지 어렵지 않다. 편집기 아래에는 여러 단축키 기능이 표시되어 있다.

^는 Ctrl을 의미한다. ^X는 Ctrl와 X를 동시에 누르라는 뜻이다.

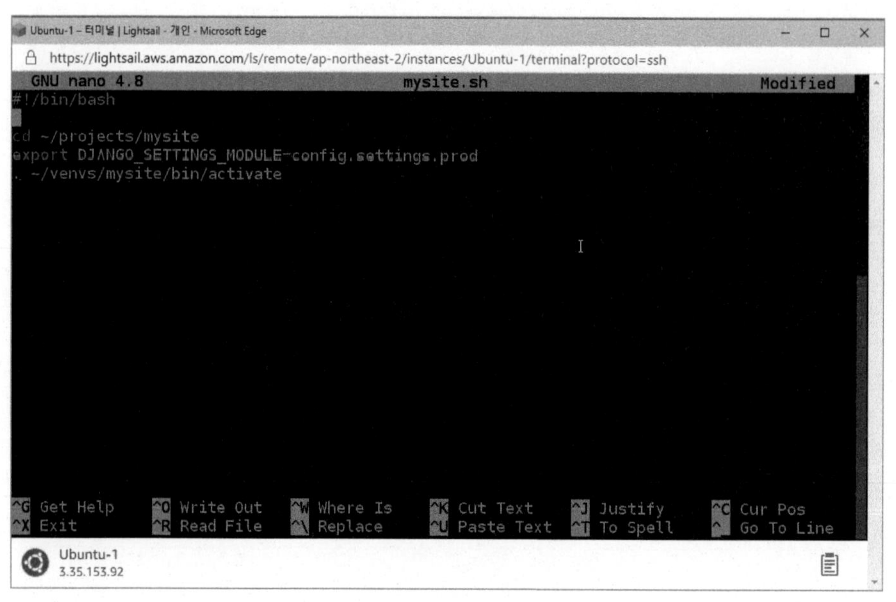

nano 편집기 화면

nano 편집기에서 다음 내용을 입력하고 Ctrl + O를 눌러서 mysite.sh 파일을 저장한 뒤 Ctrl + X를 눌러서 편집기를 종료하자.

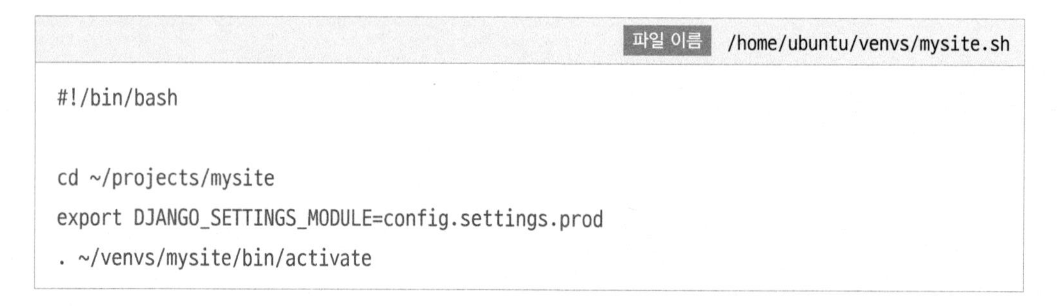
파일 이름 /home/ubuntu/venvs/mysite.sh

```
#!/bin/bash

cd ~/projects/mysite
export DJANGO_SETTINGS_MODULE=config.settings.prod
. ~/venvs/mysite/bin/activate
```

그리고 터미널에서 mysite.sh 파일을 다음과 같이 실행하자.

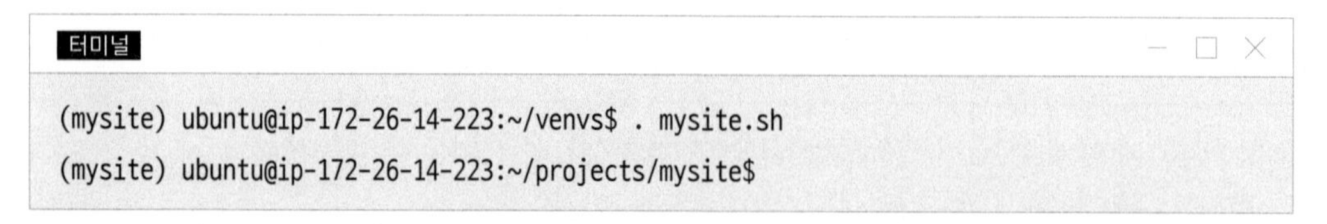
터미널

```
(mysite) ubuntu@ip-172-26-14-223:~/venvs$ . mysite.sh
(mysite) ubuntu@ip-172-26-14-223:~/projects/mysite$
```

이제 mysite.sh 파일을 실행하면 가상 환경에 진입과 환경 변수를 설정을 자동으로 할 수 있다. **이때 . mysite.sh 앞에 있는 점 기호 . 입력을 잊지 말자.**

alias를 이용하는 방법

서버 홈 디렉터리의 .profile 파일 맨 아랫줄에 다음과 같이 mysite라는 alias를 추가하면 shell을 이용하는 것보다 더 간편하게 가상 환경 진입과 환경 변수 설정을 할 수 있다.

파일 이름 /home/ubuntu/.profile

```
alias mysite='export DJANGO_SETTINGS_MODULE=config.settings.prod;cd ~/projects/
mysite;. ~/venvs/mysite/bin/activate'
```

/home/ubuntu/.profile 파일 역시 vi나 nano 편집기로 수정해야 한다.

이렇게 설정하고 터미널에 접속한 다음 아무 곳에서나 mysite를 입력하면 된다.

```
ubuntu@ip-172-26-14-223:~$ mysite
(mysite) ubuntu@ip-172-26-14-223:~/projects/mysite$
```

04-7 MobaXterm으로 서버에 접속하기

지금까지는 서버 작업을 위해 AWS 라이트세일 터미널을 사용했다. 하지만 AWS 라이트세일 터미널은 웹에서 실행해야 하고 접속도 자주 끊어지며 기능도 다양하지 않다. 개발자에게는 이런 점이 가장 불편하다. 여기서는 AWS 라이트세일 웹 터미널 대신 접속도 끊어지지 않고 여러 편의 기능을 제공하는 MobaXterm이라는 프로그램을 사용하여 AWS 라이트세일 서버에 접속하는 방법을 알아본다.

이후 명령 프롬프트와 MobaXterm 프로그램의 명칭을 구분하기 위해 MobaXterm 프로그램은 이름 그대로 살려 표기하겠다.

MobaXterm에 비밀키 연결하고 서버에 접속하기

AWS 라이트세일 웹 터미널 대신 MobaXterm으로 서버에 접속하려면 AWS 계정 비밀키가 필요하다. 비밀키는 내려받아서 사용해야 하므로 다음 과정을 따라 하자.

01단계 비밀키 내려받기

AWS 라이트세일 메인 화면에서 [계정]을 눌러 계정 화면으로 이동한 다음 [SSH 키] 탭을 누르고 〈다운로드〉를 누르자.

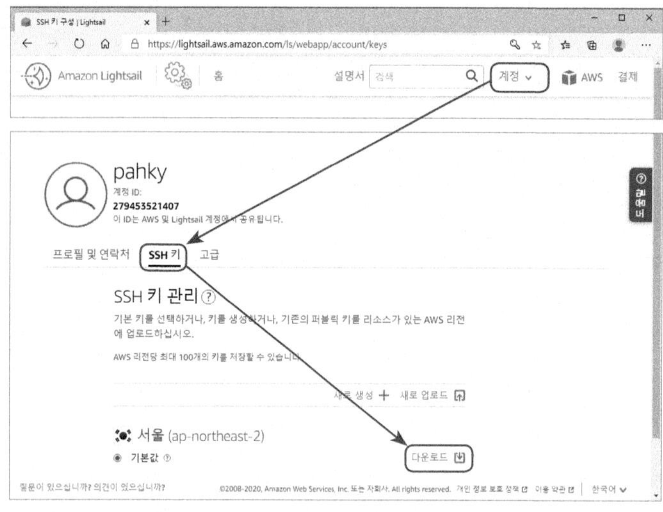

SSH 키 다운로드 화면

그러면 LightsailDefaultKey-ap-northeast-2.pem과 같은 이름의 비밀키가 다운로드된다. 이 비밀키를 C:/venvs 디렉터리에 붙여 넣고 **rename** 명령을 이용해 파일명을 mysite.pem으로 변경하자.

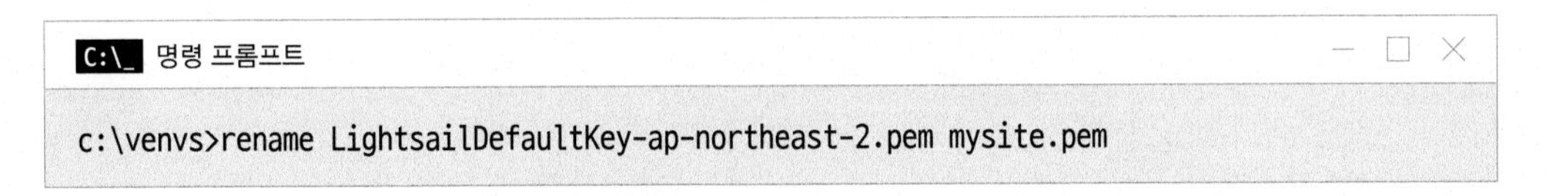

```
c:\venvs>rename LightsailDefaultKey-ap-northeast-2.pem mysite.pem
```

02단계 MobaXterm 설치하기

비밀키가 준비되었다. 이제 MobaXterm을 설치하자. MobaXterm은 무료이므로 누구나 설치할 수 있다. MobaXterm 설치 주소에 접속해 '무료 버전(Home Edition)' 설치 파일을 내려받아 설치하자. 설치 과정은 간단하므로 생략한다.

MobaXterm 설치 주소: mobaxterm.mobatek.net/download.html

03단계 MobaXterm으로 서버에 접속하기

MobaXterm을 실행하여 〈Session〉을 누르자. 이어서 다음 화면이 나타나면 ❶~❺ 번호를 참고하여 순서대로 누르자.

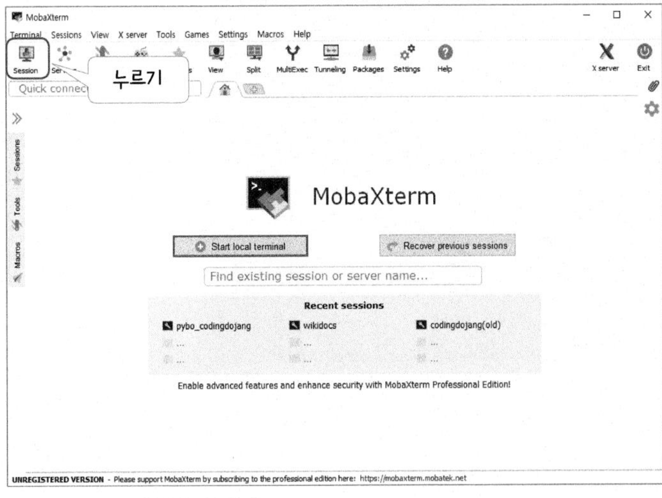

MobaXterm으로 서버에 접속하기

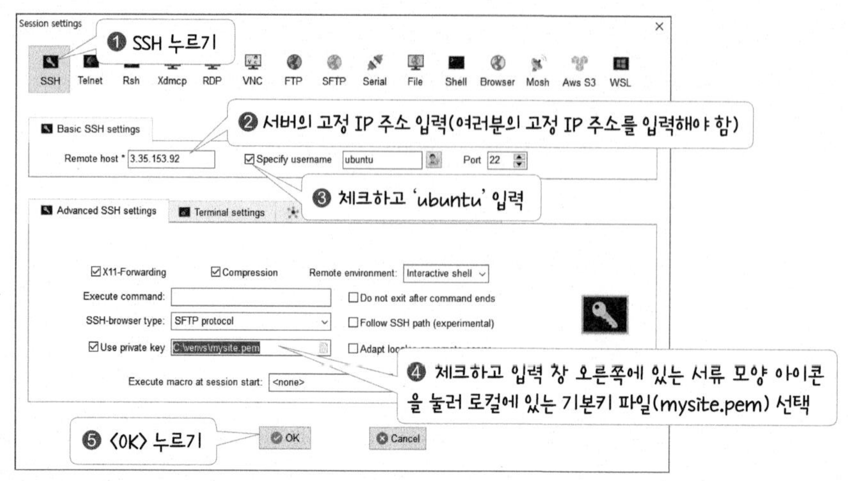

서버 접속을 위한 설정값 입력하기

이와 같이 설정값을 모두 입력하면 MobaXterm으로 서버에 접속할 수 있다. 이제 불편한 AWS 라이트세일 터미널 대신 MobaXterm으로 서버 작업을 할 수 있다.

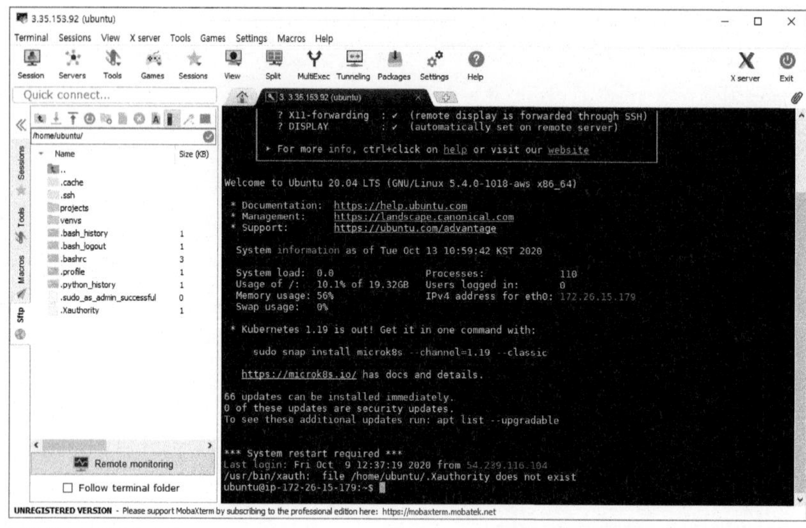

서버 접속을 완료한 화면

04-8 웹 브라우저와 서버, 파이보 작동 방식 이해하기

지금까지 우리는 파이보를 실행하려고 명령 프롬프트 또는 터미널에서 `python manage.py runserver` 명령으로 개발 서버를 실행했다. 하지만 이렇게 개발 서버를 실행하는 방식은 개발 환경에 적합하다. 서비스를 하려면 다른 방법으로 파이보를 실행해야 한다. 여기서는 웹 브라우저가 어떻게 파이보와 상호 작용하는지 알아보고, 파이보를 운영 환경으로 실행하는 방법을 알아본다.

웹 브라우저의 작동 방식 이해하기

사용자가 파이보에 접속하려면 웹 브라우저에 URL을 입력해 접속한다. 이때 웹 브라우저가 URL을 사용해서 서버에 요청하는 페이지는 크게 2가지로 나뉜다.

하나. 웹 브라우저는 정적 페이지를 요청한다

첫 번째로 웹 브라우저는 서버에 정적 페이지를 요청한다. 파이보가 서버에서 실행된 상태에서 웹 브라우저로 다음 URL을 요청해 보자.

웹 브라우저에 URL 입력

```
http://3.35.153.92:8000/static/style.css
```

그러면 웹 브라우저 화면에 다음과 같은 내용이 그대로 출력됨을 확인할 수 있다.

웹 브라우저에 나타난 내용

```
.comment {
    border-top:dotted 1px #ddd;
    font-size:0.7em;
}
```

서버에서 실행되는 파이보가 URL 요청으로 들어온 static/style.css 파일을 찾아 웹 브라우저로 보낸 것이다. style.css 파일은 변하지 않는 성질이 있는데, .js 파일이나 .jpg, .png 파일도 마찬가지이다. 이런 파일을 정적 파일이라 하며, 웹 브라우저에서 .css, .js, .jpg, .png 같은 정적 파일을 요청하는 행위를 '정적 페이지 요청'이라 한다. 이 용어에 익숙해지자.

둘. 웹 브라우저는 동적 페이지를 요청한다

이번에는 3.35.153.92:8000을 요청하는 경우를 생각해 보자. 이런 경우 파이보는 질문 목록을 만들어 웹 브라우저에 보여줄 것이다. 이때 웹 브라우저에 보여 주는 질문 목록은 서버의 데이터베이스에 어떤 내용이 있는지에 따라 수시로 변한다. 이런 식으로 같은 URL을 요청했는데 다른 결과를 보여 주는 것을 '동적 페이지 요청'이라 한다.

웹 서버 작동 방식 이해하기

이번에는 웹 서버가 어떻게 작동하는지 자세히 알아보자. 웹 서버는 웹 브라우저의 URL 요청(정적·동적 요청)을 처리한다. 웹 서버에 정적 페이지 요청을 하면 단순히 정적 파일을 찾아 응답하면 되지만, 동적 페이지 요청은 조금 복잡한 과정을 거쳐 응답한다.

동적 페이지 요청을 완벽하게 처리하려면 WSGI 서버가 필요하다

웹 서버에 동적 페이지 요청이 들어오면 파이썬 프로그램을 호출해야 한다. 예를 들어 질문 목록 페이지 요청이 들어오면 질문 목록을 조회하여 출력하는 파이썬 프로그램을 호출해야 한다. 하지만 대부분의 웹 서버는 어떻게 파이썬 프로그램을 호출해야 하는지 모르므로 파이썬 프로그램을 호출하지 못한다. 이런 경우에는 파이썬 프로그램을 호출하는 WSGI[web server gateway interface] 서버가 필요하다. 웹 서버는 WSGI 서버를 호출하고, WSGI 서버는 파이썬 프로그램을 호출하여 동적 페이지 요청을 처리하는 것이다.

WSGI는 위스키라고 읽는다.

WSGI 서버 알아보기

WSGI 서버에는 여러 종류가 있지만 'uwsgi'와 'Gunicorn'을 가장 많이 사용한다. 파이보에는 'Gunicorn'을 사용할 것이다.

WSGI 서버의 작동 원리 구체적으로 알아보기

WSGI 서버의 작동 원리를 조금 더 자세히 알아보자. 앞에서 설명했듯이 웹 서버로 들어온 동적 페이지 요청은 WSGI 서버를 호출한다. 마지막으로 WSGI 서버는 WSGI 애플리케이션을 이용하여 동적 페이지 요청을 처리한다. 어떻게 보면 동적 페이지 요청은 WSGI 애플리케이션이 처리하는 것이다. WSGI 애플리케이션에는 장고, 플라스크, 토네이도 등이 있다. 그렇다! 우리가 지금껏 공부한 장고가 바로 WSGI 애플리케이션이다.

WSGI 서버는 웹 서버와 WSGI 애플리케이션 중간에 위치한다. 그래서 WSGI 서버는 WSGI 미들웨어[middleware] 또는 WSGI 컨테이너[container]라고도 한다.

지금까지 설명한 내용을 그림으로 살펴보기

다음은 지금까지 설명한 내용을 그림으로 나타낸 것이다.

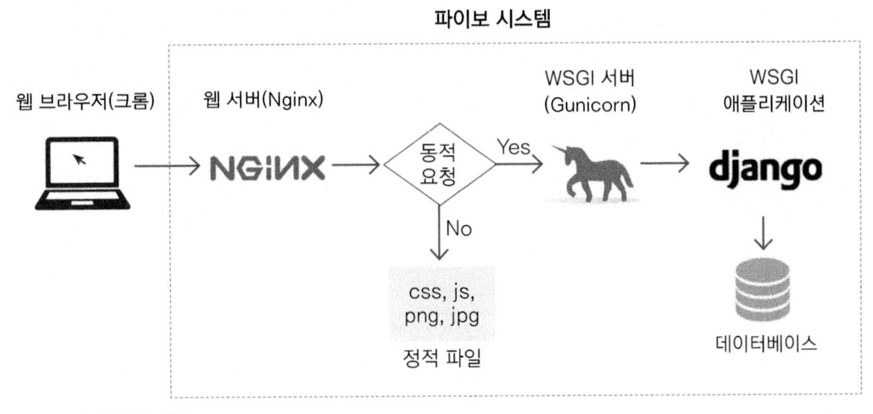

WSGI 서버의 작동 원리

웹 브라우저의 정적 페이지 요청은 웹 서버가, 동적 페이지 요청은 [WSGI 서버 → WSGI 애플리케이션]으로 처리한다. 위 그림의 과정은 조금 뒤에서 더 자세히 알아볼 것이다.

지금까지 python manage.py runserver 명령으로 실행한 개발 서버는 '내장 서버'로 웹 서버와 WSGI 서버의 기능을 모두 포함한 것이다. 다만 내장 서버는 기능이 단순하고 '대량 요청'이나 '동시 요청'을 효율적으로 처리하지 못하므로 운영 환경에는 적합하지 않다.

04-9 WSGI 서버 Gunicorn 사용하기

이제 파이보에서 사용할 WSGI 서버 Gunicorn을 설치하고 사용해 보자.

Gunicorn은 구니콘이라고 읽는다.

Gunicorn 설치하고 사용해 보기

01단계 Gunicorn을 파이보 서버 환경에 설치하기

Gunicorn은 개발이 아니라 운영을 위한 도구이므로 로컬 환경에 설치할 필요가 없다. 서버 환경에 Gunicorn을 설치하자. MobaXterm으로 AWS 서버에 접속한 뒤 가상 환경에서 pip을 이용하여 Gunicorn을 설치하자.

터미널 MobaXterm

```
(mysite) ubuntu@ip-172-26-14-223:~/projects/mysite$ pip install gunicorn
Collecting gunicorn
  Using cached https://files.pythonhosted.org/packages/69/ca/926f7cd3a2014b16870086b2d0f
dc84a9e49473c68a8dff8b57f7c156f43/gunicorn-20.0.4-py2.py3-none-any.whl
Requirement already satisfied: setuptools>=3.0 in /home/ubuntu/venvs/mysite/lib/py-
thon3.6/site-packages (from gunicorn)
Installing collected packages: gunicorn
Successfully installed gunicorn-20.0.4
```

02단계 Gunicorn 사용해 보기

Gunicorn이 정상으로 실행되는지 간단하게 실행해 보자. 여러 명령을 입력해야 하므로 주의하자.

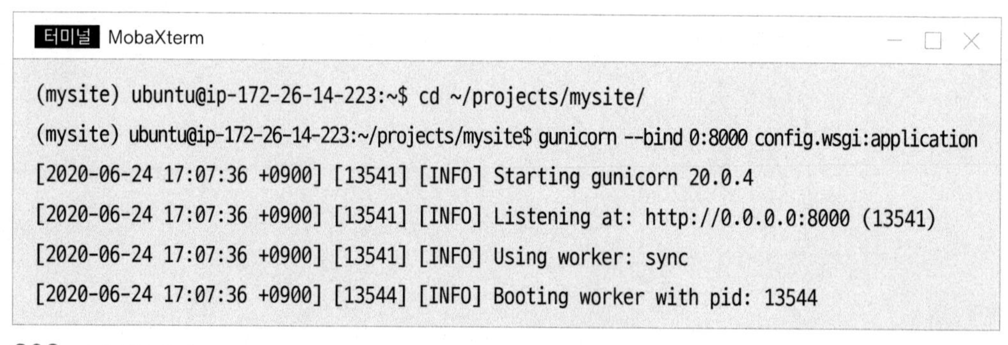

터미널 MobaXterm

```
(mysite) ubuntu@ip-172-26-14-223:~$ cd ~/projects/mysite/
(mysite) ubuntu@ip-172-26-14-223:~/projects/mysite$ gunicorn --bind 0:8000 config.wsgi:application
[2020-06-24 17:07:36 +0900] [13541] [INFO] Starting gunicorn 20.0.4
[2020-06-24 17:07:36 +0900] [13541] [INFO] Listening at: http://0.0.0.0:8000 (13541)
[2020-06-24 17:07:36 +0900] [13541] [INFO] Using worker: sync
[2020-06-24 17:07:36 +0900] [13544] [INFO] Booting worker with pid: 13544
```

/home/ubuntu/projects/mysite 디렉터리로 이동한 뒤 `gunicorn --bind 0:8000 config.wsgi:application` 명령을 수행했다. 명령을 쪼개서 설명하면 `--bind 0:8000`은 8000번 포트로 WSGI 서버를 수행한다는 의미이고, `config.wsgi:application`은 WSGI 서버가 호출하는 WSGI 애플리케이션이 config/wsgi.py 파일의 `application`이라는 의미이다. 서버가 잘 시작되는 것을 확인할 수 있을 것이다.

config.wsgi:application 명령에서 config.wsgi 와 application을 구분하는 구분자는 '.'이 아니라 ':'임을 주의하자.

config/wsgi.py 파일은 WSGI 서버의 요청을 해석하여 파이썬 프로그램을 실행한다.

하지만 웹 브라우저로 다음 URL에 접속해 보면 다음과 같이 보인다.

3.35.153.92는 필자의 고정 IP이므로 여러분의 서버 고정 IP로 바꿔서 접속하자.

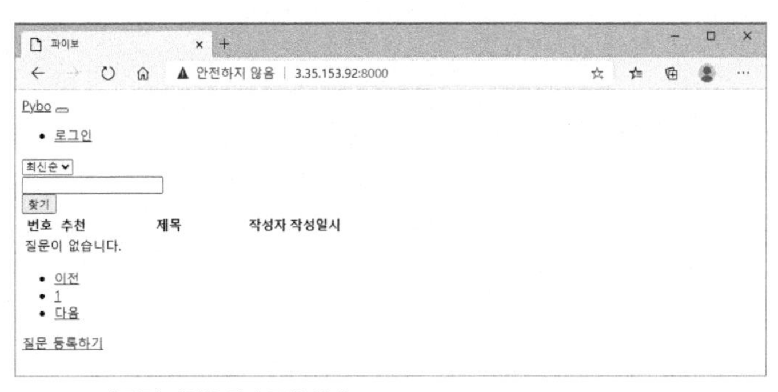

Gunicorn이 정적 파일을 읽지 못한 상태

이렇게 보이는 이유는 Gunicorn이 정적 파일을 제대로 읽지 못했기 때문이다. 다시 말하지만 Gunicorn은 파이썬 프로그램을 실행하는 WSGI 서버이다. 그래서 정적 파일을 처리하는 데는 적합하지 않다. 알다시피 파이보에는 bootstrap.min.css, bootstrap.min.js, style.css와 같은 많은 정적 파일이 있다. 정적 파일을 효과적으로 처리하는 웹 서버는 04-10에서 알아보자. 아무튼 Gunicorn이 정상으로 작동하는 것을 확인했으므로 Ctrl + C를 눌러 Gunicorn을 종료하자.

Gunicorn 소켓 사용해 보기

Gunicorn은 앞에서 본 것처럼 포트(8000)를 이용하여 서버를 띄운다. 하지만 Unix 계열 시스템에서는 포트로 서비스하기보다는 유닉스 소켓(Unix socket)을 사용하는 것이 빠르고 효율적이다. 이번에는 Gunicorn을 유닉스 소켓으로 서비스하는 방법을 알아보자.

현재 여러분의 서버가 Unix 계열 시스템인 우분투이다.

01단계 Gunicorn 실행하기

다음과 같이 Gunicorn을 실행하자.

터미널 MobaXterm

```
(mysite) ubuntu@ip-172-26-14-223:~/projects/mysite$ gunicorn --bind unix:/tmp/gunicorn.
sock config.wsgi:application
[2020-06-24 17:13:20 +0900] [13626] [INFO] Starting gunicorn 20.0.4
[2020-06-24 17:13:20 +0900] [13626] [INFO] Listening at: unix:/tmp/gunicorn.sock (13626)
[2020-06-24 17:13:20 +0900] [13626] [INFO] Using worker: sync
[2020-06-24 17:13:20 +0900] [13629] [INFO] Booting worker with pid: 13629
```

명령을 유심히 살펴보면 포트 방식으로 Gunicorn을 실행했을 때와 다르다. 즉, `--bind unix:/tmp/gunicorn.sock` 부분이 다르다. 기존에는 `--bind 0:8000`와 같이 입력했지만 유닉스 소켓 방식은 `--bind unix:/tmp/gunicorn.sock`와 같이 입력했다.

유닉스 소켓 방식으로 Gunicorn 서버를 실행하면 단독으로 Gunicorn 서버에 접속하여 실행할 수 없다. 유닉스 소켓 방식으로 실행한 Gunicorn 서버는 Nginx와 같은 웹 서버에서 유닉스 소켓으로 WSGI 서버에 접속하도록 설정해야 한다.

Gunicorn 서비스로 등록하기

이번에는 AWS 서버에 Gunicorn을 서비스로 등록해 보자. 그 이유는 Gunicorn의 시작, 중지를 쉽게 하고, 또 AWS 서버를 다시 시작할 때 Gunicorn을 자동으로 실행하기 위해서이다. Gunicorn을 서비스로 등록하려면 환경 변수 파일과 서비스 파일을 작성해야 한다.

01단계 환경 변수 파일 생성하기

다음과 같이 Gunicorn이 사용하는 환경 변수 파일을 생성하자.

서버에서 nano 편집기를 이용하여 작성하자.

파일 이름 /home/ubuntu/venvs/mysite.env

```
DJANGO_SETTINGS_MODULE=config.settings.prod
```

02단계 서비스 파일 생성하기

그리고 /etc/systemd/system/ 디렉터리에 다음과 같은 내용의 'mysite.service' 라는 이름의 서비스 파일을 생성하자. 다만 서비스 파일은 시스템 디렉터리에 저장해야 하므로 `sudo nano mysite.service`와 같이 관리자 권한으로 파일을 생성해야 한다

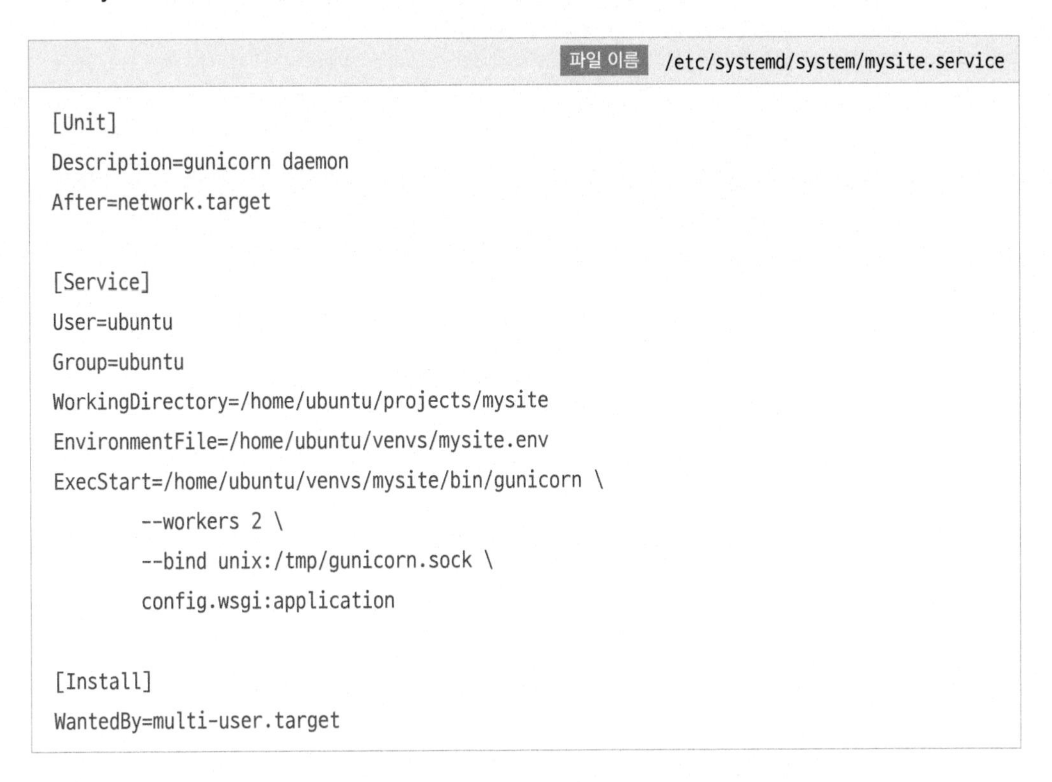

파일 이름 /etc/systemd/system/mysite.service

```
[Unit]
Description=gunicorn daemon
After=network.target

[Service]
User=ubuntu
Group=ubuntu
WorkingDirectory=/home/ubuntu/projects/mysite
EnvironmentFile=/home/ubuntu/venvs/mysite.env
ExecStart=/home/ubuntu/venvs/mysite/bin/gunicorn \
        --workers 2 \
        --bind unix:/tmp/gunicorn.sock \
        config.wsgi:application

[Install]
WantedBy=multi-user.target
```

서비스 파일에 입력한 `EnvironmentFile`이 우리가 작성한 환경 변수 파일을 불러오는 설정이다. `--worker 2`는 Gunicorn 프로세스를 2개 사용하라는 의미이다.

프로세스를 2개로 지정한 이유는 여러분이 선택한 월 사용료가 3.5달러인 사양의 서버에는 프로세스 개수가 이 정도이면 적당하기 때문이다.

03단계 서비스 실행하고 등록하기

서비스 파일이 생성되면 다음 명령으로 서비스를 실행해 보자. 서비스 파일이 관리자 디렉터리에 있으므로 실행 역시 관리자 권한으로 실행해야 한다.

터미널 MobaXterm

```
(mysite) ubuntu@ip-172-26-14-223:/etc/systemd/system$ sudo systemctl start mysite.service
```

서비스가 잘 실행되는지 확인하려면 `sudo systemctl status mysite.service` 명령을 실행하면 된다. 만약 다음과 같은 메시지가 나타나지 않으면 /var/log/syslog 파일에서 오류 원인을 확인하고 수정해야 한다.

터미널 MobaXterm

```
(mysite) ubuntu@ip-172-26-14-223:/etc/systemd/system$ sudo systemctl status mysite.ser-
vice
● mysite.service - gunicorn daemon
   Loaded: loaded (/etc/systemd/system/mysite.service; disabled; vendor preset: enabled)
   Active: active (running) since Wed 2020-06-24 17:20:51 KST; 16s ago
 Main PID: 13776 (gunicorn)
    Tasks: 3 (limit: 547)
   CGroup: /system.slice/mysite.service
           ├─13776 /home/ubuntu/venvs/mysite/bin/python3 /home/ubuntu/venvs/mysite/bin/
gunicorn --workers 2 --bind unix:/tmp/gunicorn.sock pybo:create_app()
           ├─13797 /home/ubuntu/venvs/mysite/bin/python3 /home/ubuntu/venvs/mysite/bin/
gunicorn --workers 2 --bind unix:/tmp/gunicorn.sock pybo:create_app()
           └─13798 /home/ubuntu/venvs/mysite/bin/python3 /home/ubuntu/venvs/mysite/bin/
gunicorn --workers 2 --bind unix:/tmp/gunicorn.sock pybo:create_app()

Jun 24 17:20:51 ip-172-26-14-223 systemd[1]: Started gunicorn daemon.
Jun 24 17:20:51 ip-172-26-14-223 gunicorn[13776]: [2020-06-24 17:20:51 +0900] [13776]
[INFO] Starting gunicorn 20.0.4
Jun 24 17:20:51 ip-172-26-14-223 gunicorn[13776]: [2020-06-24 17:20:51 +0900] [13776]
[INFO] Listening at: unix:/tmp/gunicorn.sock (13776)
Jun 24 17:20:51 ip-172-26-14-223 gunicorn[13776]: [2020-06-24 17:20:51 +0900] [13776]
[INFO] Using worker: sync
Jun 24 17:20:51 ip-172-26-14-223 gunicorn[13776]: [2020-06-24 17:20:51 +0900] [13797]
[INFO] Booting worker with pid: 13797
Jun 24 17:20:51 ip-172-26-14-223 gunicorn[13776]: [2020-06-24 17:20:51 +0900] [13798]
[INFO] Booting worker with pid: 13798
```

04단계 AWS 서버가 다시 시작될 때 자동으로 Gunicorn 실행하기

마지막으로 AWS 서버가 다시 시작될 때 Gunicorn을 자동으로 실행하도록 'enable' 옵션을 이용하여 서비스로 등록하자.

터미널 MobaXterm

```
sudo systemctl enable mysite.service
```

만약 서비스를 종료하려면 다음 명령을 수행하면 된다.

터미널 MobaXterm

```
sudo systemctl stop mysite.service
```

서비스를 다시 시작하려면 다음 명령을 수행하면 된다.

터미널 MobaXterm

```
sudo systemctl restart mysite.service
```

04-10 웹 서버, Nginx 사용해서 파이보에 접속하기

여기서는 웹 서버 Nginx를 설치하고 사용해 보자. Nginx는 높은 성능을 목적으로 개발한 웹 서버로 파이썬 웹 프레임워크인 장고나 플라스크에서 주로 사용한다. Nginx를 사용하려면 설정 과정을 거쳐야 하는데 이 과정은 무척 간단하다.

Nginx는 엔진엑스라고 읽는다.

Nginx 설치하고 설정하기

01단계 Nginx 설치하기

Nginx를 다음과 같이 설치하자.

터미널 MobaXterm

```
(mysite) ubuntu@ip-172-26-14-223:~/projects/mysite$ sudo apt install nginx
```

02단계 Nginx 설정하기

Nginx에서 동적 페이지를 요청하면 WSGI 서버를 호출하도록 설정하자. 먼저 다음처럼 /etc/nginx/sites-available 디렉터리로 이동하자.

/etc/nginx/sites-available은 Nginx의 설정 파일이 위치한 디렉터리로, 맨 처음 설치할 때에는 default라는 설정 파일만 보인다.

터미널 MobaXterm

```
(mysite) ubuntu@ip-172-26-14-223:~/projects/mysite$ cd /etc/nginx/sites-available/
```

이어서 파이보를 사용할 수 있도록 Nginx의 설정 파일을 mysite라는 이름으로 작성하자. 이 역시 시스템 디렉터리이므로 관리자 권한으로 작성하자.

터미널 MobaXterm

```
(mysite) ubuntu@ip-172-26-14-223:/etc/nginx/sites-available$ sudo nano mysite
```

`mysite` 파일의 내용은 다음과 같이 작성하자.

파일 이름 /etc/nginx/sites-available/mysite

```
server {
        listen 80;
        server_name 3.35.153.92;

        location = /favicon.ico { access_log off; log_not_found off; }

        location /static {      /static 요청은 Nginx가 처리(정적 요청)
                alias /home/ubuntu/projects/mysite/static;
        }

        location / {      /static 요청 이외의 요청은 모두 Gunicorn이 처리(동적 요청)
                include proxy_params;
                proxy_pass http://unix:/tmp/gunicorn.sock;
        }
}
```

HTTP 프로토콜의 기본 포트는 80이므로 `listen 80`과 같이 웹 서버를 80번 포트로 서비스하도록 설정했다. 앞으로 '3.35.153.92:8000'에서 포트 번호를 생략한 '3.35.153.92'로 접속해도 파이보에 접속할 수 있다. `server_name`에는 여러분의 고정 IP를 등록하자. `location /static`은 정적 요청에 따른 설정으로 /static으로 시작하는 URL 요청을 받으면 Nginx가 /home/ubuntu/projects/mysite/static 디렉터리의 파일을 읽어 처리한다는 설정이다. `location /`은 /static으로 시작하는 URL 이외의 모든 요청은 Gunicorn이 처리한다는 동적 요청에 대한 설정이다. `proxy_pass`는 04-9에서 설정했던 Gunicorn의 유닉스 소켓 경로이다.

03단계 Nginx가 mysite 파일을 환경 파일로 읽을 수 있도록 설정하기

이제 mysite 파일을 Nginx가 환경 파일로 읽을 수 있도록 설정해야 한다. /etc/nginx/sites-enabled 디렉터리로 이동하자.

터미널 MobaXterm

```
(mysite) ubuntu@ip-172-26-14-223:/etc/nginx/sites-available$ cd /etc/nginx/sites-enabled/
```

sites-enabled 디렉터리는 site-available 디렉터리에 있는 설정 파일 중에서 활성화하고 싶은 것을 링크로 관리하는 디렉터리이다.
ls 명령을 수행하면 현재 default 설정 파일만 링크됨을 확인할 수 있다.

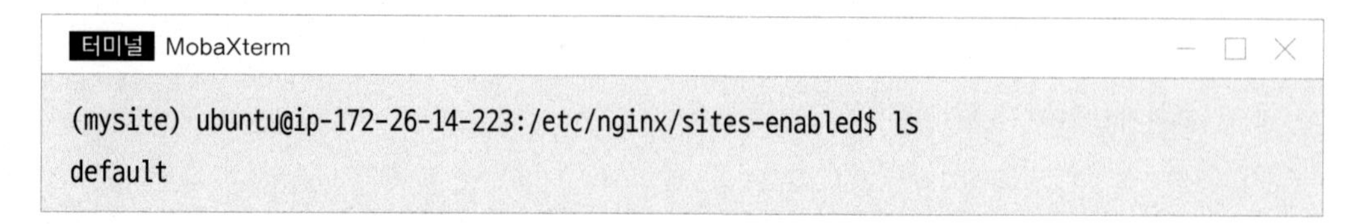

터미널 MobaXterm

```
(mysite) ubuntu@ip-172-26-14-223:/etc/nginx/sites-enabled$ ls
default
```

04단계 mysite 파일 링크하기

먼저 default 링크를 삭제하자.

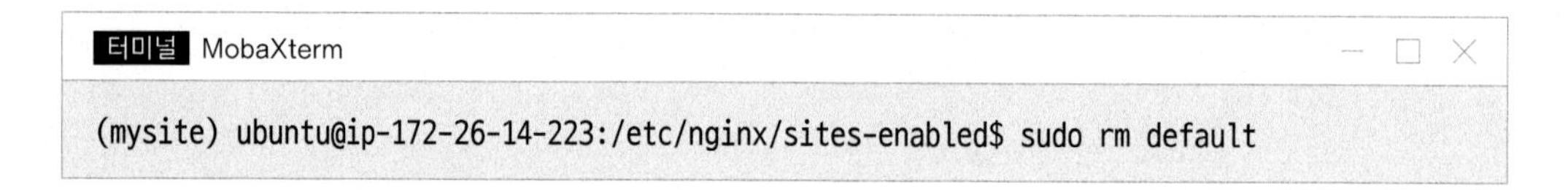

터미널 MobaXterm

```
(mysite) ubuntu@ip-172-26-14-223:/etc/nginx/sites-enabled$ sudo rm default
```

그리고 mysite 파일을 링크하자.

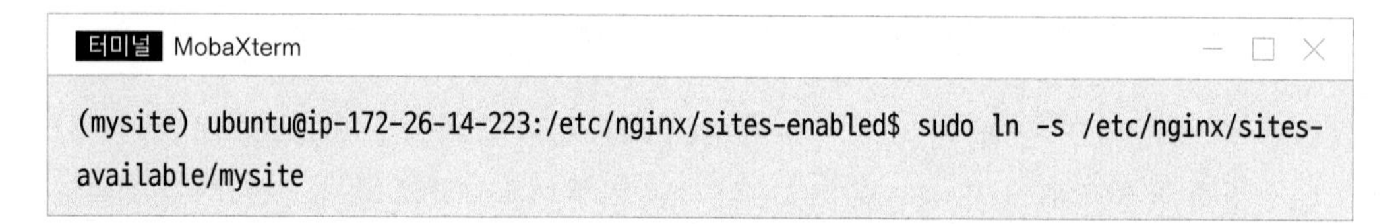

터미널 MobaXterm

```
(mysite) ubuntu@ip-172-26-14-223:/etc/nginx/sites-enabled$ sudo ln -s /etc/nginx/sites-available/mysite
```

ls 명령을 수행하면 default는 사라지고 mysite 링크만 남은 것을 확인할 수 있다.

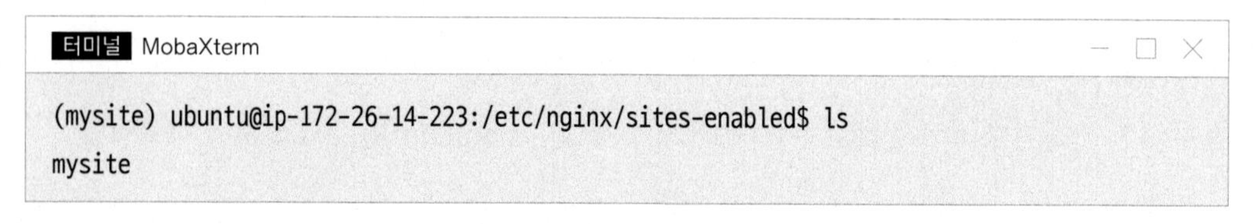

터미널 MobaXterm

```
(mysite) ubuntu@ip-172-26-14-223:/etc/nginx/sites-enabled$ ls
mysite
```

Do it! 실습 Nginx 실행해 보기

01단계 Nginx 다시 시작하기

Nginx는 설치할 때 자동으로 실행되므로 앞에서 작성한 Nginx 설정을 적용하려면 Nginx를 다음처럼 다시 시작해야 한다.

터미널 MobaXterm

```
(mysite) ubuntu@ip-172-26-14-223:/etc/nginx/sites-enabled$ sudo systemctl restart nginx
```

혹시 Nginx 설정 파일에 오류가 발생했다면?

Nginx의 설정 파일에 오류가 있는지 확인하는 방법은 다음과 같다.

터미널 MobaXterm

```
(mysite) ubuntu@ip-172-26-14-223:/etc/nginx/sites-enabled$ sudo nginx -t
nginx: the configuration file /etc/nginx/nginx.conf syntax is ok
nginx: configuration file /etc/nginx/nginx.conf test is successful
```

이 명령을 수행할 때 오류가 발생하면 설정 파일이 올바르지 않은 것이므로 Nginx 서버가 정상으로 실행되지 않는다. 그런 경우에는 Nginx를 우선 종료하고 설정 파일을 다시 작성해 Nginx를 다시 실행해야 한다. 다음은 Nginx를 종료하고 다시 실행하는 명령이다.

터미널 MobaXterm

```
(mysite) ubuntu@ip-172-26-14-223:/etc/nginx/sites-enabled$ sudo systemctl stop nginx
(mysite) ubuntu@ip-172-26-14-223:/etc/nginx/sites-enabled$ sudo systemctl start nginx
```

02단계 파이보 작동 확인하기

Gunicorn과 Nginx를 모두 적용했으니 파이보에 접속해 보자. 포트 번호 없이 입력하니 조금 더 그럴싸하다. 축하한다!

웹 브라우저에 URL 입력

```
http://3.35.153.92
```

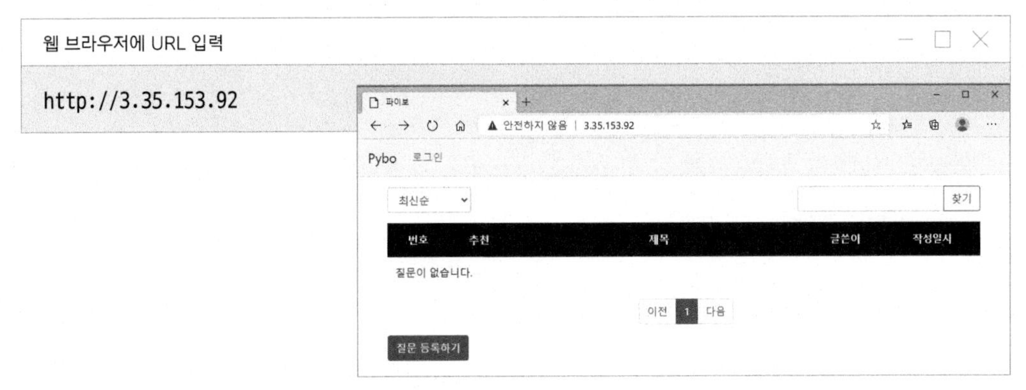

포트 번호 없이 접속한 파이보

04-11 서버 환경에서 장고 Admin 사용하기

• 완성 소스 github.com/pahkey/djangobook/tree/4-11

이번에는 서버 환경에서 장고 Admin을 사용해 보자. 장고 Admin을 사용하려면 개발 환경에서 했던 것처럼 슈퍼 유저를 먼저 생성해야 한다.

슈퍼 유저 생성하기

01단계 서버 환경에서 슈퍼 유저 생성하기

다음과 같이 서버 가상 환경에서 python manage.py createsuperuser 명령으로 슈퍼 유저를 생성하자.

터미널 MobaXterm

```
ubuntu@ip-172-26-14-223:~$ mysite
(mysite) ubuntu@ip-172-26-14-223:~/projects/mysite$ python manage.py createsuperuser
사용자 이름 (leave blank to use 'ubuntu'): admin
이메일 주소: admin@mysite.com
Password:
Password (again):
Superuser created successfully.
```

서버 환경의 슈퍼 유저 비밀번호는 장고가 추천하는 안전한 비밀번호로 생성하도록 하자.

02단계 장고 Admin 접속하기

그리고 웹 브라우저에서 장고 Admin에 접속해 보자.

웹 브라우저에서 URL 입력

```
3.35.153.92/admin
```

아이피는 여러분의 고정 아이피를 사용한다.

그러면 다음처럼 장고 Admin의 스타일이 깨진 것처럼 표시된다.

스타일이 깨진 것처럼 보이는 장고 Admin

이렇게 되는 이유는 Nginx가 장고 Admin에서 사용하는 정적 파일을 제대로 읽지 못했기 때문이다. Nginx가 바라보는 정적 파일은 /home/ubuntu/projects/mysite/static 디렉터리에 위치해야 한다. 하지만 장고 Admin이 사용하는 정적 파일들은 다음 디렉터리에 위치한다.

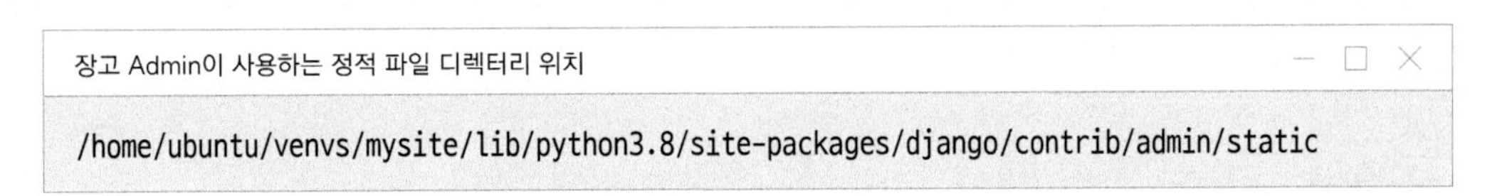

장고 Admin이 사용하는 정적 파일 디렉터리 위치

```
/home/ubuntu/venvs/mysite/lib/python3.8/site-packages/django/contrib/admin/static
```

장고에 내장된 개발 서버는 장고 Admin이 사용될 때 자동으로 위 디렉터리의 정적 파일을 읽도록 설계되었다. 하지만, Nginx는 그렇게 설계되지 않았다. Nginx는 장고에 특화된 웹 서버가 아니라 범용적인 웹 서버이기 때문이다.

관리자 정적 파일 복사하기

이 문제를 해결하려면 장고 환경설정 파일에 `STATIC_ROOT` 디렉터리를 설정하고 `python manage.py collectstatic` 명령을 수행하여 관리자 앱의 정적 파일을 `STATIC_ROOT` 디렉터리로 복사해야 한다.

01단계 STATIC_ROOT 설정하기

먼저 다음처럼 prod.py 파일에 `STATIC_ROOT` 항목을 다음처럼 추가하자.

파일 이름 C:/projects/mysite/config/settings/prod.py

```
from .base import *

ALLOWED_HOSTS = ['3.35.153.92']
STATIC_ROOT = BASE_DIR / 'static/'
```

Nginx에 정적 파일 위치를 /home/ubuntu/projects/mysite/static 디렉터리로 등록하였으므로 STATIC_ROOT도 위와 같이 설정해야 한다.

BASE_DIR은 /home/ubuntu/projects/mysite이다.

02단계 STATICFILES_DIRS 설정하기

그리고 prod.py에 STATICFILES_DIRS를 다음처럼 추가하자.

파일 이름 C:/projects/mysite/config/settings/prod.py

```
from .base import *

ALLOWED_HOSTS = ['3.35.153.92']
STATIC_ROOT = BASE_DIR / 'static/'
STATICFILES_DIRS = []
```

그런데 base.py 파일에는 이미 다음처럼 STATICFILES_DIRS 항목이 정의되어 있다.

파일 이름 C:/projects/mysite/config/settings/base.py

```
STATICFILES_DIRS = [
    BASE_DIR / 'static',
]
```

base.py 파일에 STATICFILES_DIRS 항목이 이미 있는데 prod.py 파일에 다시 빈 값으로 설정하는 이유는 STATIC_ROOT가 설정된 경우 STATICFILES_DIRS 리스트에 STATIC_ROOT와 동일한 디렉터리가 포함되어 있으면 서버 실행 시 다음과 같은 오류가 발생하기 때문이다.

STATICFILES_DIRS 리스트에 STATIC_ROOT와 동일한 디렉터리가 포함되면 나타나는 오류

```
ERRORS:
?: (staticfiles.E002) The STATICFILES_DIRS setting should not contain the STATIC_ROOT setting.
```

따라서 prod.py 파일에서 STATICFILES_DIRS = []으로 설정하여 오류를 방지해야 한다.

03단계 변경된 내용 서버에 적용하기

파일을 수정했으면 git 명령으로 commit, push하자.

```
C:\_ 명령 프롬프트

(mysite) c:\projects\mysite>git commit -a -m "STATIC_ROOT 생성"
(mysite) c:\projects\mysite>git push
```

그리고 서버에서는 다음과 같이 git pull 명령으로 변경 내역을 적용하자.

```
터미널 MobaXterm

(mysite) ubuntu@ip-172-26-14-223:~/projects/mysite$ git pull
```

그리고 서버에 프로그램이 변경되었으므로 다음처럼 Gunicorn을 재시작하자.

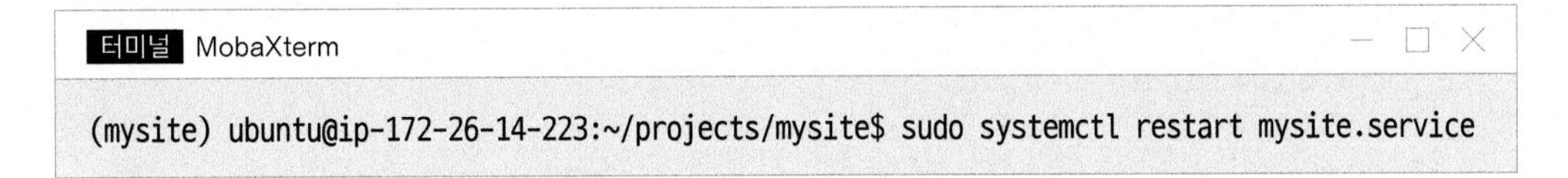

```
터미널 MobaXterm

(mysite) ubuntu@ip-172-26-14-223:~/projects/mysite$ sudo systemctl restart mysite.service
```

변경된 프로그램 서버에 적용하기

앞으로 개발 환경에서 파일 수정 후 서버에 적용하는 일련의 과정들은 이 책에서 생략할 것이다. 하지만 다음의 과정으로 서버에 프로그램을 적용해야 함을 잊지 말자.
먼저 개발 환경에서 프로그램이 변경되면 다음과 같은 순서로 적용한다.

```
개발 환경에서 프로그램이 변경된 경우

1. git add *
2. git commit -m "수정내용 코멘트"
3. git push
```

그리고 서버 환경에서 변경된 내용을 다음과 같은 순서로 적용한다.

```
서버 환경에서 변경된 내용 적용

1. git pull
2. sudo systemctl restart mysite.service
```

04단계 collectstatic 명령으로 정적 파일 복사하기

이제 python manage.py collectstatic 명령을 수행하여 관리자 앱의 정적 파일을 복사하자.

collectstatic 명령은 비단 관리자 앱 뿐만 아니라 필요에 의해 설치한 다른 앱들의 정적 파일들도 복사해 준다.

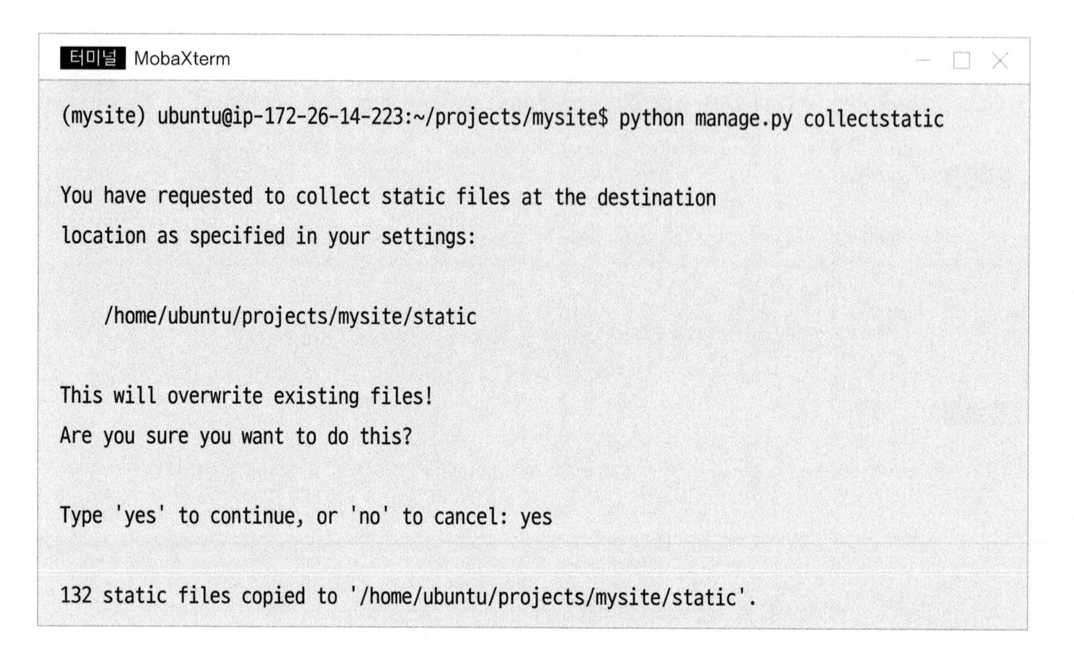

터미널 MobaXterm

```
(mysite) ubuntu@ip-172-26-14-223:~/projects/mysite$ python manage.py collectstatic

You have requested to collect static files at the destination
location as specified in your settings:

    /home/ubuntu/projects/mysite/static

This will overwrite existing files!
Are you sure you want to do this?

Type 'yes' to continue, or 'no' to cancel: yes

132 static files copied to '/home/ubuntu/projects/mysite/static'.
```

yes를 입력하여 진행하면 132개의 정적 파일이 /home/ubuntu/projects/mysite/static 디렉터리로 복사되었다는 메시지를 확인할 수 있다. 정적 파일들이 잘 모였는지 다음처럼 확인해 보자.

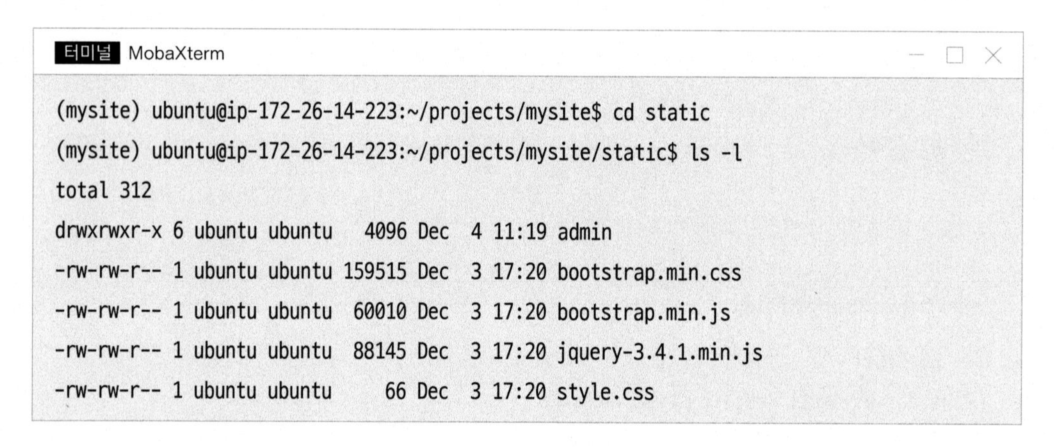

터미널 MobaXterm

```
(mysite) ubuntu@ip-172-26-14-223:~/projects/mysite$ cd static
(mysite) ubuntu@ip-172-26-14-223:~/projects/mysite/static$ ls -l
total 312
drwxrwxr-x 6 ubuntu ubuntu   4096 Dec  4 11:19 admin
-rw-rw-r-- 1 ubuntu ubuntu 159515 Dec  3 17:20 bootstrap.min.css
-rw-rw-r-- 1 ubuntu ubuntu  60010 Dec  3 17:20 bootstrap.min.js
-rw-rw-r-- 1 ubuntu ubuntu  88145 Dec  3 17:20 jquery-3.4.1.min.js
-rw-rw-r-- 1 ubuntu ubuntu     66 Dec  3 17:20 style.css
```

ls -l 명령 수행 시 admin 디렉터리가 추가된 것을 확인할 수 있다.

그리고 다시 장고 Admin에 접속해 보자. 다음처럼 장고 Admin 화면이 정상적으로 보여지는 것을 확인할 수 있다.

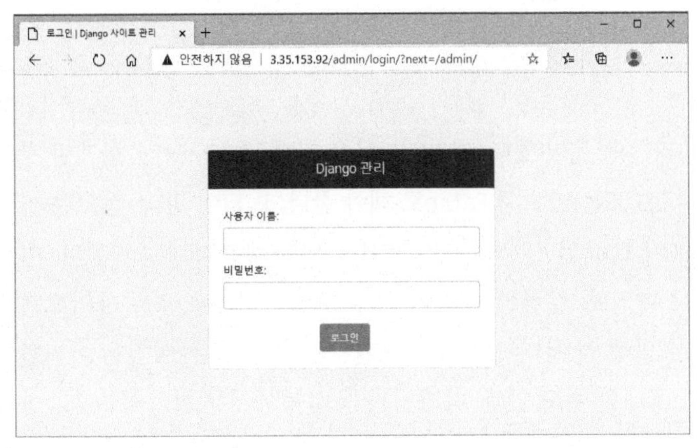

제대로 표시된 장고 Admin

04-12 서버 환경에서 DEBUG 모드 끄기

• 완성 소스 github.com/pahkey/djangobook/tree/4-12

장고의 환경설정 파일에는 DEBUG라는 항목이 있다. DEBUG 항목은 기본값이 True다. 하지만 장고 공식 문서에는 '운영 환경에서 DEBUG는 반드시 False로 해야 한다'고 되어 있다. 장고는 실행 도중에 오류가 발생하면 DEBUG가 True인 경우 오류 내용을 화면에 상세하게 출력한다. 이때 settings.py 파일과 urls.py 파일에 설정한 항목이 모두 노출된다. 이 말은 파이보를 DEBUG=True 상태로 운영하면 오류 발생 시 서버 정보가 노출된다는 말과 같다. 이것은 어쩌면 서버 해킹 등의 매우 나쁜 결과를 초래할 수도 있다. 따라서 운영 환경에서는 반드시 DEBUG 항목을 False로 설정해야 한다.

DEBUG 설정하기

01단계 DEBUG 항목을 False로 설정하기

서버의 환경설정 파일인 prod.py 파일을 다음과 같이 수정하자.

파일 이름 C:/projects/mysite/config/settings/prod.py

```
from .base import *

ALLOWED_HOSTS = ['3.35.153.92']
STATIC_ROOT = BASE_DIR / 'pybo/static/'
STATICFILES_DIRS = []
DEBUG = False
```

DEBUG = False 항목을 추가했다. 그리고 git을 이용하여 변경 내역을 서버에 적용하자.

02단계 DEBUG 항목의 차이점 확인하기

이렇게 DEBUG 설정을 변경하면 어떤 차이가 생길까? 다음을 통해 확인해 보자. 우선 개발 환경에서 존재하지 않는 페이지로 접속해 보자.

개발 환경에서 웹 브라우저에 URL 입력

```
localhost:8000/hello
```

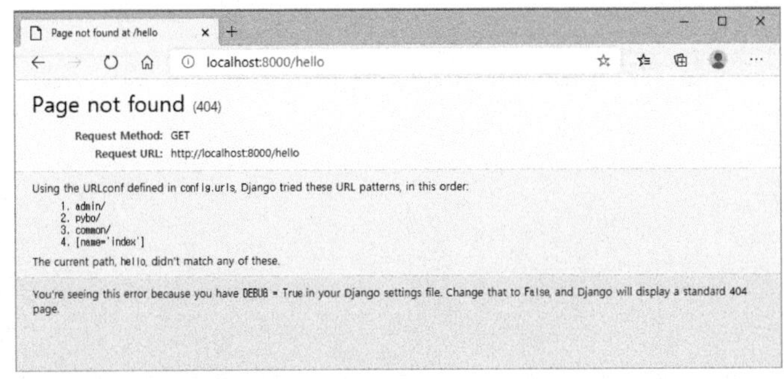

개발 환경에서 존재하지 않는 페이지로 이동한 경우

위에서 보듯 개발 환경은 `DEBUG`가 `True`이므로 많은 정보가 표시된다. 404 오류에서 urls.py 파일에 설정한 내용이 노출된다.
이번에는 서버 환경에서 다음처럼 존재하지 않는 페이지로 접속해 보자.

아이피는 여러분의 고정 아이피를 사용하자.

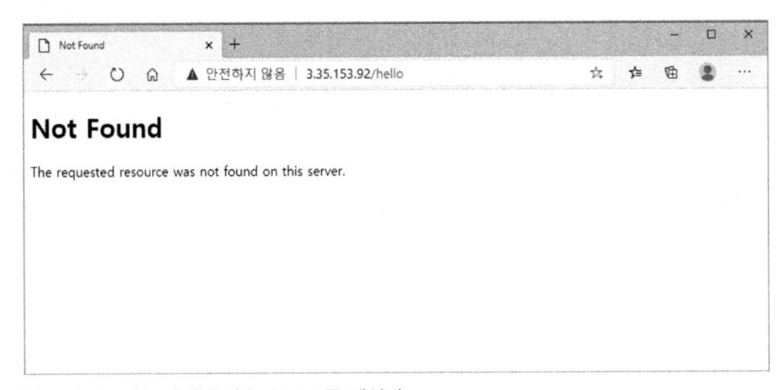

아무런 정보가 표시되지 않은 404 오류 페이지

마찬가지로 404 오류가 발생하지만, 'Not Found'만 보이고 아무런 정보도 표시되지 않는다.

오류 페이지를 서비스답게 만들기

그런데 위에서 보듯이 서버 환경의 404 오류 페이지는 좀 밋밋해 보인다. 대부분의 서비스는 이런 식으로 오류 페이지를 보여주지 않는다. 다음은 구글에서 없는 페이지를 요청하면 404 오류 페이지를 어떻게 보여주는지 확인한 결과 화면이다. 최소한 이런 식으로 사용자에게 404 오류 페이지를 보여줘야 '서비스답다' 할 수 있다.

구글의 404 오류 페이지 화면

이번에는 404, 500 오류 페이지를 '서비스답게' 표시하는 방법을 알아보자.

01단계 handler404 변수 설정하기

config/urls.py 파일에 `handler404` 라는 변수를 다음처럼 추가하자.

파일 이름 C:/projects/mysite/config/urls.py

```
from django.contrib import admin
from django.urls import include, path

from pybo.views import base_views

urlpatterns = [
    path('admin/', admin.site.urls),
    path('pybo/', include('pybo.urls')),
    path('common/', include('common.urls')),
    path('', base_views.index, name='index'),  # '/' 에 해당되는 path
]

handler404 = 'common.views.page_not_found'
```

config/urls.py에 설정된 `handler404` 변수는 좀 특별한 변수이다. `handler404` 변수를 설정하면 404 오류 발생 시 사용자가 정의한 뷰 함수를 호출하게 된다. 따라서 404 오류가 발생하면 위에 정의한 대로 common/views.py 파일의 `page_not_found` 함수가 호출된다.

handler404 변수는 반드시 config/urls.py에 등록해야 한다. 만약 common/urls.py에 등록할 경우 정상 작동하지 않는다.

02단계 page_not_found 함수 추가하기

common/views.py에 page_not_found 함수를 다음과 같이 추가하자.

파일 이름 C:/projects/mysite/common/views.py

```
(... 생략 ...)
def page_not_found(request, exception):
    """
    404 Page not found
    """
    return render(request, 'common/404.html', {})
```

page_not_found 함수는 request 외에 exception이라는 매개변수를 하나 더 받음에 주의하자.

exception 매개변수는 오류의 내용을 담고 있는 변수이다. 만약 오류의 내용을 화면에 보여 주고 싶다면 exception의 값을 읽어서 화면에 보여줄 수 있다.

03단계 404 템플릿 작성하기

그리고 다음과 같이 common/404.html 템플릿 파일을 새로 작성하자.

파일 이름 C:/projects/mysite/templates/common/404.html

```
{% extends 'base.html' %}
{% block content %}
<div class="container">
    <div class="row justify-content-center">
        <div class="col-12 text-center">
            <span class="display-1 d-block">404</span>
            <div class="mb-4 lead">페이지를 찾을 수 없습니다.</div>
            <a href="/" class="btn btn-link">홈으로 돌아가기</a>
        </div>
    </div>
</div>
{% endblock %}
```

그리고 변경한 내용을 git을 이용하여 서버에 적용하자.

04단계 서버에서 404 오류 확인하기

서버에 적용한 후 Gunicorn을 재실행하면 웹 브라우저에서 다음과 같이 존재하지 않는 URL을 호출했을 때 변경된 404 화면을 볼 수 있다.

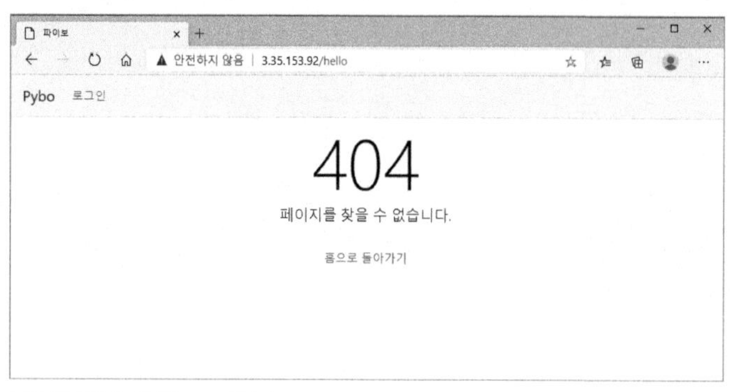

서버 환경에서 제공한 404 페이지

하지만 개발 환경에서는 위처럼 404 페이지를 생성하더라도 여전히 장고가 제공하는 404 페이지가 보인다. 왜냐하면 개발 환경은 `DEBUG`가 `True`로 설정되어 있기 때문이다. `DEBUG`가 `True`인 경우에는 사용자가 404 페이지를 직접 만들더라도 장고의 기본 404 페이지가 호출된다.

404 페이지 외에 500 페이지도 추가하고 싶다면 404 페이지를 추가한 것과 동일한 방법을 사용하면 된다. config/urls.py 파일 안에 handler500 이라는 변수를 설정하고 404와 동일한 방법으로 함수를 추가한 후 500.html 템플릿 파일을 호출하도록 만들면 된다.

04-13 장고에 로깅 적용하기

• 완성 소스 github.com/pahkey/djangobook/tree/4-13

이번에는 장고의 로깅logging에 대해서 알아보자.

서버에 오류 발생시키기

서버 환경에서 파이보를 운영하다 보면 프로그램 오류 또는 예기치 못한 오류가 발생할 수도 있다. base_views.py 파일의 `index` 함수 첫 번째 줄에 다음과 같이 강제로 오류가 발생하도록 코딩해 보자.

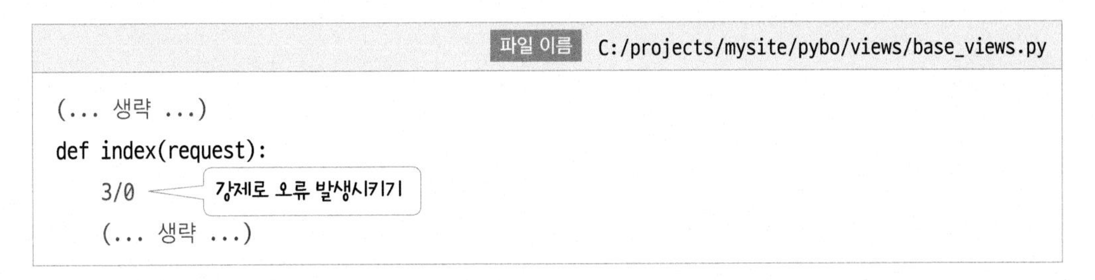

파일 이름 C:/projects/mysite/pybo/views/base_views.py

```
(... 생략 ...)
def index(request):
    3/0    강제로 오류 발생시키기
    (... 생략 ...)
```

이제 `index` 함수가 호출되면 3을 0으로 나누기 때문에 `ZeroDivisionError` 오류가 발생하게 된다. 이렇게 수정하고 로컬 서버를 띄워 파이보 메인 페이지에 접속하면 다음과 같은 오류가 발생한다.

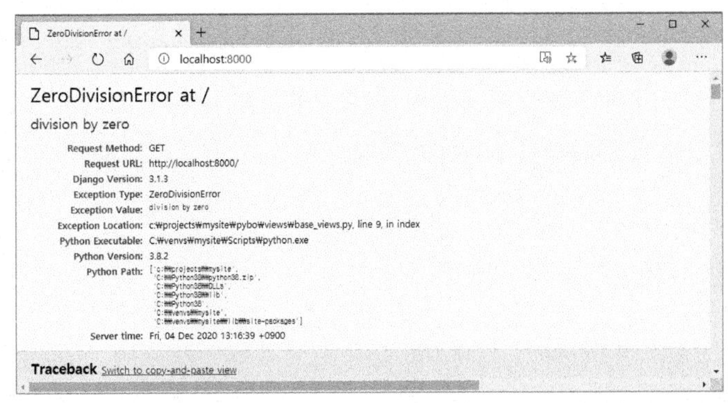

ZeroDivisionError 발생!

로컬 서버를 실행했던 명령 프롬프트에서도 다음과 같이 `ZeroDivisionError` 오류가 발생한다.

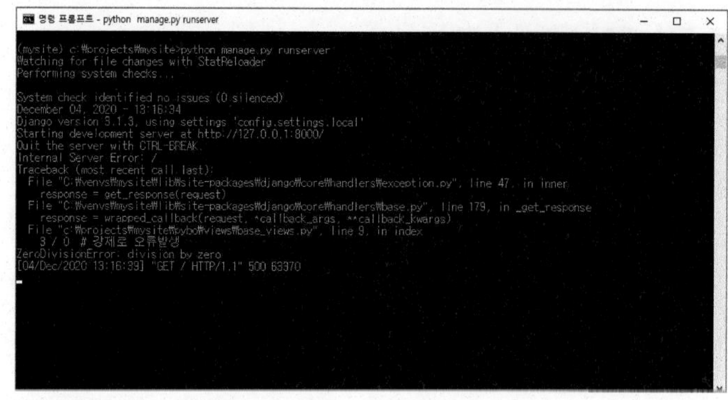

명령 프롬프트에도 보이는 ZeroDivisionError 메시지

하지만 오류를 발생시키는 base_views.py 파일을 운영 서버에 적용하고 파이보 메인 페이지에 접속해 보면 다음과 같은 화면만 볼 수 있다.

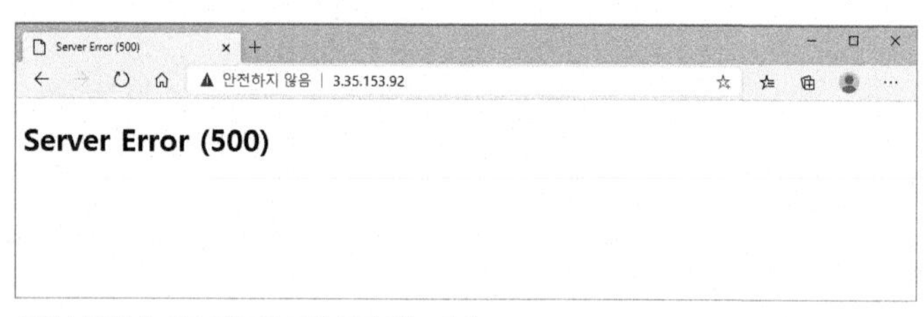

운영 서버에서 오류 내용을 보여 주지 않는 상태

그런데 화면에는 'Server Error (500)'만 표시되므로 어떤 오류가 발생했는지 알 방법이 없다. 그렇다고 화면에서 오류를 표시하기 위해 장고 설정 파일을 DEBUG=True로 변경할 수도 없는 노릇이다.

앞에서 우리는 보안 문제 때문에 서버 환경의 DEBUG 항목을 False로 설정했다.

이런 상황을 해결하기 위한 가장 좋은 방법은 로그 파일을 이용하는 것이다. 보통 운영 환경은 여러 사람이 사용하기 때문에 화면으로 오류를 식별하는 방법은 좋지 않다. A라는 사람의 오류 내용을 확인하기 위해서 A가 되어 파이보를 사용하는 것은 어렵기 때문이다. 그래서 보통 운영 환경에서는 오류 식별을 위해 로그 파일을 사용한다.

장고의 DEFAULT_LOGGING 설정 확인하기

로그를 파일로 저장하기 위해서는 장고의 `DEFAULT_LOGGING` 설정을 먼저 알아야 한다. 장고의 `DEFAULT_LOGGING` 설정은 다음과 같다.

장고 DEFAULT_LOGGING 설정

```
DEFAULT_LOGGING = {
    'version': 1,
    'disable_existing_loggers': False,
    'filters': {
        'require_debug_false': {
            '()': 'django.utils.log.RequireDebugFalse',
        },
        'require_debug_true': {
            '()': 'django.utils.log.RequireDebugTrue',
        },
    },
    'formatters': {
        'django.server': {
            '()': 'django.utils.log.ServerFormatter',
            'format': '[{server_time}] {message}',
            'style': '{',
        }
    },
    'handlers': {
        'console': {
            'level': 'INFO',
            'filters': ['require_debug_true'],
            'class': 'logging.StreamHandler',
        },
        'django.server': {
            'level': 'INFO',
            'class': 'logging.StreamHandler',
            'formatter': 'django.server',
        },
        'mail_admins': {
            'level': 'ERROR',
            'filters': ['require_debug_false'],
            'class': 'django.utils.log.AdminEmailHandler'
        }
    },
    'loggers': {
        'django': {
```

```
            'handlers': ['console', 'mail_admins'],
            'level': 'INFO',
        },
        'django.server': {
            'handlers': ['django.server'],
            'level': 'INFO',
            'propagate': False,
        },
    }
}
```

이 설정에 사용된 항목을 가벼운 마음으로 하나씩 살펴보자.

version

version은 고정값 1을 사용해야 한다. 만약 다른 값을 입력하면 ValueError가 발생한다. 이 값은 의미 없어 보일 수도 있지만, logging 모듈이 업그레이드되어도 현재 설정을 보장해 주는 안전장치이다.

disable_existing_loggers

disable_existing_loggers 항목은 False로 설정했다. 만약 True로 설정하면 기존에 설정된 로거들을 사용하지 않게 된다. 파이보도 기존에 설정된 로거를 비활성화할 특별한 이유가 없으므로 False로 설정할 것이다.

filters

필터는 특정 조건에서 로그를 출력하거나 출력하지 않기 위해서 사용된다. require_debug_false 필터는 DEBUG=False인지를 판단하는 필터이고, require_debug_true는 DEBUG=True 인지를 판단하는 필터이다. 조건 판단을 위해 각각 django.utils.log.RequireDebugFalse와 django.utils.log.RequireDebugTrue 클래스를 호출하여 DEBUG 항목의 True, False를 판단한다.

formatters

포맷터에는 로그를 출력할 형식을 정의한다. 포맷터에 사용된 항목은 다음과 같다.

- server_time - 서버의 시간
- message - 출력 내용

handlers

핸들러는 로그의 출력 방법을 정의한다. 다음은 DEFAULT_LOGGING 설정에 등록된 핸들러이다.

- console - 콘솔에 로그를 출력한다. 로그 레벨이 INFO 이상이고 DEBUG=True일 때만 로그를 출력한다.
- django.server - python manage.py runserver로 작동하는 개발 서버에서만 사용하는 핸들러로 콘솔에 로그를 출력한다.
- mail_admins - 로그 내용을 이메일로 전송하는 핸들러로, 로그 레벨이 ERROR 이상이고 DEBUG=False일 때만 로그를 전송한다. 핸들러 사용 조건은 환경설정 파일에 ADMINS라는 항목을 추가하고 관리자 이메일을 등록해야 한다(ADMINS = ['pahkey@gmail.com']). 이메일 발송을 위한 SMTP 설정도 필요하다.

loggers

로그를 출력하는 프로그램에서 사용하는 로거logger의 이름을 의미한다. DEFAULT_LOGGING 설정에는 다음과 같은 로거들이 등록되어 있다.

- django - 장고 프레임워크가 사용하는 로거로 로그 레벨이 INFO 이상일 경우에만 로그를 출력한다.
- django.server - 개발 서버가 사용하는 로거로 로그 레벨이 INFO 이상일 경우에만 로그를 출력한다. 'propagate': False의 의미는 django.server가 출력하는 로그를 django 로거로 전달하지 않는다는 의미이다. 만약 'propagate': True로 설정하면 최상위 패키지명이 django로 동일하기 때문에 django.server 하위 패키지에서 출력하는 로그가 django.server 로거에도 출력되고 django 로거에도 출력되어 이중으로 출력될 것이다.

로그 레벨 자세히 알아보기

로그 레벨은 다음과 같이 5단계로 구성되며 로그 레벨은 다음 순서가 있다.

- DEBUG: 디버깅 목적으로 사용
- INFO: 일반 정보를 출력할 목적으로 사용
- WARNING: 경고 정보를 출력할 목적으로(작은 문제) 사용
- ERROR: 오류 정보를 출력할 목적으로(큰 문제) 사용
- CRITICAL: 아주 심각한 문제를 출력할 목적으로 사용

```
DEBUG < INFO < WARNING < ERROR < CRITICAL
```

만약 핸들러나 로거에서 로그 레벨을 INFO로 설정하면 DEBUG로 출력한 로그는 출력되지 않고 INFO 이상으로 출력한 로그들만 출력된다. 만약 ERROR로 설정했다면 ERROR 또는 CRITICAL로 출력한 로그들만 출력될 것이다.

장고의 DEFAULT_LOGGING 설정을 알아보았다. 장고 로깅에 대한 보다 자세한 내용은 아래의 URL을 참고하도로 하자.

장고 로깅 : docs.djangoproject.com/en/3.0/topics/logging

파이보 로깅 설정하기

현재는 서버 환경에서 발생한 오류를 확인할 방법이 없으므로 다음과 같은 방법을 사용해야 한다.

서버 환경에서 발생한 오류를 확인하는 방법

```
1. 오류 발생 시 관리자 이메일로 오류 내용을 발송(로깅 설정을 변경할 필요 없음, 다만 이메일 발송을 위해 관리자 이메일과 이메일 발송을 위한 설정 필요)
2. 서버 환경에서 오류 발생 시 특정 파일에 로그 출력
```

위의 2가지 방법을 모두 사용해도 되지만 여기서는 2번째 방법에 대해서만 알아보기로 하자.

01단계 LOGGING 설정 복사하기

먼저 위에서 검토했던 DEFAULT_LOGGING을 settings/base.py에 LOGGING이라는 변수명으로 바꾸고 내용은 그대로 복사해 주자. 환경 파일에 LOGGING이라는 항목을 설정하면 장고는 로깅 설정으로 인식한다.

파일 이름 C:/projects/mysite/config/settings/base.py

```
# 로깅 설정
LOGGING = {
    'version': 1,
    'disable_existing_loggers': False,
    'filters': {
        'require_debug_false': {
            '()': 'django.utils.log.RequireDebugFalse',
        },
        'require_debug_true': {
            '()': 'django.utils.log.RequireDebugTrue',
        },
    },
    'formatters': {
```

```
        'django.server': {
            '()': 'django.utils.log.ServerFormatter',
            'format': '[{server_time}] {message}',
            'style': '{',
        }
    },
    'handlers': {
        'console': {
            'level': 'INFO',
            'filters': ['require_debug_true'],
            'class': 'logging.StreamHandler',
        },
        'django.server': {
            'level': 'INFO',
            'class': 'logging.StreamHandler',
            'formatter': 'django.server',
        },
        'mail_admins': {
            'level': 'ERROR',
            'filters': ['require_debug_false'],
            'class': 'django.utils.log.AdminEmailHandler'
        }
    },
    'loggers': {
        'django': {
            'handlers': ['console', 'mail_admins'],
            'level': 'INFO',
        },
        'django.server': {
            'handlers': ['django.server'],
            'level': 'INFO',
            'propagate': False,
        },
    }
}
```

02단계 포맷터 추가하기

그리고 앞으로 생성할 로그 파일에 사용할 포맷터 standard를 다음과 같이 추가해 준다.

파일 이름 C:/projects/mysite/config/settings/base.py

```
LOGGING = {
    (... 생략 ...)
    'formatters': {
        'django.server': {
            '()': 'django.utils.log.ServerFormatter',
            'format': '[{server_time}] {message}',
            'style': '{',
        },
        'standard': {
            'format': '%(asctime)s [%(levelname)s] %(name)s: %(message)s'
        },
    },
    (... 생략 ...)
}
```

standard 포맷터에 사용된 항목은 다음과 같다.

- asctime - 현재 시간
- levelname - 로그의 레벨(debug, info, warning, error, critical)
- name - 로거명
- message - 출력 내용

03단계 핸들러 추가하기

그리고 handlers에 file 핸들러를 다음과 같이 추가해 준다.

파일 이름 C:/projects/mysite/config/settings/base.py

```
(... 생략 ...)
LOGGING = {
    (... 생략 ...)
    'handlers': {
        (... 생략 ...)
        'file': {
            'level': 'INFO',
```

```
            'filters': ['require_debug_false'],
            'class': 'logging.handlers.RotatingFileHandler',
            'filename': BASE_DIR / 'logs/mysite.log',
            'maxBytes': 1024*1024*5,  # 5 MB
            'backupCount': 5,
            'formatter': 'standard',
        },
    },
    (... 생략 ...)
}
```

file 핸들러에 사용된 항목은 다음과 같다.

- level - 출력 레벨로 INFO를 사용
- filters - DEBUG=False인 운영 환경에서 사용
- class - 파일 핸들러로 RotatingFileHandler 사용, RotatingFileHandler는 파일 크기가 설정한 크기보다 커지면 파일 뒤에 인덱스를 붙여서 백업한다. 이 핸들러의 장점은 로그가 무한히 증가되더라도 일정 개수의 파일로 롤링[Rolling]되기 때문에 로그 파일이 너무 커져서 디스크가 꽉 차는 위험을 방지할 수 있다.
- filename - 로그 파일명은 logs 디렉터리에 mysite.log로 설정
- maxBytes - 로그 파일 크기는 5MB로 설정
- backupCount - 롤링되는 파일의 개수를 의미한다. 총 5개의 로그 파일로 유지되도록 설정했다.
- formatter - 포맷터는 standard를 사용

04단계 핸들러 등록하기

그리고 django 로거의 handlers에 file 핸들러를 다음과 같이 추가하자.

파일 이름 C:/projects/mysite/config/settings/base.py

```
LOGGING = {
    (... 생략 ...)
    'loggers': {
        'django': {
            'handlers': ['console', 'mail_admins', 'file'],
            'level': 'INFO',
        },
        'django.server': {
            'handlers': ['django.server'],
            'level': 'INFO',
```

```
            'propagate': False,
        },
    }
}
```

이렇게 변경하고 git을 이용하여 base.py 파일의 변경 내역을 서버에 적용하자.

05단계 logs 디렉터리 생성하기

그리고 다음처럼 서버에 logs 디렉터리를 반드시 생성해야 한다.

만약 logs 디렉터리를 생성하지 않고 Gunicorn을 재시작하면 다음과 같은 502 오류가 발생한다.

logs 디렉터리를 생성하지 않으면 나타나는 502 오류

마찬가지로 개발 환경에도 다음처럼 logs 디렉터리를 생성해 주어야 한다.

로컬 환경인 경우 로그 파일에 로그가 쌓이도록 설정하지는 않았지만 디렉터리가 없으면 오류가 발생한다.

06단계 logs 디렉터리 .gitignore 파일에 추가하기

그리고 logs 디렉터리는 버전 관리 대상이 아니므로 .gitignore 파일에도 logs 디렉터리를 추가하자.

파일 이름 C:/projects/mysite/.gitignore

```
.idea
db.sqlite3
*.pyc
__pycache__
logs
```

07단계 로그 확인하기

이제 다시 서버에서 파이보 메인 페이지에 접속해 보자. base_vews.py 파일의 index 함수에서 3을 0으로 나누기 때문에 여전히 'Server Error (500)' 오류가 발생하게 될 것이다. 하지만 이제 오류를 확인할 수 있는 로그 파일을 생성했으므로 해당 오류가 정상으로 생성되었는지 확인해 보자.

터미널 MobaXterm

```
(mysite) ubuntu@ip-172-26-14-223:~/projects/mysite$ cd logs
(mysite) ubuntu@ip-172-26-14-223:~/projects/mysite/logs$ cat mysite.log
2020-04-23 21:59:04,914 [ERROR] django.request: Internal Server Error: /
Traceback (most recent call last):
   File "/home/ubuntu/venvs/mysite/lib/python3.6/site-packages/django/core/handlers/ex-
ception.py", line 34, in inner
    response = get_response(request)
  File "/home/ubuntu/venvs/mysite/lib/python3.6/site-packages/django/core/handlers/base.
py", line 115, in _get_response
    response = self.process_exception_by_middleware(e, request)
  File "/home/ubuntu/venvs/mysite/lib/python3.6/site-packages/django/core/handlers/base.
py", line 113, in _get_response
    response = wrapped_callback(request, *callback_args, **callback_kwargs)
  File "/home/ubuntu/projects/mysite/pybo/views/base_views.py", line 9, in index
    3/0  # 강제로 오류 발생
ZeroDivisionError: division by zero
```

오류 내용이 로그 파일에 정확히 출력되었다.

cat mysite.log 명령에서 사용된 cat 명령은 파일 내용 전체를 출력하는 유닉스 명령어이다. 보통 로그를 확인할 때는 cat 보다는 tail -f mysite.log를 주로 사용한다. tail -f mysite.log를 실행하면 mysite.log 파일에 로그가 쌓일 때마다 로그의 내용이 자동으로 출력된다.

파이보에서 직접 로그 출력하도록 설정하기

앞에서 설정한 LOGGING은 장고가 사용하는 django와 django.server라는 로거만 사용했다. 이번에는 새로운 로거를 생성하여 파이보 프로그램에서 로그를 직접 출력하는 방법을 알아보자.

01단계 pybo 로거 생성하기

base_views.py 파일의 index 함수에 임시로 작성한 3/0 코드는 삭제하고 다음과 같이 수정하자.

파일 이름 C:/projects/mysite/pybo/views/base_views.py

```
(... 생략 ...)
import logging
logger = logging.getLogger('pybo')

def index(request):
    logger.info("INFO 레벨로 출력")
    (... 생략 ...)
```

로그 파일에 로그를 출력하기 위해서는 logging 모듈이 필요하다. logger = logging.getLogger("로거명")으로 얻은 logger 객체를 이용하여 logger.debug, logger.error, logger.waning 등의 함수를 이용하여 로그를 출력할 수 있다. 하지만 이렇게 수정하더라도 'INFO 레벨로 출력'이라는 문장은 로그로 출력되지 않을 것이다. 왜냐하면 위 코드에서 사용한 pybo라는 로거는 LOGGING 설정에 등록되지 않은 상태이기 때문이다.

02단계 pybo 로거 등록하기

따라서 LOGGING 설정에 pybo 라는 로거를 등록해야 한다. 다음처럼 pybo 로거를 settings/base.py 파일에 추가하자.

파일 이름 C:/projects/mysite/config/settings/base.py

```
(... 생략 ...)
LOGGING = {
   (... 생략 ...)
```

```
    'loggers': {
        (... 생략 ...)
        'pybo': {
            'handlers': ['console', 'file'],
            'level': 'INFO',
        },
    },
}
```

console과 file 핸들러를 사용하는 pybo 로거를 등록해 주었다.

03단계 출력 로그 확인하기

이제 서버에 변경 내역을 적용하고 파이보 메인 페이지에 접속하면 다음처럼 mysite.log 파일에 우리가 작성한 로그가 출력된다.

터미널 MobaXterm

```
(mysite) ubuntu@ip-172-26-14-223:~/projects/mysite$ cd logs
(mysite) ubuntu@ip-172-26-14-223:~/projects/mysite/logs$ tail -f mysite.log
(... 생략 ...)
2020-04-21 11:37:18,975 [INFO] pybo.views.base_views: INFO 레벨로 출력
```

__name__ 으로 로거 생성하기

logger = logging.getLogger('pybo') 대신 logger = logging.getLogger(__name__)처럼 코딩해도 로그가 잘 출력된다. __name__은 실행되는 파이썬 모듈명을 의미하므로 __name__은 pybo.views.base_views으로 해석되어 결국 pybo.views.base_views는 pybo로 시작하는 패키지이므로 동일한 pybo 로거를 사용하게 된다.

04-14 파이보에 도메인 적용하기 - 비용 발생

• 완성 소스 github.com/pahkey/djangobook/tree/4-14

이미 알겠지만 우리가 만든 파이보에 접속하려면 고정 IP를 이용해야 한다.

```
3.35.153.92
```

하지만 대부분의 웹 사이트는 이런 식으로 접속하지 않는다. 고정 IP는 외우기 어렵기 때문이다. 보통 다음과 같이 기억하기 쉬운 도메인을 이용한다.

```
pybo.kr
```

여기서는 도메인을 사용하는 방법을 알아본다. **참고로 도메인을 등록하려면 1년간 1~3만 원의 비용이 필요하다는 점을 참고하자.**

도메인 고르고 구입하기 - 비용 발생

01단계 도메인 고르기

도메인을 사용하려면 '중복되지 않은 이름'을 골라야 한다. '후이즈검색.한국'에 접속하여 도메인을 검색하자. 예를 들어 'pahkey.co.kr'을 검색하면 '등록되지 않은 도메인'이라고 나온다. 이렇게 등록되지 않은 도메인만 구입할 수 있다.

인터넷 주소창에 '후이즈검색.한국'을 입력하여 접속하자.

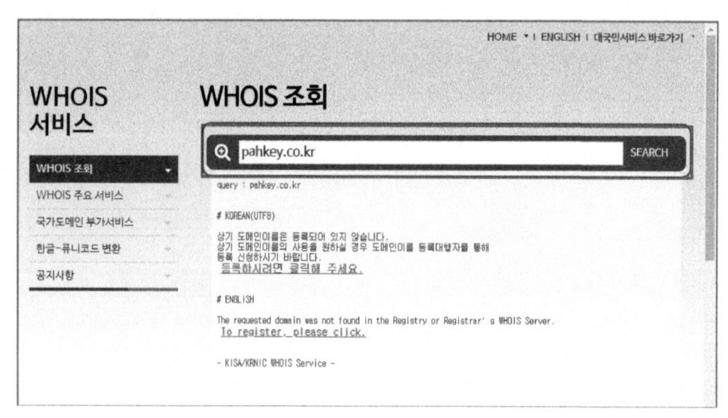

WHOIS 서비스에서 도메인 조회

02단계 도메인 구입하기

도메인을 찾았다면 이제 도메인을 구입할 차례이다. 도메인은 AWS에서도 판매한다. AWS에서 도메인을 구입하려면 AWS Route 53에 접속하면 된다.

AWS Route 53 공식 주소: console.aws.amazon.com/route53/home

하지만 아쉽게도 AWS Route 53은 .kr 또는 .co.kr 도메인을 팔지 않는다. 만약 .kr과 같은 우리나라 도메인을 구입하려면 다른 도메인 업체를 찾아야 한다. 필자는 '가비아'에서 'pybo.kr' 도메인을 구입했다. 이 책은 도메인 사이트를 홍보할 의도가 없고, 도메인 구입 방법은 아주 간단하므로 생략한다. **다만 꼭 알아야 할 것은 대부분의 도메인 판매 사이트에서는 도메인을 구입할 때 '네임 서버 주소'를 설정하는 항목이 있다는 점이다.** '네임 서버 주소'는 '고정 IP'와 '도메인'을 연결하는 항목이다. 이때 '네임 서버 주소'를 잘못 입력할 수도 있는데, 이 주소는 언제든지 수정할 수 있으므로 처음 등록할 때 임의로 해도 된다.

도메인과 AWS의 고정 IP 연결하기

도메인을 구입했다면 도메인과 AWS에 등록된 고정 IP를 연결해야 한다. 다음 단계를 따라 해서 도메인과 고정 IP를 연결하자.

01단계 AWS에서 DNS 영역 생성하기

먼저 AWS에 로그인하여 라이트세일에 접속한 뒤 [네트워킹] 탭을 선택하고 〈DNS 영역 생성〉을 클릭하자.

DNS 영역 생성

02단계 도메인 입력하고 DNS 영역 생성하기

구매한 도메인을 입력하고 〈DNS 영역 생성〉을 클릭하자.

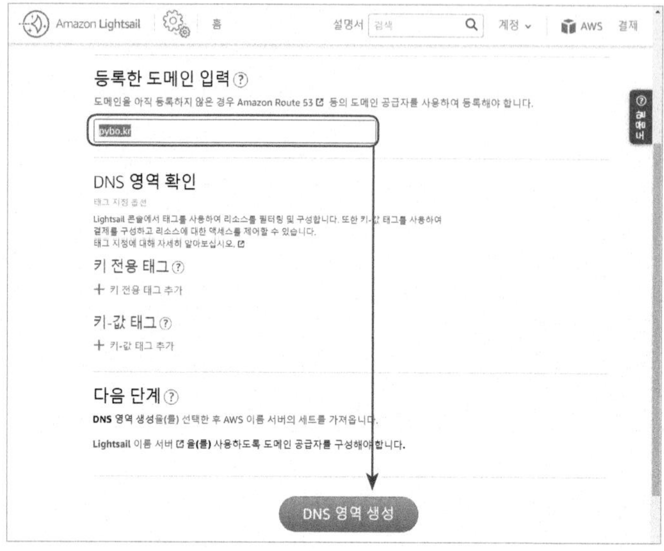

도메인 입력 후 DNS 영역 생성하기

03단계 DNS 레코드 추가하기

DNS 레코드의 세부 정보 화면이 나타나면 〈+레코드 추가〉를 눌러 'DNS 레코드'에서 'A 레코드'를 선택하고 도메인에는 '@'를 입력한다. 그리고 고정 IP 'StaticIp-1'을 선택하고 오른쪽 바로 위에 체크 표시가 나타나도록 하자.

DNS 레코드를 추가하는 과정

3단계를 마치고 나면 다음과 같은 화면이 나타난다. 화면에 표시한 부분이 AWS 라이트세일이 제공하는 네임 서버 주소 목록이다. 네임 서버 주소는 도메인의 네임 서버 주소로 등록해야 하므로 기억해 두자.

AWS 라이트세일의 네임 서버 주소는 'DNS 영역 생성'을 새로 하면 변경되므로 주의하자.

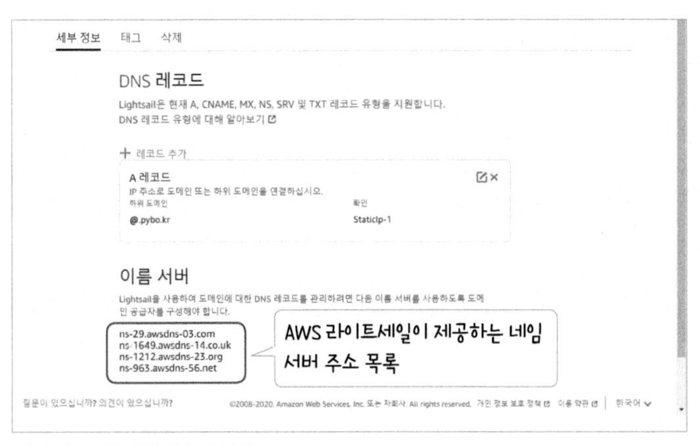

DNS 레코드를 추가 완료한 화면

04단계 도메인 판매 업체에 AWS 네임 서버 주소 설정하기

AWS의 네임 서버 주소가 생성되었으므로 도메인을 구매한 업체에 접속하여 도메인의 네임 서버 주소를 AWS의 네임 서버 주소로 변경해야 한다. 필자의 경우 다음과 같은 화면에서 pybo.kr 도메인의 네임 서버 주소를 AWS의 네임 서버 주소로 등록했다. 이때 네임 서버 주소가 도메인에 적용되려면 보통 1~2일 걸린다.

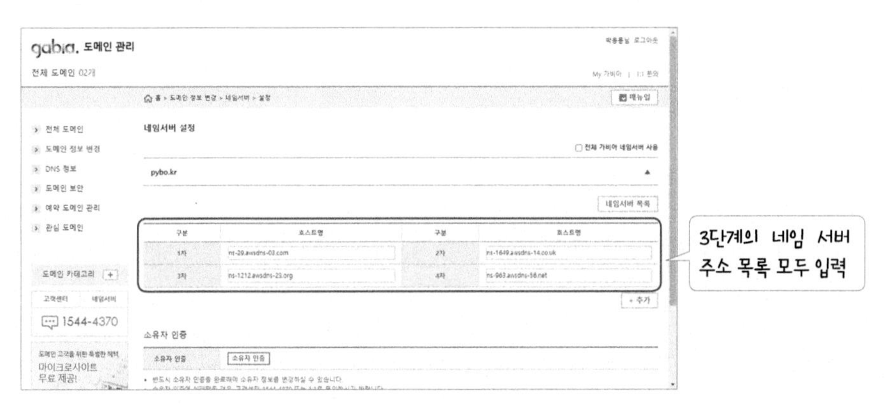

네임 서버 주소를 적용한 화면

05단계 Nginx 설정에 도메인 적용하기

도메인이 생성되었다면 Nginx의 설정도 변경해야 한다.

```
server {
        listen 80;
        server_name pybo.kr;

        location = /favicon.ico { access_log off; log_not_found off; }

        location /static {
                alias /home/ubuntu/projects/mysite/static;
        }

        location / {
                include proxy_params;
                proxy_pass http://unix:/tmp/mygunicorn.sock;
        }
}
```

도메인이 생성되었으므로 ALLOWED_HOSTS도 변경이 필요하다. ALLOWED_HOSTS에 구입한 도메인 'pybo.kr'을 추가하고 서버에 적용하자.

파일 이름 C:\projects\mysite\config\settings\prod.py

```
from .base import *

ALLOWED_HOSTS = ['3.35.153.92', 'pybo.kr']
STATIC_ROOT = BASE_DIR / 'static/'
STATICFILES_DIRS = []
DEBUG = False
```

`server_name`을 `3.35.153.92`에서 `pybo.kr`로 변경했다. `server_name`을 수정했다면 Nginx를 다시 시작하자.

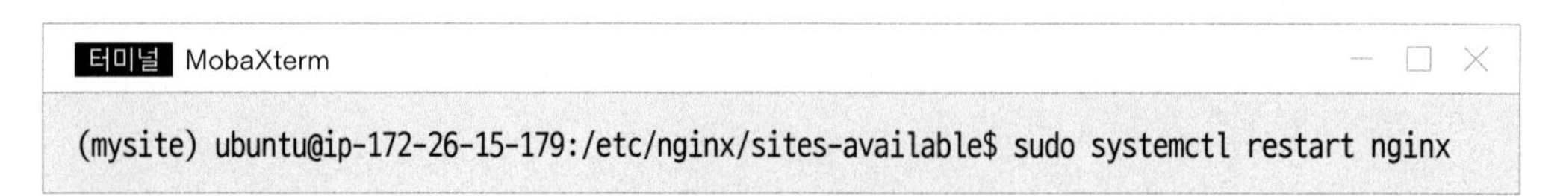

터미널 MobaXterm
(mysite) ubuntu@ip-172-26-15-179:/etc/nginx/sites-available$ sudo systemctl restart nginx

06단계 도메인 접속 확인하기

이제 도메인으로 파이보에 접속할 수 있다. 도메인 세계에 온 것을 축하한다!

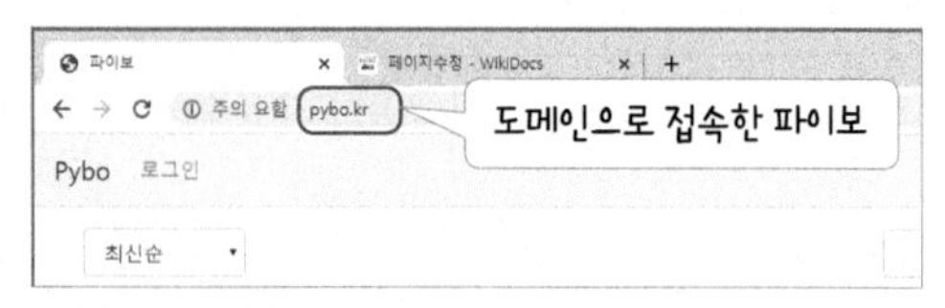

도메인으로 접속한 파이보

04-15 PostgreSQL 데이터베이스 적용하기

• 완성 소스 github.com/pahkey/djangobook/tree/4-15

맨 처음 SQLite 데이터베이스를 언급하면서 SQLite는 개발 단계에서 유용하지만 운영 단계에서는 많이 부족하다고 설명했다. 이제 우리 파이보는 운영 단계에 접어들었으므로 SQLite보다 성능이 좋은 데이터베이스를 도입해야 한다. 데이터베이스의 종류는 아주 다양하다. 대표적으로 오라클과 같은 상용 데이터베이스가 있지만, 이 데이터베이스는 대규모 서비스에 적합하다. 소규모 서비스는 무료인 PostgreSQL, MySQL 같은 데이터베이스를 많이 사용한다. 여기에서는 PostgreSQL 데이터베이스를 사용한다.

'PostgreSQL 데이터베이스'는 앞으로 줄여서 'PostgreSQL'이라고 할 것이다.

PostgreSQL 데이터베이스 인스턴스 생성하기 - 비용 발생, 1달 무료

PostgreSQL은 2가지 방법으로 사용할 수 있다. 첫 번째 방법은 서버에 PostgreSQL을 설치하여 사용하는 것이고, 두 번째 방법은 AWS 라이트세일에서 제공하는 데이터베이스 인스턴스를 사용하는 것이다. 이 책에서는 첫 번째 방법을 권장하지 않는다. 왜냐하면 데이터베이스를 서버에 설치하고 여러 상황에 맞게 환경 설정하기란 절대 쉽지 않기 때문이다. 그래서 우리는 두 번째 방법으로 PostgreSQL을 사용할 것이다. **참고로 AWS 라이트세일에서 제공하는 PostgreSQL은 첫 달 1달은 무료이고 이후 매월 15달러의 비용이 발생한다.**

01단계 데이터베이스 생성하기

AWS 라이트세일에 로그인한 다음 lightsail.aws.amazon.com에 접속하고 [데이터베이스] 탭의 〈데이터베이스 생성〉을 클릭하자.

데이터베이스 생성 화면

이어서 〈AWS 리전 및 가용 영역 변경〉을 클릭하고 〈서울〉을 선택하자.

AWS 리전 및 가용 영역 변경 화면

02단계 데이터베이스 인스턴스 버전 선택하고 플랜 선택하기

〈PostgreSQL〉을 선택하고 버전은 최신 버전을 선택하자. 그리고 플랜은 $15를 선택하자. 다시 말하지만 $15 플랜은 1달 무료이다.

이 책을 작성하는 시점의 PostgreSQL 최신 버전은 12.4이다.

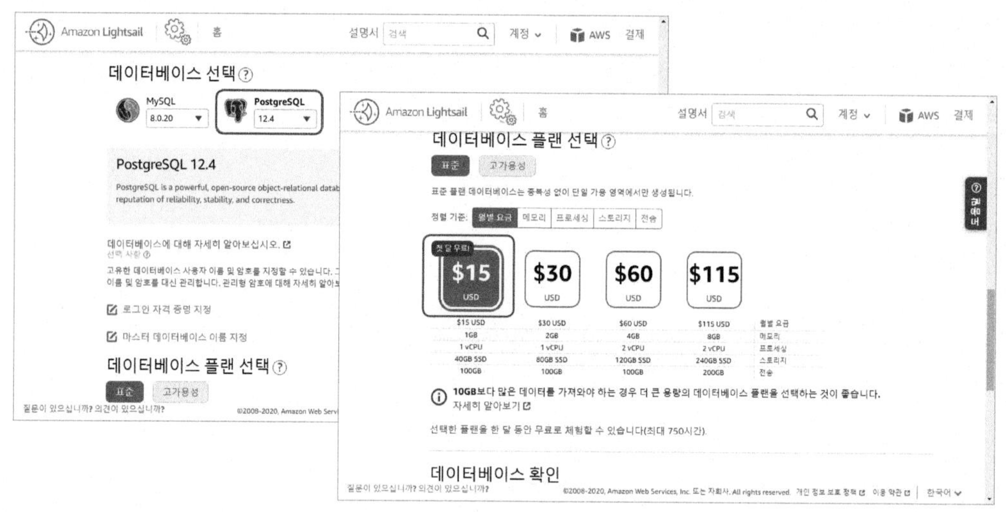

데이터베이스 종류와 플랜 선택 화면

03단계 데이터베이스 인스턴스 필숫값 입력하고 생성 마무리하기

리소스 이름에 'Database-1'을 입력하고 〈데이터베이스 생성〉을 클릭하자.

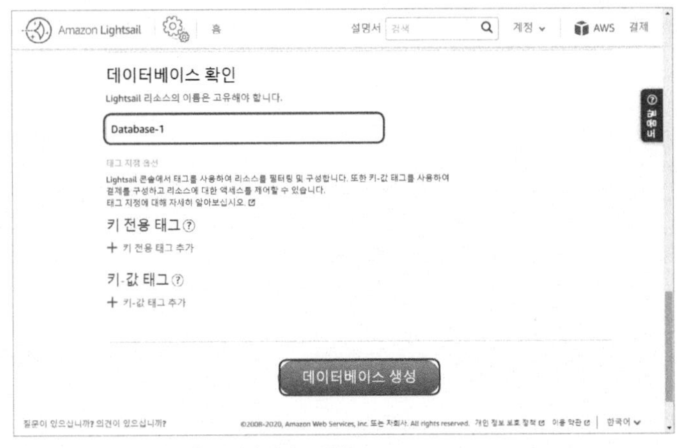

데이터베이스 이름 입력 후 데이터 베이스 생성

그러면 다음과 같이 데이터베이스 인스턴스가 생성된다. 하지만 상태는 '생성 중'이므로 **아직 사용할 수 없는 상태이다. 10~15분 기다리면 데이터베이스 인스턴스가 '사용 가능'으로 변경된다. 잠시 휴식을 취하고 돌아오자.**

데이터베이스 생성 중 확인

04단계 데이터베이스 인스턴스 설정 확인하기

'사용 가능'으로 변경된 'Database-1'을 클릭하고 연결 세부 정보를 확인하자.

데이터베이스 생성 완료 화면

데이터베이스 연결 세부 정보 확인 화면

연결 세부 정보에서는 중요한 정보 3가지를 확인할 수 있다.

① **사용자 이름**: `dbmasteruser`를 확인할 수 있음
② **암호**: <표시>를 누르면 암호를 볼 수 있음
③ **데이터베이스 주소**: '엔드포인트'로 데이터베이스의 도메인 주소가 적혀 있음

이 정보는 파이보에서 PostgreSQL에 접속할 때 필요하므로 반드시 기억해 두어야 한다.

데이터베이스 생성하고 파이보에서 사용해 보기

생성된 PostgreSQL 인스턴스에 파이보가 사용할 'pybo'라는 이름의 데이터베이스를 생성하자.

01단계 서버에 PostgreSQL 클라이언트 설치하기

앞에서 생성한 PostgreSQL 인스턴스에 접속하려면 다음과 같이 서버에 PostgreSQL 클라이언트를 설치해야 한다.

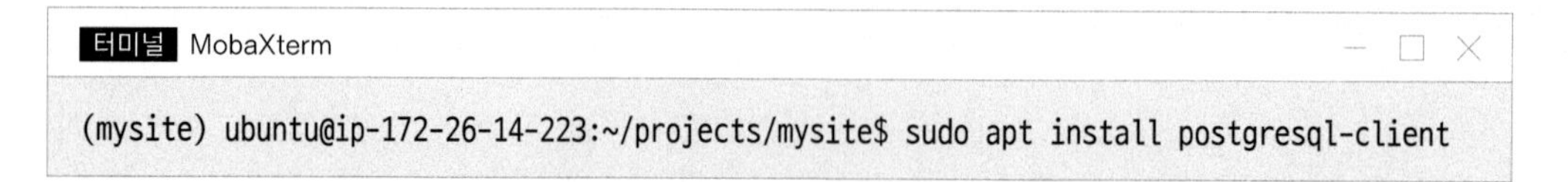
터미널 MobaXterm

```
(mysite) ubuntu@ip-172-26-14-223:~/projects/mysite$ sudo apt install postgresql-client
```

postgresql-client 패키지를 설치했다. 이 패키지를 설치하면 AWS 라이트세일의 데이터베이스 인스턴스에 `createdb`나 `psql` 등의 명령으로 데이터베이스를 생성하거나 데이터베이스 쿼리를 실행할 수 있다.

02단계 데이터베이스 생성하기

다음 명령을 실행하여 PostgreSQL 인스턴스에 'pybo'라는 이름의 데이터베이스를 생성하자. 이때 '데이터베이스 주소'는 앞에서 확인한 '엔드포인트'에 적힌 것을 의미한다.

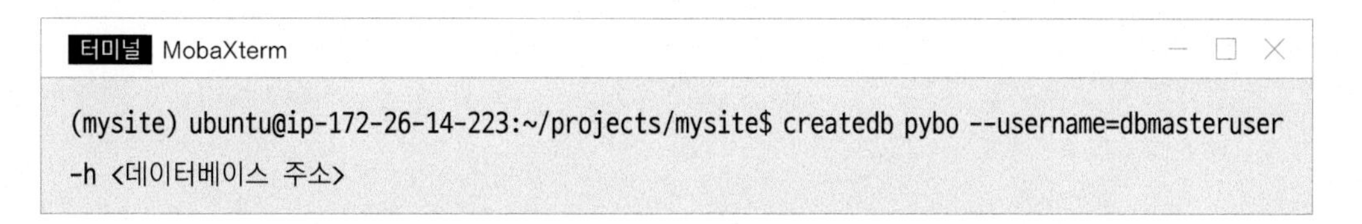

터미널 MobaXterm

```
(mysite) ubuntu@ip-172-26-14-223:~/projects/mysite$ createdb pybo --username=dbmasteruser
-h <데이터베이스 주소>
```

그리고 createdb 명령을 실행할 때 암호를 물어보는데 역시 앞에서 확인했던 암호를 입력하면 된다.

03단계 파이보에서 데이터베이스에 접속하기

이제 파이보에서 'pybo' 데이터베이스에 접속하자. 파이보는 장고로 개발되었으므로 장고에서 PostgreSQL에 접속하는 데 필요한 psycopg2-binary 모듈이 필요하다. 다음과 같이 psycopg2-binary 모듈을 설치하자.

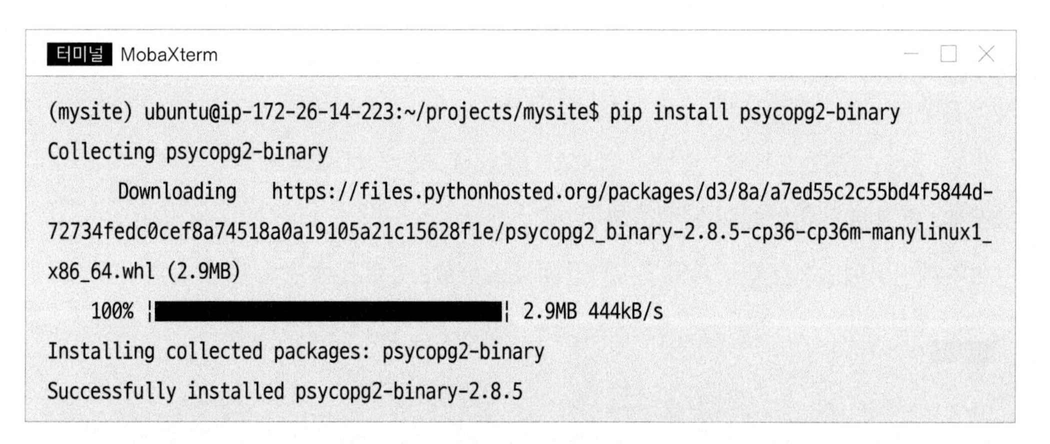

터미널 MobaXterm

```
(mysite) ubuntu@ip-172-26-14-223:~/projects/mysite$ pip install psycopg2-binary
Collecting psycopg2-binary
    Downloading https://files.pythonhosted.org/packages/d3/8a/a7ed55c2c55bd4f5844d-
72734fedc0cef8a74518a0a19105a21c15628f1e/psycopg2_binary-2.8.5-cp36-cp36m-manylinux1_
x86_64.whl (2.9MB)
   100% |████████████████████████████████| 2.9MB 444kB/s
Installing collected packages: psycopg2-binary
Successfully installed psycopg2-binary-2.8.5
```

04단계 settings/prod.py 파일에 DATABASE 항목 설정하기

그리고 다시 로컬로 돌아와 settings/prod.py 파일의 DATABASE 항목을 다음처럼 추가하자.

파일 이름 C:/projects/mysite/config/production.py

```
(... 생략 ...)
DATABASES = {
    'default': {
        'ENGINE': 'django.db.backends.postgresql_psycopg2',
```

```
        'NAME': 'pybo',
        'USER': 'dbmasteruser',
        'PASSWORD': '!74jHF6(3.y=Xm.i_VQyK}oGA4.7Mh.Z',
        'HOST': 'ls-ba57b1ba6d1319c2fb5f25a76c51aa38b898dbf9.cgsoso8jj2vb.ap-northeast-2.rds.
amazonaws.com',
        'PORT': '5432',
    }
}
```

우리가 입력한 DATABASE 항목의 의미는 각각 다음과 같다.

- ENGINE: 데이터베이스에 접속에 사용되는 모듈
- NAME: 데이터베이스 이름
- USER: 사용자 이름
- PASSWORD: 암호
- HOST: 데이터베이스 주소

'default'는 기본으로 사용되는 데이터베이스를 의미한다. 만약 한 개의 시스템이 여러 개의 데이터베이스를 사용할 경우 'default' 외에 다른 데이터베이스를 추가하여 사용할 수 있다.

변경 내역은 add, commit, push 과정을 거쳐 깃허브에 올리고 서버로 들어가 pull을 이용해서 적용하자.

05단계 변경된 데이터베이스 적용하기

서버의 데이터베이스가 변경되었으니 다음처럼 migrate 명령을 수행해 주어야 한다.

터미널 MobaXterm

```
(mysite) ubuntu@ip-172-26-14-223:~/projects/mysite$ python manage.py migrate
Operations to perform:
  Apply all migrations: admin, auth, contenttypes, pybo, sessions
Running migrations:
  Applying contenttypes.0001_initial... OK
  Applying auth.0001_initial... OK
  Applying admin.0001_initial... OK
  (... 생략 ...)
  Applying pybo.0006_auto_20200423_1358... OK
  Applying sessions.0001_initial... OK
```

06단계 슈퍼 유저 생성하기

그리고 슈퍼 유저도 다음과 같이 다시 생성하자.

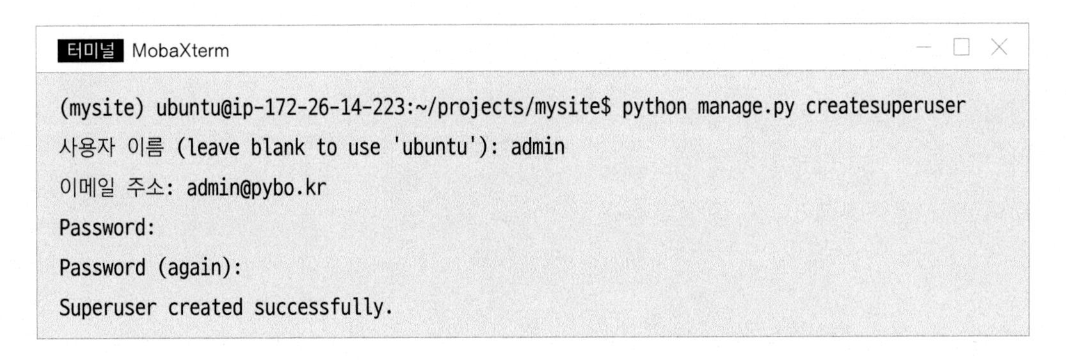

터미널 MobaXterm

```
(mysite) ubuntu@ip-172-26-14-223:~/projects/mysite$ python manage.py createsuperuser
사용자 이름 (leave blank to use 'ubuntu'): admin
이메일 주소: admin@pybo.kr
Password:
Password (again):
Superuser created successfully.
```

서버에 PostgreSQL을 적용했다. Gunicorn을 다시 실행한 후 파이보 기능이 잘 작동하는지 확인하자.

pgAdmin으로 로컬에서 PostgreSQL 서버에 접속하기

나중에 서버를 운영하다 보면 데이터베이스 백업과 같은 작업을 할 수도 있다. 그런 경우 pgAdmin 프로그램은 PostgreSQL 사용자에게 많은 편의를 제공해 준다. 여기서는 pgAdmin으로 PostgreSQL 서버의 데이터베이스에 접속하는 방법을 간단히 소개한다. 나머지 궁금한 내용은 스스로 공부해 보자.

01단계 pgAdmin으로 접속하기 위해 AWS 데이터베이스 퍼블릭 모드로 변경하기

pgAdmin으로 PostgreSQL 서버의 데이터베이스에 접속하려면 AWS에서 [네트워킹] 탭에 있는 '네트워크 보안'을 '퍼블릭 모드'로 변경해야 한다. 이렇게 퍼블릭 모드를 활성화하면 아이디와 비밀번호만 알면 누구나 데이터베이스에 접속할 수 있으므로 주의해야 한다.

데이터베이스 퍼블릭 모드 전환 화면

02단계 pgAdmin 설치하고 PostgreSQL 서버에 접속하기

www.pgadmin.org/download에서 pgAdmin을 내려받고 설치하자. 설치 과정은 간단하므로 생략한다. pgAdmin이 설치되면 다음처럼 서버를 등록하면 된다. 'Create - Server' 창에서 [General] 탭의 'Name' 항목에 'pybo'를 입력하자.

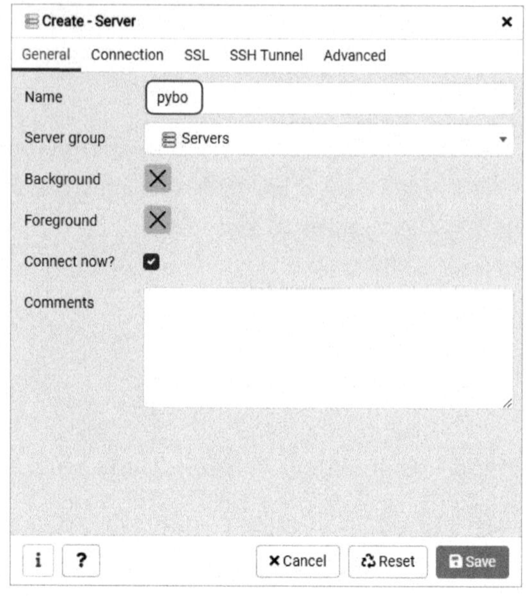

pgAdmin 서버 생성 화면

이어서 [Connection] 탭에서 다음 내용을 입력하고 〈Save〉를 클릭하자. Host는 여러분의 PostgreSQL 서버 주소이므로 AWS에 접속하여 복사해서 입력하자. 'Port', 'Maintenance database'는 오른쪽 그림과 똑같이 입력하면 된다.

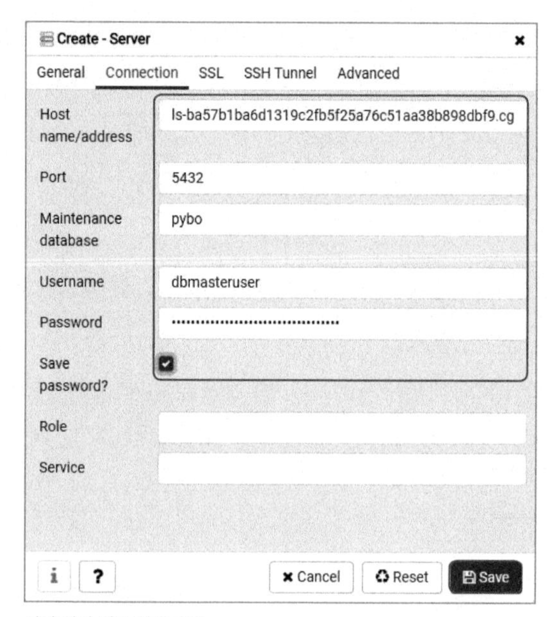

서버 연결 정보 입력 화면

2단계 작업을 완료하여 서버에 접속하면 다음과 같은 화면을 볼 수 있다. 이후 pgAdmin으로 데이터베이스 작업을 할 수 있다.

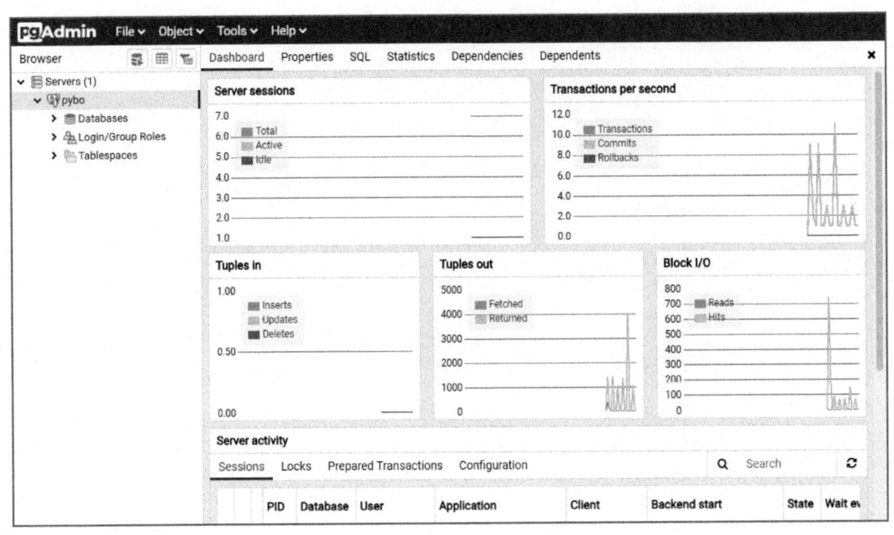

pgAdmin 연결 완료 화면

이제 모든 과정이 끝났다! 점프 투 장고 졸업을 축하한다!

한글

영어

Basic Programming Course

기초 프로그래밍 코스

파이썬, C 언어, 자바로 시작하는 프로그래밍!
기초 단계를 독파한 후 응용 단계로 넘어가세요!

기초 단계

박응용 | 432쪽

김성엽 | 576쪽

박은종 | 632쪽

시바타 보요 저, 강민 역 | 408쪽

시바타 보요 저, 강민 역 | 452쪽

시바타 보요 저, 강민 역 | 424쪽

응용 단계

김창현 | 384쪽

강성윤 | 736쪽

김종관 | 564쪽

나는 어떤 코스가 적합할까?

A 파이썬 개발자가 되고 싶은 사람

- Do it! 점프 투 파이썬
- Do it! 점프 투 파이썬 — 라이브러리 예제 편
- Do it! 파이썬 생활 프로그래밍 with 챗GPT
- Do it! 장고 + 부트스트랩 파이썬 웹 개발의 정석
- Do it! 챗GPT + 파이썬으로 AI 직원 만들기

B 자바·코틀린 개발자가 되고 싶은 사람

- Do it! 점프 투 자바
- Do it! 자바 완전 정복
- Do it! 자바 프로그래밍 입문
- Do it! 점프 투 스프링 부트 3